日本企业文化新论

刘荣 著

世界知识出版社

图书在版编目（CIP）数据

日本企业文化新论 / 刘荣著. —— 北京：世界知识出版社，2024.12
ISBN 978-7-5012-6729-3

Ⅰ.①日… Ⅱ.①刘… Ⅲ.①企业文化－研究－日本 Ⅳ.①F279.313.3

中国国家版本馆CIP数据核字(2024)第014521号

国家社科基金后期资助项目"日本企业文化新论"（18FGL028）

书　　　名	日本企业文化新论 RIBEN QIYE WENHUA XINLUN
作　　　者	刘　荣
责任编辑	范景峰
责任出版	李　斌
责任校对	张　琨
出版发行	世界知识出版社
地址邮编	北京市东城区干面胡同51号（100010）
网　　　址	www.ishizhi.cn
电　　　话	010-65233645（市场部）
经　　　销	新华书店
印　　　刷	北京中科印刷有限公司
开本印张	787mm×1092mm　1/16　25¼印张
字　　　数	377千字
版次印次	2024年12月第一版　2024年12月第一次印刷
标准书号	ISBN 978-7-5012-6729-3
定　　　价	135.00元

版权所有　侵权必究

前　言

20世纪50年代至80年代末是日本经济恢复和高速增长时期，日本企业及日式管理发挥了极其重要的作用，日本乃至世界各国都对其好评如潮，甚至连一向自视甚高的美国管理学术界和企业界也都屈尊赴日求教，在美国掀起了一股向日本企业学习借鉴的热潮。

随着昭和时代的结束，平成时代的开启，日本经济急转直下，泡沫经济破灭后，开始步入"失去的二十年"的隧道。与日本经济息息相关的制造和服务等行业的企业经营状况急剧下滑，甚至出现了破产兼并潮，由此导致了对企业的一片质疑之声。此时，正逢20世纪80年代"里根革命"后，美国经济一路走高，出现了长达十年之久的高速增长，两相比较，日美经济冰火两重天。日本人开始反思问题究竟出在哪里？于是乎，人们把目光投向了一直被看好的日式管理和日本企业文化，认为日本企业出现的问题似乎都是日式管理和日本企业文化惹的祸，一时间，否定之声甚嚣尘上。股市崩盘和地价暴跌、企业破产，打破了长期以来日本经济的种种神话，尤为严重的是一股阴郁的失败情绪弥漫整个日本。过去曾看好日本的某些欧美人士，也来了个180度急转弯，加入了唱衰日本的声浪，似乎日本经济毫无长处。曾在20世纪80年代末将日本捧上天的英国《经济学家》杂志前主编比尔·埃莫特甚至哀叹"太阳也西沉"！[①] 此时，惯于唯美国人马首是瞻的一些日本学者和企业家也加入了欧美唱衰日本的大合唱。一时间，"日本管理模式否定论""结构改革论"等日本式管理与生产体系的全面怀疑论甚嚣尘上。尤以经济同友会于1997年所发表的《市场主义宣

[①] 〔英〕比尔·埃莫特：《日本的全球出击》，贾宗谊、仲大军译，新华出版社，1994，第165页。

言》为代表的观点，经媒体和学术界放大，发挥出惊人的渗透力、影响力，使这种怀疑悲观论更加盛行。于是，许多日本企业在反思之后，彻底放弃了长期行之有效的日式管理和日本企业文化，又重新把目光转向了美国，认为还是美国模式好，采纳美国企业的一些做法。针对这种消极颓废的心理状况，大前研一则从心理经济学视角阐述了心理经济的革命。

对此，我国学者张广玲指出："从20世纪末开始，日本人中就有不少学者开始意识到自己文化的缺陷和不足，他们从困惑到反思到叛逆，呼吁日本企业抛弃传统文化中的糟粕，转而向美国企业学习。他们的呼吁引起了共鸣。"[1] 据《日本时报》2000年对591家日本企业的人力资源经理的调查显示，只有9.5%的企业回答他们将坚持终身雇用制，38.3%的企业回答不会，还有51%的企业认为自己将会在极为有限的基础上考虑维护终身雇用制。面对公司重构，员工与企业的认同感也大大削弱了。根据《日本经济新闻》1999年10月的一项调查，32.2%的人已经没有了"属于公司"的想法，而1995年这样的人仅占20%。当然这些数据并不能完全说明问题，但是在日本很多企业中，已经明显地倾向美国化了。

其中，日本企业在向美国倾斜方面，很重要的一点就是把战后初期废止了的、落后的控股公司制度又捡了起来，为许多公司所效法和实行；在企业治理模式上，把股东利益优先视为日本企业效仿的重中之重；再一点就是把日本企业的终身雇用制度进行了大幅度的调整。有些企业为了削减成本大幅裁员，放弃了长期实施的终身雇用制，并将欧美的"目标管理"制度移植到日本，追求纯粹的数字化管理。但多数企业效果并不理想，导致了企业研发能力和经营效率的严重下降，削弱了企业的实力和活力，这方面的败笔不胜枚举。"夏普公司曾表示'三次裁员大大降低了公司实力，以后坚决不再重蹈覆辙'，安定才能带来成长。"[2] 这绝非是少数个案。如果再考虑到日本企业长期行之有效的、通过全体员工以"改善"机制提高质量和降低成本的经营诀窍，彻底放弃终身雇用制，绝非好事亦绝非易事。有人认为美国企业强势，就是因为美国不存在终身雇用制，其实，美

---

[1] 张广玲：《基于文化的日美企业国际竞争力比较》，《江汉论坛》2006年第10期，第30页。
[2] 〔日〕北康利：《工匠之国——日本制造如何走向卓越》，徐艺乙译，中信出版集团，2018，第223页。

国许多优秀企业也实行终身雇用制。恰恰是长期在美国工作过的佳能公司的御手洗富士夫会长誓言要坚守终身雇用制。御手洗曾任日本经济团体联合会会长,他的发言颇具代表性。日本经济产业省事务次官北畑隆生在2008年指出:"创造丰田的利益、佳能的利益的是谁?是有着经营判断的经营者、技术团队,但更离不开时刻奋斗在第一线进行技术革新的劳动者。员工的工作能力、热情的差距才是业绩差距的原因。"①

其实,导致日本企业在20世纪90年代以来失败的原因,既有因其成功而忽略向国外学习的一面,也有因泡沫经济破灭后过度强调美式管理模式而放弃了自身长处的错误。后者最突出的一点就是关于日本企业内部职务明确化的问题。一条和生认为:"日本企业确实存在职务范围不明确的情况,但是,也正是这一特点促进了日本企业独有优势的形成。职场中总会存在一些超出职务规定的工作。日本企业的员工们有着很强的责任感,对于这些没有在职务规定中被明确的工作也会想要好好完成。因此,如果对职务规定精细化,那么我担心这些良好作风可能会丢失。"②他还强调:"反而美国企业现在开始重视起日本企业中被看重的员工之间的信赖和共鸣、思想交流等方面。他们开始有意识地吸收日本企业的长处来使自己的团队变得更好。另外,日本却在故意破坏自己原有的优势。这一现象非常具有讽刺意味。"③

野中郁次郎则明确指出:"最近,日本企业中的人事部门总是在制定某些规则,这些规则反而没有起到好的作用。美国企业已经转变了方向。……在硅谷,各个企业开始实行'性善论'——不再为了个别问题员工而制定各种规则,而是开始尽力减少规则的数量,给员工尽可能大的自由度,这样员工会感到快乐,也会表现得更好。不如说现在美国的企业,正在替代当时的本田和索尼来实施日本式的经营方式。"④

本著《日本企业文化新论》,就是针对上述关于日本企业文化莫衷一

---

① 〔日〕北康利:《工匠之国——日本制造如何走向卓越》,第222—223页。
② 〔日〕一条和生:《井深大——"索尼精神"的缔造者》,宫一宁译,新星出版社,2019,第225页。
③ 同上书,第225页。
④ 同上书,第226页。

是、迷茫徘徊的问题，力求在全面梳理日本企业文化的历史文化渊源及其演化进程的基础上，紧密结合国内外经济大环境的变迁和日本企业经营实践，尤其是那些无论外部环境如何变化仍能长期成功发展的卓越企业的经营实践，考察日本企业文化演化过程中的是非曲直。在进行比较系统的论析中，避免就事论事，更不要为某些表面现象而忽略了问题的实质。努力做到肯定该肯定的，摒弃其不合时宜的内容，达到正本清源，为世人奉献真正的日本企业文化论。因此，本研究并非是对原来的日本企业文化推倒重来的标新立异，也不是对其兼收并蓄或炒冷饭，而是基于创新理论大师约瑟夫·熊彼特的"新组合"理论、彼得·德鲁克的创新论和野中郁次郎的知识创造理论，在继承其行之有效的基本内容的同时，剔除与现在企业发展不相适应，甚至阻碍企业发展的内容，力求构筑一部系统规范的《日本企业文化新论》。这是本研究课题提出的原委。

本著研究的意义在于，从理论和实践的结合上廓清对日本企业文化的诸多误读，并将过去分散在各学科领域的涉及企业文化的内容纳入其中。只有将企业文化理论构建成为科学管理理论，才能成为真正的学说，才能便于企业学习和践行及传播。

在研究方法上，本著力求以日本国内国际的大背景为依托，来考察日本企业文化的产生、发展及其功能的演化脉络和路径。具体做法则是：第一，在大量研读有关文献，尤其是有关日式管理和日本企业文化的文献的基础上，运用国内外专家学者的研究成果与企业界最新实践经验，论析日本企业文化的新进展。第二，通过对日本企业崛起和日本经济高速增长关系的考察，从宏观和微观两个维度论析日本企业崛起的原因。第三，通过大量案例将其中具有普遍价值的精华吸纳到企业文化新论中来。第四，运用比较法，对日本国内各地域之间的企业文化进行比较研究。第五，从文化的传承、文明的交流互鉴角度，论述日本企业履行社会责任的经营管理理论和方法。第六，以个案分析法评析日本企业家个人在企业文化的构筑和实践中的核心地位。最后，在"探索与展望"部分，将许多学术"大家"的最新研究成果奉献给读者。

目　录

第一篇　文化·企业·企业文化

第一章　日本文化诸相 3
第一节　关于文化的概念 3
第二节　文化的类型 6
第三节　"三明治"式的日本文化 8

第二章　日本企业与日本经济的高速增长 19
第一节　日本企业的崛起及其当前所面临的困境 19
第二节　日本企业的类型 23
第三节　日本企业在世界经济实体中的地位及其变化 26
第四节　对日本经济高速增长诸因素的考量 31

第三章　企业文化的源与流 43
第一节　关于企业文化的概念 43
第二节　首倡日本企业文化论的美国管理学者 50
第三节　企业文化的类型 53
第四节　企业文化的特点和功能 55

第二篇　对日本企业经营管理理论和企业文化的考察

第四章　对日本企业经营管理理论的考察 61
第一节　日本经营管理思想的萌芽 62

第二节　日本企业对美国管理理论的学习与借鉴 64
　　第三节　日式经营管理理论的形成、普及与调整 67
　　第四节　日本企业内部经营管理层培训典型模式 80

第五章　独树一帜的日本企业文化..................91
　　第一节　日本传统文化与企业文化..................93
　　第二节　日本企业文化的演化及其丰富内涵..................101
　　第三节　企业形象与企业文化的关系..................105
　　第四节　千姿百态的日本中小微企业文化..................109

第六章　日本企业文化与企业社会责任..................114
　　第一节　对日本企业社会责任史的回顾..................115
　　第二节　对企业履行社会责任典型案例的研究..................118

第七章　日本卓越企业的企业文化..................127
　　第一节　丰田"软硬兼施"的精益企业文化..................129
　　第二节　京瓷"敬天爱人"的企业文化..................136
　　第三节　东西方文化交融互鉴、与时俱进的佳能"共生"
　　　　　　企业文化..................138

第八章　企业文化之比较..................144
　　第一节　个性迥异的日美企业文化的比较..................144
　　第二节　日本企业文化与中国企业文化的比较..................158
　　第三节　日本国内地域间企业文化比较..................161

第九章　日本企业文化及独创的管理理论与方法对世界的贡献........187

第三篇　日本企业家文化

第十章　日本企业家文化诸相之探源..................241
- 第一节　日本企业家文化之核心和本质是创新..................241
- 第二节　日本专业经营者型企业家的成长轨迹及其特征..................245
- 第三节　日本著名创业型企业家..................254
- 第四节　日本企业家的功利主义及激励机制..................259
- 第五节　日本企业家的素质、条件及培养与选拔机制..................269
- 第六节　日本企业家的读书学习与企业经营..................276
- 第七节　为什么日本企业家钟情于撰写传记..................283

第十一章　有代表性的日本著名企业家的哲学..................288
- 第一节　奠定日本产业根基的涩泽荣一"论语"经营哲学..................288
- 第二节　日本"经营之神"松下幸之助的"水哲学"..................293
- 第三节　土光敏夫"日日新"的座右铭及远见卓识的大局观..................297
- 第四节　为逐梦而生的本田宗一郎"知识型原始人"的经营法则...302

第四篇　探索与展望

第十二章　工业时代的终结和日本企业文化的转型与重构..................321
- 第一节　文化时代的到来与文化经济学..................322
- 第二节　日本企业参与社会文化事业..................325

第十三章　日本企业经营模式及企业文化转型与重构的典型案例.....331
- 第一节　京瓷哲学和企业文化的推广与普及..................333
- 第二节　新版丰田生产方式的发展、普及和应用的举措..................347

第三节 孙正义与数字经济时代的"怪兽"企业——软银集团文化 353

第十四章 打造适应全球化数字经济时代的企业文化 360
　第一节 迎接知识价值革命，构建知识创造型企业文化 362
　第二节 构建容忍失败的学习型企业文化 368
　第三节 顺应时代发展大趋势，打造与时俱进的"适者"型企业文化 373

参考文献 377

后　记 390

第一篇 文化·企业·企业文化

第一章　日本文化诸相

当今世界，可谓是文化泛滥的时代。无论电脑、收音机、电视机、手机，抑或是纸媒，人们随时随地都可以看到、听到"文化"二字。但文化究竟是什么？这个问题至今仍困扰着许多专家学者，甚至那些专门吃文化饭的"大家"，更不要说一般的人了。

第一节　关于文化的概念

西方学者康德认为"一个有理性的存在者一般而言对随便什么目的的适应性……的产生就是文化"，①而黑格尔则认为"'文化'是一种形式上的东西"，②爱德华·泰勒（Edward Burnett Tylor）提出文化"是包括全部的知识、信仰、艺术、道德、法律、风俗以及作为社会成员的人所掌握和接受的任何其他的才能和习惯的复合体"，③伊格尔顿（Terry Eagleton）指出"文化可以松散地概括为构成特殊群体生活方式的价值观、习惯、信念和惯例的联合体"。④可见，思想家们对文化的定义是不尽相同的。

"马克思虽然没有研究文化思想的专门论著，但是其文化思想却渗透在其理论的各个方面。"⑤"在马克思看来，文化是时代精神的象征，是人在改造自然的过程中形成的，是人的本质力量的对象化，体现着人在自然界中的自由自觉的活动。广义上，马克思把文化界定为文明形态，狭义上

---

① 李秋零主编《康德著作全集（第5卷）》，李秋零译，中国人民大学出版社，2006。
② 〔德〕黑格尔：《历史哲学》，王造时译，上海书店出版社，2001。
③ 〔英〕爱德华·泰勒：《原始文化》，连树声译，广西师范大学出版社，2005。
④ 〔英〕伊格尔顿：《文化的观念》，方杰译，南京大学出版社，2003。
⑤ 冯凯：《马克思文化思想的形成背景、理论基础和当代价值》，《鲁东大学学报》2021年第3期。

理解为经济基础之上纯粹的精神意识形式。"① 马克思在广义上使用文化概念，"包括物质文化、精神文化、制度文化等因素"。②

习近平文化思想丰富和发展了马克思主义文化理论，标志着我们党对中国特色社会主义文化建设规律的认识达到了新高度。③习近平文化思想中的"文化"概念囊括了"文化"在宏观、中观、微观三重层次的意涵。

> 其一，作为一种宏观层面的"文化"，指代人类在劳动实践基础上所创造的一切物质和精神财富的总和，是体现文明样式、文明高度的文化……在习近平文化思想中往往表述为"文明"。其二，中观层面的"文化"往往指代"五位一体"总体布局中的"文化"，指代观念层面的人类活动及其产物，属于上层建筑的范畴，内容涉及意识形态、理想信念、文学艺术、习俗规范等诸多方面。……例如：社会主义文化强国、文化自信、文化认同、思想文化建设、文化交流合作。……体现统筹兼顾、系统观念、问题导向。其三，微观层面的"文化"往往指代人的具体社会活动，内容包括个人在生活实践和社会交往过程中所形成的品德修养、价值取向、艺术能力以及对于社会规范的理解和遵循等方面。这一层面的"文化"概念在习近平文化思想的理论体系中往往表达为美德、道德、修身、修养、修德。这些概念体现日常关切、人文观照、务实精神。④

联合国教科文组织国际专家小组的报告中指出："文化是一个历史进程：人类既是文化的创造者，又是文化的创造物。就像语言和宗教或法律和艺术一样，科学、技术和经济基本上是文化现象，由社会在它们的历史进程中创造，影响它们的进一步发展。文化是人类为了不断满足他们的需要而创造出来的所有社会的和精神的、物质的和技术的价值的精华。"⑤

---

① 衣俊卿、胡长栓：《马克思主义文化理论研究》，北京师范大学出版社，2017。
② 王仲士：《马克思的文化概念》，《清华大学学报》1997年第1期。
③ 《深刻领会习近平文化思想的丰富内涵》，《人民日报》2024年1月11日，第9版。
④ 靳东超：《论习近平文化思想的理论体系》，《中共成都市委党校学报》2024年第3期。
⑤ 〔美〕欧文·拉兹洛编《多种文化的星球——联合国教科文组织国际专家小组的报告》，戴侃、辛未译，社会科学文献出版社，2001，第216页。

关于文化的定义，美国著名人类学家A. L. 克鲁伯和C. 克罗孔在他们合著的《文化：关于概念和定义的析讨》一书中，将1871年至1951年诸多学者关于文化的定义进行了梳理与汇总，至少有164种。然而，这毕竟已经是70多年以前的见解了，随着后人对文化的不断探究，文化的定义也在不断变化。

而在20世纪80年代，日本学者名和太郎写道："文化的定义从来就众说纷纭，据说有关文化的定义多达260种。"

"在欧洲语言中，文化（Culture）源于拉丁语的'耕作'一词，指人类与自然斗争通过努力运用智慧得到的创造物。英国人类学家泰勒（1832—1917）曾提出一个定义，认为它只是一种复合体，'包括知识、信仰、艺术、道德、法律、习惯以及人作为社会成员获得的所有能力和习惯'。据说这是文化最早的定义。此外，美国文化人类学家林顿（1893—1953）提出：'文化是由教育而产生的行为和行为结果构成的综合体，其构成要素为这一社会成员所共有，而且加以传递。'"[①] 泰勒所说的"教育"并非专指学校教育，而是一种广泛的社会教育，甚至包括所谓的"道听途说"。

相较于中国，日本人对文化概念的理解则是另一番情景。

在1991年3月于北京召开的"东方文化与现代化国际学术讨论会"上，日本前经济企划厅次官、时任大和综研理事长的宫崎勇发表了题为《日本经济发展与东方文化的关系》的演讲。他说："对于文化的定义，历来众说纷纭。科学家认为，不破坏科学技术和社会制度，并使二者有机结合起来的智慧，即为文化。艺术家认为，心情舒畅，对未来充满憧憬的表现方法即文化。建筑家认为，桥梁建筑、河流、海滨、原野与人类自然调和共存是文化。社会学者认为，人类的生活模式、人生方式是文化。文化人类学家则认为，通过自然环境和社会环境历史性形成的传统是文化。

"总之，概括起来不外以下五个方式：综合的；社会上固有的；心理、意识方面的；历史积累的；与其他文化共存的。"[②]

日本著名社会学家富永健一关于社会与文化的关系写道：

[①] 〔日〕名和太郎：《经济与文化》，高增杰、郝玉珍译，中国经济出版社，1987，第41页。
[②] 〔日〕宫崎勇：《日本经济发展与东方文化的关系》，载杨正光主编《东方文化与现代化》，时事出版社，1992，第200页。

我想对文化作如下界定：文化是人类思维的产物，可以用符号将它客观化，用符号来表现它，作为独立于创造它的行动者及行动本身的客观存在，它可以传递给其他行动者，可以学习，可以传播。这样定义文化的意图在于将文化看作一个符号的世界。符号中最主要的部分是语言，我们可以举出很多通过语言来表现的符合上述定义的文化事例。例如，作为认知性（cognitive）文化体系的科学、哲学、思想、意识形态、宗教和神话；作为表意性（expressive）文化体系的诗、小说、剧本等语言艺术；作为评价性文化体系的法、规范；等等。除语言之外，符号中还可以包括声音、造型和动作，通过它们表现出来的文化有音乐、美术、戏剧、舞蹈等——它们都属于表意性文化体系。人之所以与其他动物不同，具有创造各种形态文化的能力，既因为人是具有思维的动物，同时也因为如卡西勒尔所说的，人是掌握了符号的动物（animal symbolicum）。通过符号，文化便可以传递、学习、传播，这使得文化可以继承，同时也可以积累、进步并不断扩大其范围。[①]

参照以上中外文献对文化的定义和归纳，我认为文化具有以下几方面的特征：复杂性、多元性、地缘性和多层次性；民族性、社缘性和族群性；普适性、有用性和可协调性；历史性、可传播性和时效性；价值取向和可选择性等。这就为我们研究某种具体文化对象提供了可资参照的标的。

通过以上论述，我们对文化大致有了一个初步的了解。这就为进一步研究企业文化打下了坚实的基础。

第二节　文化的类型

在粗略涉猎了文化的定义的基础上，为了深入研究日本企业文化，我们有必要进一步探讨一下文化的主要类型问题。

[①]〔日〕富永健一：《社会学原理》，严立贤等译，社会科学文献出版社，1992，第17—18页。

根据众多学者的见解，从文化本身涵盖的领域来看，文化可以分为物质文化、行为文化和精神文化；从文化的可辨识特征来看，可分为显性文化和隐性文化；从文化的主体承担者来看，可以分为个体文化、群体文化、民族文化乃至世界文化；从文化在社会中的地位及其作用来看，可以把文化分成主流文化、亚文化和反主流文化；从文化的价值取向来看，还可以将其分为前喻文化、同喻文化和后喻文化；从文化的纵向时序发展演进来划分，则可将其分为原始文化、古代文化、近代文化、现代文化；而从横向地域范畴来划分，则有洲际文化、东方文化和西方文化，等等。

日本著名学者堺屋太一从区域角度论述文化类型，他把世界分为五个"文化大陆"。他写道：

> 一张"世界文化地图"给世界人们的脑海里留下了深刻的印象。根据这张地图，世界上有四个可以被称为"文化大陆"的地方。首先，在欧亚大陆的西侧有"欧洲、基督教文化圈"，紧接着是"中东、伊斯兰教文化圈"。南面有"印度、印度教文化圈"，东面有"东亚中华文化圈"。新大陆的南北美洲，不用说是"欧洲、基督教文化圈"的派生地。[①]

很明显，在堺屋太一的世界文化形态论中，宗教占有极为突出的地位。一般来说，我们通常都把位于中国周边的国家纳入"东亚中华文化圈"或曰"儒家文化圈"之中。但堺屋太一却有意将日本单独拿出来，名之为"第五个文化亚大陆"。这让人听起来感觉怪怪的，无论从哪个角度来讲，都很难把日本独立出来。堺屋太一也觉得有点勉为其难，所以，说了许多关于日本受中国传统文化深远影响和接受来自欧美先进科技文明的话，实则谈的是日本文化特殊论。暂且不说这一点，他毕竟揭示了世界地域文化的许多类型。

从研究企业文化的角度，大致可以从以下几个层次来研究文化：

一是东方文化和西方文化；二是国际文化和民族文化；三是硬文化和

[①] 〔日〕堺屋太一：《何谓日本》，叶琳、庄倩译，南京大学出版社，2008，第212页。

软文化；四是物质文化和精神文化；等等。

当然，根据文化研究的对象和领域的不同，还可以有许多不同的分类法。在此，受所研究的对象和目的的限制，不应该也不可能面面俱到地加以分类。

之所以选择这四个层次，是因为企业文化涉及世界各国的企业，因此，必然在研究中涉及东西方、国际与民族、硬文化和软文化、物质文化和精神文化等领域。哪怕是仅仅研究日本企业文化，也不可能仅局限于日本一国之内进行研究，必须进行比较才能更为清晰地透视日本企业文化。更何况在全球化时代，许多企业都像候鸟一样，游弋于世界各国。

第三节 "三明治"式的日本文化

关于日本文化的概念，即便是日本人自己也众说纷纭。自古至今，有关日本文化的著述多如牛毛，各家观点也见仁见智。但不论有多少种观点或说法，日本文化是实实在在的客观存在。不仅如此，其在世界上还拥有着悠久的历史，甚至谜一般地令西方人魂牵梦萦。日本文化既带有浓郁的大和民族的岛国文化的风韵，又在长期的历史演进过程中受到古代中国儒道文化和印度佛教文化的深刻影响，近现代以来又饱受欧美文化的熏陶。由此，日本文化的深层和根底带有明显的东方文化特征，但在表层则着上了一层浓厚的欧美文化的色调。而日本所具有的东方文化的特质是深层软性的灵魂文化，西方近现代赋予日本的是强硬的、理性的科技文化。这也正是明治维新之际，佐久间象山所主张的"东洋道德西洋艺"或"和魂洋才"的文化。

综合学界对文化的研究，非常明显的是，从事日本古代文化研究的学者，多数都精通汉学，在他们的笔下散发着古色古香的中国古代经典和中国化的佛教韵味；相反，从事近现代日本文化研究的学者，则飘逸着欧美文化的洋腔洋调；而作为地道的古日本神道教文化论者笔下的日本文化，在外人眼里如坠五里云雾，难辨究竟。但这三者融汇成的"三明治"文化，则更加彰显了日本文化的兼容性和多姿多彩的特点。

日本著名东洋史学家内藤湖南在其所著《日本历史与日本文化》一书

中，是将日本文化置于东亚文化的地域文化的基础上加以论说的，尤其是客观地阐述了中国文化对日本文化所形成的深远影响，正是这一分析角度，使内藤湖南的日本文化论为日本学术界所推崇。他指出："我所要谈的题目是'何谓日本文化'，首先这里可以肯定的是日本文化是存在的，但其现状如何呢？这里所说的文化既包括社会组织，又包括文学艺术，形形色色，不一而足。但在日本文化中，有多少是日本固有之物呢？这是一个要根据种种研究来解决的、相当麻烦的问题，会引起很多议论，我这里只说一个结论，那就是如果要研究日本文化的起源，那么日本文化中的相当大的一部分并不起源于日本。"[1] 作者认为文化的产生和形成必须要有种子，虽然日本有土壤，但没有种子。是中国将文化的种子播撒到大和民族的土壤上，于是逐渐形成了日本文化，这无疑是对日本文化的很重要的说明。

因此，在谈及日本文化时，就不能不涉及中国古代哪些文化对日本影响最大。根据诸多日本学者的论析，中国对日本影响最巨的是儒、佛、老庄以及王阳明的思想，同时还有许多技术文化。最早在6世纪末7世纪初，被日本人视为圣人的圣德太子曾系统地自上而下地引进中国儒教和佛教。圣德太子对佛教经典有很深的造诣，为了用佛家经典统一统治阶级上层的思想，他不仅自己进行研究，而且还在统治阶级上层进行了广泛传播。他在日本各地大兴土木，修建佛教寺院，由此也助推了日本寺院建筑艺术的发展。圣德太子制定的《宪法十七条》更是旁征博引中国古代各家学说，字里行间闪烁着中国儒家、老庄和佛教的思想。而该宪法的核心就是儒家的"和为贵"，这充分反映了引进中国经典是为调和当时统治阶级的内部矛盾服务的。佛学不仅通过日本人之手实现了日本化，而且还经过日本走向了世界。其中，创价学会在向世界传播佛教思想方面功莫大焉，而禅宗文化亦经铃木大拙而走向世界。至今日本佛教寺院烟火不断，即使不信佛的众生，也把佛家圣地作为渡向彼岸的殿堂。佛教经过法然和亲鸾等人的改革，在日本实现了简单化和内在化，将原印度和中国佛教繁杂艰涩的教义简化为只要口念"南无阿弥陀佛"就可以了。而"愚秃亲鸾"则倡导和

---

[1] 〔日〕内藤湖南：《日本历史与日本文化》，刘克申译，商务印书馆，2012，第9页。

尚可以娶妻吃肉，使那些贪恋酒色荤腥的凡夫俗子也可以步入佛门，使那些芸芸众生的普通百姓也能成为信徒。由于日本佛教的世俗化，使之普及到了社会的各个阶层，这一点具有非常重要的意义。日本著名哲学家梅原猛在谈及最澄的佛教观时写道："佛性并不仅限于特定的人，一切人都有，所有的人都有佛性，所以要努力修行，好好地生活，只要积善就一定能成佛；也许今生不能成佛，但在多次托生的过程中会成佛的；所以只要不断地托生，最后都会成佛。也就是说，人都是平等的，或多或少都具有佛性，只要积善行，经过几次托生后，一定会成佛。"[1] 最澄将这种佛教观由人扩展到世间万物，他甚至说"山川草木悉皆成佛"。因此，日本佛教不仅影响到日本社会各个领域和各界精英，而且还将其所从事的各行各业的行为都看作修行。

至于中国儒学对日本的影响更是无孔不入，渗透至日本社会的方方面面，日本人自觉不自觉地在践行儒家思想。这一点诚如美国著名的日本史学家赖肖尔所指出的那样：

> 当代的日本人，显然已不再是德川时代他们的祖先那种意义上的儒教门徒了，但是，他们思想上仍然渗透着儒学的伦理道德观念。儒学或许比任何其他传统宗教或哲学对他们的影响都要大。日本人全心全意地接受了现代科学、有关进步和发展的现代观念、伦理道德的普遍原则、民主思想及其社会准则，等等，但在这个表层之下，强烈的儒学特性却仍有其潜在的作用，诸如相信政府的道德基础、重视人与人之间的关系，还有强调忠诚、热衷教育和勤奋工作，等等。今天，几乎没有一个日本人认为自己是儒学门徒了，但在某种意义上来说，几乎所有的日本人都是儒学门徒。[2]

之所以儒学对日本的影响如此深远，这与以下因素有关。儒学虽具有强烈的道德说教色彩，但其本质上讲究的是"经世致用""经国济民"的

---

[1] 〔日〕梅原猛：《世界中的日本宗教》，卞立强、李力译，四川人民出版社，2006，第55页。
[2] 〔美〕埃德温·O. 赖肖尔、马里厄斯·B. 詹森：《当今日本人——变化及其连续性》，孟胜德、刘文涛等译，上海译文出版社，1998，第204页。

学问，因此，它具有很强的应用价值。而日本又是一个非常注重实用主义的民族，他们引进儒学后，就想方设法地把它转化为具有可应用性的学说。所以，极力倡导儒学的"知行合一"，而不是去咬文嚼字，钻进一味"穷理"的学术研究里面。同时，日本人并不是囫囵吞枣地生搬硬套中国经典，而是按其所需进行扬弃，转化成适于日本土壤的新思想、新理论。如对中国儒学中的"仁"，日本则以"忠"代之。日本著名经济学家森岛通夫认为，轻视"仁"而重视"忠"，这正是日本儒教的特征。他指出："如果说，中国的儒教是以'仁'为中心的儒教，日本的儒教则是以'忠'为中心的儒教。"[①] 更加发人深省的是涩泽荣一"《论语》加算盘"的经营管理学，充分彰显了中国古代经典的现代价值，这点留待以后详述。

而中国的老庄哲学对日本的影响，似乎不如佛学和儒学。但其思维方式，对于科学研究却起了重要作用。日本第一位诺贝尔物理学奖获得者汤川秀树，在其深深陷入对基本粒子的飘忽不定的一筹莫展之际，给予他灵感的恰恰是庄子的哲学，他认为庄子的哲学更深邃。汤川秀树的老朋友——著名学者V. F. 韦斯科夫针对这一点写道："他受到日本——中国文化传统的影响，特别了解逻辑严密性和直觉及想象在科学以及其他人类活动中的作用之间的差别。逻辑推理与直觉思维的关系，是他经常思考的问题。中国式的思维强调直觉的成分——灵感在科学思维中的重要性。要求世界达到和谐的基本愿望显然是自然哲学的主要源泉之一。他向我们讲述了那些对他影响最大的中国哲学家老子、庄子和墨子的思想。"[②]

美国学者贝拉在谈到日本文化时，提出了一个著名的命题。他指出："日本是以政治价值优先为特征，政治优先于经济。与'经济的价值'（economic values）一语的用法一样，此处的形容词'政治的'（political）也采用最广义的概念。从形式上讲，政治价值以表现和特殊主义的类型变量为特征。它关注的中心是集体目标（而非生产力），忠诚是

---

① 〔日〕森岛通夫：《透视日本——兴与衰的怪圈》，天津编译中心译，中国财政经济出版社，2000，第12页。
② 〔日〕汤川秀树：《创造力与直觉——一个物理学家对于东西方的考察》，周林东译，河北科学技术出版社，2010，第2—3页。

第一美德。支配与被支配比'工作'更为重要，权力比财富更加重要。"[1]接着，他又论述道："我认为，日本给我们树立了这种政治理性化过程的一个活生生的独特样板，只有通过对这一点的了解，才能够理解日本的独特的经济发展。在日本，经济价值已有着高度的重要性，但它依然从属于政治价值，并且在诸方面与政治价值相关联。"[2]

诚如此类，关于日本文化的内容，所指的文化内涵极为丰富广博，涉及方方面面，在此不一一列举了。

自大航海时代以来，西风东渐，来自西方的传教士和商人，荷兰的医学解剖学和作为武器的步枪深深吸引了日本人。"兰学"成为当时日本人非常喜欢的学问，被译成日文广泛传播。葡萄牙人将步枪运进种子岛，日本人开始学习制造枪械，为战国时代各派武家进行争夺天下提供利器。日本人善于学习吸收外来文化的天性，使日本这块深受中华文化影响的沃土，又增添了西方的基督教文化色彩。

西方资本主义强势文化不同于东方文化，它使闭关锁国的日本人受到了极大的刺激，由此激发了他们强烈的好奇心。尤其是明治维新前后，日本人看到其以前钦羡的中华帝国遭遇西方殖民列强的宰割，深深懂得了落后就要挨打的道理。于是，当美国佩里黑船驶入日本浦贺港后，日本被迫以开港换取韬光养晦的时运，并以积极向西方列强学习的姿态，采取了"文明开化""殖产兴业""富国强兵"的战略取向，以求自保。为此，日本自上而下、官民一体纷纷走出国门，拜欧美各发达国家为师，以虚心学习吸收资本主义文化的潮流蔚为时尚。而其中由明治政府的主要领袖岩仓具视所率领的"岩仓使节团"，是有组织的、规模最大的考察团，其考察范围涉及政治、军事、经济、教育体制乃至企业制度等。虽然当时明治政府财政非常拮据，新政府也立足未稳，但仍不惜耗费巨资，历时近两年遍访欧美诸国，对欧美进行了全方位考察，尤其是对西方企业制度，更是青睐有加、潜心观察。使节团回国后，明治政府效仿欧美各国的制度和技术、文化，结合日本国情，对日本社会进行了大刀阔斧的改革，这是在政

---

[1] 〔美〕贝拉：《德川宗教：现代日本的文化渊源》，王晓山、戴茸译，生活·读书·新知三联书店，1998，第8页。

[2] 同上书，第9页。

府层面的学习借鉴欧美文化。

至于个人在学习西方大潮中的作用，尤以福泽谕吉、涩泽荣一为代表，在日本近代史上留下了浓重的印记。前者在思想、教育、文化方面建树颇丰，是明治时代的思想领袖、导师；后者是日本明治乃至昭和时代初期的经济界领导者，他直接、间接地参与创立了500多家企业和600多项公益事业，被誉为"日本资本主义之父""日本产业之父"。福泽虽早年接受儒家经典的教育，深受中国文化熏陶，但他是一个不折不扣的西化主义者，其虽在日本启蒙思想教育方面首屈一指，但以其"脱亚入欧论"问世为标志，彻底地离经叛道，从思想上引领日本走上了西方殖民主义扩张的道路，成为日本军国主义侵略亚洲的鹰犬。而涩泽荣一则一边吸取西方近代工业企业制度，一边还坚守儒家伦理哲学，以其别具一格的《论语》经济学或《论语》经营学，即"《论语》十算盘"来指导、驾驭日本企业发展的航向。涩泽荣一的经营之道，可谓东西合璧的"道德经济合一说"，至今仍影响着众多的日本及中国的企业家，成为企业经营的制胜法宝之一。

西方文化对日本摆脱闭塞落后的状况确实功不可没。但西风东渐，也并非全是福音。在西方资本主义强势文化的刺激下，明治政府及其思想指导者福泽谕吉，引领日本强行跻身于西方列强之林，但同时，走上了对内实施警察严密监控镇压国民，对外实行残暴侵略扩张的军国主义道路。最终导致折戟沉沙，在第二次世界大战中战败投降。

二战后，在美军占领下，日本又被迫将目光彻底转向美国，蜂拥而至的美国文化受到日本人的顶礼膜拜。但日本这个国家并没有丧失自尊和自立，这都得益于日本文化所具有的兼容性和对异域文化的消化吸收能力。

关于日本文化的这种特性，日本史学家樋口清之写道：

> 在大陆，几乎所有的文化都是人们自己亲自创造的，所以文化是不间断地呈平缓斜线状上升的。然而，日本文化的发展却与此截然相反，当日本受到大陆文化刺激时就会陡然上升，然后停滞，受到第二次刺激时再次上升。日本文化命中注定要呈阶梯状发展。
>
> 因此，在某一时期，文化落后于大陆，当新的文化传入日本时，

便会迅速与大陆齐头并进。这种阶梯式跃进,在农耕社会中清楚地显现出来,即在狩猎时代引进大陆上成熟的农耕技术,一跃跨过游牧时代。①

明治维新以后,日本更是全方位地吸取西方的强势文化,实现了跨越式发展,率先成为亚洲唯一的资本主义强国。由此,足见日本文化受惠于大陆文化之多,同时,其在文化摄取上并不局限于某一特定地区或国家,而是与时俱进、有选择地接受当时世界最先进的文化,这也充分说明了日本民族是一个极其善于学习、吸收外来文化的民族。

日本著名学者加藤周一提出了有名的"日本文化杂种论",此说与日本文化兼容性是分不开的。但原始的日本本土文化、以中国古典文化为代表的东方文化和近现代的欧美文化,在统称的日本文化中并非构成拼盘文化,而是属于"圆葱文化",即一层一层地剥下去,最后露出圆葱芯。这一点正如日本学者林周二所说的:

> 日本文化,常被人说成呈现三层文化结构。即最下层是笔者在本书中几次用日本文化的"禀性难移"所表达的土俗文化,这至少是从弥生时代就存在的、泛灵主义的稻作农耕时代的文化;其上层有以七世纪以来从大陆大批流入的佛教、儒教和道教等为背景的文明规范和文化;最上层覆盖着明治以来的西洋式文化规范和文化。日本社会从表面上看极像欧美社会,但每遇发生事情,经常从下面喷发出来的是第一层或第二层的文化和人的意识。问题的难于理解在对于什么问题在哪个层次做出反应,都会根据情况而有不同。②

对此,日本另一位文化学者多田道太郎亦有同感。多田道太郎认为日本人"擅长"模仿本身就是一种了不起的重要的发明,日本人的模仿并不是简单地"照葫芦画瓢",而是在模仿的同时赋予事物以新生机。他写道:

---

① 〔日〕樋口清之:《日本人与日本传统文化》,王彦良、陈俊杰译,南开大学出版社,1989,第72—73页。
② 〔日〕林周二:《经营与文化》,第232—233页。

"我们的模仿还有一个重要特点就是模仿后的事物会呈现出复层结构。大致的构成是最上层为西洋式,其下为中国式,再往下是印度式的、佛教性的特征,而这些之下的就是连我们自身都难以分析的、与前文提及的神舆等相关的古神道教,我们文化中很多成分就是这样一层层叠加而成的。组成复层结构的不同层次之间存有矛盾纠葛,一直处于摇摆不定的状态。"[1]

而且,多田道太郎还进一步指出:"日本文化中蕴藏着一股在外国人眼中显得异常甚至可怕的动力,这动力之源就来自该文化不同构成要素之间的不协调。可以断言,不同层次之间的矛盾与纠葛产生了朝气勃勃的动力。"[2] 多田道太郎的日本文化层次动力论与上述樋口清之的论点大同小异,也与我国著名日本文化学者周作人的观点几乎相同。但他在这里提出了这种模仿以及多层结构所导致的矛盾"动力说",则颇具新意和重要性,值得认真省思。

而名和太郎则用独具特色的文化"核"的概念来诠释日本文化的民族特征。他认为:"日本文化特别难以理解之处就是它的两面性:一方面,在它的深处存在'静寂'和'幽玄'一类审美情趣,同时又拥有超近代的大工厂。……即使是经济方面,机械和工厂拥有当代最为先进的水平,完全实现了合理化,然而经营方面却充满家族式色彩,采用的管理方式富有人情。多重对立物共存,而且它们又融合又和谐——这正是人们认为'日本文化不可理解'的缘故。"[3]

谈到日本文化,人们会经常听到两个日语单词,一个是"本音",用罗马字读作honne,译成中文就是心里话或真心话;另一个则是"建前",用罗马字读作tatemae,译成中文就是原则、表面话、场面话或应酬话。与其相对应的还有所谓的"外道世界"的概念,也就是日本文化可分为"表文化与里文化"。会田雄次说:"在日本人的意识里,文化分'表'和'里'两个层次。一般说表文化就是官方的,而且是体制化的文化,而所谓里文化则是私下的非体制化的人际关系、社会关系的产物。日本民族的特征就在于日本人意识中存在着那种认为'里'文化优越的感觉。我们日本人都

---

[1] 〔日〕多田道太郎:《身边的日本文化》,汪丽影译,南京大学出版社,2008,第91页。
[2] 同上书,第92页。
[3] 〔日〕名和太郎:《经济与文化》,第74页。

认为'表'文化是一个虚幻的不真实的世界。"①

在思考日本文化时，自然会关注到日本历史上阶段性地出现各种各样的文化论。比较有代表性的主要是明治维新后出现了主张全盘西化的崇拜欧美资本主义文化的思潮，以及与其针锋相对的坚守日本传统文化的主张，还有像佐久间象山那样比较理性的"和魂洋才"论者。后来，随着日本近代化的发展，日本突破封建社会的藩篱，跻身于西方列强之林。它效仿欧美列强，力主"脱亚入欧"，以炮舰对待其亚洲近邻，先后取得了"甲午中日战争"和"日俄战争"的胜利。于是，其心理更加膨胀，唱响日本大国文化，俨然成了主宰亚洲的领袖。二战投降后，由进步学者发起了风行一时的各种批判日本文化落后论和反动论。但随着日本战后经济的复兴和经济的高速增长，日本受到国际社会的重新评价。由此，以前销声匿迹的文化论者又粉墨登场，高唱日本文化优越论、日本人论等。

堺屋太一提出日本文化是"模仿文化""模式文化"和"软件文化"。他把欧美制造器具的文化与日本使用器具的文化相区分，称日本的使用技术为"软件文化"。他认为：

> 在软件文化的日本，消费者必须学会每一种使用技术。……为了使其成为可能，从德川时代中期开始，软件的规范化，也就是确立了"模式文化"。无论武道、茶道、花道、围棋、象棋，还是对读写算的教育，都制定了"模式"，确定了"棋谱"。……
>
> 这在提高日本人的平等性和信息共同性的同时，也有助于使"本色文化"更为纯粹。因为如果是能授予万人的"模式"，那么要是需要特殊技术、不自然的行为思想就不好办了。
>
> 另一方面，它也遏制了个性和创造力。首先被灌输的是先人规定的"模式"，"打破模式"是禁止的，"自成一派"是遭人蔑视的。其实，"自成一派"才是个性，才是创造。
>
> 这也与明治以后的近代化，特别是战后的规格化大量生产型工业社会的确立有着很大的关系。因为这个国家已经大量地培养出了"按

---

① 〔日〕会田雄次：《日本人的意识构造》，何慈毅译，南京大学出版社，2008，第38页。

照模式"模仿从欧美发达国家引进的技术和知识的骨干技术人员。①

另外，关于日本文化的类型和特点，日本学者青柳正规别出心裁地将文化分类为"热文化""平稳文化"与"积蓄文化""循环文化"。他认为欧美属于"热文化""积蓄文化"，而日本属于"平稳文化""循环文化"。他写道："从制造业发展的指导思想和立场来看，日本与欧洲本来就有分歧，所有的分歧皆源于不同的文化。那么，日本文化与欧洲文化到底有什么不同呢？经过以下一番梳理，日本文化的特征将更加清晰。"②

青柳正规经过梳理，根据法国文化人类学家列维·施特劳斯将社会分类为"热社会"和"冷社会"的模式，进一步加以细分化。他提出了"热社会"＝"激烈文化"；"冷社会"＝"平稳文化"，并认为欧美文化属于前者，日本文化属于后者的观点。

青柳正规进一步分析日本与欧美文化的区别以及日本文化的变异。作为欧美"积蓄文化"的代表，是以钢筋混凝土建构的坚固的高楼大厦，展示的是一个"硬"字。而日本的建筑则为木质结构的房屋，因木质腐朽或遇地震海啸，经常需要翻修，呈现的是"循环文化"，表现为一个"软"字。但自明治维新以来，尤其是1945年战败后，日本的大城市都积极效仿欧美的"积蓄文化"，以钢筋混凝土取代以前的木质结构，构筑起坚固耐久的高楼大厦、平坦的水泥柏油道路，形成高度发达的城市文化；更有甚者，在国土交通省的利益驱动下，还在广大农乡村过度地修建许多很少使用价值的柏油混凝土道路；甚至还把许多海滩、河湾、湖泊水渠、水坝、山体都用混凝土封固起来。因此，日本显著地向欧美文化倾斜，逐渐地抛弃了传统的日本文化。就企业文化来说，被称为日本企业成功的7S文化模式中，认为日本是靠这七项因素中的四项软的结构获胜的，但在泡沫经济破灭后，日本逐渐地倾向于崇拜欧美的硬结构，将原来成功的因素视之如敝屣。正因为如此，青柳正规才大声疾呼要保护日本文化，尤其是日本传统文化。

---

① 〔日〕堺屋太一：《何谓日本》，第179页。
② 〔日〕青柳正规：《日本如何文化立国》，滕新华、王冬译，世界知识出版社，2017，第53页。

日本人总是随着国际形势以及日本国势的变化，不时推出日本文化论来供人们消费。但究竟哪些才是真正代表日本的文化呢？有关这一问题日本人自己仍很模糊，完全是混沌文化学。但日本民族就是在这种文化中生存和发展起来的。

我国著名学者严绍璗在谈及日本文化的基本特点时写道：

> 我认为所谓文化的基本特征，指的是存在于某一种文化深层的一种内在动力。从文化学的立场上考察，那么，可以说日本文化是一种"复合形态的变异体文化"。因此，日本文化的基本特性，便是具有"变异性"。
>
> 文化的"变异"指的是一种文化具备的吸收外来文化，并使之溶解而形成新文化形态的能力。文化的"变异性"所表现出来的这种对异质文化的"吸收"与"溶解"，不是一般意义上的理解。如果从发生学的观点来说，"变异"就使新生命、新形态产生。文化的"变异"一般来说，都是以民族文化为母体，以异质文化为父本，它们相互汇合而形成新的文化形态。这种新的文化形态正是原有的民族文化的特征的继承和延续，并在高一层次上获得发展。[1]

以上这些论述，对于我们深入研究和认识日本文化及其特征，从而真正理解日本人的思维方式和行为方式极为重要。

在当今社会，世界走向国际化、全球化和信息化的互联网时代，各种文化互相碰撞、交流与融合。日本如果能摆正自己的位置，有可能在促进东西方文化融合方面有所作为，发挥桥梁作用。如果能做到这一点，那么，日本文化就会迎来广阔的发展空间。这虽然很难，但日本一些有识之士对此寄予厚望，并在不懈地进行探索。

---

[1] 刘迪：《一个中国学者的日本观——访北京大学教授严绍璗》，《日本学刊》1991年第6期，第124—125页。

第二章 日本企业与日本经济的高速增长

第二次世界大战后日本经济取得了高速增长,其原因很多,但最根本的是依赖日本企业的迅速崛起。企业是经济的主体,只有企业强大,充满活力,才是经济发展的动力。本章将分为以下三节来论述日本企业,即:日本企业的崛起及其当前面临的困境,日本企业的类型,日本企业在世界经济中的地位及其变化和对日本经济高速增长诸因素的考量。

第一节 日本企业的崛起及其当前所面临的困境

日本企业究竟产生于何时,这是一个很难科学界定的问题。日本学者船桥晴雄认为:"日本的长寿企业很多。据调查,在124万家企业中,存续100年以上的企业有2万家,200年以上的有1200家,300年以上的有600家,500年以上的有30家,1000年以上的有5家。"[①] 依据船桥晴雄的观点,日本早在1000多年前就已经有"企业"了。

这其中令日本人特别骄傲的企业是从事寺庙建筑与维修的"金刚组",竟有长达1400多年的历史,成为日本企业史上最长寿的企业。但金刚组是否从其建立之初就称得上是企业呢?当初其只不过是从事寺庙建筑和维修的工匠组织,最多只能算是手工业作坊而已。只是后来随着时代的变迁,尤其是经过明治维新造成的金刚组存续危机之后,促使其组织结构及功能都发生了转换,逐渐演变成现代企业组织罢了。

日本称得上具备企业形态的组织始于德川幕府时代。由于这一时期日本社会稳定,经济有了较快发展,孕育了资本主义萌芽。而幕府实行的"参觐交代"制度,促进了各藩与幕府所在地江户之间的人员与经济交流,

---

① 〔日〕船桥晴雄:《日本长寿企业的经营秘籍》,彭丹译,清华大学出版社,2011,第Ⅰ页。

货币商品经济取得了发展，由此进一步促进了城市的发展和经济的聚集。各藩主所在地因经济地理条件，农业和矿山开采以及手工业乃至交通运输业已逐渐发达起来，并具有鲜明的地区分工的结构和本质特征，这一切极大地促进了日本市场的形成。

尤其是当时城市规模比较大的江户、大阪和京都三大中心城市及其周围，更是集聚了许多富商巨贾。在江户时代，最具代表性的富商巨贾有大阪的豪商鸿池家，他是关西商家的代表。虽然其发迹于战国时代，但真正成为豪商是江户时代，并逐渐涉足酿酒业、航运业、金融业以及农业。在明治维新之际，鸿池家受到重创，但所经营的鸿池银行坚持了下来，后成为三和银行。住友家也是江户时代的大商家，其经营的别子铜矿在当地非常有名，明治维新后逐渐发展成为住友财阀，二战后成为住友财团。三井是江户时代的豪商，明治初期成为政商。其经营领域涉及金融、商业、产业等，成为战前的大财阀，战后演变成三井财团。

明治维新后，日本兴起了一股强大的创办企业的风潮。尤其是以涩泽荣一为首创办了诸多公司制企业。而当时由岩崎弥太郎创办的三菱企业，是明治时代的代表性大企业。此外，以明治初期日本政府币制改革为契机，幕末商家安田家成为日本大银行家，二战前发展成安田财阀。正是这些早期的大企业使日本在明治维新后迅速崛起，带领日本众多中小微企业，实现了后发展国家现代化，完成了日本国家"殖产兴业"的大任。

另外，虽说日本资本主义的发展大大滞后于欧美资本主义国家，但在德川时代，近江商人就开始进行共同经营，而这种企业叫共同企业。日本著名经营史学家由井常彦把当时的这种企业形态称作是"一种合作企业"或"作为合名公司实体性的先驱或萌芽的资本结合形态"。比较普遍的是同族间的资本结合，最具代表性的是三井家族。三井的事业就是由其家族中的9家出资的共同事业。当时大阪的鸿池家也是采取合资公司式的资本结合方式进行运营，这种例子不胜枚举。正因为有上述的企业经营基础，所以，明治维新后日本在引进资本主义的公司制和实行企业所有权和经营权分离过程中，远较西方欧美资本主义国家顺利得多。涩泽荣一在明治时期日本尚不富裕、资金短缺的情况下，能在其创立各种企业过程中采用公司的形式，广泛利用社会上各种分散的零星资本建立企业，因此可以在很短的时间内，创建了500多家企业。这是世界企业经营史上的奇迹，完全得益于德川时代商家的历史遗产，当然也不能排除充分利用西方资本主义公司制度的经验。这是将历史遗产与日本资本主义后发效应有机结合的成功的典型。这也就是日本经济史学家西川俊作所说的"股份公司制度的迅速发展与普及是日本近代经济发展的显著特色之一"。[1]

当我们提到日本明治维新以来经济发展模式和企业经营模式时，非常重要的是，不能忽略日本是后发展资本主义社会这一最大的特点。明治政府成立之初就提出来"殖产兴业"的发展导向，这也是日本国家最大的战略目标和任务之一。因此，政府自上而下地指导整个经济发展方向，而且，还由政府亲自出面引进欧美先进技术和工厂制度，创办官办企业，建立示范企业，作为引领日本民间兴办企业的借鉴。另外，江户时代延续下来的大商家，也主动将自己的家业纳入政府的政策轨道。至于明治维新以后成立的大企业，大多都有政府扶持的背景。政府对经济的强力干预，甚至实行统制经济或"计划化"，这就是后发展国家实现经济快速增长的宿命。长期以来，日本企业与政府保持着密切关系，形成了"政官财"铁三角。这一体制机制有力地促进了日本企业的迅速崛起，被欧美国家称为"日本模式"或"日本株式会社"。

日本企业真正的崛起，是战败后日本专心于经济发展，实现了日本明治以来赶超欧美发达国家的战略目标，终于在1968年明治维新100年之际，成为西方世界仅次于美国的世界第二经济大国。

日本战后的几大经济事件清晰地标示了日本企业的崛起之势。

第一件经济大事件是20世纪60年代开展的GATT谈判，欧美各国强迫日本开放市场，降低关税税率，撤销贸易保护主义，吓得日本各界惊呼"黑船来了！""第二次开国"等。同时，1967年出现了战后第一次日美贸易摩擦，即纺织品摩擦，导致佐藤荣作首相专程赴美去与尼克松总统进行谈判。佐藤荣作首相承诺限制纺织品对美出口，同时，要求美国归还冲绳，这就是有名的"以线换绳"。[2] 这说明日本已经在纺织品贸易方面冲击

---

[1] 〔日〕西川俊作、阿部武司：《日本经济史4：产业化的时代（上）》，杨宁一、曹杰译，生活·读书·新知三联书店，1998，第374页。

[2] "以线换绳"，这句流行语指的是日本主动限制纺织品出口，美国将冲绳归还日本。

了美国市场。

第二件经济大事件是20世纪70年代初,美国放弃了美元与黄金挂钩,实行浮动汇率制,逼迫日元升值,日本称为"尼克松冲击"。与此同时,爆发了世界石油危机,这使高度依赖石油进口的日本经济又遭遇了严重打击。但日本成功地战胜了70年代两次石油危机的冲击,成为西方世界的优等生。而且,日本在钢铁、造船、汽车、机械、家电等方面的出口势头更加迅猛。对此,美国《商业周刊》负责国际金融与商业报道的副主编布鲁斯·努斯鲍姆写道:"日本当前是太平洋经济旋风的中心……日本在商业上锐气十足,就最近的将来而言恐怕只有美国恢复了元气才可能与它一争雌雄。欧洲根本不是它的对手,而且在本世纪内难以改观。"[①]

第三件经济大事件是20世纪80年代中期,以美国为首的五个发达国家的财长和银行行长,于1985年在美国举行了广场饭店会议,迫使日元升值,美元贬值,以打压日本产品出口。日本不得不由出口主导型转向内需主导型。日元急剧升值,催生了日本的泡沫经济,导致日本股市、房市、土地以及购买世界名画等奢侈品的生意兴隆。日本的金融机构也丧失理智,大量放贷,造成了严重的债务风险。从而导致20世纪90年代初日本金融机构大量破产、重组;那些长期被视为卓越的大企业,也尽失昔日风采,利润急剧下滑甚至亏损,有的已经倒闭或面临破产的境地。当泡沫经济破灭后,曾辉煌耀眼的日本企业界,从整体来说,确实已是光环不再,陷入了"失去的二十年"。时过境迁,美国开始唱衰日本了。似乎日本经济已是"无可奈何花落去了"。

第四件经济大事件是在日本陷入泡沫经济破灭后的20世纪90年代中期,在日本面临极为艰难的困境下,美国对日本仍不依不饶,穷追猛打。这充分表现在美国采取制裁手段打压日本汽车对美出口,为了摸清日本谈判的底牌,甚至使用了情报手段窃听桥本首相谈话内容,以便达到有利于自己的目的。这一方面说明当时日本汽车业的强劲势头,另一方面也充分暴露了美国的利己主义,这是值得玩味的。

---

① 〔美〕布鲁斯·努斯鲍姆:《石油时代之后的世界——实力和财富的轴心转移》,卢伟君译,新华出版社,1985,第230—231页。

这四件事象征着战后日本企业的崛起和经济奇迹，但泡沫经济破灭和相关的代表性公司的衰微，宣告日本经济进入了后增长时代。以前名列世界500强的日本大银行和证券公司，纷纷退出500强名单甚至倒闭或合并；象征战后日本企业崛起的大荣公司破产清算，日产和索尼公司请来外国"神仙"当家理财，世界首富西武集团的堤义明因虚报公司财务预算弄虚作假而身陷囹圄，一夜暴富的网络服务公司活力门的年轻掌门人堀江贵文，像流星一样迅速消失，在日本引起一片哗然。对此，2005年4月1日的美国《国际先驱论坛报》颇具风趣地写道："日本公司发生变化最具代表性的例子是，发展迅速的网络服务公司活力门恶意收购富士电视台的原母公司日本放送公司。这场并购战如同《圣经》中牧羊人大卫与巨人歌利亚之间的较量：年轻一代大卫同老一代的较量、精明而随意的着装同沉稳的公司套装的较量、冷酷的新兴公司同走下坡路的保守公司的较量。"[①]

战后日本企业的崛起，使日本成了世界经济强国。但最近30多年日本企业的发展走走停停，无疑给日本经济造成了极大的打击。不过，这绝非意味着日本真的"太阳已西沉了"，面对困境，日本经济和企业进行调整、改革、转型是必须的。这是当前日本企业界面临的最急迫的重大课题，在此过程中，痛苦是难免的。

第二节　日本企业的类型

从幕末至明治年代日本工商业企业形成的史的沿革体现了以下特点。

日本的幕藩封建体制在经济上的一个显著特点是封建批发商体制的高度发达从最上层的大批发商到代理商再到小代理商，直至农村各个角落遍布全国的批发商体系。

之所以幕藩体制下流通渠道和机制如此发达，是因为幕藩体制的一个根本特点是以贡米为内容的实物地租所决定的。封建领主和武士不能光消费米，必须把其中的一部分换成其他生活用品。

伴随着德川经济发展，出现了以剩余产品的价值为基础的农村工业。

---

① 〔美〕《日本公司终结的开始》，《国际先驱论坛报》2005年4月1日。

农村工业的一个特点是自产生之日起就不得不处于一个严密的封建批发商体系的控制之中，就是包买商制工业生产。

自明治维新以后，日本的工业生产开始在维新政府的主导下由包买商制工业生产向近代机器大工业生产过渡。日本工业生产的发展一方面是一些中小资本在新的经济环境下向集中作坊和手工工场发展，另一方面是原来的封建制大包买商资本在明治政府的保护下直接投资于近代大机器工业，向近代产业资本转化。明治维新政府原本试图通过官营企业的形式，进行完全的自上而下的工业化，但在官营企业亏损后即将其下放给了民间资本，采取了扶植民间资本向近代机器大工业过渡的方针，由此形成了初期的政商资本及稍后的财阀资本，它们是日本工业化的主体。

正如严立贤所指出的那样："日本的工业化既不是单纯的自上而下的道路，也不是单纯的自下而上的道路，而是自上而下的道路与自下而上的道路相结合的结果。"[①]

日本在明治维新时期引入西方的企业制度，尽管在企业法规及企业组织模式上效仿西方的制度，但在实际运作的层面上，日本企业受到传统文化的影响，表现出与西方企业截然不同的形态和管理模式。这些日本独有的企业形态和管理模式均反映在"会社"（公司）这一本土概念上。因此，要对日本企业有正确的理解，我们不能只套用西方企业理论，而是要解明"会社"这一本土概念的含义。[②]

日本"会社"的利益主要有两种："会社"永恒的存在与"会社"业务的繁荣发展。而这两种"会社"的利益不但永远凌驾于股东、管理层、员工的利益之上，而且"会社"更要求股东、管理层、员工对这两种利益作出贡献，甚至牺牲自己的利益，这就是日本"会社"的主要特色。[③]

如上所述，企业一词在日本通称为"会社"。然而，虽然日本所有企业都统统称为"会社"，但其间差异有天壤之别。既有小商铺作坊，或夫妻店，也有规模极其巨大的跨国公司、国际性制造公司或综合性商社。甚

[①] 严立贤：《日本资本主义形态研究》，中国社会科学出版社，1995，第4页。
[②] 〔日〕中牧弘允：《日本会社文化——昔日的大名，今日的会社》，何芳译，北京大学出版社，2011，第2页。
[③] 同上书，第3页。

至有的学者干脆把日本称为"会社主义"国家。这一方面说明企业即"会社"在日本国家的量之重,另一方面也说明了日本企业与欧美企业存在着相当大的差异,其中最主要的是文化的差异。

关于日本企业的类型,大致可分为三大类。

第一类是私有企业。这是日本企业数量最多,安置就业人数也最多的企业群。私有企业又分为个人企业和共同企业两类。而共同企业进一步分为:公司制企业(包括股份公司、合伙企业、合营企业和有限公司)和合作企业(包括农业协同组合、生活协同组合等)。

第二类是公营企业。由国家出资的国营企业(包括硬币和勋章等的造币事业、日本银行券和国债等的印刷事业、国有林野事业、邮政省的邮政·储蓄存款·简易保险事业所谓的"四现业")和其他公社公团等;还有一种是由地方自治体出资的地方公营企业(包括公共汽车、自来水、医院和煤气公司等)。

第三类是公私混合企业。包括日本银行、NTT等。

以上三类企业形态,都是以创办企业的出资者为基准进行划分的。

另外,还有一种非常重要的划分方法,就是以企业规模大小,即资本金、销售额、员工人数多少来划分,通常可以分为大企业、中坚企业和小微企业三类。值得注意的是,大企业虽只占企业总数0.1%,但其销售额占全国企业总销售额的三分之一,从业员人数占全国企业雇用总数的六分之一。大企业是日本经济的国家代表队,是日本企业这支舰队中的旗舰或航空母舰。因此,许多作为日本企业个案研究对象均属大企业,这也不足为奇了。然而,尽管占企业总数99.7%以上的中坚企业,特别是小微企业名不见经传,但这绝不表示这些企业不重要。恰恰相反,正是这些企业不仅为社会贡献了全部销售额的三分之二,更加重要的是,在解决劳动力就业问题上贡献极大,占全部企业就业员工总数的80.6%以上。而且,由于中坚企业和小微企业经营活动往往直接面向最终消费者的衣食住行和休闲娱乐等,在服务社会、方便大众生活方面作用非常大。

还不止于此。由于日本经济的双重结构这一特点,许多中小微企业被纳入日本特有的企业集团系列,承担各级分包供应商或零售商角色,形成以大型企业为中心的产业供应链。这些中小微企业,为大企业提供了物美价廉的优质原材料或零部件,使这些大企业在国际市场竞争中处于极为有利的价格优势地位。更加重要的是,二战后日本大企业长期实行的终身雇用制度,却是以众多中小微企业的不稳定的雇用制为补充的。大企业只雇用核心职员,并按着年功晋升薪资和职务,享受高工薪待遇和诸多特权。即使在经济不景气时,大企业也可通过减少经营外包部分,将经济不景气的负面影响转嫁给下属的外包中小微企业,这不仅保证了自身的雇用制的存续,而且,还使其在严峻的经济环境下获取利益。

大企业与中坚企业和小微企业不仅规模不同,其所处的社会地位更加悬殊。大企业由于业务多元化,涉及各个行业和产品、服务,而且又往往是跨国经营,其巨大的影响力受到政府高度重视,在政策上享受国家各种优惠待遇,形成了日本社会特有的"政官财铁三角"结构。与大企业相反,中坚企业和小微企业虽然数量极其庞大,但由于企业规模过小,多为单一产品或服务,单个企业所创造的收益、社会贡献微不足道。因此,其在社会用工、融资方面与大企业有天壤之别。在经济不景气时,政府首先考虑的是大企业,根本无暇顾及为数众多的中坚企业和小微企业的艰难处境,往往任其自生自灭。这就使中坚企业和小微企业经营很不稳定,在环境严峻时,大量破产倒闭。正因为如此,中坚企业和小微企业在经营管理方面,很难像大企业那样有长期的发展规划和健全的组织机构。经营者整天为企业生存和员工的薪水而苦恼,采取随遇而安的短期对策。

除上述分类外,企业还可以按所经营的行业分为制造性企业、服务性企业等。而服务性企业进一步还可分为金融业、文化企业、创意企业和商业、餐饮业等类型。

第三节　日本企业在世界经济实体中的地位及其变化

在日本企业鼎盛时期,日本企业究竟在世界上占有怎样的地位,而现在的状况又如何呢?在此,我想从以下几个方面权衡日本企业在世界上的地位及其变化。

首先,以日本一些大企业与一些国家总体经济实力 GNP 的比较来看,更加突显了日本企业的巨大实力。

日本著名经济学家林直道将1989年日本处于泡沫经济鼎盛时期的一些大企业的销售额与当时亚洲一些国家的GNP总值进行了比较（表1.1）：

表1.1　1989年日本企业年销售额与部分国家GNP的比较

序号	日本企业1989年销售额	各国1989年GNP
1	丰田公司604亿美元、日立公司509亿美元	菲律宾国家GNP总值443亿美元
2	松下电器公司431亿美元	巴基斯坦GNP总值378亿美元
3	日产汽车361亿美元	马来西亚GNP总值356亿美元
4	东芝公司295亿美元	新加坡GNP总值289亿美元
5	本田公司265亿美元、新日本电器245亿美元、三菱电机212亿美元、新日铁208亿美元	孟加拉国GNP总值204亿美元
6	富士通187亿美元、三菱汽车168亿美元、索尼167亿美元	缅甸GNP总值166亿美元
7	马自达公司156亿美元、三菱重工150亿美元、布里奇斯通124亿美元、出光公司112亿美元、日本钢管109亿美元、三洋电机105亿美元、佳能公司100亿美元	斯里兰卡GNP总值62亿美元[①]

以上数据充分展示了日本企业在泡沫经济破灭前的鼎盛时期所拥有的巨大经济实力。可以说，当时日本许多大公司富可敌国。

其次，根据历年来世界500强企业排行榜的位次来考察日本企业的实力。

美国《财富》杂志在1993年8月28日刊登的《世界最大的服务公司》中，商业银行部分列举了1992年的世界500强五大类企业的前10名排行榜。为了节省笔墨，在此仅列出日本企业在前10名中的位次，其他各项均省略。并将其他国家的企业排名一律略去。

第一名至第八名均为日本银行，占前10名中的8名，遥遥领先于世界其他国家的银行。这些银行的排名依次为第一劝业银行、富士银行、住友银行、三和银行、樱花银行、三菱银行、农林中央金库、日本兴业银行。同时这8家银行在1991年的排名中，也均名列前8名。由此可见当年日本金融企业在世界上的地位。

---

① 〔日〕林直道：《现代日本经济》，色文等译，北京大学出版社，1995，第305页。

需要指出的是，"1995年美国《财富》杂志改变了传统的评选方式，将工业公司和服务公司合并评选，首次按企业销售收入排名评选出世界前500强，在其中的前100强中，1994年日本已占五分之二，而美国仅占五分之一"。①

日本企业在世界的地位，以1995年为分界点，之前一直处于上升势头，随后不断下跌，此时间点的数据表明了日本泡沫经济及其破灭前后的时间滞后。

以下是按照美国《财富》杂志和《世界经济统计年鉴》整理的日本企业在1990—2005年世界500强中的数量及按销售额排名进入世界前10名的数量变化情况（详见表1.2）。

表1.2 1990—2005年日本企业在世界500强中的排名

	1990—2005年日本名列世界500强的企业数量	按销售额排名进入世界500强前10名的企业数量
1990	111	—
1991	—	—
1992	128	—
1993	135	—
1994	149	6
1995	141	6
1996	126	6
1997	112	5
1998	100	4
1999	107	4
2000	105	2
2001	88	1
2002	88	0
2003	74	0
2004	82	1
2005	81	1

① 张广玲：《基于文化的日美企业国际竞争力比较》，《江汉论坛》2006年第10期，第28页。此处为节省篇幅，将表2、表3合并整理，括号内的数字为1994—2005年按销售额排名进入世界前10名的日本企业数量。

资料来源：张广玲：《基于文化的日美企业国际竞争力比较》，《江汉论坛》2006年第10期，第28页。

最后，是根据国家间竞争力的比较来判断日本国家的实力，并由此间接推断出日本企业的实力。

这项比较的对象国最具说服力的是世界首屈一指的美国。二战以后的美国成为世界独一无二的超级经济大国，其GDP曾占世界各国GDP总和的近一半，例如1956年美国最大的跨国公司占世界市场的份额超过五分之四。从20世纪60年代至80年代末，在日本、德国的追赶下其占比持续下降，而日本则持续上升。如果从日美两国的竞争力排名来看，日本1981—1993年的竞争力排名，除1985年屈居第三外，均居榜首。而美国则只有1985年占据世界第一，其他年份均位列日本之后，从这个角度可见日本企业的超强实力。

到了1992年底，日本海外资产总额达到创纪录的20,352亿美元，其纯资产达到5136亿美元，连续两年居世界第一；从1986年至1991年，日本的海外投资达到了创纪录的高峰，5年间总数估计达到了4000亿美元，仅1989年日本的资金输出就达到了1794亿美元，其中证券投资1119亿美元，直接投资为675亿美元。日本全球性出击，令欧美国家惶惶不安，难怪西方学者发出了日本"购买美国"的惊呼。

日本泡沫经济破灭后，在"失去的二十年"的过程中，日本企业在世界上的地位逐步下降。作为日本经济晴雨表的股价，一路狂跌，最低时股价只有原来最高点3.89万日元的四分之一，而房地产价格更是狂泻不止，打破了房地产不会贬值的"神话"，同样银行不倒的神话也成了明日黄花。

进入21世纪以来，日本企业在世界总体地位继续下滑。战后以来，长期名列世界大企业前列的制造企业松下、索尼、三洋等大公司以及日本的大金融机构的排位不断下降，甚至遭遇危机，而战后日本著名的大型零售企业大荣已经破产。尤其是有家电王国之称的松下电器，曾一度经过艰难的"破坏性创新"从效益低迷的谷底实现了V字复苏，然而，2012年末再次陷入严重亏损近百亿美元的困境。号称世界液晶之父的夏普公司，泡沫经济破灭后一直表现卓越，但2012年末也宣布亏损56亿美元。2010年"日航"因严重亏损，不得不进行清算，幸运的是它靠日本经营之圣稻盛和夫的回天之力而涅槃重生。据2017年《财富》世界500强企业排名，日本位居前10名的只有丰田公司，排在第九位，前30名中仅此一家。这同日本企业最好时期的情况相比，简直是天壤之别。

在日本经济历经"失去的二十年"后，虽然日本政府千方百计地刺激经济，但起色不大。安倍晋三第二次担任首相之后，祭起了"安倍经济学"，连续射出刺激经济增长的三支箭。安倍晋三曾在2019年1月国会审议会期间自夸地说："由于'安倍经济学'的三箭齐发，日本现在已经连续74个月保持扩张，很有可能创造战后的最长纪录。"[1] 其实，早在2018年10月，日本经济就已经转入衰退。据日本内阁府的统计，即便在此轮经济复苏中，年均潜在增长率仍然不足1%。随着IT技术的发展，美国和中国都诞生了新的跨国企业，但同一时期日本并未出现能够参与世界级竞争的企业。

1989年，全球市值总额排名前十的企业中半数以上来自日本，但现如今，全球前五十的企业中日本只有丰田汽车"一根独苗"。[2] 而新冠疫情进一步动摇了"安倍经济学"。据日本媒体报道，日本人均GDP在世界上的排名，2000年为第三位，2017年下滑至第二十位；日本国内生产总值与20年前相比几乎未变，其在世界上所占的比率，1990年为14.3%，而2017年则为6.4%，下滑了近8个百分点，并在2010年被中国超过，跌到世界第三的位置。

另外，更让日本人难以接受的是，当企业面临严峻形势，许多大企业的经营者在困境面前丧失了原有的经营理念，改走旁门左道、不择手段地谋取利益，污染了企业风气，失去了消费者的信赖，使这些企业的经营更是雪上加霜。日本新闻媒体的评论更加严厉，甚至达到了令人触目惊心的地步。《日本经济新闻》惊呼"日本正在消亡"；《经济学家》杂志刊出了"日本的经济战败"特辑；《读卖新闻》更把日本经济态势比喻为即将沉没的泰坦尼克号。

---

[1] 〔日〕《安倍经济学因新冠疫情失速》，《读卖新闻》2020年8月24日文章。
[2] 同上。

然而，即便是在如此艰难的经济情势下，许多日本学者和有良知的企业家仍在苦苦地摸索突破经济困局的创新之道。这种探索是艰辛而痛苦的，但这也正是日本经济的希望所在。

第四节　对日本经济高速增长诸因素的考量

这是一个被世界各国学者反反复复咀嚼过无数次的课题，尤其是日美两国的学者，在20世纪七八十年代撰写了大量研究日本经济高速增长秘诀的论著。我国从20世纪80年代改革开放开始，许多研究经济的学者以及专门研究日本问题的学者都把目光对准了日本经济，探讨战后日本经济高速增长的原因，以便为我国的改革开放服务。特别是研究日本的学者，他们充分利用语言优势，从译介日本学者的论著开始，进而采用比较研究的方法，不断将自己的研究心得撰写成研究报告、文章或书籍，供我国社会各界参考。

日本自20世纪40年代末至80年代末的40年间，迅速完成了经济恢复和实现了经济长期高速增长，其原因很多。本书受篇幅所限，简要概括为以下几点。

一、二战失败后至泡沫经济破灭前，日本经济长期高速增长得益于"冷战"的国际大环境

第二次世界大战结束之后，全世界掀起了一股强大的争取和平、反对战争的汹涌浪潮，人心厌战思治、迫切渴望过上和平稳定的生活已成为全世界人民，尤其是战争直接受害国乃至战争发起国人民的强烈呼声和共同心愿。

与此同时，美国为了实行冷战政策，在战后初期实施了马歇尔计划，扶植欧洲和日本战后经济重建。同时，还通过组建北约和与日本等建立军事同盟，将矛头针对苏联等社会主义国家。

美国的冷战政策给日本带来了巨大的红利。为了推行冷战政策，向日本提供核保护伞，并在日本长期大量驻军，为日本提供军事保护，为日本节省了不菲的国防开支。另外，为了将日本牢固地捆绑在美国冷战的战车

上，还向日本提供市场和先进的技术，使日本得以在短期内彻底替换落后陈旧的设备，以先进设备和制造技术装备日本的产业，为生产出世界一流的廉价优质的产品、彻底甩掉劣等产品的帽子创造了技术条件。

关于这一点，托夫勒在《财富的革命》一书中写道："在这个关键时刻，面对着新崛起的、拥有核武器的苏联，美国和日本达成了一项三部曲的交易。在军事上，日本要和美国结成同盟以预防由苏联所构成的威胁。反过来在政治上，美国会私下里支持保守的自民党。在经济上，美国将对日本的出口产品敞开大门。"[1]

日本吸收了美国的两大技术发明。第一项技术是20世纪五六十年代约瑟夫·朱兰和爱德华兹·戴明在日本普及的数字质量控制方法，由于他们的贡献，这两名科学家都被日本天皇授予了神圣宝藏勋章。而美国对日本的另一个贡献就是工业机器人。

为了扶植日本经济发展，美国还派遣大量政府官员、经济专家和学者，为日本经济恢复和发展出谋划策，制定经济复苏重建的路线和政策，指导日本企业管理，帮助日本提高管理水平和产品质量。其中，底特律银行行长道奇、税改专家夏普、管理大师彼得·德鲁克，以及上述的质量管理大师戴明和朱兰等，对战后日本经济复兴和发展功不可没。

冷战期间，美国发动朝鲜战争和越南战争，日本成为美国的战争供应商。特别是在朝鲜战争中，日本担负着侵朝美军的后勤补给，再加上军队及其家属的日常消费，不仅为日本带来了极为短缺的宝贵的大量外汇，还使陷入困境的汽车产业等获得了生机，其中丰田汽车就是一例。同时，朝鲜战争还挽救了因道奇超平衡预算而陷入破产边缘的日本经济，使日本很快摆脱了经济衰退，得以持续发展。

另外，冷战期间，美国在日本大力扶植右翼保守势力，大力镇压、削弱左翼势力。麦克阿瑟利用职权，公然取缔日本工会组织的"二·一"大罢工，严重打击了日本工会和工人群众。由此使日本官僚、保守政党和企业管理层成为战后日本各界的主导力量。

---

[1] 〔美〕阿尔文·托夫勒、海蒂·托夫勒：《财富的革命》，吴文忠、刘微译，中信出版社，2006，第282页。

二、由美国主导的国际经济秩序和体制，为日本经济长期增长提供了千载难逢的机遇和各种便利条件

美国是战后国际秩序和规则的制定者，由美国主导制定的国际金融政策、贸易政策、资源能源政策等一系列政策，都有利于美国等西方发达国家，而不利于广大的贫穷落后的发展中国家。恰恰是这种完全不平等的国际经济秩序和规则，为日本这个资源极端缺乏和市场极其狭小的国家创造了极其有利的机遇和条件。

首先，从贸易条件来说，贫穷落后的发展中国家的资源能源和农产品等初级产品，在国际市场上都被压低价格；相反，工业发达国家的制成品则以远远高出其价值的价格对发展中国家进行销售，剥削发展中国家，赚取超额利润。

以美国为首的西方发达国家垄断和控制发展中国家的资源和能源，它们掌握着这些资源的定价权，随意压低资源和能源的价格。从战后初期到70年代初石油危机，西方从中东产油国大量进口廉价的原油，当时原油价格便宜得就像水一样。据统计，1960—1970年日本进口石油的最低价格为每桶1.59美元，而且，要买多少就能买到多少，这对99.7%以上的石油依靠进口的日本来说，对其经济发展是极大的利好。但当中东产油国联合起来，建立了石油输出国组织"欧佩克"，保护能源资源，实行石油限产后，不仅造成了油价大幅飙升，而且还对西方发达国家限制出口。由此曾一度造成日本国内物价疯涨，甚至卫生纸都断货。以石油危机为契机，西方发达国家陷入了长期的经济滞胀危机。如果把石油危机之前的油价与每桶150美元左右的最高油价加以比较，二者相差近百倍。由此可见，西方发达国家对发展中国家资源掠夺的程度。另外，特别值得一提的是，日本用从发展中国家进口的原油为燃料生产的钢铁、船舶、汽车等各种机械设备，以及以石油为原料生产的化纤等各种化工商品出口到发展中国家的价格都极为昂贵。这正是日本战后经济迅猛增长的重要原因之一。

其次，美国在日本战后初期经济最困难时期，为日本提供粮食等物资和资金，使日本得以摆脱国家破产。而美国对日本市场开放以及免费提供技术，解决了日本经济恢复和发展的两大短板。日本能不断以先进技术和

设备生产出优质产品,并源源不断地输出到美国等市场,完全得益于美国对其市场的开放。

当然,日本经济长期高速发展,受益于开放的国际经济大环境之处甚多,在此就不一一加以论述了。

三、战后初期美国主导下的日本各项民主改革,为其清除了经济发展的各种障碍,理顺了经济发展的机制

战败后的日本在美国占领下,实行了一系列西方式"民主化"改革。这些大刀阔斧的改革,在日本广大民众和民主进步人士的积极支持下,取得了巨大成功。如果把明治维新作为一场不彻底的资本主义革命的话,那么,在美国主导下的日本战后改革,则是针对明治以来所保存的浓厚的封建主义躯体动了一次大型手术。通常把这次改革称为日本"第二次开国",可以说,改革使日本成为真正意义上的资本主义国家。

这次改革涉及日本政治、军事、经济、社会、教育、文化等诸多领域,其主要成果集中反映在《日本国宪法》中。这次改革比较彻底地廓清了反动落后的封建主义和军国主义思想、组织和体制,极大地激发了日本广大国民的热情和积极性,充分解放了社会生产力。

正如上述所说的那样,由于改革涉及领域非常宽泛,下面仅就与经济发展影响巨大的几个方面略加概述。

一是非军事化,解散军队和解体军工产业,大批军人复员。日本在发动侵略战争时期,除保持必要的支撑战争的产业和企业外,将年富力强的青壮年男性都驱赶到战场上投入战争,使军队人数极度膨胀到720多万人。据统计,日本在战争中有186万军人及随军家属丧生。日本著名经济学家都留重人写道:在日本战败结束后,日本有多达一千多万劳动力后备军。其具体来源如下:

"因解除战争动员而退役离职的,710万人;主要从亚洲各地回国的,260万人;原军工部门解雇的工人,160万人。"[①]

特别值得一提的是,中上层军官基本上都是各级军校毕业生或受过中

---

① 〔日〕都留重人:《日本经济奇迹的终结》,李雯雯、于杰译,商务印书馆,1992,第7页。

高等教育，下级军官和普通士兵一般也都受过较好的教育，而且都是年富力强的男性。他们复员后进入各个领域，成为一支高素质的经济发展的有生力量。他们中的大部分人成为企业的骨干，有许多人利用战后经济发展的有利时机，成为创业型企业家或企业中高层经营者、工程技术人员，为日本战后的经济发展注入了充沛的劳动力。

更重要的是，非军事化将大量人力、资金和技术等宝贵的资源用于发展经济。

二是解散财阀，实行企业经营民主化。日本战败前的财阀实行家族式封闭治理，极少数财阀家族控股公司掌控着麾下众多的企业经营大权，控制着国家经济命脉。日本在解散财阀的过程中，剥夺了财阀家族对企业的经营大权，使一大批中坚层职业经理人一跃成为公司最高层。他们在原来的财阀家族企业中仅仅是高级雇员，但他们都是具有高等学历的专业管理者。由于这些新经营者原来很少拥有甚至根本不拥有股份，就很容易实现企业所有权与经营权的分离，打破了长期以来资本与经营相结合的体制，形成了所谓的"经营者革命"。这些经营者在原来的管理过程中，与普通员工有密切的联系，了解员工们的需求。在走上最高经营管理岗位后，在经营决策和日常管理方面，能够注意倾听基层员工的意见和建议，照顾员工的利益，实行民主化管理，充分调动员工的积极性和参与性。这也正是日本企业能有效开展质量活动和改善、革新活动的动力所在。

三是农地改革，创造自耕农，实现耕者有其田，解放农村生产力。战后日本第二次农地改革法第一条规定，由国家征购下列土地：不在村地主的全部出租土地；在村地主的1町步（北海道4町步）以上的出租地；虽系自耕地但农地委员会认为不宜经营的3町步（北海道12町步）以上的市町村居住者的土地；虽不是耕地但经营上所需的房地、草地、未开垦地。第二条规定，征购的土地将由国家卖给佃农。第四条规定，残存出租地的地租改为货币地租，地租率水田在25%以下，旱地在15%以下。

农地改革使日本农村土地制度发生了重大变革，传统的封建地主剥削无地少地佃农的经济基础被打破了。在农村出现了以自耕农为主体的新型农业生产关系，以自耕和以自耕为主、佃耕为辅的农户占总农户的87%，农地改革之后，日本自耕农持续增加。这种非暴力的自上而下的农地改革模式，尽管也曾遇到地主的强烈抵制和反抗，但总体进展还是顺利平和的。日本农村土地关系的变革，极大解放了农民的生产力，促进了农业机械化。农村发展、农民富裕、农产品增收，不仅解决了日本人吃饭问题，还为工业发展提供了生产原料、劳动力和市场。因此，农地改革对战后日本经济恢复和发展的贡献不可小觑。当然，日本农村的小农化，对今后日本进一步实现农业现代化，也造成了诸多的限制。

四是政治民主化改革，政治改革涉及面非常广，但作为其集大成者乃是制定日本国新宪法。特别是宪法第九条明确规定：日本国民衷心谋求基于正义与秩序的国际和平，永远放弃作为国家权力发动的战争、武力威胁或使用武力作为解决国际争端的手段。

"为达到前款的目的，不保持陆海空军及其他战争力量，不承认国家的交战权。"[1] 这是美国出于防止日本重新军事化，构成对美国和世界和平的威胁。但其对日本而言，却获得了极大的好处。

五是教育民主化改革，为战后日本的发展造就了大量的各种高素质人才。教育改革清除了长期统治教育系统的封建主义和军国主义思想、体制，清除了那些灌输封建主义和军国主义的教职人员。实现了教育民主化、科学化、大众化和国际化，为日本经济腾飞造就了源源不断的各类科学技术人才和高素质的员工。

许多从事日本经济高速增长研究的专家学者，都注意到了教育对经济发展的巨大支撑作用。有许多学者专门研究教育对日本经济的贡献度，其为知识经济时代的到来储备了雄厚的人力资源。

四、日本社会内部各种有利经济发展和高速增长的因素得到了充分发挥和释放

如果说以上三点主要是客观外界因素影响的话，那么，这第四点就是源于日本自身的内生机制，将日本社会一切有利于经济发展的各种因素发挥到了极致，从而创造了令世界瞩目的经济发展的奇迹。

---

[1] 〔日〕宫泽俊义：《日本国宪法精解》，芦部信喜补订，董璠舆译，中国民主法制出版社，1990，第135页。

首先，是拥有人力资源的红利。战后日本拥有数量庞大、廉价而优质的人力资源。除上述谈到的大批复员退伍军人外，还有数量庞大的农村富余人员和新教育体制下培养的高学历的毕业生。战后初期的婴儿潮，在经济高速增长时期成为生产力大军。战前日本经济结构中工业化和城市化不充分，战后在工业化和城市化过程中，他们大量涌入城市，成为日本工业发展的后备军。二战后的教育改革，不仅清除了封建主义和军国主义的教育体制和教学内容，而且逐渐普及了普通教育和扩大了大学教育，为各领域培养了大批高素质人才，其中绝大多数进入了经济发展第一线的企业界。

其次，激发了日本企业家的创业、创新精神。日本在战后经济发展过程中，涌现出了一大批锐意进取、富于创业精神、积极投身于创办新企业的年轻一代。日本的一些大企业，有不少都出自这批创业型企业家之手。

日本的企业家精神还表现在他们极强的学习求知欲望方面。这点将在其他部分有翔实论述。

再次，充分利用后发展机制，变不利因素为有利因素。积极学习、引进先进的科学技术和企业经营管理制度。日本的近代化，晚于欧美资本主义发达国家，属于后发展型资本主义。用日本著名社会学家富永健一的社会发展理论来说，后发展国家实现近现代化，虽有诸多不利因素，但也并非完全是坏事。因为日本在现代化过程中，可以吸取它们的成功经验和失败的教训，少走许多弯路。而且，可以把它们的成功经验和先进的科学技术、管理技术以及各种现成的组织制度直接拿来为我所用，无须为此交学费。明治维新后许多成功事例，都很好地诠释了这一点。

日本战败后，国家到了破产的边缘，到处一片废墟，许多国民居无定所，食不果腹。许多厂房被毁，设备老旧破损，技术落后。然而，大破大立，打破了原来破损的坛坛罐罐，引进西方最先进技术设备，实现了赶超欧美先进国家，这既是一个奇迹，又符合后发展国家赶超先进国家的规律。

最后，制定和实施了一系列有利于经济发展的宏观规划和政策。由于这方面已有大量的论述和深入的研究，在此仅简要列举一些重大的规划和政策的标题。其中有倾斜生产方式，优先发展重化学工业的战略，适时调整经济结构的产业政策，国民收入倍增计划，国土整备和基础设施建设规划等大型影响经济发展全局的战略性规划。另外，还根据国际经济贸易和科技发展趋势，适时提出了贸易立国、科技立国等一系列方针政策。尤其是当经济不景气时，政府会运用金融和财政杠杆直接干预经济，并利用窗口指导，为企业运营把脉问诊，为企业团队保驾护航。

五、法人资本主义组织结构下的日式企业集团，将企业外部市场转变为内部市场，构成了公司间协商与竞争的良性循环

日本学者奥村宏首次提出了法人资本主义理论，并被广泛接受。该理论很重要的一点就是阐释了日本特殊的公司之间的交易关系。无论是企业集团内部法人间相互持股，还是以主银行为主导的间接融资体制，以及企业系列化、大企业与中小企业承包制的双重企业结构设计等。都对于实施维护大企业稳定经营，起到了保驾护航的作用。上述这些发展取向的选择，直到日本泡沫经济破灭之前，一直运营顺畅，发挥了积极效应，成为日本战后经济长期高速增长的法宝之一。

奥村宏深入分析了日本企业间内部交易，不仅增强了企业之间的关系，还降低了市场交易中的谈判成本，并克服了市场的不确定性，使企业能够稳定经营。另外，由于形成了稳定的相互持股和以主银行为特征的间接金融制度，在资本自由化过程中，可以有效防止外部资金通过股市收购或兼并日本企业，形成了一道坚固的防火墙。这种法人资本主义结构下的日本式企业集团组织，虽然在泡沫经济前一直运行良好，但时过境迁，在泡沫经济及其破灭后，这种组织结构逐渐暴露出其局限性和弊端。

对此，奥村宏对其进行了深刻透彻的论析。他在1997年指出："20多年来，我一贯坚持对法人资本主义的非人性、非合理性进行批判，并始终认为其早晚会走向灭亡。"[①]

奥村宏与时俱进，认为日本大企业股份公司制已经走到了尽头，积极倡导日本企业必须改革，这是日本企业走出困境的唯一出路。

---

① 〔日〕奥村宏：《21世纪的企业形态》，王键译，中国计划出版社，2002，第2页。

六、战败后掀起的日本现代化论研究，特别是20世纪50年代末西方学术界加入日本现代化论的大讨论，极大地激发了日本民族自信心，成为助推日本经济高速增长的心理和精神动力

现代化这个概念，在日本称为"近代化"，因为日本将明治维新后的社会称为近代社会。明治新政府所推行的国策就是实行"文明开化""殖产兴业""富国强兵"，其目标就是要实现赶超欧美列强，把日本建设成一个资本主义现代化强国。

因为早在日本明治维新前一百多年，西方欧美一些国家就已经实现了资本主义，即建立了现代资本主义政治、法律、经济、企业、教育和科技等诸项制度，成了政治、经济、科技高度发达的社会，人们通常把资本主义发展过程叫作现代化。但长期以来，关于现代化并没有一个确切的定义，在某种意义上来说，由于资本主义发源于西方，其最具代表性的是大城市的兴起、工商业的繁荣和科学技术的进步，尤其是以制造业为代表的工业的发达，所以一谈到现代化，所指的就是西方化、城市化和工业化等高度发达的物质文化。正因为如此，在以欧美资本主义为中心的"西方主义"世界观下，所谓的现代化理所当然就成了固化了的西方化。

长期以来，尽管都在讲现代化，但并没有能够成为学术界和广大知识阶层所公认的现代化理论。

第二次现代化论，是在日本二战后的20世纪40年代中期开始的。在麦克阿瑟领导下的占领军总部，强行推动日本非军事化和西式"民主化"，日本再次面临今后发展道路的抉择。这在许多学者中间出现了批判、反思和探讨日本明治维新后走过的道路是否正确以及今后国家发展方向的大讨论。由于日本战败投降，日本明治维新以来的国家体制受到了民主进步势力广泛地批判和严厉追究，一些学者也开始认真反思日本体制究竟出了什么问题。例如，大冢久雄、丸山真男、川岛武宜等学者在1948年前后发表了一系列现代化论著，开启了日本现代化研究的序幕。日本的学术团体自1951年起进行了有组织地开展研讨"日本现代化"问题。涉及明治维新后的政治体制、经济制度、社会文化以及教育等诸多领域。日本评论家加藤周一写道："现代化是必要的。但是西方化却未必必要。现代化即西方化虽然是明治以后日本历史的主线，但是却没有理由说今后的日本也必须如此。毋宁说，为了不重蹈失败的覆辙，有必要改变现代化即西方化这种想法。"①

日本现代化研究逐渐形成了一股热潮并经久不息。1959年，日本专门出版了《现代化与传统》《历史的概观》《知识人的成长与作用》等研究专著，这些论著集中了20世纪50年代对现代思想与现代化专题的研究成果。值得一提的是，曾担任美国驻日大使的东亚研究专家、著名的美国日本史学家赖肖尔有关现代化的论述非常引人注目。他早在哈佛大学东亚系任教时就已经形成了日本现代化的观点，他在文章中谈到"尽管人口过剩和缺少天然的资源，但日本自19世纪以来仍然完成了工业化和现代化，成了世界的强国"。②赖肖尔认为，日本的社会结构使其现代化采取了西方的模式，而且认为这种社会结构是源自日本的传统。在日本，近代化成为重大问题，这件事本身就可以说是有意义的。这是因为：第一，日本是在近代化过程中迈出巨大步伐的唯一的非欧国家。拿这一事实与西方近代化进行比较研究，就能赋予"近代化"这一历史变化以更加明确的定义。第二，日本近代化的发展进度比西欧各国都快，因此，它更加鲜明地具备近代化的历史特征。第三，日本作为非欧国家迅速完成近代化的经验，给予亚洲、非洲各国以许多启迪。③

进入20世纪60年代后，从各个学科领域探讨日本现代化的论著不断付梓。被誉为日本政治学鼻祖的丸山真男于1961年编辑出版了《现代的人与政治》；历史学家福田恒存从1963年开始在《文艺春秋》上连载《日本近代化试论》；著名女文化人类学家中根千枝在《中央公论》杂志1964年5月号上，发表了《纵式社会的人际关系》专论；著名学者依田熹家从1967年开始进行比较研究中日两国现代化；鹤见和子于1970年出版了《好奇心与日本人》；等等。

最具代表性的事件，是1960年在日本箱根举行的关于"现代日本"的

---

① 〔日〕加藤周一:《日本文化的杂种性》，杨铁婴译，吉林人民出版社，1991，第62页。
② 同上书，第5页。
③ 〔美〕埃德温·赖肖尔:《近代日本新观》，卞崇道译，生活·读书·新知三联书店，1992，第2页。

国际学术会议。这是第一次探讨现代化的国际学术会议,中心议题是日本和现代化,参加者包括欧美和日本学者。他们从政治学、社会学、历史学和文化学等诸学科领域研究日本的现代化问题。以这次会议为契机,在国际上展开了一场有关现代化的大讨论。

这一时期关于"传统"与"现代"的讨论,终结了战后初期日本学术界兴起的批判日本战前政治经济体制落后论的思潮,其伴随着日本经济的高速增长,在日本社会上掀起了日本文化论热。从而使日本国民在心理上对日本的未来产生了高度自信与自豪感,充分激发了他们的热情和动力,日本人充满了通过自身的努力拼搏来圆长期追求的赶超欧美发达国家的"日本梦"。

起始于幕府末年和明治时代,在二战后重新掀起的日本现代化论,具有在思想上、精神上彻底解放日本国民的先导作用。可以毫不夸张地说,这是一场迟来的日本版的"文艺复兴"运动,为战后日本的发展注入了强大的思想和精神动力。

七、战后国际上的资源、能源等丰富且价格低廉,尤其是石油对战后日本经济高速增长的贡献尤为重要

关于这一点,堺屋太一在《知识价值革命》一书中给予了充分肯定。他说:"第二次世界大战后的世界,与第一次世界大战之后的世界的根本区别,首先是资源、能源、农产品的丰富和价格低廉。并且,正是这些条件才是使世界性的经济长期高速增长成为可能的最基本的原因。"[1]

石油对战后发达国家经济长期高速增长的贡献怎么评价都不为过。而对于日本经济发展来说,其贡献度更高。

首先,日本经济的高速增长源自其重化工业和机械电子制造业。通常比较重视石油作为能源的作用,这一点无可厚非。倘若没有石油,日本整个国家就会断电断气,停止运转,日本列岛就会成为黑暗的世界,这是明眼人都看得见的事实;但石油的作用远远不止于此,就拿钢铁等冶金工业

---

[1] 〔日〕堺屋太一:《知识价值革命》,黄晓勇、韩铁英、刘大洪译,生活·读书·新知三联书店,1987,第12页。

来说，石油不仅是冶炼用的动力源，还承担运输这些矿产资源的大型车船用的燃油；而对于化学工业来说，其生产过程和所用原料主要靠的是石油；而日本农业用的化肥以及耕种和运输都依赖于石油；更不必说日夜奔驰在公路上的公共或私人汽车靠石油来驱动，而其所行驶的柏油道路，也是靠沥青来铺设的；等等。从一个日常生活最普通的例子来看，在20世纪70年代中期石油危机时，导致了日本家用卫生纸脱销的"抢购潮"可见一斑。广而言之，日本人的衣食住行乃至娱乐都离不开石油，石油已经深深地主宰和制约日本经济和日常生活。当然这里所举出的不过九牛一毛，仅此已足见石油对日本经济社会的重要程度了，若没有战后的石油勘探、采掘、精炼等的技术革命所开启的石油文明的时代，就根本不会有战后日本经济长期高速增长。

综上所述，大致可以给战后日本经济社会崛起描绘出一个简单的轮廓。在泡沫经济破灭以前，日本经济长期高速发展，是由于各种有利因素综合作用的结果。但这些因素并非一成不变，随着日本人口老龄化和少子化，全球化和新技术革命迅猛发展，国际上东西方冷战体制的解体，尤其是最近几年来，西方兴起的民族主义和民粹主义，美国特朗普实行的"美国第一"的逆全球化贸易保护主义，使国际经贸环境出现了极大的不确定性，战后形成的国际政治经济秩序呈现了混沌的无序状态。这种国际环境和世界秩序，对脆弱的日本经济体制无疑将会产生巨大的冲击，抵消了日本重振经济政策的效果。再加上日本经济长期发展过程中所累积的弊端，使日本承受着国内外双重压力，这些以前未曾预料到的不利的内外因素渐次叠加上升为阻碍经济发展的主要因素，日本社会已经处于过去、现在和未来的交叉路口。

第三章　企业文化的源与流

企业文化对企业经营管理如影随形，企业文化是企业的灵魂。有一个成语叫"魂不守舍"，企业文化正如人的灵魂一样，是企业的守护神。它作为企业的精神支柱，无时无处不在影响着企业的行为。企业文化是在企业创立、成长过程中逐渐形成的，其中，企业领导人或企业家在企业文化创立和形成中的作用尤为重要。这种企业文化应该是内生的，绝非刻意强加给企业的。企业文化的构筑体现了社会对组织各方面的深远影响。美国学者潘威廉写道："企业文化是通过企业成功的经营、组织活动，从不断积累的努力中发展而来的。它折射了过去在企业中起作用的东西。企业文化会在很大程度上影响一个员工是否会继续与公司合作下去，以及他们的思维、心理、期望和行为。总之，企业文化影响一个企业的方方面面。"[1]

第一节　关于企业文化的概念

企业文化是企业在长期的生产经营中形成的特定文化观念、价值体系、道德规范、传统、风格、习惯和与此相联系的生产经营观念以及对外表现出来的外部社会形象。"企业文化作为一种亚文化，是社会大文化背景下的一种非主流文化。20世纪80年代初期，日本经济飞速增长，美国管理学专家及学者总结比较了日美企业管理差异并提出了企业文化理论。"[2]

西方学术界将企业文化称作"组织文化"（Organization Culture）。较早对文化与企业管理关系进行探索研究的是美国的管理学家切斯特·巴纳德。他在1938年《管理工作的职责》一书中首次提出办好企业的关键是价

---

[1] 〔美〕潘威廉：《企业兵法教程》，林丽芳译，北京大学出版社，2001，第63页。
[2] 张璐阳：《企业文化概念的导入教学》，《河南教育学院学报（哲学社会科学版）》2014年第6期。

值观问题、人的积极性问题，并且注意到了管理者需要充分发挥人的积极性，保证这个企业组织在实现经济目标的同时认真地做好人的工作。标志着企业文化理论诞生的是哈佛大学教授特雷斯·迪尔和麦肯锡咨询公司顾问阿伦·肯尼迪。他们认为："企业文化由价值观、神话、英雄和象征凝聚而成，并且这种文化对于企业发展具有重大意义。"①

埃德加·沙因（Edgar H. Schein，1928—2023）是西方组织文化和组织心理学领域的开创者和奠基人，是世界百位最具影响力的管理大师之一。"沙因对组织文化的定义是：组织文化是特定群体在学习应对其外部适应和内部整合问题时发明、发现或发展的基本假设模式，并且运作良好，被认为是有效的，因此，教给新成员关于这些问题的正确感知、思考和感受方式。"② 埃德加·沙因在1985年提出，"企业文化是对企业全体成员树立的一种深层次的信念，在企业所处的市场竞争环境中跟随着行业情形变化而变化，对企业全体成员起到促进作用和引导作用"。③ "在沙因看来，组织文化分为三个层次，分别是人工饰物层、信奉的信念和价值观层以及基本假设层，这三个层次是相互影响、互为因果。""人工饰物"是组织文化的可见符号，具体包括产品、建筑、着装、可观察到的礼仪和庆典等，也就是企业外在带有企业符号的物品；"基本假设"是指组织文化中那些"无意识的、视为理所当然的信念、知觉、想法和感受等。……基本假设很难识别，但是对企业和企业员工来说都非常重要，它是企业决策和员工个人决策的依据"，是属于组织心理学层次的默认共享文化。④

中国学术界对企业文化的定义，以王成荣为代表，他认为"企业文化概念是指在一定社会大环境背景下，经由领导者倡导和员工认同与实践，所形成的价值观念、信仰追求、道德规范、行为准则、经营特色、管理风

---

① 特雷斯·迪尔、阿伦·肯尼迪：《公司文化》，叶永青、陈征等译，上海科学技术文献出版社，1989。
② 李磊：《组织文化全景图——纪念企业文化理论之父埃德加·沙因》，《中外企业文化》2023年第3期。
③ 埃德加·沙因：《组织文化与领导力》，中国人民大学出版社，2014。
④ 李磊：《组织文化全景图——纪念企业文化理论之父埃德加·沙因》，《中外企业文化》2023年第3期。

格以及传统和习惯的总和"。① 王成荣认为"全球企业文化'三原色'是由三种核心价值构成的，即人本文化、创新文化、信用文化。任何一个企业的文化都包含着三原色，无一例外。""人本文化体现在管理上，是以人为中心的管理，或称人性化管理。""人本文化体现在经营上，即以顾客为中心，坚持顾客本位，主要集中在对顾客权益的保护和维护上。""企业生存的永恒定律——不创新即死亡。因此，创新文化也是企业内生的文化。"褒扬诚信、惩戒失信是成熟的市场经济的基因，更是优秀企业文化的基因。"如果说，人有智商、情商、财商、健商，那么企业也有智商、情商、财商、健商。信用是属于健商范畴，指诚信精神、环境意识和社会责任感等。"② 王成荣认为，企业核心竞争力是指企业在一定时期内保持竞争优势的动态平衡系统，这个系统包括三个要素：技术力、管理力、文化力。三者处于不同层面，有机组合、动态平衡，最终形成核心竞争力。文化力具有间接性和持久性的特点，上述三要素在核心竞争力形成中不可或缺，但文化力居于核心地位。③

近年来，企业文化成为管理学的重要命题，日渐受到学界的重视和研究，研究手段和方法也得到了很大更新和突破。其中量化分析法成为一门显学。西方学者金·卡梅隆（Kim S. Cameron）和罗伯特·奎恩（Robert Quinn）于1998年较早地在企业文化研究领域引入了测量工具，沙伊德尔（Scheider）于1990年提出以"企业文化氛围、企业组织文化建设、企业员工工作积极性、企业管理成员的工作思维和工作作风等多个维度"来研究企业文化，提出以模型方式研究企业文化。荷兰社会学和心理学家吉尔特·霍夫斯塔德（Geert Hofstede）于1990年采用建模方式尝试对企业文化进行研究。自从霍夫斯塔德对企业文化进行实证研究后，企业文化中的诊断方法就被普遍运用，运用理论模型对企业文化进行诊断，开启了研究领域的新篇章。21世纪，OCAI量表、TMCT模型相继被应用于诊断企业文化，如企业文化的类型和企业行为方式的文化差异等。企业文化研究越来越受到企业管理者的重视，企业文化诊断也成了企业文化构建体系的重要

---

① 王成荣：《企业文化》，中央广播电视大学出版社，1998年。
② 王成荣：《企业文化的全球化视野》，《中外企业文化》，2018年第6期。
③ 王成荣：《企业文化与企业核心竞争力》，《冶金企业文化》，2006年第3期。

部分。随着日益加剧的市场竞争环境，企业与企业之间的差异性也越发明显和独特，企业文化建设已经成为当代企业管理的重要内容。[①]

中国人的企业文化概念，在与国际企业文化概念具有共通性的同时，注定具有鲜明的民族性，尤其是与中国优秀传统文化的结合。当代中国企业文化建设已经被提升到坚定中国特色社会主义文化自信的高度加以强调，可见企业文化的重要性。

中国人民大学徐尚昆团队2012年对12个EMBA班394名企业中高层经理学员进行了一项开放式问卷调研，对组织文化概念范畴在中国企业家中的现实情况进行了一次摸底，再次展现了中国企业文化中蕴含的优秀中国传统文化底蕴。

该团队研究结果显示，中国企业家有关企业文化的概念和关键词（表3.1），与外国、境外华人企业有着明显的差异，"社会责任""诚信""贡献"是中国企业家企业文化概念构成中具有民族传统文化独特性的价值维度。（表3.2）该团队认为："中国有着与西方国家截然不同的社会文化背景及制度安排，我们有理由质疑西方的企业文化概念范畴及特征维度是否同样适合于中国企业。"通过上述归纳性分析，其团队的开放式调查一共得到了代表中国组织文化的12个概念维度，根据丹尼森（Denison）、奥莱利（O'Reilly）以及沙因等人既有的研究，徐尚昆团队采用"内部整合"和"外部适应"标准对组织文化特征进行了归类。[②] 将12个组织文化维度归类为四大类：参与性、一致性、适应性和使命，并给出了组织文化维度的解释性陈述。

表3.1　12家样本企业的组织文化内涵的关键词

企业名称	关键词（146）
联想	追求、客户、安全、易用、创新、效率、诚信、社会责任感、核心价值观
海尔	核心价值观、创新、奉献、追求卓越、敬业报国、行动、速度、服务、真诚

---

① 骆靖云：《A公司企业文化诊断研究》，硕士学位论文，云南财经大学，2023。
② 徐尚昆：《中国企业文化概念范畴的本土构建》，《管理评论》2012年第6期。

续表

企业名称	关键词（146）
青岛啤酒	进取、奉献、创新、严谨认真、务实高效、股东、消费者、社会责任、服务、人才
万科	客户、投资者、员工、社会、目标、学习、创新、核心价值观
中兴	核心价值观、忠诚、服务、客户、创新、效益、诚信、沟通、协作、成长、顾客满意、质量、速度、学习、领导、执行
白沙	核心价值观、消费者、满意、服务、员工、合作伙伴、政府、遵纪守法、诚信、目标
上海大众	专业、高效、富有创造性、变革创新、追求卓越、永争第一、员工、经销商、供应商、其他合作伙伴、以人为本、勇担责任、质量领先、合作共赢、持续发展
TCL	创新、顾客、股东、员工、社会责任、敬业、诚信、团队、尽责、变革
海信	社会、敬人、敬业、创新、高效、严格、雷厉风行、立信、质量、团结、众志成城、人才、客户
亿达	目的、追求卓越、以人为本、团结、拼搏、学习、创新、超越自我、人才、信誉、目标、协同、有序、速度、效率、团队、责任心、事业心、职业化、投入、忠诚、信任、创新
格兰仕	顾客、诚信、优秀到卓越、以人为本、创造、团结、变革创新、速度、效率、责任、勤奋
万向	顾客、股东、员工、社会、诚信、忠诚、务实、创新、卓越、目标、以德为先、公大于私

表3.2 中西方企业文化维度异同及本研究与华人研究结果对比

Denison (1995)OCQ	郑伯埙 (1990) VOCS	忻榕等人 (2004)研究	本研究
团队导向	团队精神	内部和谐	团队精神
顾客至上	顾客取向	顾客导向	顾客导向
制造变革	卓越创新	创新	创新变革
协调与整合	敦亲睦邻	（内部和谐）	沟通协调
组织学习	科学求真	—	组织学习
目标	—	实用主义	
战略导向	—	未来导向	战略/目标
能力发展	—	员工发展	员工导向
核心价值观	—	—	核心价值

续表

Denison (1995)OCQ	郑伯埙 (1990) VOCS	忻榕等人 (2004)研究	本研究
授权	—	—	—
同意/一致性	—	—	—
远景	—	—	—
—	社会责任	结果导向	社会责任
—	正直诚信	—	诚信
—	—	贡献	贡献
—	—	领导行为	领导
—	表现绩效	—	—
—	同甘共苦	—	—
—	—	奖酬导向	—

资料来源：徐尚昆：《中国企业文化概念范畴的本土构建》，《管理评论》2012年第6期。

许多企业虽然在刻意地塑造企业文化，但其结果往往并不成功。其所塑造的企业文化看似很靓丽，可是徒具形式，是一种文化镶嵌品。它与该企业并不具有血肉联系，更别说是该企业的灵魂了。另外，有些企业所谓的企业文化，仅仅是企业老总个人的文化，是一种知识、符号、图像或图腾，与企业的经营实践根本不搭边，也不可能取得全体员工发自内心的认同，用现时一句时髦的话来说就是不接地气，当然也不可能产生"地头力"。

勒诺·圣索里欧提出了企业文化的五种假说：

第一种假说肯定存在着由组织所有成员分享的代表制和价值观形成的公共文化；

第二种假说强调组织内部行为者的活动和策略是由内在化的价值观念和代表制度孕育产生的；

第三种假说与一种动员式计划联系起来，企业不仅是过去继承下来的集体行为、共同的价值、惯例以及特殊的个性得以体现的场所，它还会动员其成员从事新的文明计划，并强调了计划中企业的形象和大多数人所体会到的现实之间可能产生的差距以及追求协调一致的可能性；

第四种假说是在企业这个微观世界建立起内部社会长期运转的规章，使企业成为有着相对稳定的结构和独特之处的经济单位，其作为自我封闭的群体与外界社会环境相对分离；

第五种假说与企业文化观念的使用联系在一起，企业可以产生社会性、个性和可以影响整个社会的价值观念，这种假说除了构想文化要素向社会转化和传播的方式，还探寻了这种机制是否能够满足生产的普遍要求[1]。

我国经济学家厉以宁是较早关注企业文化问题的学者之一。他在1992年谈及产品文化，实则论述的是企业文化。他提出了社会文化是"大文化"、企业文化是"小文化"。"用最简单的方式来表述，企业文化所反映的是一个具体企业的精神、风格和价值标准。企业是向社会提供产品与劳务的生产单位，是一个经济实体，企业文化体现于它所提供的产品和劳务方面。换言之，企业的精神、风格和价值标准将在该企业提供的具体的产品与劳务之中得到体现。这正是产品文化与企业文化之间的关系的实质所在。但是，企业文化是具体的，即不同的企业有不同的企业文化，有不同的企业精神、企业风格、企业价值标准。产品文化更是具体的，即不同的企业所提供的不同产品与劳务反映的是企业的精神、风格、价值标准。虽然我们有时可以把某一个具体国家的若干家企业当作一个整体来看，并由此做出有关这个国家的企业文化或产品文化的表述，但这种表述并不是精确的，因为它把不同企业以及不同企业的产品之间的差别一概抹杀了。既然如此，在讨论企业文化同产品文化之间的关系时，就既要从总体上进行探讨，更要就具体问题进行具体分析。"[2]

在我们研究企业文化这一课题时，就不能不想到与我们一衣带水的邻国日本。日本企业文化建设在现代企业发展史上占有重要地位，并因东西方文化的差异而广为世人所关注，推动了企业文化成为一门显学的深入发展。

---

[1] 〔法〕克罗戴特·法拉耶：《组织社会学》，第70—72页。
[2] 厉以宁：《经济·文化与发展》，生活·读书·新知三联书店，1996，第74—75页。

第二节　首倡日本企业文化论的美国管理学者

日本式管理理论的开端是阿贝格伦的研究。他的研究对其后的日式管理论产生了重大影响。

阿贝格伦早在1958年就提出日式经营论，受到日本学者的极大关注。日本著名经济学家高桥龟吉在《战后日本经济跃进的根本原因》一书中多次引用其观点。日本经济学家青木昌彦把阿贝格伦日式经营论称为文化主义。他写道："在学术界和公众中日本组织实践在文化上是独有的观点十分流行。通常被引述的那些实践有，双方意见一致的决策，雇主的'伙伴'式人事管理与雇员的'忠诚'的交换，以及（日本厂商的）工作场所一直渗入在西方人看来完全是雇员的个人或私人事务的地方（通过强调企业福利，对企业觉悟的细心培养，等等）。"[1] 阿贝格伦的观点非常超前，这是后来的日式经营论或日本企业文化论者望尘莫及的。在其之后，关于日本企业文化的话题才逐渐热络起来。

20世纪70年代，一向不被美国看好的日本经济异军突起，并大有超过美国之势，这不能不令美国人警醒，并对日本经济和企业产生浓厚兴趣。正是在这样的背景下，美国人开始放下长期形成的居高临下的身段，虚心地向日本学习、研究日本经济，尤其是在经济发展过程中的主体——日本企业。正是在这股学习日本热中，连篇累牍地出版了许多论著，催生了日本企业文化论。

美国著名社会学家埃兹拉·沃格尔，又名傅高义，自1958年起历时40年，从未间断过赴日实地开展跟踪调查研究。在此基础上，他为哈佛大学开设了长达10年之久的"日本社会"讲座。并同日本实业界人士广泛接触，采访了数百名财界领导人，在深入研究后，他先后撰写了《日本名列第一——对美国的教训》（Japan as Number One）和《日本的成功与美国的复兴——再论日本名列第一》。作者深刻揭示了当时美国所面临的艰难

---

[1]〔日〕青木昌彦：《日本经济中的信息、激励与谈判》，朱泱、汪同三译，商务印书馆，1994，第318页。

困境和日本经济如日中天的鲜明对比。广中和歌子在日文版译者后记中写道:"沃格尔自称本书是'为美国人敲警钟之书'。他指出,美国社会目前在各方面都走投无路,应当把日本当作样板,从中可以大受教益。美国人过去认为东方在精神方面虽有点东西可学,但却没想到在实际问题上也要请教日本人。因此,本书使美国大受冲击。"[1]

另外,美国国家广播公司制作、播放了题为"日本能,为什么我们不能?"的电视专题节目。该节目犹如一把利刃,深深地刺痛了美国人的自尊心。其主旨明确地阐释了"日本经济奇迹""日本制造",但其背后讲述的是质量管理的故事,故事的主人公是世界级管理大师戴明。然而在美国重新发现戴明对日本管理的贡献时,也把日本企业的成功管理经验引进了美国。以此为契机,在美国掀起了研究日本热和研究企业文化热。

"企业文化"一词出于美国人笔下,这本毫不奇怪,因为美国历来是管理理论的创造者和提供者。但企业文化作为一种管理理论,孕育其土壤的却是日本企业管理实践。它作为企业管理学理论百花园中的又一朵奇葩,带有深深的大和民族的胎痕。

既然企业文化作为一种管理理论,其产生的导因源自日本企业,其基础是日本企业经营管理的实践。那么,为何这一理论不是出自日本人,而是源于美国人呢?我们在研究日本企业经营管理史过程中,发现日本企业自产生之日起,就已经在经营管理中带有明显的日本文化印记,日本人认为这是理所当然的事情;再加上战后很长一段时间以来,美国人也好,日本人也罢,他们中的许多人都把日本传统文化视为封建落后的敝屣,避之唯恐不及;另外,作为一种管理理论产生的时间远远滞后于其实践;这大概与日本人思维方式中历来重视实践的实用主义,而不长于抽象的理论思维有某种关系吧。一直到20世纪六七十年代日本企业异军突起、日本经济强劲发展,引起了美国人的强烈的危机感和好奇心,才由此导致紧迫的研究动力。

所以,要回答上述企业文化理论提出的历史背景及其原委,必须把时

---

[1] 〔美〕埃兹拉·沃格尔:《日本名列第一——对美国的教训》,谷英、张柯、丹柳译,世界知识出版社,1980,第13页。

针拨回到战后初期日本经济开始复兴的历史年份来加以考察。

之所以美国人会从文化视角去论析日本企业的崛起，我认为这与日本战败之初的一本书《菊与刀》有很大的关系。这是一部由美国著名文化人类学家露丝·本尼迪克特所撰写的研究日本文化的文化人类学经典著作，其在美国、日本、中国等国家都具有非常广泛的读者。这部书在分析日本人的精神和行为方式方面所提出的精辟见解，极大地影响了美国人的日本观。但以此并不能说明该书直接导致了美国人提出日本企业文化的理论。

美国人认为日本是唯一登上世界舞台的东亚国家。日本的工业化明显保持着亚洲色彩。它吸取了新思想，修改了旧制度，适应了外国的然而常常是迁就非其所好的方式。但今天还不能用解释欧美国家的语言来谈日本。这样说并非单纯意味着欧美工业化所产生的技术、家庭制度、社会关系或思考习惯等有了改变，而是说在某种意义上，这个国家把经济活动的大改革，织入了一种绵绵不断的文化之中，创造出堪称第三种工业化的方式，为关心亚洲其他国家工业化的人提供了难得的经验。[①]

到了20世纪70年代后，随着日本企业迅猛崛起，欧美经济界、学术界更加关注日本。他们把目光聚焦于日本，从各个学科领域探究日本企业成功的秘籍，由此导致美国出现了一股日本研究热。他们经过精心的调查研究，与欧美各国企业管理加以比对，得出的结论是日本的文化与欧美不同。这使他们茅塞顿开，窥测到原来日本竟是有别于美国。日本将其强大的文化力充分运用到企业管理实践当中，使日本企业克服了诸多不利因素，从而创造了令世界震惊的奇迹。

因此，美国学者一边深入日本企业研究其企业管理经验，一边重新从文化角度审视美国企业，并不遗余力地开动大脑，撰写出了一系列关于日本企业文化的论著。于是，铺天盖地的日本企业文化论付梓，充斥了大街小巷的书肆。

---

① 〔日〕高桥龟吉:《战后日本经济跃进的根本原因》，宋绍英等译，辽宁人民出版社，1984，第165—166页。

第三节　企业文化的类型

企业文化的类型众说纷纭，但世界著名的管理哲学大师查尔斯·汉迪可谓是论析管理文化哲学的泰斗。汉迪将古希腊诸神与企业管理紧密联系起来，充分说明了不同的组织类型与不同的文化相对应的关系。汉迪的观点以形象化的方式在企业文化的讨论中引入了古希腊宙斯（Zeus）、阿波罗（Apollo）、雅典娜（Athena）和狄奥尼索斯（Dionysus）四神。

汉迪认为，对于希腊人来讲，与其说宗教是神学的一种形式，不如将之看成是一种风俗。每一个古希腊神不仅担负着各自特定的神职，而且在某种程度上代表不同的价值与利益。人们之所以膜拜某一个神，正是出于对其所代表的价值和利益的认同。你可能是主神宙斯，可能是代表秩序与理智的太阳神阿波罗，可能是智慧与技艺的女神雅典娜，也可能是个人主义色彩极浓的酒神狄奥尼索斯。

这四个神代表着组织中四种不同的管理方式和企业文化。汉迪之所以借助古希腊众神来谈企业管理，并不是故弄玄虚，而是要借此强调其学术观念，即企业管理并不是一门精准的自然科学，而应该是一个深受不同时代的文化与传统的影响，兼具创造性和政治色彩的程序。与部落、家族类似，不同的组织有着自己处理事务的方法，并依赖它处理可行的或不可行的事情。因此，想要洞悉这些各不相同的管理之道，就先要了解组织的不同类型。[①] 当然，这并不意味着某国的企业文化或某个企业的企业文化只能属于上述四种神之一，恰恰相反，由于在人类长期历史发展过程中，各个国家、民族以及各个企业彼此交流、互鉴，其文化不可能是那么单一纯粹，而会或多或少融进异域文化，使之形成以某一神为中心，而上演诸神共舞、多姿多彩的文化盛会。汉迪把日本企业文化归于"阿波罗文化"，体现了日本企业文化的基本属性。倘若用我的观点，则认为日本企业文化属于代表秩序与理智的太阳神阿波罗和智慧与技艺的女神雅典娜二者的结合。日本开国神话中的天照大神则是太阳女神，而日本这个国家又非常重

---

① 〔英〕查尔斯·汉迪：《管理之神——组织变革的今日与未来》，第1页。

视学习吸收世界人类智慧和长于工匠技艺,并独有建树。当然,这是一家之言。

日本学者河野丰弘提出企业文化的五类型说:即有活力的企业文化、追随独裁者而有活力的企业文化、官僚的企业文化、僵化的企业文化和追随独裁者而僵化的企业文化。其中,第一种有活力的企业文化具有自我革新的能力。

> 从5种类型中各类企业的业绩来看,似乎追随独裁者而具有活力的企业文化业绩最好。这是由于此项分类中包括许多年轻、高成长的企业;第二位是有活力的企业文化;僵化的企业文化业绩最差。由此可以看出企业文化的类型与业绩之间有很大的关系。……企业不同,也有浓淡两种企业文化的差别。淡的文化中,对全公司共通的理念缺乏了解,各自行事,行为模式各不相同。①

河野丰弘在这里所指的"浓淡"企业文化,即一般所说的强势企业文化和弱势企业文化。通常认为强势企业文化就好,弱势企业文化就差,或者强势企业文化的企业业绩好,弱势企业文化的企业业绩差,这种评价并不完全恰当。因为在现实中,具有强势企业文化的企业,既有业绩好的也有业绩差的;同样,在弱势企业文化的企业中,业绩也是有好坏之分。每一个企业的文化都有其生成和发展的特殊历史环境和背景,在一定环境和背景下,某种企业文化可能因与外部大环境相适应,或者说与大文化吻合,同时也与本企业内部各种情境相契合,那么,这种企业文化就能充分发挥其正效应。企业的激励机制、导向机制、整合功能、创新功能、辐射功能等就可以发挥得淋漓尽致。当然,企业的运营也就顺畅,经济效益自然就好。当国内外政治经济社会环境发生剧烈变化时,强势企业文化因其已经根深蒂固,很难转型变化,所以往往导致企业不能与时俱进,效益必然下降,严重时甚至会使企业倒闭。与之相反,弱势企业文化因其原本在企业内部就没有很强的向心力,故在外部大环境变化时,其转型较强势企

---

① 〔日〕河野丰弘:《改造企业文化》,《编译参考》1991年第1期。

业文化容易得多，甚至可以抓住新的机遇取得大发展。

纵观近些年来世界500强大企业中，许多企业纷纷销声匿迹，甚至破产。虽然原因很多，但其强势企业文化无法适应环境的变化，又顽固不改其宗，也是原因之一。而那些原本名不见经传的中坚企业，甚至成立时间不久，很难说具有像样的企业文化。但由于其拥有强烈的创新导向，牢牢地抓住千载难逢的社会大转型或新技术革新带来的机遇，一举成为声名赫赫的大企业，这种例子不胜枚举。而恰恰是这些新企业，成为推动社会经济发展的生力军。

第四节　企业文化的特点和功能

如上所述，企业文化作为组织文化，只是形形色色的组织文化之一种。由于各种组织结构、形态、目的和功能等各不相同，所以，各种组织文化虽有其共同点，但也具有各自的特点和功能，企业文化亦不例外。

第一，谈一下企业文化的特点。

参照我国学者王超逸和李庆善等诸多学者关于企业文化的特征的论述，简要归纳为以下七个方面特点。

其一，企业文化属于组织文化。这是它的主要特征之一，因此，企业文化不同于一般意义上的文化。

其二，企业文化属于经济范畴的文化。这是相对于社会各个领域或学科角度来说的，但经济范畴可分为宏观经济和微观经济两个层次。企业文化并不属于宏观经济范畴，而是属于微观层次上的经济实体——企业所具有的文化。

其三，企业文化是在企业运营过程中具有约束和规范功能的管理文化。与其相对应的文学、艺术等文化不同。

其四，企业是以人为核心构成的组织，每个人都有自己的价值观和心理偏向，其兴趣爱好也各不相同。同时，在企业组织内部也存在各种非组织文化，甚至反组织文化，这些都属于非主流文化。而企业文化是代表整个企业组织共同的价值观、运营机制和发展方向的主流文化。

其五，单从企业管理角度来说，美国学者安东尼·艾索思和理查·巴斯克提出企业管理有七个要素,即策略、结构、制度、作风、技巧、人员和最高目标。

其中前三项为"硬"文化,后四项为"软"文化。企业文化更多地偏向软文化和隐形、暗示文化方面。

其六,企业文化是人化。虽然企业运营涉及各种资源,但最核心的、最具能动性的资源是人力资源。因此,企业管理并非眉毛胡子一把抓,而是从根本上把握人,掌控人心。

其七,企业文化与企业的文化活动并不相同。企业因种种关系和需求,要在企业内外开展各种文化活动,但不一定属于企业文化范畴。只有通过这种文化活动,具有企业管理功能的部分才属于企业文化范畴。[1]

第二,谈一下企业文化的功能。

企业文化的功能很多,而且众说纷纭。综合各家之言,对其归纳如下诸点。

一是导向功能。企业文化从总体上指引企业发展方向,尤其是企业的社训和经营理念,非常明确地规定了企业的大方向。因此,但凡有明确企业文化的企业,都非常重视和强调遵循企业的社训和经营理念。因为在企业社训和经营理念中明确规定了全体员工的思维方式、企业哲学、梦想、希望、信念、愿景、目标。并明示企业及其经营者应集全员身心之力,全力以赴地加以践行,以达成企业的发展愿景和目标。

二是激励功能。激励是与个体及群体的各种需求和动机相对应的,一般情况下,企业文化正是在满足个体及群体需求的基础上,才能激发出其能力和潜能。关于这一点,马斯洛在层次需求理论中作了精辟的论述。按照需求层次理论,最低的需求层次比较偏向于物质激励,需求层次越高越偏向精神激励。但也有的学者认为,当需求得到满足之后,与各层次需求相对应的激励机制就不再起作用了。因此,研究企业员工的心理动机,从而使员工自觉自发地进行自我激励,达到使企业的外激励和员工本身的内激励有机结合,物质激励与精神激励相结合,才能使激励功能产生最大化的效应。企业文化的激励手段,主要是靠精神激励,而且更注重唤起员工

---

[1] 王超逸、李庆善:《企业文化教程》,中国时代经济出版社,2006,第32—35页。

的自我激励、内激励，这是企业文化所发挥的功能。

三是凝聚功能。凝聚功能就是要使全体员工做到同心协力，心往一处想、劲往一处使。凝聚力的大小，既取决于经营者的个人魅力、品德是否高尚，能力是否出类拔萃，更重要的是处事公平与否。同时，还涉及企业是否具有美好的发展前景，能否给员工及其家属以安定感。能否使员工在企业里有远大的发展前景和实现自己的人生价值等。

四是融合功能。企业文化的融合功能，一方面，表现为对内的融合，即能将加入企业的所有员工，不分性别、种族、地域、学历、资历、思想、宗教信仰和价值观等，都能有机地组合在一起。越是强势的企业文化，其融合功能就越强，造就团结和谐的组织，为实现企业的愿景和目标共同努力奋斗。另一方面，在国际化和全球化时代，企业的疆域已经跨越国界，在异文化的环境中开展企业运营，必须入乡随俗，将本国或本民族的文化与异文化相融合。作为跨国大企业更是如此。

五是规范功能。企业文化作为管理文化，规范功能是其应有之义。企业有形无形的制度文化，长期养成的风俗、习惯、礼仪，都对员工的言行具有很强的规范作用。尤其是像美国那种高度重视文本主义的企业文化，企业的操作规程，各种操作手册等，对员工事无巨细的一切行为都规定得非常明细、具体，每个员工都只能照章办事。由此看来，规范功能是一项硬性功能。

六是约束功能。这一功能看来与规范功能很相似，同属于硬性功能。企业文化的制度规范，具有很强的约束作用，但企业的文化氛围，也起着潜移默化的约束作用。另外，还有一种属于自我心理约束的机制，这并非受外部文化硬性规定的影响结果，而纯属员工主动去适应企业文化，并以此实现个人的价值与理想愿望。

七是守护功能。企业文化具有守护企业长治久安的功能。日本人类学家中牧弘允从宗教人类学角度阐明了企业永存的愿望，他从民俗学家柳田国男的"家永存的愿望"引申到"会社永存的愿望"，为此就需要企业的守护神。在本书中谈到了日本家文化，把维系家名和家产的永存作为"家"制度的根本。同样，因企业文化具有可传承性，它会使渗透到企业中的文化因子通过社会遗传机制延续下来，由此来守护企业的香火连绵不断。尤其是强势企业文化,更像一层防弹衣,对异质文化具有抵御作用,使其无法侵蚀本企业文化,形成可持续发展的活力。

八是创新功能。企业要与时俱进,必须不断地进行技术引进或创新,这是企业的生命线。新技术必将带来新文化,促进企业生产设备、工艺乃至人的思维方式和行为方式的变化。一种宽容和进取的企业文化,必将会支持、激励和促进企业的创新功能的发挥。诚如著名经济学家约瑟夫·熊彼特所说的企业和企业家就是创新组织和创新者。离开创新则企业就必然难以存续,同样,离开创新则企业家也不能称其为企业家了。因此,创新是企业概念中最关键点,当然,作为企业文化也就必须具备创新的功能。

九是辐射功能。因企业与社会外界各领域广泛接触,企业文化不可能不受外界影响,同时,它也会对外界产生广泛的影响。企业通过其产品和服务文化,不仅对客户、消费者,而且还会影响到其产品市场和服务所在国。另外,企业还通过各种社会文化活动,直接影响参与者受众。企业为了充分发挥集聚效应,在企业集聚地,各企业文化间彼此互相影响。而在一些大企业所在地的城市,其影响就更大了,甚至该企业文化与整个城市文化融为一体。如日本的丰田市、美国的底特律市等,都深受汽车文化的影响。而日本的丰田市,在政治经济社会文化各个领域都深受丰田公司的影响。如果仔细观察便会发现二者之间几乎是表里一体的组织。

文化是思想在漫长时间中形成的结果。对个人和对企业组织而言,它就是生存方式。它是许多代父辈和领袖们的产物。文化界定了我们,而我们又把它传给未来的一代代人和未来的一代代员工。

人们的"思想和文化"决定了企业的"思想与文化"。在处于发展中的社会里,企业是社会变化的熔炉。[1]

以上简略地概括了企业文化的主要特点和功能,这些特点和功能对于不同的企业来说,又会呈现不同的具体表现形式,无法进行简单对照。

---

[1] 〔美〕罗启义:《企业生理学》,王晓路译,新华出版社,2001,第215—216页。

第二篇 对日本企业经营管理理论和企业文化的考察

第四章　对日本企业经营管理理论的考察

日本经济学家伊东光晴指出："对于有志于从事研究经济学这门社会科学的人来说，必须具备以下两个视角。第一，是从历史与思想的时代风尚来考察现实是如何随着时间的推移而变化的纵向的视角。第二，是从比较文化的角度来对社会、制度、文化的差异进行考察的横向的视角。"[①] 这两种视角之间有着紧密的联系，这促使他对各国经济体系的比较扩大到对企业体系的比较，这就涉及了企业管理的问题。

对企业经营管理，可以从经济学、经营学、社会学、组织学以及文化学角度等进行研究。任何一个成功企业的管理，都离不开这五个方面。我们研究企业文化，绝不是否定企业管理的其他理论或学说。企业文化作为一种管理理论，只是管理科学百花园中的一株。企业管理是在随机灵活运用各种管理理论和管理技术的基础上进行的。各种管理理论并无优劣好坏之分，而是视企业的具体情况，斟酌确定在什么情况下运用哪种理论和技术为宜，从而达到企业经营的价值最大化。

管理行为早于企业的概念。自有人类社会以来，人类为了生存，必须以某种形式组织起来，获取衣食住行的生活资料。同时，为了同袭击自己的敌人或野兽进行战斗，实现自卫，也必须有组织，有组织就需要管理。因此，管理是伴随着人类的产生就已有之。

但企业的历史要晚得多。严格意义上的企业，是诞生于资本主义原始积累的过程中。虽然此前也存在家庭手工业或小作坊，还有商卖一类的小商贩，但这只是企业诞生之前的工商业的雏形，根本不能称之为企业。本书中所谓的日本企业管理，正是基于上述的前提条件。

日本企业管理充分吸取了人类历史上所形成的各种管理理论和方法。

---

① 〔日〕伊东光晴：《现代经济的蜕变》，郑海东译，上海财经大学出版社，1999，第401页。

其中，既有中国古代的，也有日本本土固有的朴素理论和方法，而鉴于日本企业诞生于明治维新后，多受美西方资本主义国家企业的影响，在很大程度上学习借鉴了西方的管理理论。

但日本绝非像欧美所认为的那样，只是简单模仿欧美企业的"拿来主义"，而是在充分消化吸收的基础上，将其转型并与日本文化有机结合起来，创造出具有日本特色的管理模式。其中，不乏独创性的管理理论，并为世界管理学作出了贡献。

第一节　日本经营管理思想的萌芽

一种管理思想和管理理论的孕育和形成，自有其深刻的社会经济基础和历史必然性，并经历缓慢渐进的演化过程。

关于日本经营管理思想和理论的萌芽，可以追溯到德川幕府时代。关于"日式经营"究竟始于何时？在思想文化源流上探讨哪些人物或事件对此具有重大影响，可作为最具说服力的标志或证据？

首先，要提到市井文学大作家井原西鹤，他在1688年发表的经济小说《日本永代藏》，又名《日本致富经》。该著集中反映了町人阶级的思想意识。这种思想意识的积极方面是勤奋节俭、精打细算和聪明才智。"勤奋节俭"作为日本的民族精神是在西鹤时代开始形成的，充分表明它在当时已成为日本町人的处世哲学，已成为日本国民性格的一个重要的组成部分，深深地影响了现代日本人。[①]

其次，如果从正宗经营管理思想源流上进一步考察，则非石田梅岩及其"石门心学"莫属。在日本都市文化和艺术文化都呈现出迅速发展的"元禄时代"，商业的发展催生了商人的伦理观。石田梅岩在学徒期间，热心学习神道、儒教和佛教，后弃商从教，向商人开设"心学"讲堂，讲授为商的"商人之道"。

"石田梅岩的伦理体系对于……日本宗教环境的形成是有贡献的。……梅岩试图证明商人阶级追求利润的活动具有正当性所依循的逻辑。这种逻

---

① 王向远：《东方文学史通论》增订版，高等教育出版社，2013，第199页。

辑与常见于欧洲古典经济学家著作中的进步的自利概念有某些耐人寻味的相似。"① 石田梅岩对商人的经商活动提出了必须遵守的伦理道德。其中，他最强调的是"商人之道"，从商业伦理角度强调商人真正的利益不是贪欲的一时满足，而是勤勉、节俭，或（换一种说法）在所有的交易中既提供也要求得到最大限度的价值。如果所有人，不论商人还是顾客都奉行这项社会准则，就能确保人人长久享受最大的繁荣。②

德川时代思想家铃木正三和石田梅岩被日本学者称作"缔造日本的二位思想家"。③

铃木正三特别强调了"任何职业皆为佛行，人人各守其业即可成佛，而佛行之外并无成佛之道，必信其所事之业皆于世界有所益。"④ 仔细品味正三的上述观点，与德国思想家马克斯·韦伯的新教伦理观极其相似。他提倡只要一心向佛，在各自职业中怀着谨从"心之佛"，以正直之心，敬业、勤勉、节俭，这也就是韦伯所倡导的资本主义精神。因此，可把铃木正三的《万民德用》核心精髓，概括为四个字"职人佛心"。

最后，是《日暮砚》所阐述的"日式经营"思想。该书是距明治维新一百多年前写的，经常被作为分析日式经营乃至日本社会的思想结构的教科书来考察，被作为一部赞美日式经营的资料。难能可贵的是，在当时的封建秩序中，恩田木工经营思想力主对人的尊重。他在决策时，要向包括从武士到农民和市民的各阶层的代表征求意见。

另外，如果说到明治维新以前的经营管理思想，不能不谈到"怀德堂"学塾及其创办者的贡献。这是一个由大阪商人为商人举办的学校，其对于普及经商思想的作用不可低估。

---

① 〔英〕泰萨·莫里斯-铃木:《日本经济思想史》，厉江译，商务印书馆，2000，第32页。
② 同上书，第33页。
③ 〔日〕山本七平:《日本资本主义精神》，莽景石译，生活·读书·新知三联书店，1995，第82页。
④ 同上书，第117页。

第二节　日本企业对美国管理理论的学习与借鉴

日本自明治维新后推行"殖产兴业"创办企业伊始,直至二战后经济恢复和高速增长的很长历史时期,一直在孜孜不倦地学习和借鉴西方,特别是美国的管理理论和制度。

明治初期日本没有自己的近代工厂,更没有管理工厂的经验。在政府示范工厂中从技术到管理一切照搬西方,在引进西方技术的同时也引进了西方技术的科学管理思想。所谓科学管理是指在企业管理中运用科学的方法,例如:现代统计法;初级统计法中包括排列图、因果图、直方图、散布图等;中级统计法包括抽样调查理论、统计抽样调查、功能检查法实验设计法;高级统计法包括多变量分析法和各种运筹学方法,运用这些方法进行质量管理、时间管理等标准化管理;等等。1911年科学管理思想传入日本后得到日本财界的赞赏和支持,并在财团法人协调会下设产业效率研究所。日本财界认为科学管理法可给协调劳资关系带来科学的论据,故给予了大力支持。与此同时,日本政府也很重视此事,派上野阳一去考察西方的企业管理并在日本各地召开效率讲习会大量培养产业效率技师。许多企业都邀请效率研究所做咨询业务,从此日本出现了科学管理的热潮,日本官民各界纷纷根据需要引进了科学管理方式。

日本人真正自觉学习借鉴泰勒的科学管理,则是由1911年日本鹿儿岛银行董事长星野良纪访美而促成的。当时美国人泰勒工程师早期研究发表的管理理论的影响正处于巅峰时期,他的名著《科学管理原理》已经问世。星野良纪获得了该书的版权,并将其译成日文出版。对此,美国学者丹尼尔·雷恩等评价道:"随着时机的成熟,科学管理思想在日本飞速地传播开来,并成为日本由封建主义向现代资本主义转化的基础。在这场思想革命中,最具影响力并将系统化管理思想引入学术研究和实际管理的人就是上野阳一。"[①] 1915年,泰勒的理论在日本新潟的电站工程中得到检验。由此

---

① 〔美〕丹尼尔·雷恩:《管理创新——塑造现代商务的英才与理念》,李治唐、隋宇童译,华夏出版社,2001,第161页。

可见，当产业革命席卷日本的时候，这个国家不仅需要改变对如何管理不断增长的制造部门的观念，同时也需要新的技术。这时上野阳一将科学管理的思想引入了日本，他在本国的研究者和实践者与美国进行文化交流的过程中充当了重要的桥梁。他的贡献在于使日本向西方的管理思想敞开了大门，使日本人懂得要更聪明而不是更费力地工作。从此，科学管理思想如冉冉升起的太阳一般照亮了日本经济发展之路。上野阳一不仅从事译介和研究，而且亲自到工厂里进行实践，使员工的效率得到很大的提升。并通过其讲学向其他企业加以推广。

在二战后，上野阳一仍坚持不懈地通过办学和参加日本生产性本部活动，继续推动提高企业工作效率。

但对于泰勒科学管理思想运用最彻底的非丰田的大野耐一莫属。毫不夸张地说，泰勒的科学管理理论正是丰田生产方式的理论基石。其核心就是追求效率，杜绝浪费，这也正是丰田生产方式所要达到的目的。大野耐一为了提高效率，认真地研读了泰勒等先驱者关于效率的著述。通过对效率问题的研究，他最终奠定了丰田生产方式的理论基础。但大野耐一并不是完全照搬科学管理理论和方法，而是将其充分消化吸收后，牢牢地植根于日本的本土，并将丰田文化蕴于其中的结晶。

特别值得一提的是，在二战后，日本企业经营管理层，就像伊斯兰教虔诚的信徒朝拜宗教圣地麦加那样，蜂拥而至世界管理理论及管理实践最先进的美国。"第二次世界大战后，日本不仅大量引进西方的技术，而且学习一整套美国的现代科学管理制度、思想和方法，并把日本儒家资本主义管理模式中伦理精神与美国科学管理思想巧妙地揉为一体。……日本又不遗余力地引进美国现代经营科学管理理论、原则、技术、经验，结合日本的文化传统与国情，并从儒家思想、道家思想、孙子兵法中吸取精华，大大促进了管理思想和方法上的创新。同时，又注重识才、选才、用才和更新价值观念以及处理人际关系的创新，力求使引进的美国式管理日本化。"[①]

日本一方面采取走出去方式学习美国的管理理论和经验。在10年间共

---

① 梁战平等编著《中日管理思想比较》，第12页。

有660个考察团访美，参加人数超过6600人。"考察团就最高管理者的职能、市场开发、人事方针、利润分配等经营管理技术，以至企业的社会责任、资本主义经济的现状、企业与政府的关系等广泛领域进行了考察。"① 这些考察团回到日本后，在各地进行巡回报告会，编辑考察报告，将所学的成果在国内广泛介绍宣传，学习美国管理蔚然成风。如果把访美考察团的名称整理、分类后编辑起来，就几乎是一本经营学教科书的完整目录。当年日本企业向美国学习经营管理确实形成了一股规模宏大的热潮。

而在请进来方面，非常著名的有四位美国学者。他们是管理学之父彼得·德鲁克、质量管理大师爱德华·戴明、约瑟夫·朱兰，以及凯恩博士。"日本人认为有三个外国人——全都是美国人——对他们国家在第二次世界大战以后的经济恢复和崛起中成为经济强国起了主要的作用。爱德华·戴明教日本人统计质量控制并引入了'质量小组'。约瑟夫·朱兰教日本人怎样在工厂中组织生产以及怎样对工作中的人员进行培训和管理。目前作为'最热门的管理发现'从日本'最新进口'的存货'准时'发送制（日语叫作'看板'制度）是由朱兰介绍到日本去的。"②

彼得·德鲁克自认为在日本企业管理和销售方面开展了教育指导；他特别强调人是资源，在实现企业目标和提高生产率方面承担主要责任；他强调了组织结构的重要性，但其必须从属于企业战略；他还强调了企业高管是一种职能和责任，绝不能将其视为某种地位和特权；最后，他强调企业的目的就是创造客户，只是为市场而存在。而关于凯恩，一般鲜有人知，美国学者卡尔·佩格尔斯在其著作中谈到了凯恩博士对日本的贡献。他写道："他广泛地参加咨询活动，在60年代中期日本政府是他的主要客户。……日本政府相当欣赏凯恩关于建立一个工业联合企业的建议。"③

由此可见，美国对日本企业管理影响至深。因此，日本管理、日本企业文化是在日本原有文化基础上吸收美国管理文化而构筑成的"和风美俗"

---

① 日本经济新闻社编著《日本的企业》，第85页。
② 〔美〕彼得·德鲁克：《管理新潮》，孙耀君等译，中国对外翻译出版公司，1988，第196页。
③ 〔美〕卡尔·佩格尔斯：《日本与西方管理比较》，张广仁、张杨译，机械工业出版社，1987，第63页。

的合金文化，即由以和风为灵魂，以美国的科技、管理技术为骨架构成的东西方文化的合璧。

虽然美国强势文化对日本的影响显而易见，但日本也并不是处于消极接受美国文化的地位。如上所述，美国在20世纪80年代也曾不遗余力地研究和借鉴日本的管理文化，使美国摆脱同日本竞争不利的地位。美国还充分利用日本企业文化精髓，增强了美国企业的体质和竞争力。

第三节 日式经营管理理论的形成、普及与调整

日式经营管理走红世界是在20世纪70年代中期至80年代末。日本人自我认识日本社会的两个坐标轴理论，即"后进性·先进性"及与之相对应的"特殊性·普遍性"。具体来说，每对组合都构成了各个时期相应的企业管理思想。20世纪40年代中期战败后，日本学术界兴起了一股批判战前日本经营管理落后论的高潮，这是后进性与特殊性的组合；在20世纪60年代兴起的日本现代化论热，则是先进性与普遍性相组合的杰作；70年代后，日本学者将先进性与特殊性相组合，在日本掀起了比较文化热和日本文化优秀论；到90年代日本泡沫经济破灭后，日本经济跌进了"失去的二十年"的深渊，陷入成功的陷阱，日式经营管理的研究由此进入了摸索的时代。

安保哲夫针对日本国内外关于日本式管理和日本企业文化研究的系谱写道：

> 围绕日本式管理与生产体系的竞争优势以及国际转移的可能性，已经有相当长的调查研究历史了。……这方面的研究，主要是围绕日式经营论展开的。……80年代日本企业在国内外取得了引人瞩目的成果为背景所作的研究，成为评价日本式管理与生产体系研究成果的全盛期；另一方面，由于90年代初日本泡沫经济崩溃及此后超过10年的经济低迷，美国以IT潮流为背景、以美国基准为依据的市场万能主义论及其反射出的"日本否定论""构造改革论"等日本式管理与生产体系的"全面怀疑论"（其中有代表性的是经济同友会的《市场主义宣言》

一书）从传媒界向学术界展示了惊人的渗透力。但是在这种背景中，并没有放弃日本式管理与生产体系的讨论，并把研究持续下来。进入21世纪，IT泡沫开始消失，进入了一种新局面，可以说在汽车相关行业及数码家电等方面，日本式的经营体系和产业技术，再次获得一定的评价。[①]

下面将对日式经营的形成与发展、普及及调整进行扼要的论析。

一、日式经营形成的历史背景

富永健一在《日本的现代化与社会变迁》中，详尽地分析了日式经营管理的产生及其历史背景。他认为对日式经营的专门研究既非源自日本产业化初期，也非许多人认为是始于战后日本经济高速增长的时代，而是始于1918年第一次世界大战结束后至1931年日本法西斯时代初期。下面就根据富永健一的研究分析脉络，论析日式经营具体形成的情况。

因为在明治时代产业化初期，日本企业所面临的国内外政治经济社会环境非常严峻，尚不存在形成日式经营的条件。而且，当时的传统社会关系尚能容纳刚刚诞生的企业运营。富永健一从结构功能主义角度对其进行了精辟的分析。他指出："从体系论的角度来看，体系的构造取决于体系内部适应人们需求和价值观的功能条件以及用以适应体系外部环境的功能条件。从体系内部来看，德川时代的商家传统使温情主义具有功能上的适用性，但在初期产业化阶段过于严峻的环境条件之下，它们不具有对体系外部的适应性。"[②] 这就有说服力地阐明了日式经营不可能形成于明治时代初期。

那么，何以证明是产生于第一次世界大战结束后至20世纪30年代初这十多年呢？

富永健一依据许多企业经营史学家和劳务管理史研究的结果，以及其

[①] 〔日〕安保哲夫等：《日本式生产方式的国际转移》，苑志佳等译，中国市场出版社，2010，第4—5页。
[②] 〔日〕富永健一：《日本的现代化与社会变迁》，李国庆、刘畅译，商务印书馆，2004，第242—243页。

他学者的观点，认为这一结论是站得住脚的。

对此，日本经济新闻社印证了上述观点："早在大正年代，日本的企业中就已经出现了现在所谓日式经营管理的萌芽，比如终身雇用、年功序列等。进入昭和年代后这些经营管理方式进一步有所发展巩固。……但是，由于逐渐地与日本传统的家族意识、乡土观念融合起来，就不再是狭义的经营管理方法了，而是形成了一种企业的精神因素。……这种企业精神产生了各企业独特的经营风格与传统，也正是这种企业精神逐渐地发展成今天所谓的日式经营，而日式经营被世界各国视为是日本在战后高速增长期实现高速增长的一项秘诀。"[①]

如上所述，首先，在第一次世界大战结束后日本出现了经济繁荣，大企业取得了显著发展，实力大增，这就为日式经营的形成奠定了坚实的经济基础。同时，还有一点值得重视的是，当时在经营者中出现了像钟渊纺织创始人武藤山治那样的"开明"劳务问题倡导者，在业界首倡"经营家庭主义"。武藤山治提出："家族式管理法的基本思想是视企业全体成员为一家，凡公司管理方面的事务均在全体成员充分讨论的基础上作出决定，从而使每个人都关心公司的业务。不论是董事还是职工，也不论是上级还是下属，在思想理念上要紧密地融合为一体。"[②] 可以说，武藤山治对日式经营管理的形成功不可没。

其次，在大企业迅速发展和技术革新的推动下，出现了熟练技术工人短缺问题。各企业为了防止互挖熟练工人，留住企业的技术骨干而采取的重要举措就是稳定雇用。另外，当时的许多行业，尤其是重工业，除非熟练工种外，所有的工人全部转为直接雇用制。经营者将这些工人全都视为企业员工，开始关心其在企业中的待遇，于是，竞相采取温情脉脉的人际关系管理方式。

最后，20世纪二三十年代，日本兴起了工人运动和社会主义运动的高潮，企业劳资纠纷激化。经营者为了对抗工人运动，努力培养工人对公司的忠诚心和归属意识。日式经营手法无疑是最有效的策略。

---

① 日本经济新闻社编著《日本的企业》，第11—12页。
② 同上书，第18页。

正是基于上述的原因，日式经营管理逐渐地形成并扎下了根。

二、日式经营管理理论的发展与完善

如上所述，虽然日式经营管理理论已经初步形成，但其发展与完善则是在20世纪50年代末期至80年代中期。

（一）日式经营管理理论的提出

提出这一理论的是美国三位著名学者，第一位是彼得·德鲁克，他通过与日本政府、企业、学术界接触，看到日本企业家那种孜孜不倦向学及创新精神，敏锐地预见了日本经济将会出现迅猛发展。第二位是上述提到的美国经营学家詹姆斯·阿贝格伦，他通过深入调查、采访日本大型制造企业经营者，于1958年撰写了《日本式的经营》。在书中通过日美两国企业比较，发现日本企业与美国企业最大的不同，就在于日本企业与员工结成了终身相互依存关系。对此，南博写道："阿贝格伦举出日本企业组织的一般特征，……员工薪水主要以考进公司时的教育程度、服务年资、家庭人数来决定，依工作类别与表现发放的部分少之又少。日本企业不只发放员工薪水，也给予住宅、食物、商品等生活细节方面的照料。分红基本上是公司给员工的一种馈赠，具有强烈的父权温情主义。……美、日两国企业组织内的决策过程有天壤之别，在日本：一、必须以集团方式花费许多时间协商；二、决策必须传达到许多相关许可权的单位；三、决策责任几乎不可能归于特定的个人。换句话说，日本人采取了牺牲效率、维持公司内部人际和谐的决策方式。"[①] 美国人阿贝格伦"一石激起千层浪"，日本式企业经营论逐渐在日本管理学术界和企业界走红。第三位是美国驻日大使赖肖尔，他在日本掀起了一股现代化大讨论的高潮，极大激发了日本人的自信心。而傅高义《论日本名列第一》更加助推了日本管理理论的迅速普及。

由于阿贝格伦等打破了日本经营封建论和落后论的禁忌，于是，日本管理学者也着手著书立说。

---

① 〔日〕南博：《日本人论》，邱琡雯译，广西师范大学出版社，2007，第305页。

（二）20世纪70年代的研究

进入20世纪70年代后，冠以"日式经营"的著作不断付梓，由此引起了日本国内外广泛关注。其中，经营学家津田真澄、岩田龙子和产业社会学家尾高邦雄等人都从不同的角度论述了日式经营。尽管基本上大同小异，但总体上是肯定日式经营的长处。

在研究日式经营模式中，值得重视的是青木昌彦，他1988年在剑桥大学出版社用英文出版了《日本经济中的信息、激励与谈判》，作者从厂商理论角度深刻分析了日本企业经营中诸多理论问题。另外，今井贤一和小宫隆太郎出版了《现代日本企业制度》。

由于日式经营理论所涉及内容较多，且十分重要，故对此归纳和整理如下几点。

津田真澄提出了日本企业经营的四项基本原理：

> 第一，日本的企业经营体本身不只是一个追求合理功能的集团，而是共同生活的群体，对参与者而言，是一个发挥全面性人格的场所。第二，企业经营体可以说是一个誓约共同体，入会者在加入时，必须在入会契约书上署名，承认权威以维持并发展共同体，誓言参与及维持活动的发展。第三，在经营组织与管理上具有双重性格，企业经营体的最高主事者不仅追求经营的合理与效率，也必须是社会上高度人格的理想形象。这种双重性格在工作集团上可以看出，企业以能力主义和实力主义为重点的竞争原理来评价及配置参与者，强调每个成员的信赖与合作，以人格高低来评价、配置参与者。第四，这种双重性格很容易影响企业内部人际集团的关系；人生的主要周期在一个经营体里度过，人格的相互关系也变得非常紧密。以上四个基本原理贯穿整个经营世界，由两大轴线组成：一是业绩的到达，追求合理性和效能性；二是对理想人格产生共鸣，也就是理解和共识的态度。[1]

岩田龙子提出的日本企业双重结构的观点，则是对津田上述四项基本

---

[1] 〔日〕南博：《日本人论》，第308页。

原理的补充。即:"日本企业具有双重结构:一是中心部分,以关系的永续性为原则;二是周边部分,处理冲突的缓冲地带。中心部分可以看到终身雇用制是不断扩大发展的一种制度。还有年功序列制,从日本人对地位的敏感和独特的能力观念出发,有效刺激经济活动,创造晋升竞争,维持组织动态。"①

尾高邦雄从集团主义和雇用管理角度分析了日式经营,并否认和批驳了外国人关于日式经营的"神话"。"尾高主张集团主义是一种价值取向,把集团组织当成自己的命运共同体,整体秩序的繁荣和集团内生活的安宁远甚于成员个人的能力发挥或个人欲求的满足。……集团主义并非特定时代的产物,是反映日本民族文化特质的一种价值观。日式经营包括下列几项独特的人事劳务与惯例体系,……这种日式经营的正面效果有:一、雇用安定;二、人事的柔软性;三、培养员工和公司的连带感。负面效果则包括:一、助长员工的依赖心理、压抑员工自主创造的精神;二、雇用上的差别待遇、阻碍自由劳动市场形成、年功序列制的弊端、中高年龄层人事停滞;三、员工丧失工作的喜悦和意义。"②

(三) 20世纪80年代的相关研究

青木昌彦根据厂商理论深刻论析了日式经营。他在20世纪80年代提出了关于日本经济高速增长的一系列的设问,并由此导出了其独辟蹊径的观点。

青木昌彦研究了日本工人具有关联技能的深层原因,那就是激励手段。他认为,日本激励结构的实质是级别等级制,在这种制度下,企业职工以其学习成绩竞相争取尽快晋升。日本厂商对级别等级制的集中化管理,弥补了分散化的信息处理方法之不足,维护了企业的完整。③进而,青木昌彦考察了日本厂商在金融方面,特别是各种投资者,即个人投资者、银行等金融机构,以及其他集团厂商在公司财务和管理结构中的作用。他把日本厂商视为雇员和股票持有者这两个集团的结合体。"我利用谈判对策理论最近所取得的成果,从各个方面考察了在这种结合结构之下日

---

① 〔日〕南博:《日本人论》,第308页。
② 同上书,第310页。
③ 〔日〕青木昌彦:《日本经济中的信息、激励与谈判》,第8页。

本厂商的管理工作,并分析了日本厂商的行为,这里把这种行为看作上述两个集团之间谈判对策的均衡结果。例如,雇员勤奋工作与雇主提供工作保险这种礼物交换式的交换,传统上认为是由文化所决定的,本书则把这看作对双方既相互冲突又相互一致的利益所做的有效而均衡的调解。"[1]

加护野忠男和小林孝雄关于"资源抵押与退出障碍"的观点非常深刻,与许多学者的观点大相径庭。他们认为,这种制度安排,并非完全是日本人由于文化而导致的从一而终的价值取向所致,也不是由于员工忠于企业的原因,而是根据投资风险理论,是日本人所固有的规避风险的不得已的选项。其根源是日本劳动力市场不发达,存在日本就业的潜规则,即不中途雇用其他企业辞职的员工。即便雇用也根本不考虑其以前的职历和薪酬水平,因为其以前的薪酬是在某一个企业所掌握的特殊的技能、知识和积累的经营资源,但对于另外一个企业来说,可能价值不大。因此所付给的薪酬只能从最低点算起,这就使中途退职损失非常大。另外,从投资角度来看,作为企业员工个人所拥有的资源就是自己的劳动时间,这种"时间"资源,无法像资金拥有者那样可以分散投资,把鸡蛋装在不同的篮子里,可以通过多元化投资来规避风险。劳动者以个人的"时间"投资,限制了他的选择权。正是这一点才使终身雇用制和年功序列制得以畅行。年功序列制是按照在同一个企业的工作年数涨工资、晋升职务和享受各项附加的待遇。你一旦加入一个企业,就已经被纳入这个秩序中了。这个不成文的制度性规定,要求你必须把自己的"时间"资源一次性抵押给企业。但当你要退出时,却不可能像其他投资者那样,连本带利回收你的投资报酬,而是只允许你带走你的"时间"。这当然很不合算,甚至赔了老本,这就是所谓的"退出障碍"。

加护野忠男等人认为,从业员进入企业,是企业与从业员的交易关系。从业员之所以愿意接受终身雇用制和年功序列制,把自己唯一的"时间"资源抵押给企业,是为了最大限度地降低投资风险。日本的从业员对企业抵押出资源。这些资源押出可以分为两个方面:一是从业员以隐性的出资方式所进行的资源押出;二是企业特异能力的形成,这种是看不见的

---

[1] 〔日〕青木昌彦:《日本经济中的信息、激励与谈判》,第9页。

资源押出。由于"这种隐形出资的回报不只与公司的整体收益情况有关，事实上也与个人的努力程度以及由此而来的晋升程度相关。个人努力工作，并通过在公司内晋升竞争中的成功有可能得到较多的回报。回报既反映集团成果也反映个人成果。""从业员对企业押出的第二种资源是企业特异能力的形成。这种资源包括掌握只存在于所在企业中的技术、工作伙伴间的协作诀窍、关于所在企业的知识、人与人之间联络网的形成等。这些都是唯有在该企业内工作才有意义的资源。如果到了别的企业这些能力是得不到评价的。"[1] 因此，从业员和企业这种相互出资机制，使双方都处于难以退出的障碍。但总的来说，对企业一方更有利，而从业员显然处于弱势地位。这也并非说企业没有付出资源，企业通过培训等使从业员增加了个人工作的各种宝贵的知识和能力。但企业为了使所做的付出降低风险，通过年功序列制的机制，为那些有能力的年轻员工所付出的薪酬远远低于他们的贡献度，把未付出的这部分薪酬作为企业内部利润积存起来。这些积存的利润一是为年长的从业员增加薪酬，另外还可以增加企业财务实力。从业员在一个企业工作时间越长，所积存的这部分利润就越多，就越难中途退职，这是企业的"人质"，使企业能够留住"下金蛋的鸡"。

"由'终身雇用'和'论资排辈'所代表的日式经营，将来肯定会受到人们的称赞。这和美英的经营方式重新受到赞扬的情况是相同的。……日式经营虽有弱点，但是，职工对日本企业的忠诚心、企业内技术和技能的继承性、公司内教育的连续性，以及公司内拥有信息等，存在的优点还是很多的。"[2]

20世纪90年代初关于日式经营，堺屋太一的观点更具有权威性和说服力。他写道："20世纪80年代，大家都认为日本式的经营在全世界是天下无敌的，同时认为这才是日本文化，是21世纪的人类文化。"[3] 正是以堺屋太一为代表，日本学界开始了对日式经营管理弊端的研究，日式经营管理进入"组织再造"管理理论研究时期。

---

[1] 〔日〕今井贤一、小宫隆太郎主编《现代日本企业制度》，第67页。
[2] 〔日〕牧野升:《21世纪的企业战略》，日本《产经新闻》1999年11月9日。
[3] 〔日〕堺屋太一:《"知价革命"与日本文化》，林振仁、白智立主编《解读日本：日本名人北大演讲录》，新华出版社，2013，第181页。

有关日式经营管理理论的研究自20世纪70年代便在国际上引起广泛关注。经济合作与发展组织（OECD）在1973年把终身雇用、年功工资、企业内工会作为日本雇用制度典型模式的三大要点，所谓日式经营"三大神器"。不过OECD在1977年概括日式经营有四大支柱，除上述三大要素外又加上"企业内部的社会规范"。它主要指的是日本企业以统一认识为基础的决策方式。这第四项就是所谓的独特的"禀议制"的日本决策方式。

我国学者张可喜在1992年提出日式经营的三个基本特征是：协调的劳资关系、严密的系列化结构和旺盛的技术革新精神，简称为劳资协调、系列结构和技术革新。这些特征不仅是企业经营者努力的结果，而且有深刻的历史和文化背景。[①] 日式经营管理理论随着中国改革开放的不断深入发展日渐得到国内学者的关注。

三、日式经营管理的普及及其原因

日式经营真正在企业中全面展开，是在二战结束之后。日本战败后，在民主化的潮流中，日本工会急速兴起，工人阶级的力量迅速成长壮大，工人运动风起云涌，劳资纠纷不断，甚至出现工人夺取企业经营权的事例。另外，由于在整肃财阀过程中，过去处于中间管理岗位上的职员被提拔为企业最高管理者，这些新任经营者长期生活和工作在普通职员和工人之中，他们从经历和感情上同工人有着很深的亲近感，使其在经营管理方面更加民主，并高度重视解决工人所面临的各种实际问题。随着企业发展速度加快和规模大型化，采用终身雇用制和年功序列制更加具有经济的合理性，这就使日式经营得到了推广和普及。

实行日式经营，从当时的经营环境看，符合企业和员工双方利益最大化。

第一，战后日本创办企业高潮迭起，二战前的许多企业也都焕发生机，乘势走上了快速发展道路，企业规模不断扩大，大量招收新员工，就业机会增多，员工提薪和晋升具有更多的空间和职位。另外，由于城市化进度加快，大量农民进城，以及婴儿潮中出生的中高等教育的青年人不断

---

① 张可喜：《关于日式经营的再思考》，《日本学刊》1995年第1期，第49页。

补充到企业大军中来，因此日本企业人员年龄构成呈现金字塔形。位于金字塔顶端的少数骨干员工，享受优厚的高薪酬待遇，而位于金字塔底端的大量低薪资年轻员工，其创造的利润使企业拥有巨额的内部留存。正是这些年轻员工创造的红利，才使得日本企业得以拥有充分的资源支撑这一体制。

第二，由于日本经济的双重结构，中小微企业在国家经济中处于劣势地位。大多数中小微企业的员工和自由职业者薪资低微，他们以非常低廉的价格向大企业提供原材料和零部件或以微薄的利润承担大企业的分销工作，这样大企业就可以以低于市场的成本价格攫取中小微企业创造的价值，以此获取的高收益用来承担终身雇用制和年功序列制带来的薪酬负担。即便是经济不景气时，大企业也可以将原来由中小微企业提供的部分劳务纳入本企业内部生产，而无须解雇正式员工，实际上是大企业将危机转嫁给中小微企业。

第三，日式经营有利于大企业培养充足的经营者后备队伍。日本大企业的人事制度，可以使企业员工在企业内部缓慢晋升，有充裕时间和耐心遍历企业内部各个部门或岗位的经营管理实践，积累足够的技术资源和人际关系资源，可以比较全面掌握企业内部的情况，非常有利于其开展经营管理业务，这为大企业不断扩展边疆并实行多元化经营储备了雄厚的人力资源。同时，这也满足了日本企业人员追逐成名立世的自尊心和成就感。

第四，按照野中郁次郎的知识创造企业的理论，日本企业实行的日式经营管理，有助于企业创造大量的隐性知识和隐性资源。这种隐性资源是难以模仿的，可以使企业在竞争中拥有其他企业不具备的本企业内部的知识资源，而终身雇用这种经营模式还有利于保障企业信息不泄露，这些长处极大地增强了企业的竞争优势，使企业可以永续发展。

第五，美日两国学者连篇累牍发表了大量关于日式经营管理论著，有力地助推了日本式管理模式的普及，使日本式管理不仅在企业界，而且在社会上成了人人皆知的管理之道，尤其是那些大企业，都争先恐后地采用这种管理模式。

第六，随着日本企业的国际化，许多大企业在外国设立了跨国企业，日本的跨国企业，在尊重所在国的文化习惯的同时，在经营方面仍然采用日式经营管理模式，许多实行日式经营的企业都取得了成功。例如，本田公司、索尼公司、丰田公司和京瓷公司等。正是这些跨国经营的日本公司的卓越表现，使日式经营管理模式走出了国门，广播于世界。

以上六点，充分说明了战后日式经营管理得到迅速普及的原因。

四、日式经营管理模式的局限性及进行调整的必要性

事物总是一分为二的，日式经营管理也并非完美无瑕的企业经营法宝。在上述诸多有利条件发生变化或彻底消失之后，日式经营管理也充分显露出不适应的症候，尤其在日本泡沫经济破灭后，其原来存在的弊端已经暴露无遗。石原享一认为：日式经营的缺点，具体体现在过于重视和谐与合作，容易因循守旧以及在制度革新、果敢行动方面略显消极等。因此，日本国内对传统日式经营管理的信心发生了动摇。[①]

一是作为组织的大企业，如果过分追求发展志向，必然会导致组织规模不断扩大、成员不断膨胀。当组织的发展速度赶不上成员增加的速度时，企业就会暴露出成本上升、利润下降的弊端。这时，企业再也承受不起高额薪酬的负担，唯一的解决办法就是解雇员工，放弃或部分放弃终身雇用制和年功序列制，否则企业就会衰退甚至破产。

日本版的"组织再造"的学者堺屋太一的《组织的盛衰》论述了追求过大的组织发展志向，结果导致衰退甚至灭亡的历史教训。因组织规模庞大，船大难掉头，为自身的沉没设下了陷阱。

二是由于外部形势变化及新技术革命的冲击，企业不得不与时俱进，因势利导，创新转型。20世纪70年代的日元升值、两次石油危机，迫使日本制造进行由"重厚长大型"向"轻薄短小型"转变。在转轨的过程中，许多企业实行"减量经营"，解雇或临时解雇员工，部分放弃终身雇用制和年功序列制。而在进入20世纪90年代后，由于泡沫经济破灭，日本经济陷入"失去的二十年"，企业大量破产，甚至过去一直认为日本金融机构是坚不可摧的"神话"也破灭了，其员工也纷纷告别终身雇用制和年功序列制。这些无疑动摇了日本企业员工对日式经营模式的信心，他们不得

---

① 〔日〕石原享一：《战后日本经济的成败启示》，第87页。

不考虑自己的未来前途。当然，所谓日式经营的凝聚力、同舟共济的精神也就逐渐淡薄甚至消失了。

三是日本人口结构的变化。支撑战后日本企业高速增长的最重要的因素之一就是人口红利。但是，随着日本人口少子化和老龄化迅速发展，日本企业的人员结构逐渐变成圆柱形，甚至倒金字塔形。使位于金字塔上方的领取高额薪酬的老年员工数量增加，而处于金字塔底端的薪资待遇低微的年轻员工数量逐渐减少，企业再也支付不起老资格员工的高额薪资。人口结构的老龄化，必将催生无形的社会革命，这场革命浪潮首先冲击的就是企业。同时还导致企业为了降低劳动力成本，将生产迁移到工资低廉的国家，进一步加剧了日本国内劳动力市场的萎缩，使日本在一定程度上出现了产业"空心化"现象，这更加增强了在岗员工的危机感。

四是日本人的价值观多元化，尤其是青年人对于日本传统的就业观念和模式不感兴趣。他们不愿意像长辈那样，把自己的一生都牢牢地捆绑在一家企业内。他们更不愿意付出艰辛努力，而愿意选择不受约束的临时的工作。因此，无论从员工角度，还是从企业方面来说，都不得不面对这一现实做出抉择。为维系日式经营，企业必须做出调整或变革。

五是进入21世纪以后，世界经济陷入总体萧条。一直引领世界经济的美国经济增长乏力，2008年的美国金融大海啸，导致世界经济萎靡不振，这就使欧美市场萎缩，消费疲软，市场保护主义抬头，甚至出现了"逆全球化"的浪潮。这对于严重依赖向欧美市场出口的日本经济来说更是雪上加霜，出口增长乏力，市场进一步萎缩。另外，由于日本不断出台干扰破坏中日关系的举措，使其对近年来最大的出口市场——中国的出口也很难增长。这使日本经济处境更加艰难，势必进一步拖累其经济发展，由此使日式经营更加难以维系。

六是考虑经济全球化和经济网络化的迅猛发展，以及二者互相助力，导致经济发展环境和形态更趋错综复杂，变化更加迅猛，使那些大企业更加难以适应。为应对这种局面，一些大企业不得不进行内部创业，但这种创业创新，绝非资深员工的长项。这也迫使他们不得不让位于那些年轻的员工，在这种环境下，即便公司不迫使他们退休或辞职，他们为了保住自己的颜面，也不可能再赖在公司不走了。

以上就是关于日式经营管理由形成、普及到最后不得不调整的四部曲。

但这并不意味着从此之后日式经营管理会销声匿迹，因为这种经营管理模式是建立在日本文化的深厚基础上的。并且，善于学习和随机应变的日本企业，必将会在新的形势下，努力寻求一种既不完全否定日式经营模式，又使其适应新的经济环境的经营哲学。石原享一对此进行了深刻的阐释：泡沫经济破灭后，日式经营管理一度看似一无是处，但其本身的优点其实并未消失。彼得·德鲁克、阿贝格伦等人指出的优质的企业文化，如对企业怀有归属感，上下齐心共谋企业生存发展，为企业经营管理及产品品质改良建言献策，等等，从原则上都得到了继承。同时日本企业也在全力克服20世纪60年代经济高速增长期间凸显的缺点，如过度追求"关联企业同生共荣""企业内思想同步"等，探索并形成崭新的日式经营管理模式。

20世纪70年代至今，日式经营管理呈现出三个阶段的变迁，分别是：从经济高速增长期到稳定发展期采用的传统日式经营管理体系、泡沫经济破灭后受美式资本主义影响而引进的减员增效式经营管理、现今的新型日式经营管理体系。相较传统体系而言，现阶段的日式经营管理更重视能力，更兼容并蓄。

在企业经营目的上，日式经营管理舍弃了只考虑股东、企业经营者、员工、合作伙伴等人员利益的传统做法，引入内涵更为丰富的"利益攸关方（stakeholder）"概念，将消费者和驻地居民的利益纳入考量。在合作伙伴关系上，以前重视通过高额购买零部件来建立安稳、固定的贸易关系，现在开始缩减关联企业，引入竞争供货机制。在生产过程方面，从原有的少品种、大批量的流水生产转向多品种、小批量的小组作业方式（即由一人或数人，在一个工位负责组装、加工直至做出成品，完成整套工序的生产方式）。[①]

这种动向近来已越发明显。比尔·埃莫特这位英国《经济学家》杂志前主编在该杂志2005年10月8日号上发表的特辑"太阳重新升起"中称：

---

① 〔日〕石原享一：《战后日本经济的成败启示》，第89页。

"日本终于走到令世界惊异的阶段,世界感到惊异的是,日本不再糟糕,日本表现优异。过去15年间,有过多次的'伪黎明'。但是,日本的衰退不是命中注定的,……他们逐步、扎实地走向胜利。真不是天方夜谭,日本长期以来几经反复的改革曲折,他们坚持不懈的改革改变了政治、经济和金融市场,超出了人们的想象。"[①]

第四节 日本企业内部经营管理层培训典型模式

日式经营管理的重要内容之一,当属日本企业内部培训模式。企业内部培训承担两项功能,一是通过岗位轮换,将员工培养成为多能工,员工不仅对日常所承担的作业达到精益求精的程度,而且对许多相关的作业都熟悉,甚至了如指掌。这对于各个岗位间相互协作乃至实行技术革新、开展改善活动和全员质量管理都极为重要。二是对管理人员进行培训,在企业内部经过缓慢的职务轮训,逐级提升,培养本企业的高层经营管理者。日本通过循序渐进培养人才的做法,由于被提拔者熟悉本企业文化,在企业经营管理中更能得心应手,有利于企业发展,所以深受各国企业经营者和经营管理学家称道。长期以来,日本的经营管理者接受教育培训,企业通过轮训的办法来有意识和有目的地培养各级管理者。这同日式经营管理中终身雇用制和年功序列制是一脉相承的。

日本企业内部培训之所以效果显著,从根本上说,是日本民族善于学习特性使然。这正是这个民族了不起之处,也是日本企业内部培训卓有成效的原因所在。

案例一:富士通公司的"45岁研修"

富士通公司是日本最大综合电机、电子技术厂家之一,被誉为"电子先锋"。尤其在计算机制造方面是日本代表性企业,在人工智能开发上十分活跃。在办公自动化机器,如文字处理机、传真机等产品的发展方面贡献良多,大规模集成电路等半导体开发也是一流水平。其作为通信机器制

[①] 〔日〕小岛明:《日本的选择》,孙晓燕译,东方出版社,2010,第191—192页。

造企业，在日本居于第二位。而电子交换机和光通信系统具有世界最高水准。富士通是在高度信息化社会中发挥先导作用的日本大企业，它的目标定在仅次于世界最大的计算机企业IBM之后的第二位。

富士通的经营口号是"信赖与创造的富士通"。其宗旨、社风和企业基本思想是"自我开发先进技术""培育人才"。富士通认为，对于知识密集型企业和尖端技术产业来说，"企业就是人才"。因此，把实施彻底的教育培训制度作为造就"富士通人"的最重要的人才培养战略。

富士通的培训大体上分为三类：一是对新入社的员工开展入社教育；二是对技术人员进行技术培训；三是对中老年管理者开展"45岁研修"项目，而这项研修具有极其鲜明的特色。

富士通"45岁研修"项目始于1979年3月。当时日本国内外的背景是，受日元升值和世界石油危机影响，日本经济由高速增长转变为低速增长。而当时富士通公司则随着组织规模的大型化、多样化，对具备综合管理才能的人才需求越来越大。在这种状况下，公司创设了"45岁研修"项目。对此，约翰·劳瑞曼和见城尚志给予了高度评价："作为日本公司，富士通公司正在探索新型的最适合将来需要的课程模式；日本人永不满足，永远在寻求解决问题的最佳方案。"[1]

富士通集团设立了"株式会社富士通经营研究所"。从同年4月开始，对年满45岁的技术人员，包括管理人员进行为期3个月的集中教育。其目的在于：(1)使之掌握除专业知识之外的综合经营管理技术，培养未来的经营骨干和可管理国内外经营基地及联营公司的人才；(2)向中高层管理者讲授高度的管理技术，开发其适应多样化社会的能力；(3)通过个人的资质和能力等进行多方面的评价而使其明晰自己的出路，以期将来在富士通集团里找到更适合于自己的位置，有效地利用人才；(4)为了培养作为富士通集团一员而应当具备的德才兼备的特点，给学员一个自我启发的机会。除了教授经营的相关知识外，还为学员们开设了音乐、美术、历史等旨在加强个人素养的课程。[2]

---

[1] 〔英〕约翰·劳瑞曼、〔日〕见城尚志：《教育·培训——企业成功的钥匙》，第131页。

[2] 〔日〕富士通株式会社：《电子先锋——富士通发展史》，陆华生、黄文明译，华夏出版社，2001，第158页。

关于具体研修内容和时间安排，日本经济新闻社通过采访，做了以下介绍。一般研修为期2个月，具体研修内容有四个方面：(1)经营管理能力培训，约占研修时间的50%，包括人事劳动、国际经营等5个科目的案例教育与决策训练；(2)对企业内各部门的理解，约占研修时间的15%；(3)企业高层干部主持座谈，约占研修时间的15%；(4)普通文化素养，约占研修时间的20%，包括音乐、美术、文学、戏剧、历史、宗教等。

另外，还有为期一个月的专项研修，可以从海外研修、营业研修、经营研修三项中任选一项。

富士通在开设"45岁研修"的项目基础上，还将教育培训范围扩大到新上任的管理人员、骨干管理人员、海外派驻人员、富士通集团社长、富士通集团的骨干管理人员以及海外联营公司的当地干部。

富士通对于经营管理层的教育培训，是出于以下的战略考虑的。公司认为，从大学毕业生中招收的新员工，其知识和能力具有很大的局限性。而且，随着技术革新速度的加快，必须对其进行继续教育。另外，在日式经营管理中，年功序列晋升职务，必须对待提拔人员进行客观考评。在教育培训过程中，公司领导有机会广泛接触下属，可以形成比较准确的评价，这对于发现人才并进行公平晋升是很重要的。还有一点就是公司最期待的还是受训者意识的变革。一个中年人离开自己从事多年的工作而来到一个全新的岗位，或者说从此开始一项新的工作，他将怎样迎接这一挑战呢？对这件事情的不同认识会导致截然不同的结果。

"进修的目的不在于教授管理方法，而在于让受训者做好重新开始一项新工作的心理准备，是改变立场、就任新工作的出发点。"[1]

1979—1985年，富士通共培训1754名中老年经营管理者。对其效果富士通公司进行了跟踪考察，考察分三个层次分析研修的贡献度：一是对参加研修者本人，二是对研修者所属组织，三是未参加研修的人。

考察结果显示，培训不仅转变了中老年管理者的意识，还激发了他们的自我启发的自觉性，提高了其管理决策能力，明显地激发了其积极上

---

[1] 〔日〕富士通株式会社：《电子先锋——富士通发展史》，陆华生、黄文明译，华夏出版社，2001，第159页。

进心和对公司的奉献精神。富士通的做法,对其他企业产生了积极影响。因此,日本经济新闻社认为,富士通的做法在日本企业史上有着重要的意义。

案例二:京瓷中国公司中高层管理者的"京瓷哲学"培训

我本人通过亲历京瓷中国经营研究所教育培训实践,近距离考察了日本京瓷公司教育培训模式。2004—2017年,我一直参加京瓷集团中国企业高层经营管理者的培训工作。因此,对京瓷在中国的企业培训非常熟悉。

京瓷对全体员工开展哲学教育,教育内容因员工的职位不同而有所区别,大体分为四个层次:面向公司高层的董事、领导的哲学研修,面向骨干员工的主管、副主管的哲学研修,面向普通员工的哲学研修和面向兼职人员的哲学学习会。另外,对海外6个分公司则分为三个层次,即面向公司高层的管理人员讲座、面向骨干员工的中层管理人员讲座和面向普通员工的哲学研修。

京瓷意在通过哲学教育,让京瓷员工人人都成为懂哲学会经营的管理者。京瓷哲学教育结合形势的变化和各种新的情况,会不断充实新的内容。"京瓷的教育总部为了跨越年龄和时代所产生的代沟,将京瓷的成功和失败经验都传承下去,特别出台了政策,要求各业务总部将各自部门的历史都记录在案,筹划制定事业史以达到传承的目的。跨越年龄的鸿沟、长期坚持将企业哲学渗透并传承给企业的一代代新员工,这对于每个企业来讲都是重大的问题。"[1] 在2011年4月,京瓷对培训内容追加了重要的哲学项目,并将之整理成册后,在公司内部发行了《京瓷哲学手册Ⅱ》。

而京瓷中国高层经营管理者京瓷哲学研讨会,每年都在华东的上海和华南的广东东莞各举办两次培训班。在迄今为止的13年时间里,共举办过20多届,接受教育培训的课(科)长以上的高层经营管理者达3000多人次,这是京瓷开展对企业高层经营管理者教育培训的基本形式。此外,京瓷公司还对普通员工进行全员教育培训,亦为每年两次,每次半天。但普通员

---

[1] 〔日〕引头麻实:《日航重生——稻盛和夫如何将破产企业打造为世界一流公司》,陈雪冰译,中信出版社,2014,第226页。

工的学习主要以每天上班前的晨会形式进行,这与日本许多公司的做法基本一致。迄今为止,京瓷每年都进行京瓷哲学、京瓷会计学、阿米巴经营和领导力培训等专题性教育培训。但其核心紧紧围绕着京瓷哲学展开,把"作为人,何谓正确的"作为教育培训的基础和核心内容。为了便于高层经营管理者在培训期间及以后进一步学习和实践京瓷哲学及京瓷独创的经营管理手法,培训教材通常采用图文并茂的PPT形式,并且,每次的培训内容都打印装订成册。

培训期间,受训者除了亲耳聆听稻盛和夫讲授的经营哲学和观看录像,还可以听到京瓷高层领导的讲课或录像。尤其是高管们结合自己的经营实际,认真研讨京瓷哲学的火热场面,往往能给人留下极为深刻的印象。

京瓷高层领导高度重视教育培训工作。京瓷创立后,在稻盛和夫"以心为本、利他经营"的企业哲学指引下,京瓷始终坚持在"追求全体员工物质与精神两方面幸福的同时,为人类和社会的进步与发展作出贡献"[①]的经营理念。正是京瓷始终不渝地坚持,才使它从一个名不见经传的街道企业发展成为拥有两个世界500强的大型企业集团。并且,其收益率和利润率均为日本第一。

稻盛和夫和京瓷高层领导充分认为,京瓷的成功得益于京瓷哲学。因此,企业把用京瓷哲学教育培训员工队伍作为一项长远的企业经营发展战略来抓。京瓷的教育培训,虽然也抓技术培训,但最主要的是进行京瓷哲学教育,这是教育的基础和根本。

京瓷长期坚持对员工,特别是对高层经营管理者进行经营哲学教育。该企业在教育培训中所用时间之多、着力之大,是其他企业难以企及的。概言之,京瓷哲学是京瓷经营学的灵魂,京瓷会计学和阿米巴经营则为京瓷经营学的两大支柱,三者构成一个完整的经营学体系。京瓷的教育培训就是按着这一体系循序渐进地展开的。

京瓷集团教育培训的领导与组织机构。在稻盛和夫的亲自领导下,京瓷在总公司内设有专门负责组织教育培训的办事机构——教育企划部。为

[①] 〔日〕稻盛和夫:《敬天爱人》,曹岫云译,万卷出版公司,2011,第7页。

了加强对京瓷中国企业高层经营管理者的教育培训工作，京瓷还专门设立了京瓷中国经营研究所。

在常务董事的直接领导下，京瓷教育企划部负责制定全集团海内外企业的教育培训规划、遴选讲师和审编培训教材，指挥京瓷公司及所属海外各公司具体实施教育培训计划。对于京瓷中国企业高层经营管理者的教育培训工作，常务董事和教育企划部非常重视，每次教育培训，都亲自抓中国经营研究所和主办培训的公司领导，对各项细节进行布置、检查和督促。而且，每次培训时，负责教育培训的常务董事都会亲临现场，传达稻盛和夫或伊藤相谈役、京瓷会长、社长的指示；代表京瓷总部向参加教育培训的京瓷中国高层经营管理者发表致辞；参加各分组讨论，对各分组代表在大会上的发言进行点评；在教育培训班结束时致闭幕词；按照京瓷创立以来的惯例，在集中培训的第一天晚上举行聚餐会，常务董事和举办方高层领导亲自到每张桌旁向受训者祝酒。

京瓷经营学教育培训的内容、形式及安排。京瓷教育培训的内容主要是向高层经营者灌输京瓷哲学，逐条讲解经营12条，开展京瓷会计学、阿米巴经营和领导力等专题培训。培训尤其注重对人格心性的提升，这是经营领导者最重要的基本素质。

为了使高层经营管理者准确掌握上述内容，每次教育培训都由稻盛和夫担任主讲。受训者边听稻盛和夫讲课，边看录像，然后进行热烈讨论。京瓷高层领导以及各名讲师的讲义，也都紧紧围绕稻盛和夫的讲义进行理论联系实际的阐释、说明。除此之外，稻盛和夫以及京瓷高层领导，往往还结合当前国内外经济形势进行特别讲解。这样的培训有助于京瓷高层经营管理者随时把握宏观经济形势，掌控全局并采取有针对性的对策。比如，2008年12月在广东东莞和上海举行的京瓷中国高层经营管理者研讨会上，稻盛和夫除了做京瓷会计学的专题讲义外，还专门针对席卷世界的经济危机发表了题为《经济不景气是成长的机遇》的讲演，并且传达了在同年11月京瓷国际经营会议上京瓷社长的讲话精神，他要求京瓷高层经营管理者，面对百年一遇的世界性经济危机，越是在经济不景气的情况下，越要发挥坚强的领导能力，并提出必须立即付诸实施的四项紧急课题，以此渡过危机并实现京瓷的大发展。

京瓷经营哲学培训讲义的基础教材，都是稻盛和夫的著作，这些培训的内容都源于京瓷自身实践，生动、亲切、感人，教育培训能达到活学活用、立竿见影的效果。

教育培训的形式丰富多彩、生动活泼，基本上按着以下程序进行。首先，由京瓷高层领导发表致辞和特别讲话，紧接着聆听稻盛和夫的讲演或观看录像。其次，由各名讲师针对稻盛和夫基调讲义中的某一重点议题，结合自己的经营管理实践进行理论联系实际的阐释和说明。讲师的讲义内容非常丰富，既包括自己在经营管理中的成功经验，也有失败的教训，极富教育性和启迪性。再次，参加学习培训的高层经营管理者，在聆听或观看了上述讲义、录像后，进行分组讨论。在讨论中，一方面针对所学内容进行消化理解，另一方面则主动运用所学理论去分析自己经营管理中所遇到的问题，寻求解决的对策。然后，每组推选一位对所学内容理解深刻，并能很好地联系实际的学员代表本小组进行课堂演讲分享。在每名学员代表演讲后，由京瓷高层领导或与会的各公司负责人进行点评。在每次研讨会上都进行三四次的分组讨论和大会演讲。最后，进行培训总结。其目的是进一步深化所学内容，并使之在企业经营管理中付诸实践。具体包括以下几项内容：一是由京瓷高层领导进行总结以及由主办企业领导致闭幕词。二是按京瓷惯例举行聚餐会，在餐会上主办公司领导再次致辞，然后由管理者们表决心或自由发言。京瓷高层领导则到各桌敬酒，与每个人进行交流。学员们也互相到各桌敬酒，开展交流。甚至平时有业务往来关系的单位之间，还利用这个难得的机会开展工作。聚餐会将教育培训的氛围推向了高潮。由于考虑到学员们培训结束后能立即返回公司工作，一般聚餐会安排在第一天晚上进行。三是每次教育培训后都进行问卷调查，这也是一场开卷考试。问卷调查主要的内容，是有关讲义内容和对各名讲师的评价等，此外，也包括对教育培训本身及具体安排的意见和建议。四是在教育培训结束后，要求参培人员每人撰写一篇体会文章，经各公司选拔的评审人员进行匿名评审，从大量文章中筛选出部分文章，收录内部出版的《京瓷集团哲学论文集》，作为京瓷内部出版物供全公司员工学习。京瓷中国经营研究所于2008年培训后，共收到1629篇文章，最后入选文集的只有47篇。每一篇文章都融入了作者的心血、汗水。这47篇入选文章，对京瓷哲学有很深的感悟，真正是认真撰写的心得体会；这些文章理论联系实际，在运用京瓷哲学解决实际工作中的问题方面取得突出的绩效。培训文章中评选出名誉会长奖一名、会长奖一名、社长奖一名、优秀奖五名和佳作奖五名。前三名获奖者还获得在大会上发言的殊荣。

京瓷教育培训模式的转变。在稻盛和夫成功地重建破产的日航之后，根据日航重建经验，重新构筑了京瓷的培训模式。一改以前全公司统一教育培训方式，采取根据各公司经营实际情况，进行针对性培训。公司在经营中有什么问题，就选择相应的哲学内容，有的放矢地进行教育培训，解决经营中的实际问题，从而提升经营绩效。这种模式实际上是将培训领导权下放给了各个公司，其宗旨就是使培训能与解决各公司经营中的实际问题有机地结合起来，做到活学活用、立竿见影。

案例三：松下公司商学院及其培训模式

松下公司非常重视员工的在职培训。松下的在职培训既包括对企业高层经营管理者的技术培训，也涵盖对企业普通员工的技术培训。这同松下幸之助的企业观是分不开的。松下电器公司的一句招牌话是："造物之前，要先造就人才。"造就什么样的人才呢？就是要造就有丰富个性，真正能造物的人才。[①]

"松下幸之助商学院"或曰"松下商学院"，是松下公司面对经销商传授经营理念、培养经营者的在职培训教育机构。松下公司的销售能力是松下帝国的强项，其基础就在于培养出了大量销售门店的经营者。

松下商学院成立于1970年，研修期限为一年。成立至今已经培养出了4000多名优秀的毕业生。三井泉从继任者教育和理念继承的角度，论述松下商学院"虽然继承了松下电器的'造物先造人'的根本理念，却不是一个只为教授松下幸之助哲学的教育机关。确切地说，它应该是一个将中国古典著作《大学》里的'明德''亲民''至善'作为精神支柱，并通过在课堂的知识学习、在宿舍的日常生活以及在销售店里的实习等来彻底参悟

---

① 〔日〕寺门克：《松下人才训练学校》，《经营管理全集》第23卷，台北名人出版事业股份有限公司组织翻译，春风文艺出版社，1993，第1页。

'应该怎样做人''应该怎样做一个商人和领导者'的场所"。①

松下商学院成立的背景，是为解决销售渠道中的体制机制问题。正是在这一改革的过程中，启动了以"打造一个以全人教育为主体的研修平台"，并确立了以"德育、知育、体育"为主题的教育大纲。"所谓'德育'指'将有规律的学院生活作为实践的场所，在实践中将正确的行为、礼节和习惯变为一种惯性的同时，培养正确的商业道德'。'体育'指'重视健康的身体和强韧的精神力'，奉行'健康也是实力'的宗旨，'将努力锻炼身心作为本分'。'知育'指'课业的目的是提高实务和实践能力，学生的使命是在自主的学习气氛中最大限度地发挥自己的能力'。"②

该教学大纲明确规定的教育内容如下：以中国古典著作《大学》《孝经》和《论语》作为教育的宗旨；以日本自古以来的武士道为培养强韧的精神力、果断的行动力和礼节的宗旨；以现代科学为中心开设的各科以理论结合实践为宗旨。

根据上述教学大纲，松下商学院将教育目标明确设定为中国古典《大学》中的三个词，即"明德""亲民""至善"。

研修目标：商学院是探求商业之道、实践《大学三纲领》的道场："明德"即竭尽全力，身体力行实践商业道德；"亲民"即不失诚意和礼节，保持良好的人际关系；"至善"即为实现尽善尽美的目标而努力。③

松下商学院为了落实其教学大纲，出台了《松下电器商学院学习指导要领》。

松下商学院在成立12年后的1982年，制定了相当于学生守则的《塾鉴》。《塾鉴》由以下七部分组成，即研修理念、塾生守则、礼制纲要、私塾生活纲要、轮流值勤运营规则、表彰与训诫以及保健卫生等内容。《塾鉴》一词，"塾"无疑是指松下商学院，由于松下办院宗旨与一般的学校教育迥异，松下崇尚运用中日两国古代的私塾教育培养人才模式，因此，要把商学院办成能培养出杰出人才的教育基地。所谓鉴者，镜也，是指照镜

---

① 〔日〕住原则也等编《经营理念——继承与传播的经营人类学研究》，王向华监译，经济管理出版社，2011，第165页。

② 同上书，第170页。

③ 同上。

以观，考证真伪，洞悉本质之意也。

松下商学院的标准一日课程如下：

商道课：这是商学院最具特色的课程，在道场的正面悬挂着松下幸之助的照片和"研修目标"，旁边贴着松下电器的"纲领""信条"和"尊奉的精神"等。塾生跪坐在木地板的道场里诵读《论语》和在讲师指导下诵读《大学三纲领》。学员谈学习感受和由讲师进行点评、讲解。这是松下哲学和德育教育的核心。

接着，晨礼、会议。每天由值日的学员领读，全体一齐大声朗诵松下电器的"纲领""信条"和"尊奉的精神"等经营理念，并发表畅想感言。晨礼之后，齐唱商学院的校歌。

第一节课：院长讲话，他阐述了"本学"即理念以及"末学"即技术二者孰重孰轻的关系。强调了不是去掌握具体的销售技术，而是掌握指导具体销售工作的理念以及作为商人学习人文理念的重要性。

第二节课：讲授"自我改进"。

第三节课：学习计算机科学。

第四节课：学习武士道。

最后，全体就座、冥想。广播开始播放松下幸之助的《让我们拥有一颗淳朴之心》。塾生们伴随着"让我们拥有一颗淳朴的心吧。淳朴的心可以使人正直聪明……"进入冥想。

这样结束了一天紧张而又充实的培训生活。学员在商学院这个道场，通过晨练、诵读《论语》、茶道、武士道以及反复演习看起来非常琐碎的礼仪形式，养成未来商家事无巨细、亲力亲为的严谨作风。

"在这些看似不合时宜的严格'修炼'中，'平成商人'或者未来的经营管理领袖在真正'温暖的爱巢'中茁壮成长。他们还没有经历过外面的大风大浪，但是总有一天他们要投身其中。为了迎接那一天的到来，师长们似乎拼命地想要向他们传达什么。不管时代如何变迁，总有一些东西不会改变或者必须持守。让那些不随时代改变的东西渗透到人们身体和精神中，或许就是所谓的'理念的传承'或者'帝王学'的核心。"[①]

---

① 〔日〕住原则也等编《经营理念——继承与传播的经营人类学研究》，第181页。

综上所述，从以上三个典型的企业培训模式和做法来看，日本大企业的在职培训都将哲学和经营理念放在重中之重的位置，这是所有培训内容的核心。在具体做法方面，都是采取反复"灌输"的手段，使之一点一滴地渗透到受训者的心灵之中，并在不断重复的过程中，扎根于受训者的潜意识里，逐渐地加深理解、掌握这些"知识"，并使其变成自己的"见识"，最后成为指导自己经营管理实践的"胆识"。这是一个由浅入深、由表及里的循序渐进的学习过程，使受训者在实践中随时加以活用。

第五章　独树一帜的日本企业文化

以上章节论析了日本企业经营管理的许多方面，其中不同程度涉及了企业文化的内容，但还不能说是真正进入日本企业文化新论的主题，从本章开始对日本企业文化进行全面深入论述。

关于日本企业文化，在日本，既有称为"企业文化"，也有称为"会社文化""公司文化"，或称作"企业风土"。

我国学者陶建明写道：

> 日本的企业文化是指将一个组织的全体职工结合一起的行为方式与标准，它代表该组织的目标、信念、哲学理论及价值观渗透到该企业的每个职工的思想意识之中。从日本经营成功的企业来看，每个优秀企业都有其独特的"企业文化"，如有的企业着重于树立职工和企业"共存"的观念，建立集体意识；有的企业宣传"危机感"，培养职工的"奋斗"和"忠诚"精神；有的企业用企业的福利主义等各种手段激励职工"爱厂如家"的感情；或通过多种渠道如"提案制度""共同参与制度"，使职工的精神需求得到一定的满足；或充分利用非正式组织的作用，发掘职工的潜力，缓和上下级的矛盾，增强企业的内在"凝聚力"，等等。
>
> 当代日本企业文化承袭了两种外来文化基因：一种是从美国引进的科学管理理论和方法，另一种是中国儒家的传统文化。两种基因的融合，培植了别具一格的日本企业文化。[①]

日本是企业社会，企业的社会地位较高，在日本文化中，企业文化的

---

① 梁战平等编著《中日管理思想比较》，第320页。

作用颇大。企业文化在以企业这一社会集团所具有的特性为主题时使用。企业是经济的存在，同时又是社会的存在。企业作为社会的一员，断然不能脱离社会而存在。个别企业的企业文化，历来称为"社风"，"社风"是表现某一特定企业整体性格的用语。只要企业文化构成了企业组织成员固有的特性，那么这种文化就是以企业中的人为中心的文化。日本学者今西伸二认为企业文化由下面三项主要因素构成：

1. 价值体系——精神方面：企业哲学、经营观念信条、价值体系、企业目标等；

2. 活动体系——工作结构：组织环境、组织结构（工作分工、机能分工、命令报告关系、思想交流与方法）、战略（目标与计划的设计）、组织成果（统制的工作）、规章规则、手续、习惯、惯例、章程等；

3. 经营风尚——基础方面：社风、组织风土、传统、部门行为规范、成员的行为能力、领导阶层等。

有关企业文化的研究，并非始于今日。迄今为止的研究，主要着眼于经营观念的确立、在行为科学研究基础上的经营风尚、日本经营、经营战略的开展与CI创造等研究。[①]

日本企业文化源于企业，企业既是功能性组织，又是生命和生活共同体。这是日本企业与欧美企业根本不同点或区别之一。作为功能性组织的企业，日本企业与欧美企业一样必须追逐效率和功利。但欧美企业属于纯功能性组织，而日本则不同。日本企业作为经济共同体必须承载其员工的生活，不仅包括员工自身的物质生活，还涉及其文化精神生活，并且在某种程度上还将员工家属纳入其中，使之成为企业的"准员工"。这可以从日本大企业员工的薪资结构中，包括家庭成员的补贴薪资这一点得到佐证。日本企业员工的工作和生活与企业的经营活动在时空上是一体的，而欧美企业运营仅仅与员工在企业工作时间相一致，员工的私人生活完全与企业无关，二者在时空上截然分离。这是与日本传统的集团主义和美国的个人主义文化相对应的。

所谓的日本管理模式，或曰日本管理的特殊性，通常所说的其实就是

[①] 〔日〕今西伸二：《关于日本企业文化的探讨》，第37页。

强调企业内部的人际关系，特别是劳资关系不同于欧美的企业。日本企业的组织方式和决策方式同欧美公司迥然有别。应该说日本企业文化，有利于企业组织内部知识的积累和知识创造，因此，能使企业具有极大的活力。

第一节　日本传统文化与企业文化

关于日本传统文化对现代文化特别是企业文化的影响，日本社会学家鹤见和子有一段精彩的论述："实际上，日本社会及日本人，表面上是现代化甚至超现代化的，但一旦揭开表层，其中封建式的人际关系和思维方式就会暴露出来。进一步探究，就会发现那些古老的，甚至原始的社会结构以及禀性等，仍在生机勃勃地发挥着作用。"[1]

堺屋太一则从日本的传统和文化及其适应近代工业社会的特性的角度，论述了日本传统文化与企业文化的关系。

> 不管外国的思想和社会特性，实利主义地学习外国技术的习惯在引进、消化和改造世界最先进的技术上发挥了作用。缺乏绝对的正义感而以众人意见为转移的相对主义，使少数人的意见归于缄默，让全体国民走上了工业社会的发展道路。特别是这里所说的"众人"从自己所属的小社会的角度考虑问题时，就产生了仅仅局限在工作单位之内的共同伦理，建立起被称作是日本集团主义的劳资协调和下情上达的经营方式。……更重要的是，作为日本的传统和文化的结果所产生的对"官府"的信赖造成了官民协调的体制，也成为使卓越的管理能力得以发挥的基础。也正是由于拥有这种传统和文化，才使日本避免了工业社会中必然产生的城市化所带来的治安的恶化。
>
> 而最重要的是，德川时代以来的勤劳哲学导致了日本人对工作的热爱和对细小事物的潜心钻研，它成为经济增长的最雄厚的基础。教

---

[1]〔日〕鹤见和子：《好奇心与日本人》，詹天兴、吴赤天、黄洪译，西安交通大学出版社，1986，第1页。

育的普及也构成了大量培养优秀劳动力,特别是作为中坚力量的技术人员和中小企业经营者的根基。[①]

日本企业文化源于日本的历史文化,这一点是顺理成章的。日本企业文化是长期民族历史文化所结出的一朵文化新枝。其在日本企业经营管理中绽放出绚丽多姿的花朵,为世界各国的企业管理增添了崭新、鲜活的理论。但为什么古老的树木能发出新芽,并且不断地长出茂密的繁枝绿叶?这看似奇怪,实则在情在理。因为文化的属性具有顽强的传承性,特别是一个历史悠久的民族文化,必会将自己不竭的生命力转移、附着到一些新产生的物种上,使自己本身的生命得以延续并焕发新的生机。日本的企业文化正是如此。但作为企业文化,受企业属性所限,必定经过鉴别,选择适于企业自身需求的历史文化。为此,有必要从日本历史文化渊源上加以论析,来探究日本传统文化与日本企业文化的关系。

一、日本由传统社会向企业社会的转轨

明治维新导致了日本由传统社会向近代社会的迅速转轨。从经济方面来说,实质上就是向工业时代的企业社会转轨。日本在由传统社会向近代社会转轨过程中,外压激化了日本国内各利益集团之间的矛盾,大和民族面临着史上最严峻的内忧外患。但由于明治维新是由下级武士和京都公卿贵族联手领导的,他们以"王政复古"的名义,最大限度地延续了传统社会文化。尤其值得重视的是,明治政府的领导人,很多都是幕藩时期的下级武士,原本就是传统文化的硕学之士;同时,他们还肯于学习和接受西方文化和科学知识,因而也往往是拥有丰富的西方近代文化科学知识和广阔的国际视野的"和魂洋才"。

二、将日本的传统智慧转型为企业文化

日本的企业文化是在传统文化基础上孕育和发展起来的。因此,日本的企业文化的基因可谓源远流长,在日本企业产生初期就已孕育在企业之

---

① 〔日〕堺屋太一:《知识价值革命》,第234—235页。

中了。这一点可以从日本有代表性的家文化、村文化、藩文化和宗教文化中得窥一斑。

关于日本的家文化，按照日本的传统家庭观念，对于家族而言，最重要的是作为制度的"家"之形式，其组织基于亲属的连带关系，但并非强调血统。比较起来，若在欧洲，如果贵族门第的最后一名成员死去而未留下继承人的话，其领地则被君主所没收。在日本，遇到这种情况时，只要领个养子（过继儿子），建立虚拟的父子关系，那么领地就可以安然无恙。因为在日本，优先考虑的是家的延续，而并不着重血统的继承。所以，说到日本的家的概念，与其说是依赖血缘关系建立起来的有机的、闭锁的共同体的一种，莫如说它是一个旨在维护家庭成员各自的意志、利益的集团。①

二战后，日本的传统家文化并没有解体，相反，在家文化的基础上，各种社会组织，尤其是企业成了家文化的复制品。日本的家文化实行长子继承制的"家督"制，长子是"本家"，可以继承和支配家族的大部分或所有财产。而长子以下的次子、三子等则作为"分家"，不能参与分割家族财产。他们或净身出户，或协助长子打理家业。所以，日本许多家族的长子以下的成年男性，一般都外出谋生、自立。但是，由于当时日本城市化水平很低，工商业不发达，在城市就业打工随时都可能遭遇企业破产而被辞退的风险。通常，他们在企业不景气时返回村庄。这种家文化在日本资本原始积累时期，有利于家族财产的积累，使一些农户有可能跻身新兴企业家之门；另外，由于企业破产，到城市外出打工的成年男性在失业时可以返回农村本家这个最后的港湾，避免流落街头，造成社会动荡，所以日本的家文化在日本社会转型期具有充当社会稳定器的作用。

三户公在研究日本式管理时，特别重视家文化在现代企业管理中的特殊重要性。他的管理理论绝非独家之言，在日本具有广泛的代表性。

他以无可辩驳的例证阐明了家文化所具有的管理功能。他写道："每当探讨日式经营的时候，不少学者无论从一般常识，还是理论的高度都提到了'家'理论的问题。……战前是以经营的家族主义意识为基础，二战后

---

① 〔日〕梅棹忠夫:《何谓日本》，杨芳玲译，百花文艺出版社，2001，第58—59页。

则是以经营福利主义的思想为前提。并且指出这种经营家族主义和经营福利主义都是日本人集团主义的心理特征或行为特征的特殊形态。"①

"家训"也是日本企业文化中家文化的一项重要体现。由于近代日本企业有相当一部分是江户时代商家的延续，即使是明治维新后建立的新兴企业，多数也是在家的基础上形成和发展起来的，因此，过去用于治家的家训，在新的社会条件下，随着日本近代资本主义企业的兴起而进入了一个新的发展时期。从近世商家家训到近代企业家宪，再到现代企业社训，三者之间既有传承，也有创新与发展，共同构成了独具特色的日本经营理念体系，并成为近现代日本企业文化的重要内容。

日本商家的家训内容充分体现了中国古代"修身、齐家、治国、平天下"的古训。家训主要是商人家族内部制定的约束和指导家族成员为人处事的准则。其中含有浓郁的道德伦理韵味，带有强烈的"经世济民"导向。以在德川幕府时代比较有影响的三井家为例，该家训在明治维新之后，为了适应新时代发展需要，对1722年制定的《宗竺遗训》进行了修订，修订后的《三井家宪》的序文，充分体现了传统与近现代的融合。其开篇是：

> 三井家祖先辛苦百端，谋同族之永续，子孙之繁荣，至宗竺居士定严正家制和不可侵犯之家格，以固同族之基础。我同族之经永久、愈兴盛以至今日之团结，全赖祖先之余泽。……而今世运一变，仅以遗箴古例则不可规矩，且为不以惠福贻害后裔，有设新条规之必要。……庶几我同族俱受祖宗之垂训，日夜不忘，将来小大皆遵守此家宪之条章，传家门之荣光以致无穷。②

日本乡土民俗学发现，蕴藏在乡民内心深处的"家永续的愿望"，在进入企业后，自然就转变为"会社永续的愿望"了。日本传统的家文化顺理成章地转变为今日的日本企业文化。在日本流行的"国铁一家""丰田家""住友家"等就是明证。

---

① 〔日〕三户公：《日本企业管理论》，李爱文译，企业管理出版社，1994，第161—162页。
② 李卓：《日本家训研究》，天津人民出版社，2006，第365—366页。

日本的家文化的标识除家训之外，还表现为日本特有的家徽。虽然世界一些国家皇室贵胄也有家徽，但在历史上，日本几乎家家户户都有代表其独特的家文化的家徽。"在衣服上绘印家徽，这在世界上也是独一无二。欧洲的贵族和神父虽有（家族或集团的）徽章，但却没有任何一个国家像日本那样，大多数人都有自己'家'的象征——家徽。……这种'家'的概念，既不是指单纯的房屋、家庭，也不是普普通通的血缘集团，而是高居于血缘之上的共同的荣誉和利害的统一体。要识别'家'就需要有家徽。"[①] 由此可见，日本家文化体现在方方面面，渗透于日本社会的各种组织之中。虽然，现代日本企业已经不再有徽章了，但许多企业员工都统一着装、使用印有公司标识的名片，以此彰示企业一家。

关于日本的村文化，亦可称为稻作文化。日本属于稻作文化圈，稻米是日本人的主食。耕种水稻，必须与村里人彼此互助。特别是水稻的灌溉，由于全村都在同一时间用水，往往会发生纠纷。因此，从本家利益出发，每家都想在最佳的时间给水稻灌浆。另外，浇灌水稻用的蓄水池、水渠，不可能靠一家一户的力量修建，必须由全村人合作修建。这是全村的共同财富，涉及共同利益，因此就需要养成集团主义。在日本"所谓村，简言之就是以追求构成这个实体的集团成员的最大幸福为中心，……从这一点来说，村落内部一方面孕育着某种意义上的高度紧张；另一方面，它又是十分融洽的社会，尽管外来户很难加入到村落的集体里去，可一旦他被接受，他就成了伙伴中的一员，受到推心置腹的对待。即使在外面干了一些坏事，在村内，他也会得到庇护，但倘若危及村的秩序，而且全村的人都认为他已不可救药，那时，他就会受到'村八分'的制裁"。[②] 关于"村八分"的风习，这是江户时代日本农村不成文规约之一，是山本七平所说的"无形的原则"。当一个村民或其一家做出了有违村约的行为，全村人除了其遭遇火灾或丧葬外，就会断绝与其全家的日常交往，以示对其制裁。

稻作文化对日本社会的影响无处不在，这一点还体现在日本的稻荷神

---

① 〔日〕樋口清之:《日本人与日本传统文化》，第34页。
② 〔日〕林周二:《经营与文化》，第61—62页。

社文化现象中。日本全国祭祀稻荷大神的神社多达3万座，是诸神社中数量最多的。据传，宇迦之御魂神是一切食物的掌管神，并且是水稻丰产的守护神。这种信仰与稻荷信仰相结合，遍及日本各地。随着近代工商业的兴起，稻荷的神德也从农耕扩展到了殖产兴业神、商业神、住宅神。在现代，宇迦之御魂神作为商业繁荣、产业兴隆、家族安全、交通安全、艺术进步的守护神，赢得了广泛的信仰。由此可见，源于稻作文化、家文化、村文化乃至后面将要述及的宗教文化，说明传统文化影响无处不在，无时不在。当然，企业文化也不可能逃离这张文化大网之外了。

日本江户时代的"藩"文化对日本企业文化影响至深。日本在明治维新之前，江户幕府作为中央政府，幕府大将军在全国各地设有270个大名，大名在其领地——藩国，拥有财政、军事、司法和行政大权。大名之下有家臣等武士经营藩务，大名与武士之间构成了"忠"与"恩"的关系。梅棹忠夫认为："今天的日本经济似乎有许多地方源自幕藩体制下武士阶级长期积累的文化遗产。我认为，从文化人类学来看，今天日本大企业的原型可追溯到幕藩体制下的藩。"[①]

作为企业管理者所应具备的很多资质：责任心、领导力、战略思考能力、妥协，等等，其实都是曾经要求武士应该具有的能力。领主、家老、藩士这样的等级构造也与企业中的社长、董事、社员这样的管理体系非常相似。藩与藩士的关系也以终身雇用制的形式被继承。而武士们对藩的忠诚，则表现为职员对企业的强烈归属感。经济相关的术语当中，重役（监事）、取缔（董事）、头取（行长）、勘定（账目）、株（股票）、手形（票据）等词汇也是从以前传下来的。

藩与现代企业有许多类似之处。藩与藩士间的关系是永久雇用制，藩在整个人格方面管理藩士，而藩士则对藩抱有忠诚心，当代日本大企业实行终身雇用制，职员一旦进入公司，公司往往要一管到底。工薪生活者与武士一样，全身心地归属企业，对企业怀有忠诚。这些工薪生活者在伦理和审美方面有些与藩的时代一致。许多人在认识方面

---

① 〔日〕名和太郎：《经济与文化》，第11页。

从理性上否定"忠臣不仕二主"一类的价值观,但实际上在感情方面依然如故。现代的职员可以说是与藩(企业)同生死、共命运的武士集团。①

山本七平提出关于"资本的逻辑与武士的逻辑"之间的关系。他在论述"石门心学"时写道:"一种资本主义的伦理深刻地影响到一个管事人,并化作他的思想,广泛传播于世,在此之前,必然存在着某种资本的逻辑。简而言之,如果没有资本的逻辑,就不会有资本主义的伦理。"② 对此,戴季陶指出:"封建时代'武士'的生活条件可以用极简单的话概括起来:一是击剑,二是读书,三是交友。击剑读书,是武士一定要有的本事,不会击剑的人当然没有做武士的资格。没有学问,便不能够在武士阶级里求生活的向上。至于交友这一层,是封建时代武士阶级'社会性'的表现。"③ 正是这种修养和素质,使武士在日本从传统社会向近代社会的转轨过程中,在政治经济和文化教育领域承担起了各种重要角色,尤其是为"殖产兴业"中大量涌现的企业,提供了大量经营管理人才。

日本的宗教文化与企业文化同样存在着紧密关系。日本企业有设置企业墓地、企业供养塔,定期慰问企业前辈之灵的传统,充分说明了宗教与企业文化的紧密关系。在这方面,最典型的例子就是松下公司。

关于宗教与企业经营的关系,松下公司创始人松下幸之助身上有充分的体现,松下曾经在他人的劝说下参观了天理教本部,现场目睹了教徒主动为修建寺庙献工的生动场景。这件事引起了松下幸之助的深思。他醒悟到,宗教的社会作用就是解决人们精神世界的问题,使人们在心理上得到充实、愉悦和安宁,这就是宗教的精神力量。企业家和企业应该满足人们的物质需求,要为世人提供像自来水那样既方便又便宜,甚至免费的服务,这是企业家的使命和企业的社会责任。

受此启迪,松下幸之助反复思考企业的使命究竟是什么。他说:"我懂得了真正的使命,心情无比激动,这同以前曾有过的无数次创新时所感

---

① 〔日〕名和太郎:《经济与文化》,第11页。
② 〔日〕山本七平:《日本资本主义精神》,第158页。
③ 戴季陶:《日本论》,海南出版社,1994,第42页。

觉到的喜悦心情一样，是无法形容的。我全身热血沸腾，深深感到工作的崇高与严肃。……也就是松下电器的最终目的——把生产的物质产品，无穷无尽地提供给社会，把人间建成天堂的途径。"① 由此提出了"自来水哲学"。

在松下电器旧的总部大楼旁设有大观堂，在大观堂里有既是松下的顾问，又是松下电器第一代祭司的加藤大观的名字。在这座大观堂里，依次排列着被祭祀的对象。处于本尊地位的是延命地藏大菩萨，其两侧是大日如来、大日大圣不动明王、观世音菩萨、辩才天女和欢喜天。还有弘法大师、圣宝理源大师、亲鸾圣人以及神道教的稻荷大明神和白龙大明神。此外，还有与公司有关的已故职员记录簿和松下电器全体从业人员先祖之灵的牌位。

不仅如此，松下还把白龙大明神作为松下电器公司最古老的守护神，白龙大明神主要由公司总部、营业所和电器本部进行祭拜；各事业本部和营业所摆放着龙王或龙神，每月都举行祭祀活动；电池工业部祭拜青龙大明神；电子工业部祭拜黄龙大明神；电工部祭拜黑龙大明神；自行车部祭拜赤龙大明神。各部门所祭拜的"龙"的颜色不同。而电视机、收音机、录像机等信息事业部则祭祀下天龙王。

京瓷的创始人稻盛和夫也崇尚宗教，亦终生与宗教结缘。他自幼受宗教熏陶，是在"南无阿弥陀佛，请佛祖保佑"声中成长的。对于宗教，稻盛一直是"心有灵犀一点通"。在其所著的京瓷哲学著作中，处处充满着佛教的气息。为了进一步亲身接受宗教世界的熏陶和洗礼，稻盛在65岁高龄时，带着刚愈的身躯进入佛门修行。他不顾高龄东奔西走、南来北往传播他的信仰和哲学。充分体现了稻盛和夫以身践行"心之佛"。那么，日本企业为什么都或明或暗、或多或少信奉宗教呢？尤其匪夷所思的是，对自然科学与技术顶礼膜拜的日本企业，在兴建大型工程时，开工前都要举行祭祀活动，这充分说明宗教在日本企业文化中仍具有重大影响。

以上从日本传统的家文化、村文化、藩文化、宗教文化等诸方面分析了传统文化与企业文化的关系，从源流上论析了日本企业文化与民族文化

---

① 〔日〕松下幸之助：《实践经营哲学》，滕颖译，中国社会科学出版社，2008，第8—9页。

的一脉相承。

第二节 日本企业文化的演化及其丰富内涵

日本企业文化的形成既有着深厚的历史文化渊源，又包含着深刻的时代发展的诸多国内外的元素。它经历了缓慢的孕育、发展和形成的历史进程。

一、日本企业文化发展的历史阶段

第一个阶段：日本企业文化形成的史前史。在明治维新之前，由于尚不存在现代意义上的企业，当然也不可能有所谓的企业文化。但在当时人们的生活中，商业和民间手工业小作坊，已经变得与每个人的日常经济生活密不可分了。追溯日本早期商家或手工作坊的家训或店规，可以发现当时已经具有了朴素的经营理念。如近江商人的"三方满意"，恩田木工体现的尊重人的民主主义的经营思想，三井公司提倡的以"儒家"伦理观去正当地追求利润的观念，石田梅岩的"石门心学"等，这些朴素的经商思想，成为日本企业文化形成初期的基础背景。

第二阶段：新型近代企业诞生。在日本明治维新"殖产兴业"的创办企业大潮中，德川时代所形成的大商家逐渐转型为近代企业。但在这个阶段创办的企业，经营思想繁杂，大多数企业主都把赚钱置于最重要的位置，但也有一些明智的企业人士意识到企业经营不仅是为了赚取利润，还应关注企业内员工和社会利益，甚至出现了日本的像罗伯特·欧文这样杰出的企业家。当时最有代表性的是日本企业之父涩泽荣一。他是一个有使命感和责任心的大企业家。他倡导的《〈论语〉加算盘》的"道德经济合一说"，成为明治至昭和初期日本最具代表性的经营论，其倡导的企业社会责任的观点，至今仍具有重大现实意义，成为企业文化的重要内容。

第三阶段：日本经营管理思想和实践的发展与成熟阶段。此阶段始于第一次世界大战后的经济繁荣时期，其始因与受苏联十月革命胜利影响，在日本出现了社会主义、大正民主运动有直接关系。但从企业经营角度来看则是由于当时重化工业逐渐成规模，企业需要大量熟练技术工人，为了避免被其他企业挖走这些骨干员工，各企业被迫开始在薪资待遇方面实行有利于稳定雇用的劳资关系。在日本经济高速增长过程中，发展出了日式经营模式和日本企业文化。在此过程中，日式经营模式多体现在企业经营的制度方面，即企业上层建筑的硬管理方面；而企业文化则处于精神思想层面的软管理，二者表里一体，相得益彰，成为世界企业经营管理理论百花园里的一朵奇葩。这是日本企业经营模式和企业文化最靓丽时期，也是日本经济发展最鼎盛并导致泡沫经济的形成时期。

第四阶段：是日本企业文化的调整、再调整阶段。日本泡沫经济破灭后，日本处于经济衰退、企业重组旋涡中，日本企业经营模式和企业文化遭到质疑，重新审视并调整日式经营和日本企业文化就成了日本企业文化的时代课题。许多日本企业文化研究界和各国评论家都提出了"日式经营模式"处在变革之中或日本企业文化的新变化等观点。尤其在经济全球化和数字化迅猛发展的时代，各国企业都面临改革的课题，但日本由于企业经营模式和企业文化已经僵化，改革起来的难度无疑会更大。但日本是一个善于学习的民族，在历史上的多次民族危机中，都凭借忍耐与学习迎难而上、重获新生。这都得益于这个民族所选择的"适者"生存之道，正是善于调整、借鉴与向强者学习为日本民族文化和企业文化提供了强大生命力。

二、日本企业文化在经营管理中的具体运用

在日本企业发展的过程中，其"企业文化"可以说是日本企业具有强大实力的基础。企业文化是一定的社会文化在企业中的具体化和个体化，亦即企业这个群体在长期的生产、工作实践中为达到总体目标而形成的风俗习惯、生活信念、行为取向和工作作风。企业文化作为上层建筑，以观念的形式来控制企业成员的行为，是对企业标准管理和制度管理的补充和强化，可使企业成员为实现企业目标而自觉组成团结协作的整体。日本的企业文化贯穿于日本企业人员的录用、训练和经济运行的全过程，包括企业精神、企业目标、企业作风、企业形象等各方面。

日本企业的管理，也需要各项规章制度，但起最主要作用的乃是精神、价值观和各种无形的软规则、潜规则对员工心理的制约。这种内在约

束力远较生硬的非人性化的规章制度有效得多。日本企业经常在其内部营造一种温馨的家族氛围，使员工对企业具有一种强烈的依赖感。这就形成了企业的内聚力，日本的企业家或企业高层，俨然是一个家长，他们对企业员工既可以进行非常严厉的训斥，同时，还能做到像父亲一样的温存、体贴、关爱，使员工在畏惧中带有感激之情。日本企业文化令人感到似乎有些难以理喻，管理者和员工之间在工作时，是一种上对下的命令关系，甚至达到了绝对服从的程度。但在工作之余又会共同到酒吧边喝酒边聊天，于是，本来对立的甚至敌对的上下级关系，就在酒文化中化解了。似乎管理者同普通员工完全处于平等的地位，彼此能相互理解，甚至产生一种关爱之情。

美国学者卡尔·佩格尔斯特别重视"和"在经营管理中的突出作用，在其《日本与西方管理比较》第六章中，"和"字出现了48次，占用了整整一章的篇幅反复论析"和"。同时，他还把日本人际关系管理作为一种态度和哲学，反复加以强调。"对于日本人在他们的工作环境中的行为，特别是在他们与同事相处当中影响最大的是'和'的概念。"[①]"和"不容易翻译成英文，但是在英语里最相近的对应词是和谐、团结与合作。"和"是以儒家学说为基础的，儒家学说为日本文化提供了伦理基础，"和"与个人主义是不相容的。因为"和"需要相当大的一致……日本人坚信没有一致结果会造成混乱。

追根溯源，"和"的思想来自孔子。日本圣德太子早在公元7世纪就把"以和为贵"作为处理朝廷内部争权夺利、平息内争的法宝，他制定的宪法十七条的核心就是"和"。由此可见，日式经营管理中，重视"和"既有传统文化的影响，亦为其时势使然，绝非是温情脉脉、自然天成的杰作。

对于日本企业文化的管理功能，盛田昭夫认为："对于日本最成功的企业来说，根本就不存在什么诀窍和保密的公式。没有一个理论计划或者政府的政策会使一个企业成功，但是，人本身却可以做到这一点。一个日本公司经理的最重要的使命，是培养他同雇员之间的良好关系，在公司中创造一种家庭式的情感。在日本，最成功的公司是那些通过努力在所有雇员

[①]〔美〕卡尔·佩格尔斯：《日本与西方管理比较》，第77—78页。

中建立一种共命运意识的公司。"①

当然，日本企业文化绝不能仅仅用家文化一言以概之。家仅仅是社会组织的机构之一，各种社会机构都对文化乃至企业文化具有影响。另外，如前所述，村、藩以及各种宗教、哲学、文化都在日本企业文化的形成中发挥了不同的作用，并具有不同的功能。

而日本当代禅学家柳田圣山所谓的"日本心"概念对我们把握日本企业文化显得尤为重要。"以成熟的禅宗文化为内核，日本民族精神和民族性格被赋予新的内涵。对此，16世纪到日本传教的天主教神父约翰·罗德利格斯曾经有一段精辟的分析：日本人有三个心。第一，口头上的。这一眼就可以看出不是真实的，是虚伪的'心'。第二，只在亲密朋友之间互相敞开的内心的'心'。但是，还有一个，那就是在它们的后面，对任何人都不说的只属于自己的内心的'心'。这种三颗潜藏在深处的'日本心'，正是传教士在传布西方宗教时接触到的禅为日本民族铸就的精神实体的外化表现。"②

王绍璠认为日本民族的内圣外王之道、日本企业家精神等都深受禅文化的影响，就是柳田圣山所说的"铸就日本民族精神"的中国禅文化。因此，脱离了中国禅文化的活水源头，就没有今天的日本企业文化精神。

关于日本企业文化的论析，查尔斯·汉迪认为日本大型企业，尤其是大型制造企业的文化，非常符合阿波罗神和阿波罗神庙结构。他指出：

> 日本人为了让一切看起来像个家庭又符合人性，因而采取一种非常复杂的阿波罗模式。……这些日本团队并不是由有技能的个人所组成的问题解决小组，而是不同角色集中在一起被指派任务。这种团队所产生的"角色家庭"是构成日本组织的基石。许多的关照、时间与麻烦都花在培养与维护这种组织的家庭上。……由角色家庭所建立起来的阿波罗神是非常人性化的——假如你愿意为这样的家庭与神庙牺牲一部分自我的话。……在日本所看到的那种完善的阿波罗神庙，只

---

① 〔日〕盛田昭夫：《盛田昭夫与索尼公司》，薛慧英、王超等译，吉林大学出版社，1989，第153页。

② 王绍璠：《呼唤企业家心的回归》，新世界出版社，2002，第82页。

能建在安全比个人主义更重要，组织的成功比个人的前途更重要的地方。

....

然而，日本的组织也尽其所能来执行它们的阿波罗式契约。它们专门建立起公司的形象与传统，公开使用像公司歌、公司的培训学校与公司标语之类的阿波罗式设计。……重要的是公司的成功而非个人的成功。这一点，被外化到每个人都穿一样的制服，没有人有固定的停车位或特别的吃饭场所这种象征性的事物。也就是说，个人应视自己为团队中的一部分，并以身为善待他的大公司的一员为骄傲。[①]

当然，上述的日本企业阿波罗文化，并非排斥其他诸神的文化，一些创业者型企业家如松下幸之助就自始至终是一个宙斯型管理之神。

另外，日本式阿波罗企业文化，完全适应日本赶超型经济发展模式，而且与为适应这种模式的日本教育体制紧密相关，后者为企业培养了众多适应阿波罗文化的企业员工，使这一体制能顺畅运营。

第三节　企业形象与企业文化的关系

企业形象是一个企业的外显性标识，但其基础则在于企业内部长期经营过程中所积淀起来的雄厚的资源，特别是那些独具一格的企业文化软资源，从而形成了该企业的个性。它充分彰显了一个企业所具有的卓越的企业特质和风格，并通过各种形式辐射到社会上，建立起企业最重要的品牌和口碑。

企业形象的英文缩写是CI，全文为"corporate identity"，一看便知其是舶来品。

CI战略或CI运动最早出现在美国，早在20世纪50年代末，就在企业界广泛传播开来。当时正处在日本企业学习美国的热潮之中，CI战略自然会引起日本企业的重视。中牧弘允写道："用一句话说，CI运动其实就是企

---

① 〔英〕查尔斯·汉迪：《管理之神——组织变革的今日与未来》，第98—100页。

业赌上了命运的'生存之战',或者说是'为了长期繁荣的战斗'。之所以这么说是因为CI运动往往与合并、并购、民营化、多元化、产品开发、地区发展、海外战略、工作意识的提高等重大战略课题联系在一起。"①

打造一个卓越企业形象有种种方法。但最重要的是企业形象必须同该企业的企业文化相一致。

  CI的想法及做法介绍到日本,已有十余年,继第一次CI热,现又迎来了第二次CI热。在日本,CI被称为"企业形象的统一战略""企业形象的管理手法",用来明确企业形象,强烈突出企业特征及个性。
  近年来,人们力图用色彩鲜明的看板、变化多端的标语等诉诸视觉的形态和开展企业战略思维来提高企业形象,创造与时代变化适应的新观念,使自己成为不辜负社会及顾客信赖的企业,成为更新社员创造意识、充满活力的组织,以发展新型企业。为了实现这一目的,作为经营战略的一个环节,引进了CI,将企业文化作为"不容忽视的经营资源",予以重视。②

独特的企业文化,足以创造出具有个性的企业。当我们听到一家企业的名称时,脑海中立刻会浮现出一种印象。知道该名称代表的是"什么样的公司"。这种印象,也就是普遍渗透到一般大众的企业形象。企业形象很难用数量来表示,也无法单纯地用道理来解说,是一种非常复杂而微妙的东西。日本的卓越企业,以漫长的岁月累积起企业文化,并透过杰出的产品或广告宣传,让一般社会大众对企业文化有所认识。企业文化、CI、企业形象的形成,三者之间有密切的关系,独特的企业文化足以塑造出具有个性的企业。独特的企业文化透过优良的产品及服务,传达给社会大众,因此提升了企业形象。

日本许多企业都不遗余力地采取各种形式宣传企业形象,以此彰显企业文化之力。例如,为了给新产品取一个响亮的名称,索尼公司创始人井

---

① 〔日〕中牧弘允:《日本会社文化——昔日的大名,今日的会社》,第28页。
② 〔日〕今西伸二:《关于日本企业文化的探讨》,《日本研究》1988年第3期,第40页。

深大和盛田昭夫颇费了一番脑筋。在此之前公司已经给所销售的自制磁带注册了"Soni-Tape"的商标，Soni是拉丁语表示声音"Sonus"的复数形式，由于考虑到当时公司是一个刚刚起步的小企业，公司还处于"婴儿期"，所以决定起一个与其相符的Sonny商标，母随子贵，干脆把公司也改名为"SONY"，通过公司名称和商标彰显其公司形象。而丰田则以其著名的丰田生产方式享誉世界，成为世界各国企业学习的经营模式。其广告语"车到山前必有路，有路就有丰田车"，更是激起车迷们内心痒痒的购车欲。生产威士忌的三得利公司，把公司定位为生活文化产业，用外国的洋酒威士忌改变日本人的消费习惯，提供了一种崭新的酒文化，满足日本人的口味和嗜好。

长期居于化妆品业界首位的资生堂，全力打造"资生堂是一家拥有各种品质优良高级品的公司"形象。它通过美容师在商店柜台亲切指导顾客化妆，每年举办化妆品小姐选拔，不断研发优质化妆品等活动，并通过公司月刊杂志《花椿》强化了资生堂的企业形象。1983年资生堂为了纠正社会上日语语言混乱现象、纯洁语言，把语言文字提炼到诗歌艺术层次，设立了现代诗歌"花椿奖"。到2006年，共有24部诗集获得该奖项，日本著名企业家、诗人辻井乔（堤清二）的《鹫犹在》即为其一。参加设立该奖项的宗左近先生接受《花椿》杂志社采访时说：

  化妆品是诗，时装也是诗，这是我的人生立场。资生堂的事业存乎日常之中，而又超乎日常之外。资生堂把现实引进了童话的世界之中。这是一种魔法。正因为如此，资生堂与诗一样美丽。
  ……花椿奖业已在文学术界确立了独自的地位，展示出了新型的企业文化模式。①

《花椿》杂志总能抓住时代的脉搏，把资生堂发现的新鲜感觉和审美意识传达给消费者。因此，得到了杂志社的编辑、制片、评论家等社会上有影响的舆论界人士的极大支持。

---

① 〔日〕福原义春：《我的多轨人生》，张哲、姜平译，中国青年出版社，2009，第188页。

福原义春应邀在早稻田大学产业经营研究所作了题为"资生堂的企业文化与CI"演讲。他强调资生堂总是力求创造出担负起新的历史重任的文化。

在日本，宣传企业形象的方式可谓千姿百种，令人目不暇接，各家都有高招，真乃"八仙过海，各显神通"。

值得一提的是，将企业形象、企业文化与企业转型发展融为一体的朝日啤酒。这是一个具有130多年历史的百年老店，其发展史起伏跌宕，是七倒八起的不倒翁。当其处于最艰难的经营困境时，市场份额不断下滑，公司内部，曾经的霸气一去不再，宛如耷拉着尾巴的丧家犬集团，社内的情绪不断低落。正是在这样的情况下，为实现企业重建，主力银行的二把手被派来担任社长。在制定"经营理念、行动规范"的同时，着手制定长期经营计划，成立CI导入实务委员会，之后更名为CI本部，开发新啤酒。就这样，朝日啤酒不仅从企业形象方面进行了改革，对啤酒的味道也进行了改革。这从下面所引述的朝日啤酒《CI导入宣言》内容中，可窥其要点。

"本会社的CI就是要会社全体员工有一颗作为'朝日人'的'心'（identity），大家团结一心来实现心中所想，将这些传达给社会的同时，强化我们的品牌力量，树立好的企业形象，来实现业绩的提高。"[①]

在此基础上，朝日啤酒下大力气研发出满足消费者需求的味道和爽口的新啤酒"舒波乐"，并冠以CI为标识的象征公司蒸蒸日上的朝阳升起的"旭日商标"。以此为契机，舒波乐啤酒销量巨幅蹿升，到1997年，达到历史最高点，成为业界翘楚。

企业形象涉及企业硬件和软件的方方面面。从企业大楼、厂区环境、产品到员工的工装，企业履行社会责任实践，企业参与社会文化事业，企业理念、经营哲学、广告、商标等，不一而足。这些都需要从整体上进行规划设计并一丝不苟地付诸实施才能充分彰显企业形象。

---

① 〔日〕中牧弘允:《日本会社文化——昔日的大名，今日的会社》，第27—28页。

第四节　千姿百态的日本中小微企业文化

日本是一个企业王国，而其中99.7%以上的企业都是中小微企业，在中小微企业中就业的员工占所有企业员工总数的80.6%。在日本经济"双重结构"中，世人普遍关注的是作为日本国家经济代表队的少数大企业，尤其是那些超大型旗舰企业。在这些大企业中工作的员工被称为社会精英。另外，则是数量极其庞大的中小微企业群，其员工来源参差不齐，但总体来说是被大企业看不上眼的人员，其收入低微。这些中小微企业遍及日本经济的各个领域，不仅直接为日本人提供了充裕的物质和精神生活的产品和服务，还通过日本特有的"承包制"形式，以低廉的价格为大企业提供所需的原材料或产品零部件，以及承担大企业产品的销售，承载着支撑大企业发展繁荣的基础。更重要的是，它们为国家和社会承担了就业的压力。而且，在日本经济不景气时，大企业通常会缩小生产规模，甚至取消订货等，将危机转嫁给中小微企业。处于承包系列各环节末端的中小微企业，成了社会稳定阀。众多的中小微企业处于极不稳定的经营环境之中，日本泡沫经济破灭后，破产企业数量极其庞大，其中绝大多数都是中小微企业。即使未遭遇这种强烈的经济地震的影响，中小微企业也随时处于各种危机的旋涡之中，这些企业的经营者怀着强烈的危机意识，努力规避各种风险，在夹缝中求生存。他们既要时时环顾周围的风吹草动，捕获一切有利于企业发展的商机，迅速决策并付诸实践，又要在平时的工作中发挥高度的"认真"精神，将自己的业务做到精益求精，决不允许有一点闪失。

因此，研究这些中小微企业及其经营形态，特别是从文化视角研究中小微企业文化就显得极为重要。

简略地回顾一下日本长寿企业。日本是世界上存续百年以上企业最多的国家。如果深挖这些企业的源起根底，它们大多是在日本历史上延续下来的名目繁多的家庭手工业作坊或小商店，这从其企业名称往往都带有一个"屋"字足以说明这一点。早在日本近现代企业建立很久以前，日本曾有过手工作坊和商业繁盛的发展时期。由于这些手工作坊或小商店经年累月制作或销售人们每日不可须臾离开的生活必需品，因此可使其绵延不绝、代代相传。这些中小微企业之所以能传承下来并不断发展，最根本的原因就在于它们坚守祖传的"造物"或"经商"秘籍，并能随着时代的发展而不断引进新的管理手法和新技术，进行改革创新。

那么，中小微企业的企业文化又呈何种内容、样态和形式呢？是如何维系企业运营的呢？由于中小微企业为数众多，企业规模参差不齐，产品种类繁杂，企业文化也没有确切的规章可循，无论怎么说，这都是一个极复杂难解之题。但"麻雀虽小，五脏俱全"，虽然对于日本中小微企业来说，在组织结构上很难像大企业那样。但其功能齐备，哪怕是夫妻、父子店，也都有负责全面管理、制造或销售、财务、采购等的功能，由此保证企业的日常运作。不管这些中小微企业是属于大企业供应链上的承包性企业，还是属于完全面向最终消费者开展独立经营的个体；不管其所处行业为何种业态，是制造业还是分销、零售业抑或是餐饮服务业；不管经营者是创业的老板还是创业者的第二代、第三代继承人或者是从普通员工一步步晋升者等，其所经营的企业必须按照某种章法运作，否则连一天也存续不下去，而这种章法就是其文化。因此，还是回归到原点的"家"文化，来考察中小微企业文化，更具有说服力。

第一，中小微企业多为个人创业或经营的业主型的家族企业，或由创始人的后代继承家业的企业。这些中小微企业的创始人，基本上都没有什么像样的学历，是出于生计才开办企业的。因此，他们中的许多人根本就不懂什么经济学或经营学。那他们是靠什么来进行经营的呢？他们最熟悉的莫过于每天生活在其中的"家"了。家庭的经营并不是简单的开门七件事"柴米油盐酱醋茶"，需要开源节流、精打细算、量入为出，并对不时之需预作筹谋。为了能生存于世，还必须处理好同邻里和外界社会的各种人际关系。这些生活的技能和智慧，他们是从"人间这部巨著"中学到的。他们就是凭借自己所掌握的这种无形的社会结构和精神结构来处理企业经营的问题。这有点类似于野中郁次郎所阐释的个人通过亲身体验习得的"隐性知识"，山本七平称为是无法用语言来表达的"无形的原则"。山本七平写道："本书的主题是探索经济领域里的'无形的原则'。作为基本材料，我们一开始就把中小企业提出来，是因为中小企业属于这样的世界，那里始终贯穿着一种经济学理论无法说明的经济原则，它具有某种合理性，如果对它听而不闻，视而不见，将没有立身之地。"[1]

那么，这种"无形的原则"到底是什么呢？山本七平所说的"无形的原则"，绝不可以理解为无原则，漫不经心地经营，而是一种隐性原则。这种所谓的"无形的原则"，涉及日本企业的两对"双重结构"的问题。第一个是大企业与中小微企业的"双重结构"，这部分已做过论述。

这里所说的第二个"双重结构"，指的是所有的日本企业都既具有创造价值的"功能"性质，同时，又具有生活的"共同体"性质，也就是"家族式经营"，这恐怕就是日本中小微企业最大经营特色吧。

坂本光司通过长期调查研究，选择了8家小公司为案例，撰写了《世界第一的小公司》。他在该书的序言"小公司，大门道"中，对日本那些大公司颇为不屑，但却对小公司赞扬有加。

这些中小微企业在经营中不求做大，但求做精，把产品的质量提升到极致，是真正的用心经营。这些公司充满人性化的管理方式，让员工和公司合作伙伴都能精诚团结，形成一只铁拳，时不时挥舞出创新力的火花，在市场中无往而不胜。它们本着以"服务第一，利益第二"的奉献精神为经营宗旨，全心致力于提供贴心的产品、温情的服务，以及对弱势群体的关怀。不断为真正有困难的人生产必不可少的商品的公司，是一些热心环保、为促进当地社会发展殚精竭虑、积极提供商品和服务的公司，是一些一心一意到近乎愚直地坚持生产让消费者信赖的商品的公司，是一些真正把为人谋福利看得比什么都重要的公司。消费者们自然会成为这些公司的坚定而热心的拥护者，全心全意为推销这些公司的产品和服务尽心尽力，使消费者蜂拥而至。特别感人的是，当公司遭遇困难时，他们会全力以赴去进行救助。

坂本光司通过8个典型卓越小公司，高度赞扬了小公司的优势，并揭示了中小微企业成功的企业文化——爱心经营。将其汇总起来，即修炼心性，永续经营；传递爱心，惠及众生；无私无我，天人相拥；弱势群体，倾心用情；贡献为先，持之以恒；打磨技艺，精益求精；与时俱进，创意

---

[1] 〔日〕山本七平：《日本资本主义精神》，第6页。

潮涌；化险为夷，运势上行；关爱员工，命运与共；幸福企业，普世亨通；等等。

随着此类公司越来越多，关怀他人、温暖他人的爱心经营就会在全日本乃至世界范围内越传越广。随着这些小公司所传递的精神感染更多的人，这个社会将变成一个懂得关爱他人、关爱弱势群体的社会，这些关爱将融入商品和服务之中，被运往世界各个角落。这样一来，关爱会成为一份力量，为人们带去幸福。①

为了进一步理解中小微企业的企业文化，希望读者能结合本书中关于日本东京大田区的中小微企业的"大田模式"和日本百年老店一起进行研读，将会有助于深刻领会日本中小微企业文化。

第二，以酒为润滑剂的联谊会文化。最近，日本北方雅人和久保俊介通俗易懂地介绍了原京瓷名誉会长稻盛和夫所经营的盛和塾的文化。塾生们所经营的中小微企业，都把联谊会或酒话会作为向全体员工传播灌输企业经营理念的经营平台、载体和"磁场"。以这种日本社会家喻户晓、简单易行的方式实现企业上下凝心聚力，开展家族式经营。稻盛和夫高度重视这种联谊会式经营模式，殚精竭虑地向盛和塾的塾生推介这种经营方式，可谓联谊会文化。

这种联谊会文化遵循以下七项原则：一是"全员参加"的原则；二是设置主题；三是确定"时间表"和"座位表"；四是心存利他，不许自斟自饮；五是讲述宏伟的梦想；六是用自己的语言进行总结；七是要不断完善会议的形态。

这种联谊会文化既充满了温馨的家庭氛围，又体现了经营者发自内心地对全体员工的感恩与关爱，最终感染每一位参加联谊会的伙伴。在这中间，联谊会的氛围和内容非常重要，会场中洋溢的那种宗教般的狂热氛围感染着每一位参会者。

---

① 〔日〕坂本光司：《世界第一的小公司》，安潇潇、张夏源译，吉林文史出版社，2012，第160页。

稻盛和夫之所以如此重视这种看似极其通俗的联谊会、酒话会的经营文化，与其刚刚创立京瓷公司初期的宝贵经历是分不开的。在京瓷经营中，稻盛经常利用各种机会与伙伴们举办这种酒话会，向员工灌输他的哲学。在耳濡目染中，员工都自觉不自觉地接受了京瓷哲学的熏陶，在内心感到京瓷哲学的内容就是自己的所思所想，完全没有觉得是公司硬灌输给自己的，当然就会发自内心地自觉实行，也就不会有强迫感。

京瓷和日本众多盛和塾的塾生企业所举办的酒话会，则"醉翁之意不在酒"，纯粹是以酒为润滑剂，借助酒精所酿造的温馨热烈氛围，形成一种强势的学习灌输京瓷哲学的"气场"或"道场"。这是日本中小微企业巧用酒文化于企业经营的大智慧。

第六章 日本企业文化与企业社会责任

企业社会责任是企业文化应有之义,是企业的社会性和企业文化对外辐射功能的具体体现。

"企业社会责任"英语缩写为CSR,英文原文为Corporate Social Responsibility。由此不难看出,企业社会责任的概念来自欧美国家。

虽然经济合作与发展组织(OECD)的"跨国企业指导原则"和国际劳工组织(ILO)的"跨国企业与社会政策的三方宣言"等国际文件提出了CSR的内容,但尚未形成国际规格,没有权威的定论。根据欧美具有代表性的CSR审查机关2006年对世界2500家主要公司做的问卷调查项目,企业社会责任包括了三重底线,即"经济""社会"和"环境"等三个方面。据此,可以给CSR下一个初步的定义:"企业作为经济主体,在开展健全的经营活动,持续获取合理利润前提下,积极履行社会责任,积极追求对地球环境的保护、人权的尊重和其他社会公益活动。"[1] 欧盟委员会关于CSR的定义是"企业对社会、环境的关怀,企业和利益相关者的良性互动"。[2]

进入21世纪,起源于欧美的CSR运动成为席卷全球企业的热潮,同样也引起了日本企业界的热烈讨论,并于2003年达到高潮,这一年被称为"日本CSR元年"。但是,当日本企业拾起CSR标准,认真研究之后,觉得这中间并没有什么新鲜内容,因为在日本早就有关于"企业社会责任"或"经营者责任"的提法,然而迫于大势所趋,又不得不全盘接受CSR所规定的标准。

关于企业履行社会责任问题,法人资本主义概念提出者奥村宏教授引用美国学者M.弗里德曼的观点,认为公司法人非自然人,是"虚拟的法

---

[1] 〔日〕清川佑二:《企业社会责任实践论》,李明星译,中国经济出版社,2010,第65页。
[2] 同上书,第691页。

人"，或许能承担虚拟的责任，但全部责任是难以承担的。

第一节 对日本企业社会责任史的回顾

企业文化主要功能是针对企业内部的管理，而企业的社会责任则重点表现为企业文化的对外辐射功能。因此，一个拥有卓越文化的企业，自然在履行企业社会责任方面也都堪称典范。企业社会责任，对企业内部而言，有受法律法规所强制要求的一面，如企业要遵章守纪、依法经营、依法纳税、保护环境、保障就业、为顾客提供优质廉价的商品和周到细致的服务等；而对企业外部则规定企业须根据伦理道德主动承担社会义务，设立各种基金会，资助教育、科研、文化体育事业的发展，以及帮扶残疾人、生活不能自理的高龄老人、困难的单亲家庭和复归社会的失足青少年等社会弱势群体，并通过开展各种形式的志愿者服务活动，特别是要做环境友好型企业，履行环保责任和义务，等等，涉及企业活动的方方面面。企业社会责任实践，直接关乎企业的形象，可以影响企业的盛衰甚至生死存亡。企业履行社会责任，为社会作贡献，必将获得社会的信任和良好口碑。如果说得"功利"一点，企业履行社会责任，是企业创造"信任"所付出的必要的经营成本，而绝非额外增加的社会成本。从企业长期持续发展来说，企业作为社会的公器，履行社会责任是其本身应有之义。

为了考察当前日本企业履行社会责任的具体情况，首先有必要对早期日本企业与社会的关系进行一番历史的回顾。当然，早期的企业与社会的关系，不完全等同于现在的企业社会责任，但其中蕴含着企业社会责任的萌芽或内容。

关于企业履行社会责任，无论是自觉或不自觉，都并非始自现代，而是自企业诞生之日起就已有之。追溯起来，早在明治维新以前，在日本近江商人的经营理念和经营实践中，就存在企业履行社会责任的事例。日本经营学家幸田浩文强调："近江商家的企业文化，是由近江商人以家规、家训、店规、遗训等为基础形成的经营哲学和理念所构成的，并严格约束着近江商人的一切行为。"① 正是在这种近江商人文化的基础上，培育了近江商人的企业社会责任感。当时近江商人所言所行充分体现了企业的社会责任感。值得注意的是，类似于现代CSR经营和经营者社会责任的故事也流传下来。代表性的有五个庄商人中村治兵卫的家训——"三方得利"，即"卖方得利、买方得利、社会得利"，也就是说不能只有卖家一方得利，同时还要考虑买家和社会两方的利益。其中"社会得利"是指，在经营地通过经济贡献和产业振兴，将利润投资于公共事业，将收益返还给社会。最近，很多近江商人的研究者高度评价"社会得利"理念，并认为这一理念与现代企业社会责任在观念上是相同的。②

涩泽荣一在明治维新后积极投身于创办日本近现代企业的大潮中，为日本近现代奠定了产业基础。特别是他终生倡导和践行其著作《〈论语〉与算盘》中的经营理念，主张"伦理与利益共存、道德与经济统一"。至今涩泽荣一的论语经营学还在日本社会广为流传。船井幸雄写道："涩泽荣一秉持'不可垄断利益'这一主张，终生一边与当时的垄断资本家进行激烈争斗，一边倾力于从事堪称'近代商人之道'的企业家教育。他满腔激情地指导了'人格第一'的事业，而且遵从这种高格调的主张与理念，慷慨地将企业利润投于公益事业，为整顿落后的社会面貌，呕心沥血。"③ 对此，彼得·德鲁克高度评价涩泽荣一："论及经营的'社会责任'，我认为没有人能超越涩泽荣一。他是构筑起明治时代的伟大人物之一。他比世界上的任何人都更早地发现，经营的本质唯有'责任'。"④

关于企业社会责任问题，日本在二战失败后的20世纪50年代中期，就由经济同友会提出来了。

另外，日本学术振兴会经营问题第108委员会分别在1967年和1968年出版了《现代经营观念》实态篇和理论篇，其中就提出了关于经营的社会责任问题。关于经营的社会责任之所以会成为问题的理由，委员会的统一

---

① 〔日〕幸田浩文：《日本人力资源管理理论与实践》，第260页。
② 同上书，第261—262页。
③ 〔日〕船井幸雄：《清富思想——修德则必胜》，刘立善译，中信出版社，2011，第57页。
④ 〔日〕鹿岛茂：《日本商业之父涩泽荣一传》，王鹤、池森译，浙江大学出版社，2014，封底。

见解如下:

> 经营体和经营者的社会责任问题,决定了他们的社会地位、机能和任务的变化。就是说,不是从以往的作为经济存在的意义上来看,而是从社会存在的意义上来观察经营体或经营者,这是其社会责任之所以会成为大问题的根本理由。经营目的向多目的化发展,就使在单纯的以利润为目的的情况下长期不考虑的社会责任问题,现在不得不变成重要的课题。同时,委员会还针对社会责任内容,提出要求积极调整利害关系者集团的利益。我们对社会责任的解释是,根据经营体的生存、成长这个基本目的,再考虑到经营体的环境,具体地对利害关系者集团的利益做积极地调整。在今日社会,经营者履行社会责任就是他的任务,或者反过来说,经营者由于完成了这个任务,也就使经营体得到了生存和发展。经营者的社会责任不是消极的,而应当被看成是具有积极意义的东西。

进而,该委员会强调为了履行社会责任,必须要有制度保障。大岛国雄写道:

> 作为推进这种社会责任的制度,委员会提倡在经营体内部确立在决策时充分反映利害关系者集团立场的制度,这就是增加外界董事,改善顾问制,活用董事长制等。另外还提倡在实业界或经营者团体中,设立制定社会责任纲领并促成其实现的咨询机关,以及发展社会监察制度等。[1]

1977年秋季,日本通产省产业政策局发布了《企业行为的现状及问题》一书。值得重视的是,这是从政府层面正式提出了关于企业社会责任的议题。

日本政府对企业社会责任问题的关注,是由诸多原因促成的。但最直

---

[1] 〔日〕大岛国雄:《国际比较经营论》,冯宝曾译,经济管理出版社,1988,第21页。

接的也是最主要的原因是长期以来产业与社会之间的纷争与对立关系，即企业的冲突。这就使政府产生了紧迫性和危机感，并提出了"企业未来"的课题。

在20世纪70年代，日本社会进入了文化时代。日本企业积极捐赠和开展"企业文化活动""慈善活动"等公益行动，资助社会教育科技文化事业。

在泡沫经济破灭以后，地球环境问题、经营者伦理问题越发严峻，日本企业不得不开始重视"企业社会责任"。

在此过程中，日本一些优秀企业在履行企业社会责任方面成为全球出类拔萃的典范。如京瓷、住友商事株式会社等。这些企业之所以能成为认真履行企业社会责任的典范，与其卓越的企业哲学、经营理念和企业文化息息相关。正因为这些企业具有健全的经营体制，才能把履行企业社会责任做到淋漓尽致。而那些企业治理机制不健全的企业，缺乏企业文化灵魂，则很难做到这一点。这是值得中国企业借鉴的。

第二节　对企业履行社会责任典型案例的研究

日本企业践行企业社会责任的表现参差不齐，既有许多表现得非常突出的企业，也有许多表现平平的企业，还有怀有抵触情绪的企业，可谓三六九等。有的企业在经营顺风顺水时，在履行企业社会责任方面堪称业界表率；但一旦企业经营环境发生巨大变化，企业业绩严重下滑甚至濒临倒闭边缘时，就会忘记初衷，将企业履行社会责任的信条弃如敝屣，公然做出违法乱纪、坑害社会的事情。我们在学习借鉴日本企业履行社会责任的经验时，当然会以优秀典范企业为榜样。以下两家企业的模范做法，可为我们深入揭示日本企业是如何履行企业社会责任的。

案例一：京瓷以"敬天爱人"精神践行广域的企业社会责任

我在研究京瓷哲学和京瓷企业文化的过程中，深感以京瓷社训"敬天爱人"为基础的经营理念——"追求全体员工物质与精神两方面幸福的同时，为人类和社会的进步与发展作出贡献"，充分显示了京瓷集团认真履行企业社会责任的理念。

京瓷集团在2009年发表的《京瓷CSR报告书——经济、社会、环境报告》中，详尽阐述了京瓷集团从经济、社会、环境三个角度出发，持续保持三者平衡发展的企业经营理念。本节将从京瓷与相关责任者的关系、与社会的关系、与环境的关系三方面简介其履行企业社会责任的做法和成就。

首先，所谓京瓷与相关责任者之间的关系主要包括其与客户的关系、与员工的关系、与股东及投资者的关系、与供应商的关系、与社会的关系等。这里重点谈谈京瓷与客户的关系。可以说日本企业无论是发自内心也好还是做表面文章也罢，无不强调"顾客第一的原则""顾客是上帝""顾客满意"的重要性。然而，企业要想真正做到"顾客第一"并非易事。若无第一线的研发、生产、销售员工制造出精益求精的产品并提供优质良好的服务，那么，"顾客第一"就是一句空话。李剑锋教授针对企业提出的"顾客满意"，又加上了"员工满意"一条，即"双满意理论"，当然，这并非他所独创。他说："一般情况下，管理者的工作对象是所有员工，员工的工作对象是众多顾客。只有所有管理者的管理工作做好了，才会使员工满意。同样，只有每位员工的业务工作（包括营销工作）做好了，才会使顾客满意。"[①]

京瓷经营理念强调"追求全体员工物质与精神两方面幸福"充分表明，京瓷企业首先必须满足员工的生理需求和精神需求，这完全符合马斯洛的需求层次理论，这也是稻盛和夫重建日航所坚持的原则。因此，京瓷在论述企业社会责任时，紧接着与客户的关系之后，就强调了与员工的关系。但与员工的关系，毕竟属于公司内部管理，所以，在此就不多谈了，下面只讲京瓷与客户的关系。

京瓷与客户的关系，可从两方面来讲，一方面就是彻底地贯彻顾客第一主义，这不仅限于向客户提供安全、优质的产品和服务，而且通过所提供的产品和服务能为客户创造新价值。所谓创造新价值，是通过向顾客提供京瓷的产品或服务，能使顾客在事业上增值，能为顾客带来心理或生理

---

① 李剑锋编著《组织行为管理》（第二版），中国人民大学出版社，2004，第55页。

上的愉悦和健康。为此，京瓷一直坚持"完美主义""精益求精"，不断地对京瓷的产品和服务进行改善创新。另一方面，对客户急需的产品，即使再难，哪怕亏损，也要不遗余力地进行研发和生产。京瓷曾由于一心为顾客着想，开发、生产了精密陶瓷人工膝关节，当时在医生和患者的强烈要求下，未经医疗部门经营许可就被用于临床。结果好心办了坏事，遭到了媒体的非议，稻盛和夫和京瓷公司的声誉都受到了严重伤害。但稻盛和夫还是怀着"任劳、任怨、任谤"的心境，虚心接受了批评，并以净化心灵、接受"天意的考验"来反省这种不理性的行为及其给社会造成的麻烦。

京瓷不断地制定和完善"贯彻顾客至上主义"的规章制度和管理体制机制，使其产品和服务日臻完善，获得了客户好评。例如，京瓷太阳能株式会社在业界首创实行长期产品保证，包括遭受台风、雷电、火灾等意外情况在内的10年质保。实行市场质量确认制度，规定完工并经过逐一检查后再由用户亲自进行确认，使客户彻底安心使用。再拿京瓷陶瓷刀具产品为例，由于外观与性能兼优，于2008年4月在巴黎举办的日用品综合展览会"Foire de Paris"上，京瓷的陶瓷刀具受到现场观众和大众媒体的好评，获得了"Smart Products 2008"奖，这是日本企业产品首次获得该奖项。从以上例子中不难看出，京瓷在与客户的关系方面作出了不懈努力。在京瓷看来，追求产品和服务质量、满足客户需求，永远在路上。

值得一提的是，京瓷高度重视与供应链企业的关系。京瓷每年都举行供应商研讨会，以加强彼此之间的信赖关系。京瓷对供应商的选择具有严格规定，包含对供应链企业履行社会责任的调查，以此确保不断加深与供应商的关系。

其次，在京瓷与社会的关系方面，京瓷以"为人类和社会的进步与发展作出贡献"和"企业为社会公共组织"为理念和基本认识，积极投身各种社会公益活动。京瓷在这方面的事例不胜枚举，在此主要介绍以下四个方面：

第一点，积极支持学术研究活动。20世纪80年代，京瓷出资捐助美国马萨诸塞州理工大学、凯斯维埃斯坦·尼札布大学和华盛顿州立大学等三所大学设立京瓷教授职，开展学术研究；支援九州大学开展旨在有利于实现心灵与技术的和谐的研究活动，支持促进年轻研究人员的交流与培养工作的"稻盛和夫开拓研究中心"的运营；自2000年开始资助在鹿儿岛大学工学系内开设的"京瓷经营学讲座"，后扩展为"稻盛经营技术学院"，到2008年改组成为"稻盛学院"，开展综合培养个人能力的教育活动；支援京都大学在经营管理研究生院设立的"京瓷经营哲学公益讲座"，其目的是将尚未理论化的经营哲学加以体系化，并培养研究人员，该讲座自2007年4月设立以来，已经培养出了许多具有普遍性经营哲学思想和道德观的实业家；2005年3月捐助美国阿尔弗雷德大学设立稻盛和夫工学系，在系内建立"精密陶瓷、纳米技术研究所"，聘任"稻盛教授"开展研究，并组建"稻盛京瓷精密陶瓷历史馆"；1984年设立稻盛财团，稻盛和夫在设立该财团的宗旨中曾明确写道："希望能通过稻盛财团的活动，对人类的进步与发展作出一点自己的贡献，以报答养育我和我的公司'京瓷'的地域社会、日本及世界。"[①] 其事业内容主要有三项：1. 设立"日本版的诺贝尔奖"——京都奖。表彰和奖励在尖端技术、基础理论、思想及艺术各个领域作出杰出贡献的人士。设立以来，已有多人获奖。2. 科研资助事业。针对国内自然科学、人文社会科学领域的年轻研究人员，对其丰富多彩的研究活动提供援助。日本诺贝尔奖获得者山中伸弥就曾获得过这项资助。3. 开展社会启发活动，指明现代社会发展方向，积极呼吁和倡导人与人之间的交流，切实推进全球视野下各项提议的实施。为此，于2005年4月为美国凯斯西储大学捐款成立了"伦理与睿智的稻盛国际中心"，还于2007年3月设立了"环境文明伦理研究中心"，两个中心以警示人类迫在眉睫的危机，提出解决地球环境问题的"方案"和"想法"等为己任。

第二点，积极支持文化、艺术活动等。第一项是赞助四季剧团的音乐剧公演，邀请孩子们参与"心灵剧场"活动；第二项是赞助"京都花灯路"事业，使用充满日本情趣的"灯"和"花"来演绎京都引以为豪的历史文化遗产和自然景观；第三项是向斋宫历史博物馆捐赠镰仓时代诗歌抄本《资经本斋宫女御集》，为三重县收藏这部具有国家重要文化遗产的古抄本，京瓷美达株式会社进行了捐助；第四项是长期赞助"雾岛国际音乐节及讲习会"，每年邀请活跃在全球的音乐家举办经典音乐会及面向学生的

---

① 〔日〕稻盛和夫主编《如何构筑新的地球文明——稻盛和夫的关怀（环境篇）》，第250页。

讲习会；第五项是于1998年向国立民族学博物馆捐赠"英国议会资料"等。

第三点，积极参与和支持社区与城市的各项社会活动。一是为满足京都市民渴望拥有本市足球队的愿望，京瓷出资成立了"京都紫火鸟足球队"。同时，为了促进京都体育活动的振兴以及青少年的身心健康，京瓷积极为少年足球活动提供援助，赞助"火鸟杯京都少年足球锦标赛"，并邀请京都火鸟足球队专业教练在京都、鹿儿岛等地开设少年足球教室。二是京瓷集团在美国的公司开展"圣诞志愿活动——向当地儿童捐赠玩具"，每年将员工收集的玩具捐赠给当地生活条件差的儿童。三是京都市为了对中小学生开展职业教育，举办了"京都产品制造殿堂"展览，还设立了"京都学习之都人生之路探究馆"。京瓷协助举办这一展览，并在京瓷展区介绍了京瓷对产品制造的热情和创意。四是积极开展城市和社区美化活动，主动清扫市区卫生，打造符合京都"旅游之都"之名的环境。五是为了使京都各界联合起来振兴京都社会经济和文化事业，稻盛和夫多次调解，解决了京都市政府和宗教界之间的长期矛盾，促进了政府与宗教界的和解。

第四点，京瓷集团在国外积极开展公益活动。京瓷不仅在国内积极履行社会责任，而且在国际经营活动中，也本着作为当地负责任公民的一员，为所在国作贡献，甚至对根本没有业务往来的国家提供各种捐赠，以尽地球公民的义务。例如：为了帮助培养未来人才的坦桑尼亚提高教育环境，自2009年起连续5年共向20所学校捐赠太阳能发电系统；同时开始连续5年，向居住在无电地区的尼泊尔的15所学校捐赠太阳能发电系统；还受日本国际合作NGO委托，在2007—2008年向柬埔寨的5所小学和儿童福利设施捐赠太阳能发电系统；京瓷美达南非公司与坚持开展绿化行动的非政府组织（NGO）"Food & Trees for Africa"（食品与树为非洲）建立了合作关系，从2007年开始在南非参加植树活动，已捐赠了5000棵树木，并为减排CO_2而进行"碳中和"活动；稻盛和夫和京瓷共同出资设立中国西部大开发奖学金，资助贫困大学生完成学业，培养青年学子，为中国西部经济发展助力；稻盛和夫应中国各界邀请多次义务为中国企业家和政府官员讲解经营哲学，为中国经济社会发展尽心竭力。

最后，是京瓷集团与环境的关系——与地球环境共生。在稻盛和夫的著作和讲演中，他怀着危机感，不断地呼吁要与地球环境共生。稻盛和夫写道:"如何在有限的地球资源之下保持人类文明的繁荣——这是21世纪人类必然面临的问题,想度过这场21世纪地球环境与人类文明之危机,就有必要重新审视我们的价值观。重新发现与自然和谐共存,循环、持续地发展文明的重要性。"[1] 京瓷集团以制定的《京瓷环境宪章》为基础,建立了环境经营推进体制和安全检查机制等一系列严格的规章制度,提出了"环境友好概念",即"京瓷将'防止全球气候变暖与节能''资源循环''环境保护与安全'这3个主题定为最重要课题,并针对每个主题,在开发环节中明确设定应该兼顾的概念,以实现环保"。[2] 从环境报告中的"绿色"概念可见一斑,如"绿色管理""绿色产品""绿色工厂""绿色交流"等概念。正是在这种全方位、高标准严要求下,京瓷在与环境友好关系方面取得了一系列成就。为此,京瓷在日本国内外的企业都获得了良好的口碑,并获得了诸多环境保护奖项。

以上扼要地论述了京瓷集团在"以利他之心"履行企业社会责任方面所作的一些贡献,其中许多事迹都感人至深。

案例二:住友通过健全的事业活动,关照所有利益相关者

住友非常强调企业为了履行社会责任,必须开展健全的事业活动。所谓健全的事业活动,就是企业必须要遵纪守法,坚守企业的伦理道德,以光明正大地经营谋求企业的永续存在,为利益相关者实现富裕和理想尽心尽力。

住友商事株式会社社长冈素之写道:"住友商事是活跃在世界舞台的综合商社。它的起源可以追溯到大约400年前的住友家的事业。当时,住友家从一位名叫白水先生的中国专家那里学到了铜的高纯度精炼技术,这为住友现今事业的蓬勃发展奠定了基石。为表达对白水先生的谢意,住友集团各公司社长的集会被命名为'白水会',我们也正是时刻心怀'饮水思源'的想法从事着日常的业务。被住友各公司代代相传的'住友的事业精

---

[1] 〔日〕稻盛和夫主编《如何构筑新的地球文明——稻盛和夫的关怀(环境篇)》,第4页。
[2] 日本京瓷株式会社:《京瓷CSR报告书——经济、社会、环境报告》(社内刊),2009,第62页。

神'可以说正是今天所倡导的'企业的社会责任'的基本思路。"①

至今已拥有400多年历史的住友集团,在其长期经营史上形成了"住友的事业精神"。在住友的经营宗旨中,非常强调"信用""确实""不追求浮利""率先于时代变化的开拓精神"四种理念。对此,冈素之社长阐释道:

在开展事业活动中,"信用"至关重要。对待客户,不仅应以诚相待,还得满足客户要求,赢得信任。

"确实",则诚如词意,即处事务必踏踏实实。"确实"是开展事业的最重要的基本要素。

"浮利",我想用英语说会更容易明白,英语译成easygain。应该谨防用安逸的手段,获取利润。

"开拓精神",则是率先于时代变化,进行挑战,它被称为"住友的事业精神"。②

长期以来,住友基于其企业哲学,履行企业应尽的社会责任。

住友认为企业履行社会责任,最起码要做到使与企业相关的所有利益者获得好处并尽可能实现其所追求的价值。因为全体利益相关者如"股东、客户、区域社会、职员这些当事者"对于企业这艘航船来说,犹如大海里的滔滔海水,水可载舟亦可覆舟。因此,企业经营必须时刻把所有相关者的利益放在首位,通过精益经营提升企业效益,将获得利润用于提高股东的分红,为客户提供物美价廉的产品或服务,为周围的社会排忧解难,满足员工在物质和精神两方面的需求。还可以为国家上缴税金,增强国家实力。另外,位于国外的分公司,应自觉遵守所在国的法规,并努力承担为当地社会服务的义务,等等。

正是本着这种精神,住友商事从1996年起设立了奖学金制度。为中国,以及东南亚、南亚国家,还有乌兹别克斯坦等中亚国家近1000名学生

---

① 天津市人民政府外事办公室等组编《企业的社会责任》,南开大学出版社,2008,序言第1—2页。

② 同上书,序言第6页。

颁发了奖学金。

在日本国内，通过邀请初高中生参观住友商事总公司大楼和邀请残疾人在总公司大楼欣赏夏季焰火活动，积极参与教育青少年和增加残疾人愉悦感的活动。

从1992年起一直赞助青年爱乐交响乐团，为有志于音乐事业的青少年搭建演出舞台；住友商事还从事电影事业，为使患有听觉障碍的人能更好欣赏，在屏幕上配有字幕，深受观众好评。

回顾住友的发展历史，其在企业守法和伦理方面广受社会好评。这里讲一个与住友有关的日本海上自卫队购买德国西门子公司的军舰与军需品所发生的受贿事件，史称"西门子事件"。这一事件在当时日本引起重大轰动，导致涉案海上自卫队造机部长被判刑并追缴全部赃款，而且迫使山本权兵卫内阁总辞职。因为住友是海上自卫队最大供货商，所以在追查此案的过程中，自然受到牵连。当时东京方面派出了三名资深检察官，检查住友银行的账簿以及支票等，但未发现一文钱使用不当，那些检察官感慨地说："拍打榻榻米，毫不起灰尘。"① 于是，彻底撇清了住友同海上自卫队受贿案的关系。

当时，住友的家长住友吉左卫门派遣使者前往第二代总理事伊庭贞刚所隐居的琵琶湖畔石山，致送一封信与一对屏风。

> 信上陈述了衷心感谢之词："住友之有今日，乃阁下所赐，阁下多年来以道德指导员工，使传统的优良风范得以持续。"屏风出自名家"曾我萧白"的作品，描绘的图案是汉朝的名臣萧何，正在追赶名将韩信。这段故事是：汉高祖见弃韩信，韩信出走，萧何至感惋惜，月下快马追赶韩信。关于这件事，川田顺写道："住友家长，在为数众多的图案中，特别挑选此一图案相赠，意义如何呢？知人善任，不论是对国家还是对公司，都是最为重要的。伊庭贞刚知人，使得住友聚集了众多的人才。伊庭贞刚称得上是住友的萧何，住友的家长赠送屏风的

---

① 〔日〕小岛直记、邦光史郎：《矿山银坑挣出工业大亨——住友财阀》，葛东莱译，台湾时报文化出版企业有限公司，1986，第7页。

意思，也许就是在此吧。"①

还特别值得一提的是，住友很早以前就非常关注环境问题。在100多年前，被称为住友"复兴之祖"的伊庭贞刚总理事，为整治住友别子铜山采掘和冶炼荒山，而倾注了大量心血开展植树运动。他从原来每年植树6万棵，一下子增加到100万棵，在100多年后的今天，别子铜山已是漫山郁郁葱葱。伊庭贞刚在晚年不无自豪地说，自己真正的事业不是别的，就是将荒山变青山。

伊庭贞刚为了尽量降低铜冶炼过程中的烟雾污染，主动将冶炼厂迁移到濑户内海的无人岛四坂岛上，这在当时深受好评。

如上所述，住友一直在尽力履行企业的社会责任。这与住友一直将"营造充满活力和创新的企业风土"作为企业文化密切相关。

---

① 〔日〕小岛直记、邦光史郎：《矿山银坑挣出工业大亨——住友财阀》，葛东莱译，台湾时报文化出版企业有限公司，1986，第7页。

第七章　日本卓越企业的企业文化

日本企业文化是一个非常抽象的概念，犹如人的概念一样，很难一言以蔽之。各企业的企业文化有优劣之分，只有卓越的企业才具有值得称道的企业文化，能对企业运营发挥积极的作用，显示重要的经济价值。研究日本企业文化，就是为了借鉴日本优秀的企业文化，择其优者而习之、实践之。

究竟何谓企业风格，企业风格与企业文化之间有何异同呢？

> 所谓企业风格，犹如企业内的空气一样，眼睛看不见，很难描绘出具体的形象，但是却足以塑造每一企业的个性，因此不容忽视；最近，企业文化、企业形象等名词的使用变得非常普遍，这些名称可以说与企业风格具有表里如一的关系；正如同每一个人各具个性，公司也拥有自己的特色或独特的性格。这些特色或独特的性格可称之为"企业风格"；企业风格是经年累月在各个企业内逐渐酝酿而成的，不会轻易改变。正如同人的性格是优点和缺点的混合，企业风格经常也是正反并存的。①

我认为每个企业的企业文化都有正反两方面。因此，即便是卓越的企业，也并不是说其企业文化都会美玉无瑕，肯定还有缺点和不足，这就需要经常不断地审视本企业文化中需要改善之处。否则，即便是卓越企业，也会陷入"成功的陷阱"，或不能与时俱进，患上停滞僵化的"大企业病"，等等。卓越企业在企业风格上具有以下五项共同点：

---

① 〔日〕上野明：《日本企业的致胜策略》，卓越文化事业股份有限公司出版，1985，第32—33页。

第一,"企业内部充满朝气。"员工们都能从工作中感受到自己生存的价值,能积极主动工作并自觉地参与管理。

第二,"整个企业能够团结在一起,朝向同一个目标努力。"但绝不是随声附和、盲目服从,而是积极主动展开讨论,是"和而不同",由此达成"共识",这样的企业才有活力。

第三,"上下左右,协调良好。"笔者曾与一位长期在日本企业工作的中国女士交谈,她对我说,日本的管理就是一个中文单词"菠菜",日文汉字写法"菠稜草",日语发音是"horenso"。其中,ho是日文"報告"的第一个单字"報"的发音,讲的是上下级之间的关系;ren是日文"連絡"的第一个单字"連"的发音,强调的是工作中要互相加强联络;so是日文"相談"的第一个单字"相"的发音,要求在工作上互相协商。她说,如果你真正掌握了"horenso"这个单词,在管理上也就如鱼得水了,因为这个单词充分表达了如何协调上下左右关系。

第四,"'重视工作现场'的价值观,能够渗透到整个企业的每一个角落。"重视现场是日本企业崛起的公开秘密,日本企业家用一句非常生动形象的语言表达为"现场有神灵"。中国学者王育琨有一部深得稻盛和夫赞许的著作,书名就是《答案永远在现场》。稻盛和夫则提出有问题到现场,倾听有关出现瑕疵产品和故障设备的哭诉。

第五,日本的卓越企业在企业风格上,不会一面倒向表面上冠冕堂皇的"下意上达"式经营,而总是将"上意下达"与"下意上达"予以巧妙地融合。①

综上所述,卓越企业之所以卓越,是因为支撑其前进的有两个车轮。一是自创业以来一直不变的企业风格,即企业经营理念,这是其脊梁;二是当面临各种新形势和新课题或企业风格的某些方面明显不适应企业发展时,能够随机应变、与时俱进地做出改善、创新,从而能始终走在时代的前面。

不言而喻,所有的卓越企业都具有独特的企业风格或曰企业文化。

良好的企业,不仅通过企业的"硬件"自然而然地彰显企业形象,还

---

① 〔日〕上野明:《日本企业的致胜策略》,第36页。

通过员工在工作、服务、志愿者服务活动和平时的言谈举止等方面展示企业形象；除此之外，更需要企业有意识地进行宣传，开展公关活动等。

第一节 丰田"软硬兼施"的精益企业文化

丰田企业文化，用丰田公司最高经营者的话来概括，就是丰田DNA，这是极为抽象的表述。丰田企业文化内涵极为丰富广博，很难用语言简单加以阐述。但用一句俏皮的话来说，丰田企业文化是以享誉世界的"丰田生产方式"的"硬文化"和不为外界所知晓的拥抱矛盾的"软文化"所构成的"软硬兼施"的精益企业文化。

首先，来探讨以"精益生产方式"为代表的丰田"硬文化"及其创始人哲学。

在此对世人耳熟能详的在日本国内及世界上最具影响力的"丰田生产方式"，欧美称之为"精益生产方式"，进行论析。之所以要对"精益生产方式"进行研究和阐释，是因为丰田的企业文化对当今的世界产生了非常广泛而深刻的影响。

美国学者杰弗瑞·K. 莱克对丰田美国公司的文化进行了研究后认为，其企业文化是"多层次的嵌套文化"。大体上分为：国家文化、行业文化、企业文化、子文化。其中，子文化又包含职能和专业团体文化以及小圈子和小集团文化。

美国文化人类学家爱德华·T. 霍尔提出关于高语境文化和低语境文化的概念："任何事物均可被赋予高、中、低语境的特征。高语境事物具有预先编排信息的特色，编排的信息处于接受者手里及背景中，仅有微小部分存于传递的讯息中。低语境事物恰好相反，大部分信息必须处在传递的讯息中，以便补充语境中丢失的部分。"[①] 一般来说，日本人在交流过程中比较含蓄，用比较委婉的语言表达自己的意思，属于高语境文化国家。莱克运用高语境文化理论阐释丰田企业文化最深层的内核。他提出：

---

① 〔美〕杰弗瑞·K. 莱克、迈克尔·豪瑟斯：《丰田文化》，王世权、韦福雷等译，机械工业出版社，2009，第56页。

为了更深入地理解真实的隐性潜在假设，研究日本文化是必要的。我们必须理解日本的高语境文化，这种文化建立在关系、义务和责任的基础上。仅仅将公司视为一个建立在利用雇主和工人之间关系基础上的企业，不像是日本式的思维方式。丰田的所有者、主管和经理将公司看作是一个小型社会，致力于实现所有成员和事业伙伴的共同繁荣。我们必须将公司理解为一个如同商业交易网络一样复杂的关系网络。信任、尊敬以及合作的概念在这种商业语境下比合同、成本收益计算和经营战略更有效。丰田是一个完成所有目标的、成功的企业，但是其目标不仅仅是赚钱。丰田是一个探求持续生存、成长和长期目标的活的有机体。[①]

日本人通常所称的"丰田生产方式"，打破了长期盛行的"福特流水线"的大规模生产方式在制造业的统治地位，改变了世界传统的制造工艺。其对世界制造业的贡献，引起了欧美管理学者的高度关注。以前日本人仅仅把这种生产方式简单地视为"看板方式""准时制""自动化""质量圈""改善""拉式"的革新，等等。而美国人却把它称为"改变世界的机器"，"精益生产方式"及其思想是一种哲学。而且，不仅适用于制造业，还把它应用于金融、商业、医院管理以及各行各业的管理，成为一种普遍适用的管理模式。

可以毫不夸张地说，即使有一天丰田公司不在了，在路上也看不到丰田的汽车了，但世界上仍将会流行"丰田生产方式"，即精益生产方式。精益思想也将作为一种文化、一种哲学，载入世界文化遗产宝库。这就是丰田的DNA，是丰田的魅力所在和价值所在。

我们在探讨丰田企业文化、丰田模式时，不能不谈到发明天才、丰田公司的缔造者、奠定丰田模式的丰田佐吉。

野中郁次郎对佐吉评价道："早期的航海家，会因为船只在岸上停航太

---

① 〔美〕杰弗瑞·K.莱克、迈克尔·豪瑟斯：《丰田文化》，王世权、韦福雷等译，机械工业出版社，2009，第57页。

久而焦躁不安。丰田也是如此，它会不安分地探索新视野，知道丰田这艘船还有着无限的潜能航行在茫茫大海中。这种探险家精神可追溯到丰田佐吉——丰田汽车公司前身丰田自动织机厂的创始人。他最喜欢的一句话便是：打开窗户，外面的世界如此之大。这种扩张的压力激励着丰田的员工设定看似极其困难甚至不可能实现的目标，推动人们超越常规和传统，驱动丰田走上不断自我创新和成长的道路。"[1] 这就是丰田佐吉的胸怀和事业发展的蓝图。他描绘了日本的汽车梦，并将此一重任委托给长子丰田喜一郎。由此开启了日本的汽车时代，同时，也给日本留下了丰田公司这一超值品牌"Toyota"。当然，这是佐吉所没有看到的，但应该说他已经想到了。

总之，"丰田生产方式"不仅在日本国内，而且已经成了世界各国普遍研究和运用的经营管理理论。日本著名经营学家真岛一郎谈到"丰田生产方式"时说："'丰田生产方式'不是某一个专家或者学者凭空想象或者根据某一个理论设想出来的，是通过丰田佐吉、丰田喜一郎、大野耐一及其继承人的几十年的努力一步一步建立起来的。坚韧不拔的精神克服了遇到的各种困难和难题，才造就了现在的"丰田生产方式"。而且它目前仍然通过丰田人的努力一步一步地改善、一步一步地发展。但它基本思想——排除一切的徒劳（浪费），必要的东西在必要的时候到达必要的地点——没有变，这个思想作为丰田人的遗传因素，仍然被继承着。"[2]

而西方所称谓的"精益生产方式"，则是一种源于丰田的生产方式，而又高于丰田生产方式的新的管理理论。

另外一点，也是我们以往很少关注的丰田"软文化"，即从"矛盾论"和"实践论"的辩证哲学角度，论析丰田成功之道。这是将中国当代哲学运用于丰田管理实践的经典案例。我这么说，绝非牵强附会。像野中郁次郎这个年纪的日本学者，在他们年轻时都或多或少地学习过毛泽东的著作，尤其是《矛盾论》和《实践论》。

---

[1] 〔日〕大圆惠美、野中郁次郎、竹内弘高、约翰·凯尔·多顿：《丰田成功的秘密——激进的矛盾如何铸就伟大的公司》，周亮、战风梅译，机械工业出版社，2009，第36页。

[2] 李克主编《日本经营神话的复苏——现代日本经营管理模式的研析与探索》，中央编译出版社，2004，第180页。

从矢崎胜彦在同野中郁次郎的一段饶有兴趣的对谈中，更加见证了毛泽东思想对日本的影响。

2002年日本东京大学出版会出版了由佐佐木毅和金泰昌主编的《公共哲学》(全10卷)。时隔不久，矢崎胜彦同本丛书主编之一的金泰昌专程来到上海华东师大，商谈关于在中国出版该套丛书中译本事宜。2009年该套丛书中译本出版。矢崎胜彦对野中郁次郎提起出版情况时，谈到了中国重视哲学，并介绍了中国人民大学哲学院院长评价"公共哲学"的一句话："这就是历史的结晶。"[①]野中郁次郎在谈了中国哲学研究和哲学家队伍时说了两句很有意思的话："有趣的是，哲学老师很多都是党校的。"

野中郁次郎等深刻阐析了丰田公司是如何在激烈变动的全球化国内外大环境下，在企业由工业经济向知识经济转轨的过程中，在各种冲突频发、矛盾纷呈的不确定经营环境下，拥抱矛盾、持续实践，开辟了"创造知识的企业"的征程。

在研读野中郁次郎关于知识创造理论时，总给人一种似曾相识、眼前一亮的感觉。他所有的论著及其所提出的知识创造理论的来源，都是根据他亲自深入众多企业调查研究和众多企业长期实践经验累积的理论升华，绝非坐在象牙塔里进行纯粹理性推导的产物。其中关于"隐性知识"的内容全都是源于企业员工的第一手实践的感性知识，这是活生生的企业员工个人或小集团亲自实践所得的体验、诀窍。其经过集体的反复研讨、加工成为企业内部的集体知识、智慧，再进一步升华为"形式知识"或曰"显性知识"，这个循环的基础就是"实践"。因此，野中郁次郎的知识创造理论，可称为运用"实践论"的产物。

而在其所著的《丰田成功的秘密》中，字里行间处处充满了"矛盾"二字，以及丰田如何拥抱矛盾并巧妙地解决矛盾的实践做法，深感野中郁次郎真正抓住了管理的本质就是承认而不是回避矛盾并采取科学的方法解决矛盾，这是地道的《矛盾论》的管理学版。

迈克尔·波特评价说："丰田游刃于明显的矛盾之中，助推企业不断创

[①] 〔日〕矢崎胜彦：《和商实学——日本邮购帝国缔造者与三位友人的对话》，魏如祥译，中国发展出版社，2013，第113页。

新、永葆活力。"①

由于野中郁次郎等人精辟论析较多，在此只能选其要点提供解开丰田成功秘密的钥匙，可以加强对丰田企业文化的理解和把握。

关于软实力，野中郁次郎等在该书中指出：

> 丰田在管理上的软实力——有关人力资源、经销商管理、企业文化的做法——又是怎样呢？这些实践与"丰田生产方式"同样重要，但却鲜为人知。同样重要的还有，将员工、经销商和供应商凝聚在一起的丰田管理哲学，以及能够使丰田组织机构像一家小公司一样发挥各项职能的错综复杂、多层次面对面交流的架构。在丰田，所有人知晓所有事。本书就来揭示强大而神奇的丰田软实力中的秘密。
>
> 管理中的软实力契合了工业经济向知识经济这一世纪转变的脉搏，两个时代以生产手段为界截然分立开来。在工业经济时代，生产的手段主要指生产线、机器、机器人技术及自动化。在知识经济时代，生产手段变为"深度智慧"，体现在每位员工、经销商、业务合作伙伴头脑中的知识和经验。②

从拥抱矛盾、对立与悖论角度来看，丰田公司虽创造了丰田生产方式这一划时代的管理模式，但其给外界的表面印象则是一个非常保守的企业。

丰田公司企业文化风格极为鲜明突出，它是一个闻名遐迩的现代大型汽车厂商，在世界各地称得上是"有路就有丰田车"的业界翘楚，并且创造了引领当代企业创造财富的"改变世界的机器"。但乍看起来，丰田文化的保守性又极其明显。首先它带有浓郁的乡村色彩，这与其创始人本来就是来自名古屋郊区闭塞的美川乡下不无关系。其社风朴实谦逊，采取以公司创始人为核心的丰田家族式公司治理模式，管理层主要是男性日本人；集中管理、等级制、官僚化的组织结构；信守终身雇用制，坚持不裁

---

① 〔日〕大圆惠美、野中郁次郎、竹内弘高、约翰·凯尔·多顿：《丰田成功的秘密——激进的矛盾如何铸就伟大的公司》，封面。

② 同上书，第7页。

员；高层管理者低薪制，股东红利低微，企业内部留存丰厚素以节俭闻名，靠自有资金实行稳健经营的财政政策；等等。怎么看都与日本国内外典型现代大企业格格不入。在上述种种看似保守的企业文化下，丰田人却伴随着"由矛盾、对立、悖论组成的管理协奏曲"翩翩起舞，演绎丰田精益企业文化多姿多彩的活剧。这就是以下的6种矛盾：

渐进发展又飞跃前进；鼓励节俭又挥霍支出；运营高效又大量过剩；鼓励稳妥又主张异想天开；崇尚官僚等级又允许自由反对；沟通简单又复杂。①

正是这些矛盾、对立和悖论成为丰田的一种生存方式，构成了丰田公司跨越式发展的张力。

关于向丰田学习"矛盾"，他说："当我们深入挖掘，剖析入里，找出为什么丰田极端的业绩模式能够成为当今商业实践领域的典范，我们会发现丰田深置于矛盾、对立及悖论之中。剖析丰田就像为一个洋葱剥皮，却永远剥不到葱心儿。在掀去层层表象后，我们意识到丰田公司面对矛盾的态度是积极采纳，而非消极处理。丰田因悖论而繁荣，利用对立的主张使自己保持无穷的活力。"②

对于所有想向丰田学习，并超越丰田的企业，野中郁次郎提供了如下三项建议：

1. 接受矛盾并使其成为一种生活方式。大多数公司停止发展是因为它们坚持采用为以往成功作出贡献的流程和实践，这就导致了组织机构的停滞不前。获得新客户、新市场以及开拓新的地理疆域，应对由竞争对手、新观念、新实践方式带来的挑战，能够带来变化、改进，这是破除现有教条模式所必需的。公司必须接纳这些挑战，并创造出自己的矛盾，从而取得更高层次的业绩。

---

① 〔日〕大圆惠美、野中郁次郎、竹内弘高、约翰·凯尔·多顿：《丰田成功的秘密——激进的矛盾如何铸就伟大的公司》，第3页。
② 同上书，第184页。

2. 形成必要的工作方法用以解决矛盾。在丰田的案例中，丰田就创造出了现地现物原则、PDCA模式、八步法流程、A3汇报法以及mieruka原则（日语中表示"拓展公司内部交流的范围"）、obeya系统（日语中"大房间"的意思）、问五次"为什么"等许多日常工作方法，此处不一一列举。如果公司不教给员工缜密地解决问题的方法，他们就不会掌握驾驭矛盾力量的能力。

3. 让所有的员工和公司外部的组成人员一起提出解决问题的方法。高管和经理若想从组织机构生态系统中的某个地方获得新观点，就必须对批评和矛盾持开放的态度。这需要时间、耐心、较多的面对面交流互动。①

这三项建议把被各国管理学术界研究得烂熟的"丰田生产方式"的"硬实力"同丰田长期持续发展的"软实力"相结合，这是更难以学习和模仿的经营诀窍。

自丰田佐吉创业以来，遭遇接二连三的危机，使丰田具有了强烈的危机意识，从不敢怠慢。

当世界由工业经济时代步入全球化的知识经济时代后，各种矛盾频发、危机丛生，既有跨越国界经营的文化风险，也有空气污染的环境制约，汽车市场饱和，再加上新兴国家廉价车对市场冲击，可谓是矛盾多多、危机重重。因此，丰田也面临前所未有的危机，这就是：成长的烦恼、员工的自满情绪、企业文化教条刻板、员工多元化、资本市场里的孤岛政策、新竞争对手的崛起②，等等。

面对重重危机，丰田既没有逃避无视，又没有采取极端处理方式，而是努力与危机为伴。

坚持尝试新的解决之道，减轻面临的风险，在六种力量之间培育不安定感和紧迫感，便可以增强其应对风险的能力，在其不断达到极

---

① 〔日〕大圆惠美、野中郁次郎、竹内弘高、约翰·凯尔·多顿：《丰田成功的秘密——激进的矛盾如何铸就伟大的公司》，第186—187页。

② 同上书，第173—174页。

端成就时,解决越来越大的挑战。做到这一点,不能将风险视为需要踩在脚下的障碍,而是将其视为需要克服的挑战。这可能会带来新的矛盾和悖论,如若欣然接纳,矛盾和悖论便又可以成为促发进一步变革和发展的催化剂。只有这样,丰田才能巩固其顶级汽车生产商的地位,拥有高标准的组织机构及卓越的运作管理水平,成为世界上最伟大的制造厂商。[1]

上述从"硬文化"和"软文化"两个侧面论析了丰田别具一格的"软硬兼施"的精益企业文化。

第二节 京瓷"敬天爱人"的企业文化

京瓷企业文化最具代表性的是京瓷社训"敬天爱人"。

我接触到"敬天爱人"是始自研究稻盛和夫经营哲学。稻盛和夫在创业不久,为其出资的宫木电机社长宫木男也把"敬天爱人"的条幅送给了稻盛和夫。于是,稻盛恭恭敬敬地把它裱好,挂在社长室里。后来又将"敬天爱人"这四个大字悬挂在京瓷总公司正门前,作为公司的社训。京瓷对这条社训的诠释是:始终以光明正大、谦虚之心对待工作,敬奉天理、关爱世人、热爱工作、热爱公司、热爱祖国。

稻盛和夫有一部专著书名就是《敬天爱人》,全书精辟阐述了京瓷"敬天爱人"的企业文化。稻盛认为"敬天爱人"是领导者必备的最基本的资质。他在同著名哲学家梅原猛对谈时说:"我在论述领导人品格时,最先强调的就是:'只爱自己,把自己的利益放在第一位,这样的人作为领导人是失职的,对部下而言是不幸的。'领导人为了组织,为了部下,即使付出自我牺牲也在所不惜,这是大原则。"[2]

"敬天爱人"源自中国古典中的"敬天爱民"思想。

---

[1] 〔日〕大圆惠美、野中郁次郎、竹内弘高、约翰·凯尔·多顿:《丰田成功的秘密——激进的矛盾如何铸就伟大的公司》,第183页。

[2] 〔日〕稻盛和夫、梅原猛:《拯救人类的哲学》,曹岫云译,中国人民大学出版社,2009,第192—193页。

日本作家针木康雄对"敬天爱人"的阐释是:"所谓'敬天爱人',是说人生、事业中都有天理、有神理,号召人们要胸怀爱心顺应天道,为人类、为社会尽心竭力,先天下之忧而忧,后天下之乐而乐。"[①]

全日空社长山元峰生也将"敬天爱人"作为自己的座右铭。

京瓷以社训为精神基础,逐渐在企业经营实践中总结归纳出指导企业行为准则的经营理念:追求全体员工物质与精神两方面幸福的同时,为人类和社会的进步与发展作出贡献。

稻盛和夫为了贯彻企业社训和经营理念,把其在长期经营实践中的成功经验,归纳成供全体员工在日常生活和工作中学习和实践的小册子《京瓷哲学》。为了使"京瓷哲学"成为公司全体员工真正的实践指南,京瓷采取各种各样的组织措施,对员工进行哲学灌输,反复强调"正确的为人之道",告诫员工尤其是各级经营管理者,在为人处事时一定要坚持"做正确的事"。

在京瓷社训和经营理念下,为了使员工在日常生活和工作中时时处处践行京瓷哲学,稻盛和夫又把其在经营管理实践中日积月累的感悟,汇总成为"经营原点12条"。具体内容如下:

> 明确事业的目的意义;设定具体的目标;胸中怀有强烈的愿望;付出不亚于任何人的努力;追求销售最大化、经费最小化;定价即经营;经营取决于坚强的意志;燃烧的斗魂;临事有勇;不断从事创造性的工作;以关怀之心、诚实处事;保持乐观向上的态度,抱着梦想与希望,以坦诚之心处世。[②]

稻盛经营12条,绝不是抽象的条文,而是内容极为丰富广博的经营体验。稻盛对此进行了反复解读,并形成专著《经营十二条》。

当然,由于京瓷哲学博大精深,稻盛以浩繁的卷帙阐释其哲学,形成了独特的稻盛哲学或曰稻盛学。值得一提的是,稻盛的著作在中国的出版

[①] 〔日〕针木康雄:《从挫折中积极奋起的企业家稻盛和夫》,金莱译,新华出版社,1996,第168页。

[②] 〔日〕稻盛和夫:《经营十二条》,曹岫云译,中信出版社,2011,第104页。

发行量超过了其母国日本，京瓷哲学和京瓷文化在中国广泛传播，影响了千千万万的中国企业和企业家。由此不难看出卓越企业的企业文化的强大辐射力和影响力。

第三节　东西方文化交融互鉴、与时俱进的佳能"共生"企业文化

佳能公司是一家被誉为"影像的佳能""信息的佳能"的企业，在日本乃至世界都称得上是一个卓越的企业。

佳能公司自1937年由一个小照相机厂起步，发展成为举世瞩目的综合性知名大企业。在其历时87年的过程中，大体经历了三个发展阶段：前50多年为第一次创业时代，主要代表是御手洗毅；从1988年起为第二次创业时代，目标是"真正的全球化企业"，其代表是贺来龙三郎；1995年9月起，开启了以御手洗富士夫总裁为代表的新时代。

第一次创业时代，即御手洗毅时代，不仅奠定了佳能的事业基础，而且勾画出了佳能企业文化的底色和核心精神。"佳能就已经提倡'实力主义''新家族主义''健康第一主义'以及'自发、自治、自觉'三自精神，作为企业最高信念。并提出了'创世界一流产品，贡献于人类文明'。根据这一理想，使佳能永远繁荣昌盛，并进一步提高企业文化的透明度。"[①]

御手洗毅是著名的医学专家，但其并不是佳能公司所从事的照相机和复印机等技术方面的专家。所以有关方面的业务问题，他就委托相关的专家去酌情处理，这样就培育起了独特的"自由"企业文化，即上述的"三自"精神。"那种企业文化对佳能来说，是像空气一样重要的东西，虽然不能用眼睛看到，可是确实存在，而且成为佳能迅速发展的根源之一。"[②]

第二次创业时代，提出了企业成长与发展的纲领，就是为世界繁荣和人类幸福作贡献，这就是与全世界人类共生。使共生哲学具体化并付诸行动，这在当时还是很超前的理念。

[①] 〔日〕岩渊明男:《佳能理念》，杨廷梓、郑春瑞译，华夏出版社，1999，第2页。
[②] 〔日〕加藤胜美:《超越梦想——御手洗毅与佳能》，郑春瑞译，华夏出版社，2000，第262—263页。

"企业与世界人类共生"这一经营信念,是佳能在经营最高理想的基础上产生的。

共生经营信念的产生,在佳能第二次创业前,就已略具雏形。共生对佳能来说,是企业行动的指南。

现在的佳能,是以"企业全球化""经营多样化""研究开发科学化"作为三大支柱和经营信念的同时,实行战略共生。这三个基本战略是开展业务的基础。

对佳能来说,产品70%依靠世界市场。所以只有与输入国和输入地区的人们携起手来,实行共生,寻求共同繁荣,才有生存可言。这是佳能生存的立足点。

同时,在地球上生态环境保护问题已经提到议事日程的今天,经营多样化,研究开发新产品,都要以共生思想为基础,这样才能在这个世界生存下去。

……以共生为经营信念,在经营方面提出了"人与人共生""人与机械共生""人与自然共生"来开展业务。今天又以"社会生态学的佳能"为目标,迈向21世纪。[①]

在佳能提出"共生理念"之后,"共生"已成为热门话题。1991年,日本经团联提出了"与世界共生",1992年,其派出的访欧使节团在所到各国宣传"共生思想"。

在企业向全球化发展之际,面临诸多的不确定性和各种各样的矛盾,企业必将面临各种挑战,同时也存在着各种机遇和选择。御手洗富士夫谈道:"佳能公司的企业宗旨'共生'。共生所谋求的是'全人类共享幸福美满生活的社会',这里将没有文化、习俗、语言及民族间的隔阂。然而,今天的世界还存在着许多有碍于共生的不均衡现象。佳能将竭尽全力消除这些不均衡,率先将共生付诸实践。真正的全球企业,不仅要与客户和地区,还要与国家、地球以及大自然建立良好关系,并承担起应负的社会责

[①] 〔日〕岩渊明男:《佳能理念》,第3—4页。

任。为了'世界繁荣与人类的幸福',佳能决心朝着实现共生这一伟大理想而奋斗不息。"①

第三次创业时代——"全球性优秀企业战略",始于1995年9月御手洗富士夫担任总裁。当时国际大环境十分严峻,日本国内又处于泡沫经济破灭后,企业面临诸多不确定性,外部环境发生了巨大变化。佳能本身的经营也处于急剧下滑状态,当时销售额仅仅2.09万亿日元,负债却高达8400亿日元。正是在佳能经营面临这种困境的形势下,前总裁又突然去世。富士夫可谓是临危受命,当上了总裁,可想而知,其面临的压力有多大。富士夫说:

> 当时日本正经受着巨变浪潮的冲击,……所以佳能必须要进行改革。想要在变化激烈的世界中寻求发展,首先要改变思想,延用旧有的思想是不行的。
> 所以我们要全力以赴去做的事情就是顺应全球化的潮流,增强企业"体质",使它能在公平竞争中胜出。
> 因此自从我就任以后,实行了各种改革,在维持代代相传的佳能传统的同时,努力去做一个改革的掌舵人。②

于是,他凭借长期在日美两国从事企业经营的丰富经验,着手大刀阔斧地改革。首先,为了解决巨额债务问题,他提出了"利润中心主义",导入"现金流量管理",健全了财务体制,摆脱长期形成的靠借款经营,蜕变成完全以自有资金营运的企业。由此必须解决长期形成的已经深入整个佳能公司全体员工的追求扩大销售额的思想。其次,针对实行事业部制所造成的严重地追求"部分最佳"派系横行的本位主义,无视总公司的整体利益问题,提出了更加重视"整体最佳"的"连带评价制度"。富士夫说:"我认为事业部和各个分公司不应单独行动,应该作为佳能这个组织整体来行动,大家要统一思想,高效运营,建立一个高效率的组织体制。

---

① 〔日〕岩渊明男:《佳能理念》,第1—2页。
② 〔日〕御手洗富士夫、丹羽宇一郎:《公司的价值》,周迅译,东方出版社,2008,第3—4页。

而这就要求大家追求'整体最佳'而不是'部分最佳'。"① 再次，通过实行"选择与集中"，砍掉了全部不赚钱的部门，例如计算机、打字机和医用发光卡等事业部，将紧缺的资源投入到优势部门和研发，通过"瘦身"使佳能"体质"更加强健，增强了企业盈利能力。最后，进行生产线的改革，从输送带的生产方式，转换为单一作业员可以同时担任多种作业工程的细胞式（CELL）生产方式。其结果是，随着细胞式生产方式的实行，生产力提高了三成以上，在极短的时间内完成切换生产不同的产品的时间；废除了16,000米的输送带，空出了38万平方米的空间用来做仓库，使外包仓库由34个减少到17个，减少了一半。通过上述各项改革，工厂营运资金减少了三分之一。而公司的股价由1995年12月的1870日元，到2000年12月增至4000日元，公司市值由1.56兆日元增至3.5兆日元，在上市公司中排位由第83位上升到第14位。2003年12月，佳能的纯利润仅仅次于丰田汽车、NTT DoCoMo移动电话、日本电信电话公司、日产汽车和本田汽车。在高尖技术企业中，佳能已经超过了SONY、NEC、富士胶卷等，成为日本新一代的高利润、高尖技术企业的代表。②

那么，佳能公司是如何逆袭大幅度发展，成为业界佼佼者的呢？

佳能公司创立之后，长期以来形成了独特的佳能企业文化。它既是非常传统的日本式企业经营的典型，也是一种非常美国化的经营模式；既敢于坚守以往行之有效的充满人性化的日式终身雇用制，又雷厉风行地革除其年功序列制的弊端，实现彻底的实力主义；而佳能引进细胞式生产方式，是佳能经营革新的一套组合拳，涉及整个企业文化方方面面。所以说，这既是佳能寻"根"之旅，也是一次彻底地"打扫庙宇请进真神"的"文艺复兴"。

《佳能经营模式揭秘》一书，从"制造""研究开发""企业文化"三个方面进行了精辟的概括："从时间的顺序就可以看出，佳能的改革可分为两个阶段：第一阶段就是否定过去，另一个阶段是继承过去、回归原点的

---

① 〔日〕御手洗富士夫、丹羽宇一郎：《公司的价值》，周迅译，东方出版社，2008，第3—21页。

② 日本经济新闻社编《佳能经营模式揭秘》，北京世纪英闻翻译有限公司译，中国时代经济出版社，2004，第2页。

持续发展。"①

该书包括"制造""研究开发""企业文化"三个方面，而每个方面又都包括了"变革"和"持续发展"两层内容，可谓是"三二模式"，通过"变革"而达到"持续发展"的目的。

首先，关于"制造"的变革，包括以下三点，即由重、厚、大型的传送带生产线→细胞生产，三维CAD技术的引进和生产技术的内置化、黑箱化的变革，达到国内的生产→细胞生产、装置产业和设计、开发一体化提高了效率→达到国内生产回归持续发展的目的。其次，关于"研究开发"的变革则为：单独进行技术开发（完全的自我主义）+外部的协作和废除了不能成为产业的开发→研究开发的大盘点。从而达到技术的使用→关键技术的活用→独创的基本零件→富有竞争力的新产品的持续发展的目标。在这方面，佳能的研发已经取得了突破性进展，其研发的"纳米压印"有望颠覆荷兰阿斯麦公司芯片制造的光刻机技术。最后，通过对"企业文化"两方面的变革，在打破现行的暧昧、相互依靠→联结现金流通经营、利润取向和依靠他人→当事人意识的基础上，回归到佳能公司发展史上行之有效的企业文化，即实力主义、健康第一主义、新家族主义的三大公司宗旨，"自发、自治、自觉"的"三自"精神和终身雇用制。② 这三点看起来毫无新意，从字面上给人以非常"保守"的印象，但"保守"并不等同于因循守旧，守旧当然不好，它不符合与时俱进的历史发展的大趋势。但保守并不是食古不化，而是敢于保持以往行之有效的做法，坚守符合原理原则的企业文化，而不随波逐流，这也需要眼力和勇气。御手洗富士夫所进行的改革，就是"打扫庙宇"、传颂真经、破守兼顾，使企业与时俱进、可持续发展。

御手洗富士夫长期浸润于日美两国文化之中，亲历两国企业经营的熏陶，这些宝贵丰富的阅历，使其在经营佳能公司的过程中，逐渐打造出了东西合璧、交融互鉴的企业文化。对此，长谷川洋三评价说：

---

① 日本经济新闻社编《佳能经营模式揭秘》，北京世纪英闻翻译有限公司译，中国时代经济出版社，2004，第228页。
② 同上书，第228—229页。

佳能是日本的重要企业，一直坚持日本传统的企业制度，即终身雇用制，同时，严格管理现金流量与供应链指标。这就是"和魂洋才"观，即在管理上将西学与日本精神结合起来。佳能的领导层希望，"和魂洋才"能成为公司现行革新的主脉，成为渡过目前的危机和将来更多危机的改革精神的主脉。[①]

[①]〔日〕长谷川洋三：《经营之神——日本启示录》，第171页。

第八章 企业文化之比较

企业文化作为功能文化,对于企业运营发展当然会呈现共同的价值和作用。这是企业文化对所有企业的共性方面,也是我们研究企业文化的普遍关注点。但仅限于此尚不能把握企业文化在企业经营管理中具体发挥作用的全貌。因国家不同、民族不同、宗教信仰和历史发展阶段不同,在这些纷繁复杂的背景下所产生的企业文化,必然具有许多差异和各自的特点。即便是同一个国家内部,因地域不同、企业有别,其文化也会有很大的差异。至于大企业与中小企业之间,不同产业、行业的企业之间,也有各自不同的特点与差异。再考虑到各位企业家或经营者的文化层面,企业文化的差异就更加明显了。中国有句俗语:"龙生九子,各有所好。"因此,企业文化的比较,对全面准确认识、把握企业文化就显得非常重要和必要了。这正是开展企业文化比较的重大意义。但进行比较研究,并非仅仅重视企业文化的差异性,而是通过比较研究,参照对象国的企业文化,可以更加全面理解日本企业文化所具有的普遍性和特殊性、长处与短处。这样就能够在借鉴日本企业文化时加以鉴别和选择,取其适者为我国企业的经营管理服务。

第一节 个性迥异的日美企业文化的比较

日本文化在其形成与发展的历史上,主要受到了东西方两大文化的泽被和润育。一个是中华古典文化以及中国化的佛教文化,另一个就是欧美文化。而美国文化对日本的影响主要是源于近现代,尤其是二战后的影响最著。尽管近现代以来美国文化对日本的影响巨大,但日本文化丝毫未失去主体性和独立性。

加护野忠男在谈到何以要开展日美企业管理比较研究时说:"为了了

解日本式管理的特征,与外国管理进行比较是必不可少的。作为比较的对象,我们选择了美国。美国是近代管理的先驱者,关于管理的通论、原理的大部分是在美国创造出来的。日本的企业也一直向美国学习并积累为数众多的管理方法,并且进行改良来谋求管理的现代化。从这一意义上讲,作为比较的对象,美国最为适合,而从比较中所得来的理论上、现实上的启示也将很大。"[1]

加护野忠男通过对日美两国各1000家公司的调查和对少数代表性企业的分析,比较了两国企业的环境、适应战略与组织的一般特征及其产生的原因、各自的长处及弱点、战略与组织不同等因素对两国企业经营成果的影响,得出了日美企业的经营环境、目标、组织、经营者的特征都明显不同的结论。这些差异反映了两国企业的标准环境适应方法的不同。日本型的环境适应是有机的适应模式,而美国型的环境适应是机械的适应模式。

伊藤正则先生1985年12月应邀来华作了题为《日本的企业经营管理和政府有关政策——兼对中国企业经营管理的建议》的专题报告。

关于日美企业管理的社会文化背景,他进行了比较研究。并基于农耕文化和狩猎文化这一视角进行了分析。他指出:"日本和欧美的社会、文化背景的基本不同在于:日本民族是农耕民族,欧美的民族是狩猎民族。"[2]

日本人从几千年以前开始一直以种稻为主,过着农耕生活。农耕的作业,从播种到收获,凭一个人的力量是难以完成的,家庭成员和邻人必须互相合作。这种长年累月的协作使家庭成员和伙伴们养成了相互协作的习惯,使每个人明确了在全体作业中自己分担的部分。因此形成了比起个人的才能,更重视协作中的努力和技术的观念。"集团中的互助合作"即"家族主义"是作为农耕民族的日本人的最基本的特征。另外,农耕不允许农民到处流动,必须一直住在祖先的土地上,所以就自然而然地热爱自己的土地。"乡土性"是作为农耕民族的日本人的另一个特征。在现代,这些特征在生产优质产品、提高效率、为提高产量所进行的品种改良和努力中,都发挥出农耕民族的精神。因此,作为农耕民族的日本人的一个特点,虽

---

[1] 〔日〕加护野忠男等:《日美企业管理比较》,第14—15页。
[2] 〔日〕伊藤正则:《日本的企业经营管理》,中国经济出版社,1986,第123页。

然日本与欧美国家同属资本主义,但日本的资本主义应是家族主义的资本主义。总之,农耕民族型的日本企业的经营管理是日本"家族主义的资本主义"的基础。

与之相反,属于狩猎民族的欧美人,古代主要是靠"狩猎"维持生活。狩猎采取的是单独行动,有能力的人,其收获量可比一般人多2~3倍。这和团体活动以及互相协作相比,更可以发挥每个人的个性,使每个人的技能得到锻炼。所以,根据个人能力大小决定收获量的"个人主义",是属于狩猎民族的欧美人的基本特征。另外,狩猎民族需要经常移动寻找猎物多的地方狩猎,不可能长期固定在同一地方。所以,"流动性"是属于狩猎民族的欧美人的又一特征。[①]

总体来说,日美两国在文化类型上属于完全不同的两种类型。前者为受儒佛宗教影响的东方文化,后者为西方基督教文化;前者拥有悠久的历史,后者是年轻的移民国家;前者是一个位于东亚太平洋一隅面积狭小的岛国,后者是一个位于太平洋和大西洋之间的北美大陆国家;前者是长期处于闭关锁国的内向型国家,后者则一直是面向世界的开放型国家;前者的语言日语仅适用于大和民族,后者则使用世界语言英语;前者是模仿吸收型文化,后者是开拓进取型的文化;前者重视隐性文化,后者重视显性文化;等等。还可列举许多二者间的区别。这样说并非否定日美两国在近现代文化交流过程中互相影响、彼此交融而形成的共生文化。其中,尤其是美国先进的科技文明和各种学术思想,对日本的影响更加明显。而二战后在美国的占领下,强劲的美风美俗文化,不仅满足了日本人强烈的好奇心,甚至浸入日本文化的细胞,影响了日本文化样态。特别是在国际化、全球化、信息化的时代,各国文化的交往与交流更加频繁和迅捷,国与国之间文化相同或相似之处逐渐增多,日美两国的文化将会有更多的相融相通之处。

表8.1是根据一些学者研究结果汇总而成的。我国学者张广玲结合上述比较内容,做了以下的论析:由于日本企业文化强调团队精神和集体主义,主张下级服从上级,倡导集体决策和意见一致,因此组织内目标一

---

① 〔日〕伊藤正则:《日本的企业经营管理》,第123—124页。

致，价值观念和行为方式趋同，企业文化力量较强。相比之下，美国企业文化强调个人价值，主张决策迅速，公司内部讲求平等和公平竞争，没有等级观念，企业文化力量相对（日本）较弱。在人事制度和工资制度上，日本企业文化推崇终身雇用制和年功序列制，虽有利于员工队伍的稳定和发展，但同时也妨碍了员工能力的发挥，直接导致员工胜任力低；在技术开发与技术创新上，日本企业倾向于采取风险较小的技术改进和模仿路线，以渐进式技术进步为主导，这种方式的优点是有利于不确定性规避，缺点是动力不足，创新不足，在变化的环境面前容易陷入僵化；在决策和意见交流上，日本企业强调集体决策和意见一致，倡导决策过程的民主化，虽然决策一旦确定，执行较为顺利，但在瞬息万变的市场环境中往往显得捉襟见肘，典型表现就是适应性不强；在全要素生产率（TFP）上，由于日本企业倡导公平优先，因此要素流动缓慢，即使是在生产率水平较高的1995年，日本的全要素生产率水平也仅仅在汽车、电气机械等少数几个行业超过了美国。相比之下，美国企业强调管理中的技术和理性，主张效率优先，讲求市场竞争中的速度和果断，决策迅速，推行能力主义，同时鼓励员工创新和冒险，以突破性技术进步为主导，等等。因此，虽然从数字上看美国企业的平均破产率高于日本企业（《世界经济统计年鉴》各期数据显示），但进一步分析可以发现，幸存下来的美国企业的企业文化适应市场经营环境的能力远高于日本企业。[①]

表8.1 日美企业文化差异比较表

日本企业文化	美国企业文化
1. 重视人性化管理，偏重感性	1. 强调管理中的技术和理性，相对摒弃感性
2. 强调团队精神和集体主义，追求整体效率；主张以集体的发展来带动个人的进步	2. 强调个人价值，主张通过个人创新来推动企业的整体发展
3. 推行终身雇用制和年功序列制；强调资历主义	3. 追求竞争，强调能力主义

---

① 张广玲：《基于文化的日美企业国际竞争力比较》，《江汉论坛》2006年第10期，第29页。

续表

日本企业文化	美国企业文化
4. 强调集体决策和意见一致，倡导决策过程的民主化	4. 强调决策迅速
5. 在创新上采取渐进式路线	5. 鼓励员工创新与冒险
6. 强调等级观念、下级服从上级	6. 讲求平等，无等级观念
7. 以渐进性技术进步为主导	7. 以突破性技术进步为主导
8. 公平优先，要素流动缓慢	8. 效率优先，要素流动迅速

资料来源：张广玲：《基于文化的日美企业国际竞争力比较》，《江汉论坛》2006年第10期，第29页。

在《光与影——企业创新》一书中，非常形象地以"珊瑚礁、花园和森林：三种经营环境"生动地比喻美国、日本和欧洲的企业文化特征。

从地区这一层次来看，对企业的认识取决于企业经营环境的性质。汉普登·特纳和特龙佩纳尔认为：美国的企业主要被看作是"为高效行使职能和完成任务而设计的一种系统"；而在日本，企业则被视为"一起工作的一个群体"。换言之，在美国，组织主要被视为是"经济机器"；而在日本，则被看作是"社会机构"。美国正统观念把组织比喻为"市场海洋中的一个孤岛"，周围是试图与公司争夺客户资源或甚至像鲨鱼一样吞食公司的竞争对手。美国的环境可以比拟为珊瑚礁：在几乎没有限制条件下自然发展起来的大规模、高度复杂的商务环境，有充分的市场缝隙可供小公司容身，但也有许多虎视眈眈的猎食者。而在日本，公司与各种各样的社会机构相互共存；这就像禅学一样，各种要素及其环境和谐共存。[①]

美国属于盎格鲁-撒克逊文化，受西方基督教影响深远。而且，美国文化还是移民文化，美利坚合众国是由来自世界各地的移民组成的合众国。由于彼此语言不通，文化差异悬殊，这个国家必须靠各种明文规定

---

① 〔德〕奥托·卡尔特霍夫、〔日〕野中郁次郎、〔西〕佩德罗·雷诺：《光与影——企业创新》，第92页。

的规章制度把来自世界各地的人组织起来,形成秩序、规范。同时,还需制定各种详尽的操作手册,无论任何人都可以按着制度和手册进行工作,否则社会就很难顺畅运营。因此,制度文化、规范文化在美国文化中具有非常重要的作用。另外,美国又属于分析文化、理性文化、科学技术文化,凡事都追求以理性主义、科学手段和技术方法加以分析和处理,即美国人认为事物非黑即白。美国文化还有一个突出的特点,那就是"美国人坚信——虽然有时显得比较含蓄,但经常会表露无遗——未来将比现在更好"。[①]

野中郁次郎称美国文化为"棒球文化",日本文化为"橄榄球文化"。他写道:"美国流派就像明确守备范围和职责所在的棒球一样。负责守备右翼外场的守场员也许有时会处理一个中场腾空球,但绝对不会去接一个左外场腾空球。棒球型的比赛方式将任务和课题明确分给每一个个体,由每一个人来负责自己的守备范围,最终井然有序地完成整个队的任务,美国流派就属于这种。"[②]

从管理学角度来看,泰勒的科学管理将员工作业时的手部动作加以分析解剖,剔除一切多余或无用的动作,只保留有效的手部动作,从而达到效益最大化。福特汽车以分工为基础的流水线作业方式,均是追求将事物细分的原理。诚如我国著名学者季羡林所说,西方文化是分析的文化,而东方文化是综合的文化。美国文化则属于个人主义的文化、英雄主义文化,强调个人胜于由个人所组成的团体,个人的权利和自由得到充分伸张,个人的成名立世,完全靠自我奋斗。

马库斯(Markus)和北山(Kitayama)在一系列研究工作的基础上试图对许多心理领域如认知、感情和动机的跨文化差异进行总结和综合,他们得出如下结论:"西方尤其是欧洲裔美国中产阶级的文化是根据强调自我独立和自主的价值和实践组织起来的。其中自我区别于别的自我,区别于社会环境。……在西方文化中,人们主动地去发现和界定自我中积极的内

[①]〔德〕奥托·卡尔特霍夫、〔日〕野中郁次郎、〔西〕佩德罗·雷诺:《光与影——企业创新》,第93页。
[②]〔日〕野中郁次郎、德冈晃一郎:《日产,这样赢得世界》,渠海霞译,中国人民大学出版社,2010,第20页。

在特征。……与此相对照，许多亚洲文化不强调个人之间的分离，这些文化是根据鼓励人们在一定关系（如家庭、工厂和学校）基础上相互联结的价值和实践组织起来的。自我的价值主要在个人参与的社会关系中获得。因此，在亚洲文化中，人们主动调整和适应自己和社会的重要关系。"①

企业文化作为从属于民族文化的亚文化，它的形成与发展带有深刻的民族文化的胎痕和烙印。可以说，对一个国家的企业文化研究，如果不将触角深入该民族文化之中，则根本无法把握其企业文化的脉络与精髓。

美国企业文化模式的形成背景是美国的个人主义。概括起来，个人主义的表现主要有：个性自由、自我表现、人人平等和个人竞争等。在美国个性自由背景下形成的企业文化特点，主要表现在以下五个方面并同日本企业文化形成对比。由于上面已对日本企业文化有详尽论述，这里主要谈美国企业文化。

个性自由与勇于探索未知世界。《光与影——企业创新》一书强调："在美国仍然可以体会到边远地区的感觉以及冒险和不断进步的开拓精神。"②

在美国，维护自己的独特个性的愿望受到鼓励。美国人的行为模式是"我行我素"，"天马行空、独来独往"。个性自由是建立在个人独立思考的基础上的，正是这种强调个性的文化和善于思考的习惯，培养了美国人的进取精神和创新精神，因此，形成了推崇创新的企业文化。

美国的家文化也倡导和支持个性独立。在美国家庭教育中，子女上了大学以后，往往在经济上与家庭"断奶"独立。即使非常有钱的家庭，子女也绝不依赖家庭来求得事业的发展。从另一方面来说，这也表明了美国人的个性自由和独立。正因如此，美国人知道自己的人生靠自己去拼搏，自己的幸福靠自己去创造，而不能依靠他人。美国牛仔文化、西部大开发精神，形象地展现了美国民族的个性自由的文化。由此而形成了美国人的独立意识、创新精神。

在20世纪80年代以后，美国企业通过并购、联合，跨越了洲界和国界，进入了异文化的国度开展经营，仍延续着西部大开发精神和牛仔文

---

① 〔日〕青木昌彦：《比较制度分析》，周黎安译，上海远东出版社，2001，第139页。
② 〔德〕奥托·卡尔特霍夫、〔日〕野中郁次郎、〔西〕佩德罗·雷诺：《光与影——企业创新》，第93页。

化。GE公司强调"要让员工有强烈的求变意识,而且要善于应变",把"渴望变化"作为员工准则之一,用"变化加速程序"去引导、激发、激励员工的创新实践。世界上最抢眼的微软公司,集聚了一大批我行我素、富有创意的知识精英,这些知识型员工都是汉迪所说的极端崇尚个性发挥、典型的个人主义、狄奥尼索斯型人物或善于创造的任务导向的雅典娜型人物。正是这样的一大批人才,在比尔·盖茨的统率下创立了微软帝国。面对知识经济制高点的高科技企业,要求有个性的人和有个性的公司去面对由此而来的挑战与机遇。美国企业界能在20世纪90年代出现长达120多个月的经济持续增长,实现了"三低一高",即低失业率、低通货膨胀率、低财政赤字的经济高速增长,这是与美国企业及其经营者、员工的创新密不可分的。

相形之下,日本重视团体主义,对个性自由抱有疑虑。日本人"枪打出头鸟"的文化,显然阻碍了个性自由的发展。"和美国不同,日本有鲜明的社会和历史传统。日本社会相对来说是同质的,注重团体而不是个人,这也许与它种植水稻的传统密切相关。人们团体劳作,相互之间高度依赖。与欧洲的理性主义和美国的实用主义倾向相反的是,日本采用的方法可描述为渐进式实验法或边做边学。从日本的创新中,我们可以看到古代文化与现代技术的成功结合。"[①]

即便是在创新方面,日本企业的普通员工由于个人努力而取得了非常优异的成绩,往往也必须算在所属部门或公司集体的账上。个人很难得到物质和精神方面应有的奖赏和评价,其消极作用是严重阻碍了个人的冒险探索精神。

另外,日美两国企业家的创新文化也大相径庭。要了解日本这种具有企业家首创精神的文化与美国之间的区别,只需看看这两者在起源方面的不同。美国以独立自主和自力更生两大原则为基础,企业家首创精神被视为自我实现的最终形式;而在日本,企业是一种旨在实现共同利益的团体活动。

[①] 〔德〕奥托·卡尔特霍夫、〔日〕野中郁次郎、〔西〕佩德罗·雷诺:《光与影——企业创新》,第95页。

"……日本更具同质性特点,主要因为它是个基于共同历史渊源的单一民族国家。日本人的观念在很大程度上以孔子的精神动力思想为基础,在价值观方面推崇坚持不懈、身份地位、节俭和保面子。"[1]

信奉以实力为基础的功利主义。个性自由与独立,必须建立在实力的基础上,美国人非常崇尚实力主义,大胆追求基于个人实力基础上的功利主义。为了实现个人的功利,美国人具有极强的学习欲望,美国的各级各类教育也适应人们的这种价值需求,高度重视培养个性与实力。美国造就了无数世界大师级精英,绝大多数诺贝尔奖花落美国;许多原创性的自然科学、社会科学理论源于美国;在管理领域和管理学术界,既有世界级的大企业,也有世界级的管理学大师。在我国的书店里管理学书籍琳琅满目,拿起来一看,多数是"made in America"。我们现在研究的日本企业文化相关著作,大多也出自美国人之手。由于注重个人实力培养和拥有实力,自然对自己有坚定的信心,所以,美国人喜欢自己设置目标,并敢于为实现目标承担全部责任。如果成功,希望得到认可;倘若失败,则愿意接受处罚。而且,成功了还会继续向更新更高的目标攀登,失败了决不气馁,总结经验教训从头再来。美国公司正是适应个人追求功利主义的心理和行为,把鼓励冒险、宽容失败、激励成功作为美国公司重要的价值观之一,也是美国企业创新的成功之道。美国公司的员工认为,公司不仅是个人谋生之所,更是展示个人能力和实现人生事业目标的舞台。要充分利用这个舞台的空间和道具,上演一场属于个人的生动的话剧。因此,美国人不仅对失败者有宽容态度,甚至还把失败作为人生经历的资源来对待。我曾看到过一个美国公司在录用高层经营者时的很有趣的对话。聘用方问应聘者以前失败过吗,失败了几次。如果应聘者说没有失败过,那聘用方就不敢聘用他,因为这个人尚未经历过失败的考验,难胜大任。

与美国相反,在日本文化中是不容忍失败的,武士在战场上一旦失败就必须切腹自杀,免于被敌方侮辱。尽管最近一些年,日本也开始认识到企业创新必将会遇到挫折甚至失败,因此创生了"失败学",但这绝非证

---

[1] 〔德〕奥托·卡尔特霍夫、〔日〕野中郁次郎、〔西〕佩德罗·雷诺:《光与影——企业创新》,第96—97页。

明日本已经能够容忍失败了，而是强调要通过失败，吸取教训，即所谓的"失败是成功之母"。

人人平等与公平竞争。平等是美国的特殊历史产物。美国是新开辟的国家，在独立之初就把"天赋人权"和"人人平等"载入宪法。一般来说，美国人等级观念较为淡薄，在早期，阶级界限不太明显，多数人为中下层阶级。大家站在同一起跑线上，靠本事吃饭。具体讲：在生活上，人人有生存权利；在政治上，人人有选举权；在教育上，人人有受教育权；在宗教方面，人人有信仰宗教自由的权利；等等。人人平等的另一方面的体现，就是个人选择权，主要指：选择职业的权利和选择居住的权利；做什么和不做什么以及怎么做；在政治上的投票和选举权，每个选民都有自由选择的权利，选"驴"还是选"象"，全由人的自由意志来决定。这种文化在企业里，首先表现为尊重个人权利，对员工的充分信任。美国的很多著名公司，都会在工作环境与社会环境之间创造一种平衡，尊重员工的个性、尊严和价值观。例如，美国硅谷的坦德公司，没有正规的组织机构，也没有明文的规章制度，工作责任和时间也是灵活机动的。其信条是：任何人都在同一层次上对话，没有人会感到高人一等。丹纳公司的总裁麦克佛森认为，企业要想增加产量，提高质量，要靠每一个员工的努力，因此，要相信每一个人，给他们创造"按照自己的想法去工作"的条件。企业为每一个员工创造公平竞争的环境，搭建充分展示个人才华的舞台，让员工在公平竞争中胜出，在成就个人的理想和事业的同时实现企业的目标。这正是美国企业文化的活力与竞争力之所在。

崇尚英雄主义的企业家精神。个性自由并非一定导致英雄主义，但其与功利主义相结合则催生了美国人的崇尚英雄主义精神。英雄人物是人生成功的标志和象征，也是社会评价一个人价值的尺度。美国出版了大量的励志学和成功人物传记，尤其是企业家的传记更是汗牛充栋。向世人彰显英雄形象，激发人们学习英雄，并通过艰苦拼搏使自己成为英雄。美国开国元勋华盛顿，至今仍在激励着追求梦想的美国人。亨利·福特和福特公司以及黑色T型车，托马斯·爱迪生和美国电话电报公司，杰克·韦尔奇和GE公司，老沃顿和遍及世界各国的沃尔玛连锁店，比尔·盖茨与微软帝国，乔布斯与苹果公司，等等，激励了一代又一代的美国人，去追求成功、圆英雄梦。这一点充分表现出美国文化中崇尚英雄、推崇强人的文化。

所以，美国的企业家文化，特别凸显英雄主义文化。美国人通过牛仔精神，以跨国公司为载体，将其企业家精神播撒到全世界。

正是这种崇尚英雄主义文化，在美国社会培育了企业家的创业和创新精神。在对在校大学生的问卷调查中，美国大学生回答毕业后准备自己创办企业的概率非常高。反观日本则更愿意在政府部门或大企业就职。由此不难想象，美国拥有雄厚的企业家后备军。

对此，《光与影——企业创新》一书写道：美国人具有一种根深蒂固的观念，认为美国是一片充满生机和光明前景的土地。

> 注重未来也就自然会产生对绩效的重视。与社会阶层和精英分子这一传统不同的是，美国人更强调个人成就。这与从根本上重视实用主义是相关联的，而且这又是与欧洲的理性主义和抽象思维的传统相对立；美国人对思想意识和纯理论不屑一顾，更注重实际的工作成效。
>
> 事实上，这种实用主义一直是美国的优势之一，对于美国取得世界强国的地位所起的作用不容忽视。美国一向以富有天才企业家著称。"足智多谋的北方佬""技术""无所不能的精神"，这些陈词滥调至少从18世纪中期就开始被用来描述美国企业家和商人。①

崇尚英雄主义文化，也就是汉迪所说的宙斯型企业文化。这种企业家就是那种容易冲动、敢于冒险、富有领袖魅力的宙斯型人物。一个创新型企业必然拥有这样的企业家。一个要成为百年老店、基业长青的企业，也必须有适应本企业目标的英雄人物，作为引领企业员工的楷模，服务于实现企业的目标。企业的英雄人物，无论是天生的还是后天造就的，都有其价值。美国人写了一部《制造名人》的书，如果需要就必须创造一位英雄。英雄人物的作用对于企业的发展具有极大的导向、激励、辐射和示范功

---

① 〔德〕奥托·卡尔特霍夫、〔日〕野中郁次郎、〔西〕佩德罗·雷诺：《光与影——企业创新》，第93页。

能。美国学者将其归纳为使成功成为人人可望和可及的目标，提供样板与楷模，作为公司的象征，维持公司的优势与特色，设定工作标准，激励员工，等等。

标新立异、敢于挑战权威。美国人个性自由，凡事不因循守旧，喜欢标新立异。他们对于常识和成规绝不盲从，而是大胆质疑，对于权威不是迷信而是挑战，养成了凡事爱问几个为什么的习惯。美国人都非常熟悉"五W一H"，即：What、Why、When、Where、Who和How，这已成了美国人的思维方式。标新立异和挑战权威，既需要有信心和勇气，又需要有知识、能力和洞察力；而且，不能指望任何人的帮助，要完全凭借自己的努力；还需要有坚强的意志和独立自主的精神等。标新立异和挑战权威，绝不是堂吉诃德大战风车。标新立异和挑战权威就是提倡敢想、敢说、敢做的精神和善于思考、勇于实践的胆识和魄力。这就是美国人的科学精神和求真务实作风，也是美国企业精神和作风。通过基于个性自由的独特微观视角，对美国企业文化的分析，我认为个性自由与勇于探索未知世界，信奉以实力为基础的功利主义，人人平等与公平竞争，崇尚英雄主义的企业家精神，标新立异、敢于挑战权威等特点，从总体上反映出美国企业文化的创新精神。美国的不同企业和在同一企业的不同发展阶段，其企业文化也不同，即使在一个企业内部，因部门职能属性差异甚大，每个职能部门都有各自的子文化。因此，各个企业的企业文化，可用诸神流窜或诸神融合、共舞进行比喻。

与美国相反，整个日本列岛基本上是一种单一民族的文化，由于使用日语这一单一语言，无疑有着诸多的便利性。在思维方式上也有更多的相同或相似之处，这使彼此之间文化交流、沟通更加方便，减少了许多文化障碍和摩擦。因此，日本人之间，尤其是在同一职业或行业内部，有时甚至无须用语言符号来交流，只要通过身体语言，甚至一个细微的动作、一个眼神、一个手势，都可以达到交流的目的。另外，由于日本长期受到中国古代文化熏陶，儒、释、道等宗教影响在日本人思想中根深蒂固。这一点是美国人所无法轻易理解和接受的，甚至可以说同美国的基督教文化格格不入。日本人认为"石头、剪子、布"的文化才是最重要的。在各种博弈中，没有绝对的赢家，也没有绝对的输家，一切都处于相互均衡和制约才是最好的结果。日本不强调个人过于突出，哪怕是非常出类拔萃的优秀人才，过分张扬就会被认为是害群之马。日本非常强调集团主义，表现在进行自我介绍时，并不说自己的姓氏，而是介绍说"我是某某公司的"。日本企业也不强调所学所用、专业对口，因此，公司职员在就业时，不是说"就职"，而说"就社"。

野中郁次郎指出："在日本的公司里，每个人的工作范围和任务大都错综复杂、模糊不清，以至于大家很多时候不知道自己该干什么以及如何去做……它是一种比较模糊的模式，虽然也规定了各自的职位和任务，但是每个人都必须关注更广的范围，努力发挥'察觉力'，在打球的时候与大家保持联系。这种偶尔超出自己的任务范围，踏入他人的领域随机应变的做法可以说就是日本式的模式。"[1]

美国麦金塞公司总经理罗纳·丹尼尔说："美国管理界的弱点造成了国际竞争能力的低落，但是这弱点并不完全是因为我们过分依赖分析和技巧，主要是因为我们未能把技巧应用到一个更广大、更完整、更有条理的观念上，那就是如何促使组织达成卓越的表现，长久生存。作者提出了此一观念，他们称之为七S模式。"[2] 艾索思和巴斯克在对日美两国企业在经营管理中如何使用这七个S时讲道："我们会发现，一般而言，我们和日本人在所有的'硬性'因素方面——策略、结构、制度——非常相似。主要的差别在于'软性'的因素——技巧、作风、人员与最高目标。他们的文化在'比较软性'的因素上占优势。"[3] 而经营效益好的美国公司也具备这一特点。那些经营差的公司，则只运用了"硬性"的工具，完全忽视或根本不懂"软性"工具的重要性。这正是日美两国企业文化的重大差异所在。

青木昌彦从制度分析角度，论析了关于日美两国企业文化差异对企业管理模式的深刻影响。"看一看日本历史上著名的组织惯例和创新，我们将立即发现它们与美国路径有极大的不同。这方面的例子有：20世纪初比较先进的工厂为了限制熟练工人频繁辞职而设计的年功序列和奖金制度；二

---

[1] 〔日〕野中郁次郎、德冈晃一郎：《日产，这样赢得世界》，第20页。
[2] 〔美〕安东尼·艾索思、理查·巴斯克：《日本的管理艺术》，黄明坚译，广西民族出版社，1984，第6—7页。
[3] 同上书，第199页。

战期间由于工具和原材料的匮乏在车间发展起来的对集体解决问题的依赖；在美国发源由工程师主导的质量控制制度在日本转化成车间水平上的工作团队实践；部分出于模仿美国20世纪50年代超市流行的库存积压（inventory restocking）方法而逐渐演化出来的'看板'制度。"①

如上所述，日美企业管理差异的根本点不在于管理方法和手段，而在于企业文化因素。美国的企业文化过于理性，过于强调技术、设备、方法、规章组织结构和财务分析等硬性因素；而日本企业的经营管理模式带有鲜明的非理性主义色彩，比较注重目标、信念、文化、价值观、人际关系等软性因素。当然，由于战后日本对美国一边倒的倾向，美国强势的理性文化对日本的影响随处可见。同样，美国在20世纪80年代也曾不遗余力地研究和借鉴日本的管理文化，充分利用日本企业文化精髓，增强了美国企业的"体质"和竞争力。在这个过程中，日美两国企业文化互相取长补短，呈现彼此融合状态。尤其是日本泡沫经济破灭后，在许多方面都积极汲取美国企业的长处，修正和改革不适于新形势的企业文化战略。

虽然日美两国企业文化有诸多差异，但也有许多相同之处。就以团队文化而言，似乎是日本企业文化所特有的、区别于美国的企业文化。然而，这也并非绝对的。美国和日本公司都普遍采用团队这种方式。例如，团队方式是微软公司文化的关键要素，正如公司一位经理所说，微软的文化是：他要组织一小群人克服一切困难搞出这种了不起的产品。随着公司产品趋于复杂，而且逐渐要求兼容性，产品开发就需要多个小组同时协作。创新最需要的质量因素在于整体系统而非个别设计的完善，这就使得单个小组内部成员之间以及各个小组之间的密切合作成为必要。

日本公司中，知识创新一般源于个人努力。带有很强主观性的观点、直觉和预感是知识创造和创新的根基。致力于知识创造的公司需要拥有具有各种各样才能的人才以达到丰富观点和直觉能力的目的。这种多样性使必要品种增加，成为组织的必要条件之一。其结果是产生"知识群"，即带有这种必要品种特点、能为项目提供多种技能和

---

① 〔日〕青木昌彦：《比较制度分析》，第153页。

大量知识的小组。[①]

第二节　日本企业文化与中国企业文化的比较

　　日本企业文化作为企业经营管理实践的理论升华，其根在日本；但从文化源头来说，则深受中国古代文化的影响。因此，研究中日企业文化的差异就有着非常大的价值。我们既要充分顾及彼此文化之间的相同或相似之处，但也绝不能忽视中日文化毕竟是完全不同的两种文化。至于某些人所谓的中日同文同种之说，从语言学角度是不科学的，从人种学方面也没有充足的证据。虽然日本文字曾受到中国汉字的深刻影响，但日语完全不同于中国的汉语。尽管有许多日本汉字同中国汉字写法和意思相同，发音相似，但许多日本汉字仅同中国汉字形似而意异，尤其是日本的语法体系同中国更是迥异。更何况中国的儒释道传到日本，经日本人加工改造后，有些已同其原来的意义大相径庭。这一点在研究两国企业文化时尤其需要格外注意，否则就会给企业造成重大损失。

　　中日两国虽是"一衣带水"的邻邦，但由于国土面积和人口资源、历史文化禀赋诸多不同，其相异之处甚多。首先，由于中国历史悠久、人口众多、地大物博，所以，凡事都以大为好，拥有大国的豪迈之气，但也蕴含着某些消极面，如容易"好大喜功"，等等，这恰恰是与日本重视细节的岛国文化的根本不同。

　　日本因国土面积狭小，又是悬于东北亚的西太平洋沿岸的岛国，在科技尚不发达的漫长历史时期，无法突破四周海洋的疆域限制，只能在本土范围内追求小而精当的文化。韩国著名学者李御宁深刻揭示了日本人追求"缩小"文化的特点。"小而精"不仅代表了日本的各种艺术、工艺的特点，也充分体现在日本家庭的园艺设计、装饰的风格上，而且充分体现在日本企业管理和培育的众多产品文化中。这中间培养了日本人的细致认真精神和对所从事的工作精益求精的严谨作风，从日本民艺美术家柳宗悦所撰述

[①] 〔德〕奥托·卡尔特霍夫、〔日〕野中郁次郎、〔西〕佩德罗·雷诺：《光与影——企业创新》，第76页。

的民艺学中精彩纷呈、匠心独具的手工艺品，众多中小微企业的独门绝活，各行各业数不胜数的卓越的工匠人才可见一斑。另外，因为经常遭遇地震、海啸、火山喷发等自然灾害，日本民族养成了"危机意识"和巨大的张力，不仅敬畏自然界，甚至还认为山川草木皆有佛性，而且，在与外国接触交往中，都以危机感、紧迫感逼迫自己勤奋努力，不敢有丝毫的懈怠。这培养了日本民族的进取精神和随机应变的实用主义哲学以及尊重劳动、讲求"认真"的美学。

改革开放以来，中国涌现了一大批现代化民营企业，它们的企业文化的建设成果成为中国当代企业的典型代表。其中，海尔集团的企业文化成为20世纪末21世纪初中国社会主义市场经济建设的时代标兵。海尔是一个练真功夫，并能持之以恒的优秀企业。海尔集团指出："我们认为，对海尔文化的形成作用最大的莫过于中国的传统文化。如老子的《道德经》有助于企业树立经营发展的大局观；《论语》有助于提高和完善经营者的人格修养；《孙子兵法》有助于企业丰富市场竞争谋略。"[①]

海尔企业文化渗透到企业治理和日常工作的方方面面，是一个完整的体系，很难用一句话把它概括出来，但其核心就是"创新"二字。"海尔认为，企业文化有三个层面，最外层是物质文化，是有形的东西，中间层是制度行为文化，核心层是价值观文化。海尔价值观的核心就是创新。"[②] 海尔以观念创新为先导，战略创新为方向，组织创新为保障，技术创新为手段，市场创新为目标。"改革开放为海尔带来的最本质、最核心、最打动人的东西是什么？海尔认为就是四个字：观念革命。"[③] 为创出中国的世界品牌，海尔发扬无私奉献、产业报国、追求卓越、创造资源、美誉全球的精神。海尔作风是：迅速反应，马上行动；人单合一，迅速决策。许多研究海尔企业经营管理和海尔企业文化的人，从不同侧面、不同角度提炼出了海尔文化的观念，对了解海尔企业文化很有助益。

海尔人提出了"三零"服务目标："产品零缺陷，使用零抱怨，服务

---

① 海尔集团:《创新是海尔文化的灵魂——对吸收中国传统文化和世界现代文明优秀成果的实践》,《古代管理思想研究》2005年第1期，第9页。
② 同上书，第9—10页。
③ 同上书，第9页。

零烦恼"。海尔产品出售后,贯彻执行"一、二、三、四"服务模式,即一个结果:顾客满意;两个理念:带走用户的烦恼——烦恼到零,留下海尔的真诚——真诚到永远;三个控制:服务投诉率小于十万分之一,服务遗漏率小于十万分之一,服务不满意率小于十万分之一;四个不漏:一个不漏地记录用户反映的问题,一个不漏地处理用户反映的问题,一个不漏地将处理结果反映到设计生产部门,一个不漏地进行跟踪服务和信息收集。①

在海尔企业文化的熏陶下,海尔演绎了无数鲜活感人的故事。这些故事与海尔名牌产品、优质服务一起,将海尔企业文化的抽象条文传播到了中国大江南北、长城内外的家家户户,带动了中国企业文化建设,激起了无数年轻人的创业创新梦。

张瑞敏作为第一位登上哈佛讲坛的中国企业家,1998年在产生管理思想和理论、为世界培养企业家殿堂的哈佛向世界传播海尔企业文化。这不仅是海尔的,也是中国企业的骄傲。

非常可喜的是,张瑞敏没有停下他前进的脚步,海尔企业文化建设与时俱进,不断地向国外卓越企业学习。

2010年11月1日上午,张瑞敏带领公司高层领导同稻盛和夫进行了亲切、深入交谈。张瑞敏感慨地对稻盛和夫说:

"稻盛先生的经营哲学里有两条对我们非常重要。一条是'敬天爱人',另外一条就是稻盛先生创造的阿米巴经营组织。"②

稻盛和夫通过参观海尔公司以及同张瑞敏深入交谈后高度评价道:

> 从刚才参观的内容中,从海尔为客户开发的产品中,我就深切地感觉到"敬天爱人"的思想也贯穿于海尔的经营中,这就是关注客户的需求,不做错误的事,按照上天指示的方向去发展企业。海尔极其认真、极其细致地应对客户的需求。根据国家、民族、地区的不同,设计制造出针对性很强的、精准的产品,在这些方面就体现了"敬天

---

① 李剑锋编著《组织行为管理》(第二版),第363页。
② 〔日〕稻盛和夫:《经营十二条》,第118页。

爱人"的思想。①

稻盛先生认为，像海尔这样多产品、多品种、多客户的企业，阿米巴经营方式很适用、很有效。

进入21世纪以来，随着国际经济形势的激烈变动，中国的经济改革不断深化，日本则深陷泡沫经济破灭后的长期衰退，中日两国的企业和企业文化都发生了重大的变化。中日两国都面临着重新进行企业文化调整和创新的课题，因此，中日两国企业界更有必要深入开展企业文化研究。

第三节　日本国内地域间企业文化比较

日本东洋大学经营力促成研究中心以"通过日本式管理、市场营销、科学技术，创造新竞争力"为课题开展了研究。"研究对象选择在对日本经济作出卓越贡献的产业及企业辈出的地区。其一是滨松地区，该地区孕育出代表日本企业的很多世界级企业，如丰田、本田、雅马哈、河合、滨松等；其二是京都地区，该地区涌现出很多优秀的创新型企业，这些企业积极进行产学联合，以优越的传统技术为基础开拓了世界市场；其三是滋贺县的近江地区，该地区是培育出众多世界级最优秀商社、百货店和纺织企业的近江和江州商人的发祥地。"② 此外也还有各种分类方式。至于这些分类方式究竟是否完全科学，能否充分代表日本各地企业文化的突出特点，则见仁见智。但在说明日本各地域间的企业文化存在差异这点上，还是有说服力的。

关于日本地域间企业文化的比较，在韩国学者洪夏祥所著《日本五大商帮》中有极为详尽的分析。这五大商帮分别是大阪商帮、京都商帮、近江商帮、名古屋商帮和东京银座商帮，此外还应加上东京"大田模式"。

不同的地域文化，培育出不一样的人、不同的企业。就以丰田汽车为例，"如今的丰田汽车公司产、销活动的大本营，就是德川的发祥地——

---

① 〔日〕稻盛和夫:《经营十二条》，第118—119页。
② 〔日〕幸田浩文:《日本人力资源管理理论与实践》，第244页。

三河。这个地方的民风重情义而轻利害。有名的日本作家司马辽太郎这样形容:就是狗的话,三河的狗,也表现得比别地方的狗更为忠诚。丰田汽车一向以浓厚的地方色彩闻名,靠众多卫星工厂的拥护,集结而成的汽车城,俨然有汽车王国的风范。有名的'看板式管理',论其精髓,也就是众多卫星工厂忠心耿耿地配合中心工厂,使丰田总厂得以保持原材料之组件'无存货'的地步"。①

如果说企业经营离不开地方文化的色彩,这就是一个很好的事例。

我国学者林晓光指出:"日本国土面积并非辽阔,但'关东人'和'关西人'的性格喜好却有着显著的差异:关东人前卫,关西人传统;关东人开放,关西人保守;关东人爱吃咸,关西人爱吃甜;关东人试一条裤子便买一条,关西人买一条裤子至少要试几条;关东人买东西不杀价,关西人不杀价不买东西;关东的地铁提醒上车注意车门,关西的地铁提醒注意手指;关东人乘自动扶梯靠左边站,关西人乘扶梯靠右边站;或许更是一种巧合,关东的东京大学成为左翼学者的大本营,关西的京都大学却是右翼学者的根据地。"②

诚如上面所述,由于地域不同,尽管同为大和民族的日本人,其心理和行为方式也不尽相同。对此,日本史学家樋口清之根据日本各地所处地理位置,在历史上政治经济文化沿革,将日本人分为12种类型。这对我们考察日本各地域企业文化的特点,具有一定的参考价值。下面就将樋口的观点简略归纳如下。

"西北九州型",包括福冈县一部分和长崎、佐贺以及熊本等地方。该地区的人多具有海洋型性格,他们具有向海外发展的进取和开放精神。

东九州型",位于宫崎县北部至整个大分县境域。他们受朝鲜半岛影响较深,属于封闭型性格。

"南海型",是以鹿儿岛为中心的南九州、高知县、南和歌山直至千叶县南部附近地区,日本著名民俗学家柳田国男在《海上之道》中认为,东南亚的文化是乘着黑潮漂移到这块土地上的,南海型人具有强健的心脏,

---

① 廖庆洲:《经典与经营》,台北市经济日报社,1984,第306页。
② 林晓光、葛慧芬:《日本的东西地缘对立意识及城市文化形象刍议》,《日本学刊》2008年3期,第115页。

质朴而略显粗暴,封闭而稍欠社交。

"内海型",属于濑户内海沿岸复杂地域,古代外来文化经北九州、濑户内海而达大阪、京都,所以,这里是文化的动脉,也是繁华的通商要道,一般认为,内海型人具有商业性气质和躁郁质,现在日本从事分期付款销售业人士,多出于"内海",而大阪能成为日本最大的交易场所,是与受此影响分不开的。

"山阴型",位于山口县北部,经岛根、鸟取,直到兵库、京都北部和若狭湾一带,该地区文化偏向保守、闭塞,山阴型人具有利己、趋炎附势,易卷入权力争斗,尤其是岛根、鸟取历来是商店老板、店员的补给地,为大阪商家所欣赏。

"畿内型",包括大阪、奈良、京都和滋贺一带,在历史上是日本文化和政治经济中心,畿内型人最精炼,具备各种素质,代表了日本人一般性性格和体质。

"东海型",位于从三重县上东海道之东京以西附近地区,由于其被夹在"内海型"和"中部山岳型"之间,具有二者兼备性,东海型人有些躁郁质而又性格开朗、努力进取。

"中部山岳型",地处福岛县以西、新潟、山梨、岐阜的山地和整个长野县,地理位置影响了该地域人的性格,闭塞而爱究理,不屈于逆境而勇于追求进步。

"关东型",包括千叶县北部到关八州绝大部分地区,具有反抗性精神又喜欢赌博,语言、性格粗犷,强调自我解放、缺少家庭观念,鲜有成就大事业者。

此外,还有"东北偏西型"和"东北偏东型",以及"北海道型"等。前者位于仙台平原一带。是近畿地区来的移民及"黑虾夷"人聚集地。这里的人朴实但性格闭塞,属于非常努力型。而"北海道型"则系明治维新后新开垦之地。[①]

上述樋口划分的类型,对于研究各地区企业文化具有一定的参考价值。

---

① 〔日〕樋口清之:《日本人与日本传统文化》,第18—23页。

若从大的地域差异来说，日本素有"西高东低"或"东高西低"的说法，这是历史上形成的。

在战后日本经济崛起之初，新兴行业共有32种，而其中的90%发源于关西，这充分说明了关西人走在时代之前的精神。但何以出现关西经济"地表"下沉而衰落的情况呢？这恐怕与日本政府主导型经济政策不无关系。日本"政官财"铁三角，政府主导产业政策，极大地有利于东京地方的企业发展。相反，关西地方的企业很难得到政府的关照、扶植，任凭其自由发展或自生自灭。于是，就彻底地扭转了长期形成的有利于关西地区的"西高东低"的区域优势，呈现了现在的"东高西低"、东京一极独大的状况。

下面对几个有代表性的地域企业文化加以论析。

一、大阪商人的企业文化

大阪商人在企业经营中强调：信誉第一，利益第二。

大阪历史悠久，是最早同中国和朝鲜半岛进行来往之地，是日本对外的门户，古称"难波"。大阪与中国隋唐两代来往甚密，受当时世界上最先进的中国古代思想和文化影响深远。在日本战国时代，堺市是日本经济最发达的地区。大阪充分利用有利的地理位置，在江户时代有"天下厨房"之誉，成为日本经济的中枢城市。大阪培育了不同于"武士文化"的独特的文化和民间风俗，被称为"上方文化"的大阪町人文化。

洪夏祥分析道："大阪商人会通过节俭和控制支出来积累财富。而且，大阪商人出资开设的怀德堂，作为日本史上第一所针对商人的学院，以格物致知的姿态构筑了自己的商道理念，并培育出了许多商界人才，为日本社会的发展作出了卓越的贡献。大阪商人拥有商人气质、坚定、幽默，计算速度比闪电还快。"[①]

大阪是商人的都市、经济的都市，也是市民的都市，所以，大阪产生了平民哲学和文化。被誉为商人哲学家，也是著名的小说家、俳人井原西鹤在《日本永代藏》中列举了商人们兴家立业的故事，分享其成功经验，

---

① 〔韩〕洪夏祥：《日本五大商帮》，千太阳译，中信出版社，2011，见该书版权页前插图二。

勉励商人的经营。他以商人"八忌"告诫商家忌奢侈、荒淫、锦衣玉食、赌博等一切不利于创利的行为。大阪商人将其作为规范的从商知识和经商之道加以学习践行。另外，作为町人文化，大阪商人非常重视道德修养。"怀德堂"学塾完全是由大阪商人出资任教创办的商学院。内藤湖南写道："怀德堂的始祖三宅石庵在大阪当教授是草创期，在他以前并非没有学者，可是真正从商人的要求出发而兴起的汉学却以他为嚆矢。石庵的学问被称为鵺（yè）学问，他的学问既不是朱子派，又不是王阳明派，什么派也不是，而是朱、王杂糅的一种东西。商人们要求不管朱子派或者王阳明派，只要是道德的修养，哪个派都可以，因此像石庵那样的学问也受到他们的欢迎。创办怀德堂的五君子都是大阪的商人，他们这些商人所要求的既然都是道德修养，主科就是经学，诗文方面不作任何要求。"[①]

在经济上，大阪百年老店林立，历史最悠久的当属金刚组。这一从事寺庙建筑与维修的企业，至今已有1400年之久的历史，被誉为最长寿的企业。日本明治维新之后，曾被誉为"东有涩泽荣一，西有五代友厚"的两大经济界双璧之一的五代友厚，是开创大阪近代经济界的志士。

童门冬二写道："五代友厚享有盛名，他的业绩，诸如：设立大阪商工会议所，创设大阪市立大学，开发大阪港，设立大阪的铸币局，整顿好大阪周围的交通网络，指导建立旨在使大阪充满朝气的诸多公司……可以说不胜枚举。"[②] 现在，日本许多著名的大企业，如住友集团、松下电器公司、朝日啤酒、三得利、日清食品、大丸百货和野村证券都是大阪的企业。其中，被誉为日本"经营之神"的松下电器公司创始人松下幸之助，其创立的松下电器公司的产品，长期享誉世界。每当电器传来悦耳的"Panasonic"和"National"的松下广告语时，送入世人耳郭、叩击人们耳膜的不仅是松下的产品形象，更是日本的企业文化。

在战后日本经济高速增长时期，以大阪为中心的京阪神工业地带，是与以东京为中心的京滨工业地带相对应的重要经济重镇。由于日本政府实施将政治经济文化集中于东京一地，使历来以经济为傲的大阪人产生了强

[①] 〔日〕内藤湖南：《日本文化史研究》，储元熹等译，商务印书馆，1997，第211页。
[②] 〔日〕童门冬二：《经营之奥秘——日本历史名人启示录》，吴树文译，生活·读书·新知三联书店，1997，第111页。

烈的危机感。提出"没有文化,就没有产业"的口号。早在20世纪70年代初开始,大阪文化振兴研究会组织文化人召开了"探讨大阪文化"会议,随后又由大阪商工会议所召开了"城市复兴"科学讨论会,强调"为了使大阪成为大城市,必须建造引起全国和全世界人们瞩目的设施"。① 大阪人曾引以为豪的是,大阪曾是过去日本的纽约,是经济中心。一般认为大阪人是经济上的实用主义,重内容轻形式,重实际轻理论,以追求合理的利润著称,其饮食文化发达,素有"吃在大阪"之说,亦有"讲究穿戴"的大阪之说。

原关西经济同友会代表干事、大金工业公司总经理山田稔则强调说:"我们的营业中心在东京,也可以说是在东京进行胜负决战。但是我对大阪怀有一种责任感。与东京相比,大阪有许多地方优于东京。因此我考虑问题能从东京和大阪两个城市出发,而且在学者文化人和财界人士之间可以亲昵相处……我希望无论如何应该设法推动大阪的文艺复兴。"②

其实,大阪,尤其是整个关西地区的经济实力,在日本毋庸赘言,即使在世界上也名列前茅。"实际上,从商圈的规模来看,'关西圈'位居世界第四位。从GDP总量看,关西也仅排在伦敦、纽约与东京之后,位列第四……而且,大阪梅田还是世界上屈指可数的大型商业聚集地。除此之外,关西在百货商店高档品方面的购买力也很强,富裕阶层的实力也很深厚。尽管之前曾有传言称该地区的地表在下沉,但关西圈的潜力依然十分巨大。"③

大阪大学校长鹫田清一有其独到见解。"追溯大阪的历史发现,大阪是个市民和商人共同创造的城市。"④ 实际负责城市运营的是市民代表,具体来说就是9个富商以及一些年长者。大阪的许多桥都是由商人捐建,很大一部分运河也是由商人捐资开发,故很多桥都是人名或商铺名;大阪公会堂等市民集会的场所、中之岛的府立图书馆、大阪外国语专业学校等,都

---

① 〔日〕名和太郎:《经济与文化》,第44页。
② 同上书,第47页。
③ 〔日〕大前研一:《死·生——日本的迷惘与绝望》,王柏静译,中信出版社,2013,第177页。
④ 〔日〕稻盛和夫主编《如何确定21世纪新伦理观稻盛和夫的关怀(伦理篇)》,李天宇、陈涛译,海南出版社,2012,第84页。

是由商业人士个人出资所建。就连战后大阪城的重建，也是100%由民间募捐。国立大学的大阪大学，其前身是上述所提到的怀德堂，当时是民间商人出资，即便后来成为国立大学，其准备金大部分也是由大阪府和民间捐资，可谓日本国立大学的另类。直到1970年世博会前，赞助教育文艺等各项重要事业仍为大阪企业家所津津乐道，他们有着大阪城市主人的共商共建共享的自觉。鹫田清一说："我想强调的是，刚才说到的财富的话题。大阪的市民和商人，想用自己的力量来建造公共财产，例如建造自己地区的桥和运河、公会堂、图书馆，以及大阪城这一标志性建筑。他们曾经有着这样的理念。他们想做有责任感的市民，也以此为豪。"①

大阪市民把自己定位为主人而不是顾客或消费者，靠自己的力量来撑起大阪的"地表"。如果说大阪是商人城市，是诸多大企业聚集地，那么，大阪的文化就是商人文化，它淋漓尽致地体现了大阪企业高度的社会责任感，这正是大阪商界立命之本，大阪的长期兴盛的根基所在。

二、京都商人的企业文化

京都作为日本文化之都，在日本已是共识，就是在世界上其影响亦有目共睹。特别值得一提的是，近些年来，京都企业界受到了高度重视。其原因，一方面是京都百年老铺企业众多，冠日本乃至世界各国之首；另一方面是一批高科技企业的迅猛崛起引起了世人的极大关注。在论及日本企业版图时，洪夏祥把京都列为日本五大商帮之一；中国学者窦少杰和日本学者河口充勇在论述日本三大商人文化圈时均以为京都亦位列其中。美国学者迈克尔·波特则从战略角度提出了京都现象、京都模式。

京都百年以上的老企业居日本乃至世界之首，这在当今世界企业界是极为令人瞩目的现象。那么，为什么京都拥有如此多的百年老店呢？对此，日本帝国数据库分析了个中原因，认为是"京都不仅是个具有悠久历史的古都，还因为有着巨大的文化价值，所以在二战的空袭中基本上没有受到什么伤害，再加上这里有寺院宗教力量的支持，以及对于传统工艺进行守护和培养的土壤。这些都是京都之所以会存在这么多百年老铺企业的

---

① 〔日〕稻盛和夫主编《如何确定21世纪新伦理观稻盛和夫的关怀（伦理篇）》，第85页。

原因"。①

洪夏祥阐明其原因如下:"京都,在漫长的1200年里一直是日本的首都。由于京都人一直生活在都城,因此他们具有特别的自尊心,所以在经历了几代人之后,这片人杰地灵的沃土上孕育出了京都商人独有的信用文化。而正是这1000多年历史的信用文化,使京都这座美丽富饶的古都,给了众多世界级企业诞生、发展的环境和条件。"②

京都历史悠久,在世代交替过程中,就像一只不死鸟,不断浴火重生。其文化也由原来的"武士文化"演变成"庶民文化"。德川幕府时代,京都成为日本"三都"之一。在当时,京都比欧洲的最大都市威尼斯、巴黎都大。京都致力于发展文化、艺术、学术,成为文化古都。京都还是一个宗教和寺庙文化极发达的城市,寺庙林立成为一大景观。京都更是学术之都,不仅古代学术璀璨辉煌,著名学术大师不胜枚举,等等,令人目不暇接,而且近现代以来,京都名家也是层出不穷。如著名"京都学派",尤其是作为学术最高荣誉诺贝尔奖得主汤川秀树、江崎玲於奈、田中耕一、山中伸弥等许多著名学者都出身于京都,或在京都学习或工作过。因此,京都是一个人杰地灵之地。

京都经济亦独具特色。传统手工业十分发达。京都乃日本诸技艺、制造、贸易的主要场所,其精炼铜器、铸造货币、印刷书籍和色彩华丽的织品制作精良、精巧细腻,天下罕见。此外,京都还出产乐器、图画、染细工的箱包、黄金等,特别是用品质优良的铜铁制作的盔甲武器,还有精美的刀剑和其他武器也是享誉全球的代表性产品。

被称为"千年商都"的京都,至今仍然绽放着传统手艺人的精湛创意及商人的经营哲学。"京都的信息技术、材料、精密电子仪器在当地根深位重。一个原因是因为该地区在制陶业、微雕艺术和设计方面有着1200年的历史。而且京都也是世界著名的花园、城堡、庙宇、神社聚集地。茶道、插花、舞伎以及其他一些艺术都源于京都。京都是日本shenbigan水平最高的地方,shenbigan从字面上可译为'审美'。著名的艺术公司,如制陶业

---

① 〔中〕窦少杰、〔日〕河口充勇:《百年传承的秘密——日本京都百年企业的家业传承》,浙江大学出版社,2014,第1页。

② 〔韩〕洪夏祥:《日本五大商帮》,见版权页前插图四。

的京烧和清水烧,以及生产纺织品的京友禅和西阵织公司都设在这里。数百家和服厂商和木版印刷商也设在这里。传统的手工业为琐细的软件设计、芯片设计、装配以及游戏设计提供了很好的学徒机会。"①

现代京都涌现了一大批独具特色的大企业,其中最著名的有以京瓷哲学和阿米巴经营著称的京瓷、电子游戏行业的泰斗任天堂、别人无法模仿的村田制作所、培育出诺贝尔奖获得者的岛津制作所、半导体技术的巅峰罗姆、世界第一电容器制造商尼吉康、世界最强的分析仪器设备制造商堀场制作所、半导体皇帝日本三垦、尖端技术的代名词欧姆龙,等等,不胜枚举。这些京都大企业,在日本经济"失去的二十年"期间,业绩表现得尤为突出。美国学者迈克尔·波特针对这些京都企业都与日本中央政府的扶持无关的现象写道:"京都的例子展示了进行区域专业化、经济自由化以及鼓励产业群发展时所带来的生命力。"②

虽然京都企业得不到日本通产省大型合作R&D的重视,也与位于东京的大企业集团无缘,京都地区宗教组织、学者、艺术家、政府官员和企业家之间并没有形成上下级关系,但是京都企业仅靠自身的努力打开了同外国直接交往的途径,有效地避免了"大企业病"。

D. 休斯·惠特克和罗伯特·E. 科尔非常关注京都企业,他们提出了"京都模式"论。两位学者写道:"一些人将京都视为一种企业模式,作为传统日本(东京)模式的一种替代。'京都模式'与网络模式极其相似。在20世纪90年代,京都主要电子公司的业绩与东京的电子业巨头形成了鲜明的对比。'京都模式'的本质就是专业化、技术焦点、国际导向、快速决策、利润率与大学之间有争议的网络关系以及灵活关系……换句话说,京都的情况比拥有企业集团的电子业巨头相比更接近开放性创新那一端。"③

关于被欧美学者所津津乐道的"京都模式",其与日式经营的演变具有某些内在的联系。上述详细论述的日式经营模式的开创者、推动日本企

---

① 〔美〕迈克尔·波特:《日本还有竞争力吗?》,陈晓悦、孙力强译,中信出版社,2002,第213页。
② 同上书,第213—214页。
③ D. 休斯·惠特克、罗伯特·E. 科尔:《成功的引擎——日本的创新与技术管理》,刘骥、郭丽敏、王彦敏译,北京大学出版社,2008,第339页。

业深刻变革者，大多数是创业者型企业家，即那些掌控着绝大多数大企业的经营者型企业家。

然而"泡沫经济崩盘之后，具备长远的目光和能够进行必要投资的企业，反而是企业所有者掌握经营主导权的'资本家企业'。从增长跌入停滞，日本能够承担经济增长的重任的，已经从经营者企业转变成资本家企业"。①

本处所说的"资本家企业"，实际上就是指那些靠自有资源独立创业的创业型企业家。而创业型企业家之多，恰恰是京都企业的一大特色，这是京都模式最具代表性之一。

特别值得重视的是，许多企业新观念都源于京都企业家。最早引起企业界重视的是欧姆龙创始人立石一真，早在1983年就提出了"大企业病"，曾经震惊了日本的企业界。由此在日本掀起了一波又一波关于"大企业病"研究的浪潮。立石一真的"大企业病"说，不仅惊醒了日本企业界的经营管理者，为其预防"大企业病"敲响了警钟，而且还提出了预防和医治"大企业病"的良方。这就是立石一真提出的治疗大企业病的绝招"61措施"。所谓"61措施"的基本原则有二：

> 首先，将事业当作一个系统工程。从这个角度出发，抓住其中的关键即物流工作。此其原则之一；其次，将这一系统工程分为六个区段。六个区段包括两个方面：一方面，首先是技术（开发），其次是销售，最后是采购；另一方面是生产、物流（购入物品）、回收。这是"一条龙"式的工作流程，流动速度要尽可能地快，以便力争创出最高的生产效率。②

迈克尔·波特称"61措施"构成了极其优秀的战略组织，③并将其列为哈佛大学专题研究课程，将欧姆龙作为卓越公司的样板列入教材。

另一位是更加著名的京瓷创始人，被誉为"经营之圣"的稻盛和夫。

---

① 〔日〕橘川武郎：《土光敏夫——"财界名医"的远见和格局》，第176页。
② 〔日〕立石一真：《经营革新的艺术》，第13—14页。
③ 同上书，第20页。

他不仅创办了两家世界500强大企业,而且自公司创办以来半个多世纪,从未出现过亏损,一直保持两位数的高收益。最近,他还用不到两年的时间使破产的日航实现重建并重新上市。稻盛和夫以其独创的京瓷哲学和阿米巴经营闻名于世,引领日本企业不断地克服各种经营难局,努力再造日本企业的辉煌。

大前研一对京都评价很高。"大阪自不必说,任天堂、京瓷与日本电产等本部设在京都的国际性企业不在少数……而且京都与大阪之间建设的大学城也成了科学与文化的发源地,为进一步的发展做好了充分准备。"[1]

长谷川洋三在谈到京都企业时写道:"很多京都公司都采用独特的管理风格和技术,取得了成功。因独特而骄傲,而得以大行其道。多数京都企业家相信,只要行事不同于东京人,就能取得成功。这个特点是由一种强烈的自我意识和基于数百年传统的行业骄傲所构成。此传统包含了日本的传统文化资本。"[2]

三、近江商人的企业文化

何谓"近江商人"?对此,日本学者幸田浩文写道:所谓近江商人,是指江户时代(1603—1867年)初期,从现在的滋贺县近江地区发祥的商人团的总称。其他地区的人将从近江地区来的商人称为近江商人,这就是这一称呼的由来。尽管如此,近江商人并不分布在近江全部区域,而是极其有限的地区。近江商人的发祥地被分为高岛(大沟)、八幡、日野和湖东(丰乡、五个庄)四地……[3]

德川幕府末期有一位公益心极强的巨贾名叫塚本定次。他曾对活跃于社会大动荡的维新志士胜海舟说:"近江商人之根,当是诗人芭蕉先生。"[4]诗人松尾芭蕉以创作俳句诗歌为志向,漫步于奥州小道,阅尽日本的山山水水,终于成为名留后世的俳谐大家。这样一位大诗人,怎么能与经商扯

---

[1] 〔日〕大前研一:《死·生——日本的迷惘与绝望》,第177页。
[2] 〔日〕长谷川洋三:《经营之神——日本启示录》,王广州译,商务印书馆,2013,第57—58页。
[3] 〔日〕幸田浩文:《日本人力资源管理理论与实践》,第245页。
[4] 〔日〕童门冬二:《经营之奥秘——日本历史名人启示录》,第147页。

上关系呢？原来是芭蕉在与沿途的百姓饮酒座谈的过程中，经常会有意无意地介绍自己所见的各地风土人情以及各地商贾物产等经济信息。于是，商人们凭借敏锐的嗅觉，把当地盛产的商品运往短缺的地方，促进了各地贸易兴隆，自己也获取了利益。而在这样的行商过程中，进一步促进了商贸信息的流通，促进了商贸繁荣。于是产生了近江商人的行商精神，亦称"扁担精神"。

洪夏祥写道："近江商人肩扛磅秤，将本地的布料运输至各地，他们熟悉各地的物价和供求需要，因此具备无限的供货能力。他们以薄利多销的方式，积累了大量的资本并掌握了日本的商权。"[1]

近江是日本古地名，即现在日本的滋贺县。地处西日本古代和近世政治、经济和文化先进地区的京都、大阪、奈良、名古屋近畿。正是在这些古代名都的熏陶和辐射下，使近江孕育了商人文化。在近江商人文化兴盛期，正处于日本"西高东低"时期。

近江是日本行商发源地，是江户时代商业经济发达的地区。近江商人被称为"商人中的商人"，是商人辈出的地方，造就了许多知名的大企业家和著名的大企业。用现在流行的话说，近江是企业家和企业的"孵化器"。

说到近江地方所以出行商，这与来自朝鲜半岛的移民有关。

历史上，朝鲜半岛上的百济国灭亡时，许多百济人来到近江。对经常处于迁徙、流亡的百济人来说，他们已经对流动习以为常。为了谋生，他们可以凭借一条扁担到处行走。

近江商人之所以出名，甚至被命名为日本"五大商帮"之一，并非其在历史上制造了什么，而是因为他们的"脚力"十分了得。他们凭着一根扁担两只脚，不仅足迹遍及日本各地，而且越过浩瀚的大洋，进军东南亚乃至世界各国。其行销能力非常强大。他们的两只脚，不仅是用来走路，而且是用来收集经济情报，了解日本和世界各地的民情民风，获取各种商机。

近江古代可谓是商人之国，近江人长于商贩而非造物。这个地方的家

---

[1] 〔韩〕洪夏祥：《日本五大商帮》，版权页前插图七。

家户户多从事贩卖或开店销售与民生息息相关的日用品。用现在的分类法，属于商业服务行业。

在近现代，尤其是二战后，滋贺县最著名的企业也多属服务行业。

首先，最著名的有高岛屋百货，可谓是使日本品牌走向世界的先驱、开拓者。其第四代继承人饭田新七非常具有前瞻性的国际眼光和开拓进取精神。他把高岛屋经销的带有刺绣的彩色布料推向了国际市场并多次获得大奖，得到世界的认可，使高岛屋的声名如雷贯耳。饭田新七还极善于营销：他很早就开展橱窗陈设，展示其商品；用10米长的布料绣着"饭田和服店"悬挂在铁路边做路边广告；还把象征和标志着高岛屋的玫瑰花图案印在为顾客提供的专用手提袋上宣示企业的形象；作为皇太子明仁结婚的赞助商，高岛屋多次得到现场直播权；高岛屋还在2004年耗费巨资举办日本著名动漫大师手冢治虫的首部电视连续动画《铁臂阿童木》的主人公诞生40周年的纪念活动；等等。这一系列举措使高岛屋的品牌走进了日本家家户户，极大地提升了其销售能力。为了适应市场的扩大，高岛屋还不断地设立分店。不仅在日本国内各地，还将分店设到了美国纽约、法国巴黎和新加坡等世界各地。

洪夏祥评价道："高岛屋百货的经营模式和服务态度已成为各大百货店学习、借鉴的榜样。实际上，高岛屋百货的服务态度很早就已经受到了广泛的瞩目。因为他们从来不会因身份或着装等因素优待或轻视顾客，'亲切''正直'和'高品质'已成为他们的代名词。"[①]

其次，日本生命是日本和世界最大的保险公司之一，是世界保险业的翘楚。日本生命创业于明治维新的社会大变动时期，起初是一家金融公司，很快创始人弘世助三郎就在1870年创立的"融通会社"的基础上，在全国各地办起了国立银行，随后发展成为三和银行，弘世助三郎也成为日本银行界的先驱者。他于1881年同福泽谕吉、涩泽荣一等一起创立了日本史上第一个保险公司"明治生命保险"。

弘世助三郎在关西构思"日本生命"之初，他得到了当时最有实力的鸿池的帮助，使日本生命顺风起航，并很快扩展到京都、大阪等地。20世

---

① 〔韩〕洪夏祥：《日本五大商帮》，第127页。

纪80年代后期，日本上市公司有1930家，而日本生命占整个股市总市值的3%，是位列前10的金融大鳄。与其有直接经济关系的上市公司有750家，其中，将近70家大企业的第一股东就是日本生命。1988年日本生命的总资产超过了英国保成集团，在保费、盈利、保单和总资产等四个方面在全球遥遥领先。2008年，在日本经济总体不佳的状况下，其保费达到了305亿日元，总投保人达1025万人，员工总数为6.38万人。

另外，还值得一提的是日本最强的综合商社伊藤忠商社。二战后更名为"丸红"，其进出口商品和投资项目涉及各个领域，是一个超大型国际商贸公司。

在日本泡沫经济破灭后，伊藤忠商事也遭遇了效益严重下滑的危机。曾出现了4000亿日元的不良债权。丹羽宇一郎就任社长一年后的1999年，不仅处理了巨额的债权，而且在决算时达到了公司史上最高收益，震惊了业界。

当然，由近江商人及其后代所创立的有名的大企业还有许多，例如：大阪西川公司、儿玉家族的东棉股份有限公司、西武集团、东洋纺织、日清纺织，等等。

近江商人文化最具代表性的是"近江商道18诫"。一共有18条之多，此处择其要者，概括起来就是近江商人的成功之道：

其一，先义后利，方能得天佑人助。其二，倡勤俭、远奢侈，为事业之本。其三，正直竞争，追求买卖双方共赢。其四，行善积德，善待员工、回馈顾客和社会，福佑子孙、家业昌盛。其五，开拓事业的路线图：薄利多销，集腋成裘；若顾客无钱，就收大米，然后酿酒出售；获取利润则造酒厂；卖酒成功则开酒店；酒店再成功则设专卖店；专卖店再成功则设分店；若分店也成功，就聚集全部资金创办企业。其六，薄利不拒，巨利敢取，乃经商之道。

幸田浩文在谈到近江商人文化及其影响时写道："老字号企业的经营特征可以举出如下三点：一是创业至今继承下来的'暖帘'，如商号、字号和招牌的存续；二是有凝聚着创业者经营哲学和理念的家规、家训、店规；三是自始至终由创业者家族或同族掌握经营权。这是老字号企业的三大神器。"① 而在谈及企业文化时，他则写道："近江商家的企业文化，是由近江商人以家规、家训、店规、遗训等为基础形成的经营哲学和理念所构成的，并严格约束着近江商人的一切行为。其中，'三方得利'中的'社会得利'的理念是近江商家持续经营和繁荣的最关键原因。"② "以近江商人为鼻祖的老字号企业，从江户时代初期至现代的发展过程中逐渐转换为近代商业资本，建立了近江商人帮或江川帮企业，即便是在现代也依然作为日本企业的典范大显身手。当然，当时的商业体系和商业模式，在现代不可能依旧是通用的。但是，可以肯定的是近江商人帮企业继承了从创业时起所具有的优秀的组织能力。"③

如上所述，这就是近江商人文化。

四、名古屋商人的企业文化

洪夏祥评价道："名古屋商人的处事风格是非常保守的。他们的经营模式讲求审慎，所以，市场扩展方面的活动量也相对较小，特别是对融资和贷款等冒险行为非常排斥。名古屋的商人，把'无债、健康、无赤字'视为最根本的经营理念。"④

名古屋的历史并不久远，它的兴建时间与江户城不相上下。可追溯到德川家康。在1600年，天下归了德川家康。于是，德川家康兴建名古屋城，同时，也把名古屋作为幕府都城江户的防御屏障。在名古屋城竣工之后，德川家康把许多武士都迁居到名古屋，甚至连许多神社和寺庙也迁到了这里。为了保障幕府的供给，德川家康让武士保护商人和工匠，成为其统治的经济基础。到明治维新前，名古屋成了日本第四大城市。在这前后，名古屋诞生了许多著名企业家。名古屋的经济资源是木材，木材与"募财"同音，所以，名古屋人不仅将本地盛产的木材，还把全国各地出产的木材都聚集到名古屋，并对其进行深加工，大做木材生意，使其财源滚滚，经济兴隆。在此基础上，名古屋商人不断向其他行业扩展，成为日

---

① 〔日〕幸田浩文：《日本企业人力资源管理理论与实践》，第261页。
② 同上书，第260页。
③ 同上书，第259页。
④ 〔韩〕洪夏祥：《日本五大商帮》，版权页前插图八。

本举足轻重的重工业化城市。

二战后，名古屋成了由爱知县、三重县和岐阜县构成的"中井工业核心地带"，这里成了日本重工业的重镇之一。

当我们谈到名古屋的著名企业家和著名的大企业时，不能不提到丰田佐吉及其创办的丰田公司。

丰田公司原本设在爱知县的榉母市，这个地名早在《古事记》里就有记载，可谓历史久远。但母承子贵，随着丰田公司名声远播，榉母市政府将榉母市改名为丰田市，使城市名称随了企业名称，这足以说明丰田公司的地位。在改名当时，市政府一名官员的话说得非常直白："即使放弃'榉母'这个渊源颇深的名字，我们也要和丰田走上同生共死的道路。"① 从产业集群优势角度，在世界产业史上，有许多大企业聚集的城市，例如，美国底特律市是著名的汽车城，美国主要的汽车厂家都汇聚在该城市。但作为城市与企业同名的丰田，可见其地位之至尊了。

另外，还值得大书特书的是本田汽车公司。本田汽车是二战后起家的汽车企业，但其发展极其迅速。本田宗一郎的经营极具特色，经常被企业界和世人称道。宗一郎被誉为战后日本经营四圣之一，甚至被美国营销大师基恩·N. 兰德勒姆誉为"改变世界的13位男性"之一，由此可见其巨大的影响力了。虽然本田公司难以同丰田公司相比，但其在经营方面极具特色，在技术方面敢于当第一个吃螃蟹的企业。特别是其立业为公，被传为佳话的"珠联璧合"的黄金搭档，等等。可谓是企业界不二的卓越公司。

本田宗一郎是进入美国汽车名人殿堂的日本人，本田公司文化充分体现了宗一郎的人格魅力和经营之道。本田公司现在在日本排名第二，世界排名第四。

其次，就是重工业领域的霸主三菱集团，其创始人岩崎弥太郎是明治时代著名的企业家。至今影响最大的三菱重工是日本最大的重工企业，也是世界重工行业领头羊之一；还有三菱化学，日本排名首位，世界排名第五；三菱汽车位居丰田、本田和日产之后，名列第四；2008年三菱电机营业额为3.85万亿日元，员工总数达10.2万人。仅列举以上几个三菱集团的

---

① 〔日〕读卖新闻特别取材班：《丰田传》，李颖秋译，中信出版社，2007，第VIII页。

企业就可知其实力有多雄厚了。

还有,新日本制铁公司,更是大名鼎鼎的钢铁业翘楚,是日本钢铁业界的排头兵。虽然20世纪70年代在石油危机、日元直线升值、钢铁工业产能严重过剩的三重冲击下,新日本制铁遭遇了重创,但是,该企业很快就于1987年提出了综合经营设想,果敢地突破钢铁文化的局限性,充分运用钢铁制造中所积累的相关技术,使钢铁业务在总营业额结构中,一举减少50%,大刀阔斧地开展起多元化经营战略,使其不仅维持住了企业的规模效益,还获得了新的市场,实现了企业的顺利转型。这里"所谓业务多样化,是指对任何在市场上有潜力的业务都尝试经营。然而,除了与本行业相关联的工程技术、机械、工程、信息通信之外,其他都是未知的领域。至于新日本制铁本身没有的经营技巧,则从集团以外引进"。[①]

其实,名古屋的大企业不胜枚举。名古屋的企业文化属于造物文化、机械文化和汽车文化。名古屋企业与其他地域的企业最大的不同是,在泡沫经济时期鲜有破产的企业。

名古屋企业的商训归纳起来有以下几个方面:

一是心无旁骛,把全部精力都用在主业上,坚守诚信经营的底线;二是选择接班人坚持德才兼备,不受血缘关系所累;三是在资金运作方面,坚持保守经营,靠自有资金实行"无贷款经营";四是像德川家康那样,在时机不成熟时,以忍耐等待机运降临,一旦时机成熟,该出手时就出手;五是很少涉足风险企业,靠扎扎实实的"稳健经营"谋求事业的长远目标;六是精于"讨价还价"之术,追求买卖的真实价值;七是重视业界人际关系,视人际交往重于商品交易。

总之,正是基于这种坚定信念和经营之道,名古屋企业获得了飞速发展。

五、东京银座商人的企业文化

东京的银座是日本通向世界的门户。明治三年(1870年)之后,海

---

① 〔日〕丹羽哲夫:《日本企业革新与二十一世纪战略》,吴永宽等译,生活·读书·新知三联书店,1997,第95页。

外人士开始以银座为登陆点，大批涌入日本，将西方的文明和文化经此灌输到这座狭长的岛屿上。当地商人的经营模式也随之发生了翻天覆地的变化。现在，银座因高质量的商品和细腻周到的服务而闻名海内外，成为世界三大名街之一。[①]

东京是日本明治维新以来的首都，是日本近代化的发源地。由于东京的兴起，改变了历史上长期存在的"西高东低"的区域处境。自明治维新以来，东京不仅成了日本政治中心，也是经济、教育、文化中心，而银座则是东京的商业中心，支撑着整个东京的运转。因此，可以说银座是东京的心脏，可谓是日本中心的中心。

银座这条世界闻名的商业街区最初是建筑在泥泞海滩的芦苇地之上的。它也是德川幕府所开发的江户城的内城，对于日本古老的历史来说，历史并不久远。江户建城不足百年，江户人口就达到了110万人，据说在当时排名世界第一。而各种商铺更是鳞次栉比、兴盛繁华。由此招揽了文人墨客和各路艺人，多了文化氛围。银座有日本"近代文化发源地"之称。

明治维新初期，日本政府实行"文明开化"，西方各国高档消费品蜂拥而入，琳琅满目。这里的"西洋风景"曾使东京人大开眼界，兴奋不已，惊喜地形容为"全街灿烂，一尘不染"。它与古老的宫殿、城墙、护城河相媲美，成为东京都一大胜地。

银座这一名字来自银币制作，当时这里成了制造银币的地方，故名"银座"。明治维新后，许多西洋文物都是通过银座这个窗口进入日本的。代表西方文明的火车，首先就把车站设在银座，轰鸣的火车汽笛声使银座充满了近代气息。而电灯则照亮了银座大街，使其灯火通明。越后屋，即现在的三越百货，率先采取了先进且全新的经商模式，打破了以往销售的办法，从而影响了销量，加快了资金周转，使其生意越做越大，由此改变了日本传统的商规。

可以说，银座的兴盛与繁华，与日本实行面向西方欧美世界的"文明开化"关系甚大。当时，为了向欧美彰示日本西化的诚意，井上馨搞了"鹿鸣馆"文化，让日本的达官贵妇们身着燕尾服和晚礼服陪伴西方的外

[①]〔韩〕洪夏祥：《日本五大商帮》，版权页前插图十。

交官饮名酒、跳西式舞蹈。上行下效,明治政府的中下级官员和东京都的官员及豪商巨贾无不趋之若鹜,使消费文化昌极一时,蔚然成风。东京人不留隔夜钱这句话,充分反映了东京消费文化的发达。

于是,精明的银座商人敏锐地洞悉到这正是其发财的大好商机,他们将目光聚集在上流社会的达官贵人身上,为了支撑适应世界时尚的消费文化浪潮,他们不远万里,远涉重洋,把西方的时髦货都运进了银座。于是,各种专卖店应运而生,各商家的橱窗柜台摆满了70多个世界知名品牌的高档商品。可以说,正是西方文化的流入,带动了银座的繁荣。而银座繁荣,又极大地增强了它的吸引力,使日本各地的商家为谋求更大的发展而入驻银座。

另外,还值得特别一提的是,西方文化的涌入,促进了日本新闻和出版文化的繁盛。明治维新后不久,在东京就办起了报社,同时,日本各地的报业也纷纷来到东京。美国著名学者D. 埃莉诺·韦斯特尼评价道:"这类最早的大众媒体组织具有多重作用:在政治方面,将有关国家决策的信息传播开来,使其不再仅限于一小批精英集团,并且在社会政治过程中添加一组新成员,即所谓的'第四等级';在经济方面,作为一种广告媒介以及作为一个举足轻重的产业及独立的雇主;在比较不容易看得见但也许非常重要的社会和文化领域,致力于对大众文化的标准化和精致化。"[1]

由于东京历史尚浅,其文化基础也不足以承载迅猛上升的政治经济的重负。于是东京人想到求助各路神仙,来帮助新兴的银座加固地基,保护政客们的权势地位和商人的利益。"西方文化流入日本之后,作为日本的经济中心,银座发展神速,当地的商人也很好地适应了改革的潮流。现在,银座与美国纽约曼哈顿第五大道、英国伦敦皮卡迪利广场、法国巴黎香榭丽舍大街一同被称为世界四大商圈聚集地。"[2]

当人们游走于银座商街时,映入眼帘的全都是各种"暖帘"、日英文混杂的店铺名、满街飘舞的彩色街头广告和鳞次栉比的橱窗。如果浏览银座企业名录,几乎全都是商铺,鲜有制造型企业,这是银座经济的一大

---

[1] 〔美〕D. 埃莉诺·韦斯特尼:《模仿与创新——明治日本对西方组织模式的移植》,李萌译,清华大学出版社,2007,第84页。

[2] 〔韩〕洪夏祥:《日本五大商帮》,第186页。

特点。

银座商道18诫，概括起来就是四个字——"与时俱进"。这里是展示世界"流行"品牌的窗口，当世界任何国家出现一种新产品时，银座几乎与其产地国同步推出该商品。银座商人对于商品信息极其敏感，他们眼观六路、耳听八方，浑身的各种器官就像一台台永动机一样，绷紧神经搜集全球最新商品信息。所以，才能做到一直走在时代潮流的前面，这就是银座商人制胜的法宝和秘诀。

六、东京大田模式——"协作文化"和"匠人文化"的融合

大田区与银座同样位于东京，但商业文化迥然有别。大田区是中小微企业群聚集地，各企业以专精于某一项制造技术而闻名。这也正是为什么已经研究了东京银座商业文化后，还要单设一题来分析大田企业"造物"文化的原因所在。

银座位于东京市中心，是繁华的商业街区。而大田区则位于东京的南部，以前是有名的紫菜晾晒场，盛产"浅草紫菜"。日本为了筹备1964年东京奥运会而整理市容市貌，对东京进行大改造，紫菜养殖者不得不放弃以往的生意，改建简易的出租厂房，让其自行创办中小微企业或出租厂房谋生。因此，从各方面综合条件和基础来看，大田区都不具备发展现代化大企业的条件，当然，也完全不具备形成像银座商业文化那样的地理优势。但由于这种简易厂房租金低廉，反倒成了个人或家庭兴办中小微企业的有利因素。

另外，由于当时正逢日本战后经济高速增长时期，受战后初期许多创办企业的年轻雄师的影响，大田区创业热蔚然成风。这些养殖紫菜的渔民、手艺人及进城打工的农民都加入了创办中小微企业的行列，形成了一股大众兴办企业的高潮，这就是大田模式产生的时代背景。

但是，为了办企业，仅有厂房或热情还远远不够，必须要拥有技术。那么，技术从哪里来呢？"在大田区普遍存在着这样的模式：创业者先在大

中型工厂里学习技能，经过几个工厂的进修后，再独立办厂。"[①] 当然，仅靠这些初步的技术，还很难进行制造各种机械或设备，甚至连制造简单的零部件都很困难。这就需要新成立的中小微企业的业主、员工和其家庭从业人员必须继续不断地打磨技术。经过成年累月的磨炼、钻研，逐渐形成专精的独特技术，他们可以做任何人都做不了的绝活。

同时，由于大多数中小微企业只有几名或几十名员工，不可能独自制造其他企业所需要加工制造的任何整套产品，这就要求这些中小微企业必须形成横向联合，构筑成制造加工网络。大田区中小微企业群体的聚集效应，形成了极其强大的制造能力和精湛的技术，由此形成了巨大的吸引力。

这些小企业小作坊为了生存与发展，能够为大企业和研究机构的专家提供满腔热情的服务，这也正是大田模式得以存续的基础。它们能对所接受的订货非常认真、严格地完成，加工精度高，交货及时，能尽最大努力来满足用户降低成本的要求，从而成为日本高技术产业值得信赖的"支撑基地"和"公共财产"。高技术产业化极其重要的一环就是把构思或设计变成实物。作为高技术研究开发基地，如果只有思想家、设计家，而没有善于动手制作的"现代工匠"，那就只能是"纸上谈兵"。中国科学院院士沈鸿曾经说过：专家设计的图纸再好，如果技术工人制作不好也白费。日本的学者也说：即使根据诺贝尔奖级的构想和技术研制新产品，但在制作阶段倘若螺丝、喷涂和电镀等基础部分发生问题，那无论怎样好的构想和先进技术也无法发挥作用。对于真正搞研究开发的高技术专家们来说，最值得憧憬的就是这样的地方，在这里，你有什么新奇的思想和设计，你想制作什么新的试验装置，总会有能工巧匠来帮助你，把画在图纸上的思想变成实物，变成看得见摸得着的东西，而那里的能工巧匠也以"能做出最好的东西、别人做不出来的东西"而感到自豪，作为自己实现人生价值的寄托。可以说，大田区正是这样的地方。关满博称这些中小微企业是上述那些大企业的"支撑基石""共同基础"和"公共财富"。冯昭奎认为大田

---

① 〔日〕关满博：《东亚新时代的日本经济——超越"全套型"产业结构》，陈生保、张青平译，上海译文出版社，1997，第55页。

模式是"成千上万各有专长的中小加工企业在以大田区为代表的'加工王国'的聚集，至少产生了'聚合、服务、近便'这样三种效应"。[1] 这里所谓的"聚合"效应，是指在大田区这个范围内，拥有别处无可替代的强大的、综合的各种工业技术加工的中小微企业群体，其工艺能满足任何加工技术的需求。这里所谓的"服务"效应，就是提供专精的技术加工服务。把那些思想家、设计家和企业家头脑中的构图或图纸，经过这些加工者之手变成模型或实物。这里所谓的"近便"效应，是因为这些中小微企业就在这些大客户的近旁，只要有需要，可以随时随地满足客户的需求。当然，大田区的中小微企业不仅仅为其周围的大型企业服务，它还将服务对象扩展到全国各地，成为全国的加工中心，由此也产生了它们的自豪感。关满博评价道："由上述中小工厂形成的专业化，在一定的范围之内促进了技术的进步，从而有可能广泛地接受委托加工。……到处都可以看到它们那种'在这一领域我们是日本第一'的自负心。这里广泛存在着可称之为独立的专业加工业者的中小企业，甚至可以说，它具有日本全国的加工中心的意义。"[2]

大田模式所运用的技术，完全属于个人的隐性知识。这种个人隐性知识在知识创造的螺旋中，处于最基础的层次，是与个人身体融合在一起的技术，可谓是"心艺合一"。但很难转化成群体的隐性知识，缺乏转化的情境和氛围，所以，也就更难转化为符号化的显性知识。如果用野中郁次郎的知识创造模型来说，这是始终处于个人自身的体验之中，是只可意会而不可言传的技术诀窍。但由于其不能转化成显性知识，所以无法广泛传播。大田模式就是把这些个体所拥有的技术诀窍整合起来，形成一种"七巧板"式的组合技术，这也正是大田模式的独到之处。

日本工业大学竹内淳彦教授从经济地理学角度做了以下分析："机械工业，由外围的大型产品制造厂家主导生产，而在机械工业集中的地区内，构成联结生产活动的部门，也是成品制造厂商。然而，毕竟还是那些以连接各种基层产业的生产活动为基础的生产集团支持着上述生产方式，使得

---

[1] 冯昭奎：《从"大田模式"看如何借鉴日本发展高技术产业的经验》，《日本学刊》1998年第6期，第21页。

[2] 〔日〕关满博：《东亚新时代的日本经济——超越"全套型"产业结构》，第58页。

大城市，特别是京滨机械工业有可能进行其擅长的高级、多品种、小批量的生产和研制工作。"① 他接着写道："位于基层的小企业集中在一起，相互合作，由此承担着规模庞大的技能中的一部分，与独自一家时情况全然不同。在所集中的地区，各家工厂形成地区性相互交叉配合，组成整体一大技术集团，名副其实地成了该地区的核心。而且，在所集中的地区，开发研制机能也很卓越。也就是说，城南地区在京滨机械工业的地域性生产体系之中形成了核心。"②

但是，在日本泡沫经济破灭后，国内生产成本大幅上升，日本制造业大量迁移到国外，在日本国内制造业呈"空心化"的严峻形势下，以往以低成本支撑大田模式的中小微企业的机制已经很难存在了，大田模式遭遇到了前所未有的困境。但这绝非大田模式自身的必然命运，而是时势使然。正如大前研一所指出的那样："不但是批量生产的产品，就连在需要熟练技能的制造业方面，日本的领先地位如今也已岌岌可危。尽管日本的东京大田区、大阪府东大阪市、长野县诹访湖周边与静冈县滨松市周边这四大零件制造业聚集地，曾经一度以先进的技术能力支撑着日本的制造业，但如今各个聚集地都已名存实亡。在最繁荣的时期，大田区内的中小型企业数量曾经多达8000家以上，而现在却仅剩3000家。其中，一半倒闭，一半流向了海外。"③ 不过，对于许多处于现代化过程中的发展中国家来说，亟须发展制造业，而营造类似大田模式的中小微企业加工技术的企业群，成为支撑各国制造业腾飞的"公共财富"和"公共基础"，将会极大地促进制造业的发展。

进一步深入研究大田区中小微企业集聚所形成的独特的企业文化，其本质上是属于专精一艺、精深研磨、独树一帜的"匠人文化"或如日本学者北康利所说的"职人文化"。当然，匠人文化并不仅仅是大田区中小微企业的文化，这种匠人文化在日本各地俯拾皆是。如果看一看数量众多的长寿的日本百年老店的企业文化，之所以能够做到基业长青，往往都是有一门他人所无法模仿的独特专技。遍布日本各地的传统手工艺文化，许多

---

① 〔日〕关满博:《东亚新时代的日本经济——超越"全套型"产业结构》,第49—50页。
② 同上书,第50页。
③ 同上书,第157页。

被誉为"国宝"级匠人，他们耐得住寂寞数十年如一日，甚至数代传承打磨一艺，不计得失、苦心钻研，用心去感悟、拿捏技艺，不断地去追求完美，达到精益求精，直到"一品入魂"，从中享受造物之美的愉悦，这就是工匠精神、工匠文化。

日本的匠人精神拥有源远流长的文化基础，是在千百年来日本民间手工工匠和手艺人的肥沃土壤基础上形成的。日本佳能全球战略研究所研究总监濑口清之认为，日本的匠人文化是在中国博大精深的古典文化和日本固有的精神结合的基础上产生的，是日本在长期造物文化过程中形成的宝贵智慧的结晶。其主体是那些整天从事制造物品的普通蓝领工人。早稻田大学教授鹈饲信一认为，这些高素质高技能必须经过长期岁月磨砺才能构筑精益求精的工匠技能。

北康利从历史视角考证了日本职人文化的来龙去脉，在此基础上，重点阐释了现代的"匠人"与长于"造物"日本的直接联系。

> 匠（技术工人），是日本人决不能忘怀的。他们是一群"因勤勉工作而喜悦"的人。匠之原意，来自"手的制作"，后逐步变成"造物"之意。[①]

日本著名民艺理论家柳宗悦历经20多年，几乎走遍了整个日本，详尽搜集日本民艺资料，他从"手艺"一词入手写道：

> 日本原来也可以谓之"手之国"吧。众所周知，国民的双手是多么的灵巧。通过"手"字被广泛利用的程度也可以看出来。"上手"（优秀）、"下手"（笨拙），这些词直接标示手的技能；"手坚"（扎实）、"手并"（本领）、"手柄"（功劳）、"手本"（榜样）的说法都和手有关联；"手腕"（有手腕）的意思是说有力量，所以就有"腕利"（有能耐）、"腕揃"（人才济济）等表现语。此外，日语里有"読み手"（读

[①] 〔日〕盐野米松：《留住手艺——对传统手工艺人的访谈》，英珂译，山东画报出版社，2000，第2页。

者)、"書き手"(作者)、"聞き手"(听者)、"乗り手"(骑手)这样的词,几乎都是将动词加上"手"来表现人的动态的。与手有关的文字太多了。

手与机器根本的区别在于,手总是与心相连,而机器则是无心的。所以手工艺作业中会发生奇迹,因为那不是单纯的手在劳动,背后有心的控制,使手制造物品,给予劳动的快乐,使人遵守道德,这才是赋予物品美之性质的因素。所以,手工艺作业也可以说成是心之作业。有比手更神秘的机器存在吗?为什么手的工作对于一个国家来说非常之重要,大家都有必要思索。[①]

柳宗悦还强调说,人们不应轻视无名的工匠,也不应该蔑视众多工人制造完成的东西。因为,即使他们是贫穷的人,制作的也是平常的东西,但支撑着他们的是伟大的传统力量,所以对此是不能小看的。无论看起来多么平凡,也不是谁都可以马上学会的手艺。另外,熟练的手艺才能构成工匠的气质。

柳宗悦特别强调出自工匠之手的作品的性质是"以实用为宗旨而制作的",这是与纯粹为鉴赏而制作的美术品之本质区别。然而这并不意味着这些由工匠用心所造之物不美,恰恰相反,与民众现实生活紧密联系、须臾不可离开的产品和工艺品才蕴含着深厚的文化底蕴,才是最美的,如果忽略了这一点去追求美,那就扭曲了美的深意。一位雕刻技艺精湛的工匠,当人们赞扬他高超的雕刻佛像技艺时,他回答说,不是我的技艺高超,我只不过是让隐藏在这块木料中的佛现身而已。这句话道出了工匠们内心的灵魂,让人们为工匠的精神和人品所叹服,可见匠人文化的神韵。

然而,在信息技术和互联网迅猛发展的时代背景下,各种高新技术层出不穷,那些以前行之有效,靠不断打磨、锤炼技术进行造物的工匠文化不再受世人所垂青,工匠文化呈现衰微的趋势。对于这种现状,日本政府和企业经营者产生了危机感。最近几年,关于"造物"和"匠人文化"的论著不断付梓就是明证。北康利写道:

[①] 〔日〕柳宗悦:《日本手工艺》,张鲁译,广西师范大学出版社,2006,第2—3页。

更大的问题在精神层面。包括"职人气质"的文化给予社会的影响很大,大到无法想象。"孜孜不倦地做""学会了忍耐""不妥协"等心性,像日本人的DNA那样遗传,这才是日本国力的源泉。

然而,如今很多继承"职人气质"的传统职人也都陷入了"朱鹮"(古称朱鹭,世界濒危物种之一)一般的困境中。

存在这样的议论——"与恐龙灭绝后鸟类成为遗存一样,传统职人的灭亡,只要其DNA遗传下来,不就可以了吗?"实际上,在现代企业中,日本"造物"的DNA一直生生不息。

这样的企业集中在东京的大田区,在大阪的话就在东大阪市……

我对现代企业中生活的职人们有着更加积极的期待。传统的职人世界本身要继续活下去,那是因为在他们身上能够看到日本"造物"的原点。有人问为什么一定要回到原点。若没有原点,心就不在了。[①]

由此可见,大田模式充分体现了日本中小微企业的"协作精神"或"协作文化",并沿袭了日本传统手工业和手艺人的"工匠精神"或"匠人文化"。这种企业精神和企业文化,无论在任何时代,无论科技如何进步,都是需要的。

综上所述,对日本地域间企业文化的比较,不仅阐释了各地域间企业文化的差异,还通过追溯各地不同的文化,展示了今日日本企业文化源远流长的根脉和其形成的沃土。这种生生不息的地域文化,培育了丰富多彩的日本企业文化,并使之具有强大的生命力。

---

① 〔日〕北康利:《工匠之国——日本制造如何走向卓越》,第188—189页。

第九章　日本企业文化及独创的管理理论与方法对世界的贡献

世界各国学者，特别是一些管理学家，尽心搜集了全球众多著名管理学家和企业家的实践案例，撰写了许多杰出管理学著述。为广大读者学习借鉴管理智慧提供了便利。

二战后初期，欧美学术界和企业界许多人把日本看作是模仿者，他们绝没有想到日本会在管理思想方面能有所建树。近些年来，一些欧美专家学者和企业家认为日本在企业经营管理中，确有许多不同于欧美的独特管理理论和方法。

受地理环境的局限，以及很晚才进入资本主义社会，日本在经济发展和企业管理方面经验远远落在西方发达国家后面。但日本人作为一个非常善于学习的民族，在经济发展和企业管理方面充分利用后发展效应，在借鉴欧美先进经验的基础上，打造出了"青出于蓝而胜于蓝"的理论和方法，这是日本人的大智慧。不仅如此，许多好的经验还反过来在欧美得以传播开来。例如，日本企业文化模式、"丰田生产方式"、今井正明的"改善"理论与方法、石川馨的"鱼骨图"、田口玄一的"田口理论"、大前研一的管理理论、野中郁次郎的知识创造理论、日本兵法经营学，等等。另外，有些日本人独创的理论和方法，尚未受到欧美管理学术界和企业界重视，但并非这些理论价值所致，而是其传播尚需时日及其社会需求。其中有京瓷阿米巴经营、佳能"细胞生成方式"等。值得重视的是，日本独创的理论和方法对"南方国家"实现现代化提供了可资借鉴的经验。

第一项贡献，"独树一帜"的日本企业文化理论催生了欧美企业文化热。

日本企业文化作为一种企业管理理论，源自日本企业管理实践。虽然作为一种管理理论，其系统化、理论化出自美国人之手，但其原创的专利权，非日本莫属。这一理论的原型最早在20世纪初期就已萌芽，到五六十年代已经成型了。其在日本企业经营管理中的应用，可谓百试不爽。经过美国人的理论整合、加工，在西方企业管理研究界引起了极大的轰动。尤其是美国企业管理学术界，对其青睐有加。其中，Z理论阐释了美国卓越企业文化与日本企业文化有许多相同或相似之处。20世纪整个80年代世界企业管理风潮一直是"和风"劲吹，而此时的日本企业，也正在扬帆起航、乘风破浪，游弋于世界市场，大有压倒美国之势。难怪美国人惊呼："日本经济袭击珍珠港！"进而发出呐喊："日本能，为什么我们不能？"

日本企业文化在世界上已经闻名遐迩，并影响了诸多企业的实践。

第二项贡献，在世界各国广为传播的丰田生产方式——精益生产方式。

精益生产方式，即精益管理、精益思想或精益哲学，是由丰田公司独创的制造哲学。首倡者是丰田的创始人丰田佐吉，但其集大成者乃是经理人大野耐一。在世人的眼中，大野耐一集各种桂冠于一身。丰田前社长张富士夫称其为："具有坚定信念的管理学家和教育学家。"[①] 还有"效率专家""质量专家""制造之王"等称谓和美誉。

精益生产方式自20世纪七八十年代起，一直到今天，仍是世界各国学者和企业家孜孜不倦地研究和践行的最佳管理方式之一。而且，经过欧美企业的实践和理论演绎，使其更加丰富和完善了。

现在，丰田生产方式，已不仅仅限于汽车行业，也不限于制造业，在各种服务行业中也都采用精益管理。诸如金融、医疗、商超和物流行业等，可谓风靡世界各行各业。对此，倾注全力研究丰田生产方式的西方学者詹姆斯·P.沃麦克、丹尼尔·T.琼斯和丹尼尔·鲁斯不无夸张地将其称

---

① 〔日〕若松义人：《大野耐一的十条训诫》，崔柳译，机械工业出版社，2009，第Ⅳ页。

为"改变世界的机器"。这三位学者的研究把原来丰田的"看板制""准时制"加以系统化和理论化,并整理出了一套切实可行的理论和方法加以推广和应用,使之走向了世界。而且,沃麦克和琼斯两人还进一步深化他们的研究成果,将其上升到哲学的高度。他们二位在阐述精益思想时写道:"精益思想的关键出发点是价值。价值只能由最终用户来确定;而价值也只有由具有特定价格、能在特定时间内满足用户需求的特定产品(商品或服务,而经常是既是商品又是服务的产品)来表达时才有意义。"[①]

接着,他们进一步谈及了何谓精益思想:"它提供了确定价值的方法,按最佳顺序排列生产价值的活动,在没有干扰的情况下(不管是谁来干扰)推行这项活动,使之越来越有效。换句话说,精益思想是精益的,因为它提供了以越来越少的投入——较少的人力、较少的设备、较少的时间和较小的场地——获取越来越多产出的方法,同时也越来越接近用户,提供出他们确实要的东西。"[②]

他们还将精益思想延伸,提出了精益企业的概念。精益企业是将精益思想运用于企业和企业之间的管理哲学。对精益企业加以概述就是:"精益企业的目标十分简单:首先,为消费者正确地确定价值,……其次,确定一个产品从概念到问市,从订货到发货,从原材料到用户手中的成品,及整个使用寿命需要的全部行为。再次,消除一切不产生价值的行为,并使产生价值的行为按消费者拉动的连续流动方式进行。最后,分析行为的结果并再次开始评价过程。把在产品或产品族的生命周期中不断进行这种循环作为日常工作的一部分,实际上是'管理'的核心任务。"[③]

尤其值得重视的是,世界上对精益思想的研究还在不断地扩展和深化,成果斐然。其中较有代表性的是由美日两国学者迈克尔·库斯玛诺和延冈健太郎合著的《超越精益思想——多项目管理和产品开发》。书中讲的是将精益思想用于"多项目管理和产品开发",并在运用过程中又有新的突破,即超越精益思想。"我们还注意到,尽管多项目管理还是一个新的

[①] 〔美〕詹姆斯·P.沃麦克、〔英〕丹尼尔·T.琼斯、〔美〕丹尼尔·鲁斯:《改变世界的机器》,沈希瑾译,商务印书馆,1999,第11页。

[②] 同上书,第10页。

[③] 同上书,第390—391页。

词语，但这并不是全新的概念。从根本上讲，这一管理方式需要解决的是如何高效地满足不同客户需求——一个存在了很长时间，也是在很多行业中普遍出现的问题。……如果公司在技术创新方面拥有独特的经验，多项目管理会使公司如虎添翼，拥有'核心竞争力'——当代管理学的热门话题。例如，公司可以利用并行或接力技术转移开发产品平台，并以最小成本将其运用于不同的市场。"[1]

可以毫不夸张地说，丰田生产方式是大野耐一，也是丰田公司和日本对世界管理学术界的重大理论贡献之一。虽不能说今后世界完全成为精益的世界，但毫无疑问，精益管理是可与福特模式相媲美的管理方式。而且，由于它应用范围非常广，其影响力远比福特模式还要大。

弗朗西斯·福山从社会学角度阐述了精益生产方式。"应用高信任的日本精益生产方式的管理者迅速地发现他们能够将这种方法运用在美国，而且这种制度下的工人很快普遍对它表现出了热情，……为了了解发生在美国工厂的社会关系革命，我们必须知道精益生产方式的实质。……这种方式是从日本传播到北美、欧洲和其他第三世界国家的。许多国家都成功地实施了这种方式，……它不是受文化限制的工作方式，而是可以通用的管理技巧。"[2]

无须赘述，精益生产方式具有广泛的实用性，其在世界上广泛传播和得以应用是有其必然性的。如果从学习型组织的角度来考察丰田的精益管理，则会是完全不同的另一番景象。

因此，特别值得一提的是，丰田精益管理本身就是长期孜孜不倦地学习的产物。彼得·圣吉列举了H.托马斯·约翰逊（H. Thomas Johnson）对丰田精益管理的研究。

> 约翰逊记录了丰田的成本管理方法，并指出：谨慎地限制经理使用绩效考核指标，是丰田取得卓越的长期成功的原因之一。约翰逊还

---

[1] 〔美〕迈克尔·库斯玛诺、〔日〕延冈健太郎：《超越精益思想——多项目管理和产品开发》，高文海译，商务印书馆，2004，第24—25页。
[2] 〔美〕弗朗西斯·福山：《信任——社会美德与创造经济繁荣》，彭志华译，海南出版社，2001，第259—260页。

特别指出，这些绩效考核指标用于向上级报告的时候，上级经理们会不由自主地用它们来制定量化目标，强行推动变革——戴明把这称为"瞎搅和"……只有根据对具体生产过程的深刻了解，来设计绩效测试和量化指标，才能实现持续的学习，并取得卓越的业绩。

任何自然存在的"集中"控制之所以成为可能，正是因为复杂的局部控制网络的存在。我们不知道自己是如何行走的，不过一旦获得了这种"身体知识"（body knowledge），身体就会直接对有意识的指令做出反应；如果没有这种知识，无论什么中央指令都不起作用。约翰逊认识到丰田的绩效管理方法体现了生命系统的本质：公司经理参与到基层生产技术的持续开发和改进中，并放心地把管理和改进成本绩效的工作交给生产第一线的工人。实际上，丰田对绩效管理的基层化，正是对自然结构模式的发现、理解和表达，也是丰田团队能更好地学习的原因。[①]

总之，所谓精益生产方式、精益思想或精益哲学，实际上就是我们常说的通过不断改善、创新而达到"精益求精"。而精益求精就是一个不断地学习、学习、再学习及实践、实践、再实践的持续过程，这是一个精益企业的必经之路。

第三项贡献，野中郁次郎独创的知识创造理论。

关于野中郁次郎的知识创造或曰知识管理理论，对今后世界各领域生产管理的影响将会无所不在且越来越大。

日本学者野中郁次郎首创的知识创造理论，自20世纪90年代问世以来，博得了世界管理学术界一片喝彩。野中郁次郎也被誉为"知识管理理论之父"和"知识管理的拓荒者"。大前研一对野中郁次郎的《创造知识的企业》一书给予了极高的评价。他说：该书是"日本有史以来最重要的管理学著作"。野中郁次郎的知识创造理论，被誉为最具独创性的管理学

[①] 〔美〕彼得·圣吉：《第五项修炼——学习型组织的艺术与实践》（新世纪最新扩充修订版），张成林译，中信出版社，2009，第379—380页。

理论。该理论自问世以来，成为世界上最受瞩目并引用最多的理论之一。而且，已经成为学术界和企业界争相研究和加以实践的理论。

最可贵的是，野中郁次郎的知识创造理论，是他在对30多年来日本企业经营实践中的许多经典案例进行跟踪调查的基础上，运用哲学和组织学进行科学辩证分析后的理论结晶，是牢牢地植根于实践经验基础上的科学理论。同时，也是在充分借鉴和吸取前人研究成果，对前人的成果加以科学审视和转型运用的卓越的范例。野中郁次郎作为一位拥有极强责任心的管理学家，在该理论得到世界广泛认可之后，仍坚持不懈地运用这一理论去分析研究当前日本和世界一些有代表性的大企业的经营管理现状及其问题。进一步验证其理论的正确性，并不断在实践中加以充实和发展。

野中郁次郎理论是哲学分析与组织分析的有机结合。具体来说，就是运用了哲学关于认识论的"实践论"和事物发展内在辩证法的"矛盾论"。同时，他还深刻地阐述了在知识创造过程中组织的特殊作用和功能。下面仅就其理论中的几个关键词略加分析，以便对其有一个总体性的了解和把握。

关于野中郁次郎理论的几组关键词：1. 关于知识的分类，野中郁次郎认为有隐性知识和显性知识，或称为暗默知识和形式知识之分。2. 关于知识创造的程序或模型，统称为SECI模型，即共同化抑或社会化（Socialization）、表露化抑或外化（Externalization）、内部化抑或内化（Internalization）、结合化抑或联结化（Combination）；SECI则是"共同化""表露化""内部化"和"结合化"四个英文词汇的大写首字母的组合。3. 关于知识创造的平台，则采用了"场"（日语读音是ba，英文单词是place）的表述。4. 知识运动的主体及知识的"螺旋式"上升、增值。知识运动的主体涉及个人、群体、组织以及组织之间等层次。正是在这些主体之间的往复循环运动，使隐性知识和显性知识在互动中转换，并使知识在量上增加、质上增值，形成知识运动的螺旋。

下面就对这四组关键词加以进一步的论析。

第一，关于隐性知识和显性知识。首先，提到知识一词，其由来已久，野中郁次郎从柏拉图、笛卡尔、波兰尼的知识哲学出发，结合日本的经营管理实践，构筑了独创的知识理论体系。再深入追问下去，早在17

世纪英国大哲学家弗朗西斯·培根就曾强调过知识的重要性。他说："知识就是力量。"在20世纪50年代中后期，彼得·德鲁克创造了"知识工作者"一词，他认为"在现代经济中，知识已成为真正的资本与首要的财富"。使知识管理成为重要的课题。1962年，美国经济学家弗里茨·马克卢普提出了"知识产业"的概念。1985年，日本学者堺屋太一出版了《知识价值革命》，提出了知识价值社会的概念。1996年经济合作与发展组织（OECD）发表了《以知识为基础的经济》的报告，并于翌年把知识分类为四种：即事实知识、原理知识、技能知识和人力知识。以此为开端，世界各国对知识经济已达成共识。知识经济时代的到来，迫切要求学者对知识的本质及其是如何创造和管理的加以科学阐释，从而为知识经济时代奠定理论基石。

在20世纪90年代初，野中郁次郎与竹内弘高合著了《知识创造的企业》，系统完整地提出知识创造理论。该书一经出版，关于知识创造的理论就不胫而走，广为流布。书中关于隐性知识的概念，也成了人们重新界定知识定义的最重要的内容。当然，隐性知识概念并非野中郁次郎的创见，而是由英国著名化学家兼哲学家波兰尼在1958年最先提出来的。但野中郁次郎对隐性知识的内涵和外延都赋予了许多新的含义，并强调了隐性知识在新知识创造过程中的重要性。他依据长期深入日本企业考察结果，非常有说服力地强调了在由隐性知识和显性知识构筑的知识整体中，隐性知识占有更大的比重。这不仅是强调了隐性知识在知识总量中所占数量之多之大，而且还包括隐性知识在知识运动中所处的极其重要地位。在知识创造的螺旋式上升的循环中，隐性知识始终都是最活跃的知识。从人类认识论的源头来说，隐性知识是生成所有显性知识的最原始性的基础知识。

对于隐性知识和显性知识，在东西方文化中所处的地位不同。由于西方人长于理性思维，在心理偏好上较东方人更偏重于显性知识。与此相反，由于东方人长于感性思维，故有重视隐性知识的心理偏好。在知识经济时代，正确地认识和解决好隐性知识与显性知识的关系，尤其是重视过去长期遭到西方忽视和冷遇的隐性知识，这对知识创造和管理极为重要。

第二，关于知识创造的程序和模型SECI。知识创造的过程，就是隐性知识和显性知识通过共同化、表露化、结合化和内部化这四个程序，不断地循环往复，进行知识转换，螺旋式上升，从而创造出新的知识。

1."共同化"是将团队或组织内部成员，在个体实践中所积累的个人经验、技术诀窍等难以用语言表达的隐性知识，通过团队或组织内部人员之间互相交流沟通、观摩、模拟等，逐渐成为全体成员共同拥有的隐性知识。在由个人拥有的隐性知识到团队成员共同拥有的隐性知识的转变过程中，这种成员之间可以共享的隐性知识，在量和质两方面都增值了。

2."表露化"是将团队成员共同拥有的隐性知识，上升为可以通过隐喻或讲故事方式，变成可以用语言、文字、图像等符号来表达，经过抽象化形成概念，成为能公开传播的显性知识。由于显性知识具有易传播性、传承性，所以，从知识普及化方面来讲，它具有隐性知识无法替代的作用。

3."结合化"是指由显性知识到显性知识的重新组合编辑的过程。由于这种组合和编辑是通过个人来进行的，而每个人都有自己的价值观、思维方式、信念，并且都是带着特定的目的性去组合和编辑现有的显性知识。其在组合和编辑的过程中，具有独自的选择偏好，因此，就会有各种不同的知识组合、结合，并非是把原有的显性知识机械相加在一起，从而创出不同的显性知识。这与科学家在进行理论创造时，采用假设，然后进行逻辑思维推演，推导出符合形式逻辑的科学理论的过程很相似。

4."内部化"是运用显性知识指导个人或团队从事某项具体工作或业务。但由于工作的环境和情景都不相同，因此，在运用某一显性知识时，必然会进行适当的变通，根据具体情况灵活使用。促进由显性知识向隐性知识转化，从而获得新的隐性知识。

以上知识转化的过程，就是SECI模型，或称为SECI程序。

第三，关于知识创造的"场"。其与知识创造SECI模型密不可分，甚至可以说互为表里一体的关系。野中郁次郎将"场"的概念引入知识创造模型中，由于"场"的概念在知识创造中极其重要，野中郁次郎加以全面深刻的论述。其内容包括："场"的概念、"场"与知识联系紧密、"场"与知识创造、"场"的类型、"场"是平台、"场"与记忆、"场"与信息技术，以及全球化经营与"场"等，从不同角度进行了论述。野中郁次郎关于"场"的概念同西田几多郎哲学中的"场"的概念几乎是同义词。野中郁次郎本人亲自表述过:"作为东方文明的一部分,日本智慧的主要代表非西田哲学所提出的'纯粹经验'理论莫属。本书一直借用波兰尼提出的隐性知识和显性知识概念。其中,隐性知识中的某些概念与西田哲学所提到的'纯粹经验'不谋而合。那是一种'超出个人主观思维之外的智慧'。"① 而西田几多郎关于"场"的概念,"从今天的观点来看,本书的立场是意识的立场,也可能被看作是心理主义的。……我的纯粹经验的立场……又通过希腊哲学转变到'场所'的观点。到那个时候我才觉得获得了对我的思想进行逻辑化的开端。于是'场所'的观点,就具体化为'辩证法的一般者',同时'辩证法的一般者'的立场就直接化为'行为的直观'的立场"。② 此处的"立场"和"场所"即为"场",也就是野中郁次郎所说的知识创造的"场"。但野中郁次郎对"场"的定义进行了全面的拓展。他为"场"所下的定义如下:"一种群体共享的环境状况,换句话说,即知识创造和应用、知识资产配置过程的基地(平台);是以虚拟性的、心理上的或物理性的场所为存在母体的一种相互关系网。"③ 接着,野中郁次郎对何谓"场"展开了具体的分析。

这个意义上的"场"作为一种常见现象,可以反映在企业运作的各个层面。如存在于组织内部的物理性的、虚拟的、心理上的"场";会议室、报告厅,以及电话会议室等企业内外人士相互交流的"场";与客户或供应商进行经验信息分享的外部的"场"等。如果是虚拟的"场",不同的"场"之间的网络关系也不可小觑。④

野中郁次郎结合他最熟悉的企业知识经营,又进行了理论联系实际的阐述:

"在考察知识经营的过程中,会在诸多层面上牵涉到人们对'场'的

---

① 〔日〕野中郁次郎等:《知识经营的魅力——知识管理与当今时代》,赵群译,中信出版社,2012,第196页。
② 〔日〕西田几多郎:《善的研究》,何倩译,商务印书馆,1989,第1页。
③ 〔日〕野中郁次郎等:《知识经营的魅力——知识管理与当今时代》,第133页。
④ 同上书,第134页。

理解。"① 有鉴于野中郁次郎对"场"详尽的论析归纳起来就是"场"在时间、空间上以多种形式存在，并且涵盖人们的一切活动，其在知识创造中起着极其重要的作用。

第四，关于知识运动的主体及知识运动的螺旋式上升、增值。野中郁次郎认为，个人在隐性知识创造的过程中具有无可替代的作用，但个体所创造的隐性知识，毕竟难于在人与人之间或群体、组织之间传播、扩散，其在转换成社会价值方面具有很大的局限性。只有使这些由个体创造的隐性知识，在群体间进行交流互动，为更多的人所感悟和习得，才能产生远远大于个体知识总和的新知。同时，还必须是群体所掌握的放大了的隐性知识，在群体所在的组织内广为传播，进而使个人、群体所在的组织具有更丰富的知识资产，这样该组织才能拥有其他组织所不具备的卓越能力。正是在这个过程中，组织的知识得到了提升和增值。这就是知识创造或知识经营理论所具有的强大的力量。还需要强调一点，那就是在组织进行知识创造或知识经营过程中，有一个"个体"的作用非常重要，这一"个体"就是组织的领导者或企业家。因此，知识创造型组织的领导者，必须是学习家，用彼得·圣吉的话来说，就是引领组织学习、前进的导师。另外，就是知识创造性企业组织，必须有一个强有力的中层管理者群体，他们在组织学习过程中起着承上启下的作用。中层管理者上可以通天——直接接触组织最高层领导者，起到上意下达的作用；下可以接地——与最基层的员工直面交流、沟通，成为下意上达的桥梁。尤其重要的是，中层管理者既是带领基层员工进行创造隐性知识的带头人，又是承担把隐性知识转变成显性知识的组织者，促使知识运动螺旋式上升循环的推动者。强调和重视中层管理者的重要作用，这是野中郁次郎与彼得·德鲁克取消中层管理的观点重大区别之一。

成功的日本公司认识到，中层管理者在发展从高层管理者的角度看到的"应该是什么"和基层雇员真实的感受"是什么"的概念上扮演着至关重要的角色。中层管理者实际上是创新型公司的知识工程师，

---

① 〔日〕野中郁次郎等：《知识经营的魅力——知识管理与当今时代》，第135页。

充当着上层与下层、理论与实际的桥梁,并在创新中扮演着重要的角色。①

罗伯特·皮科特里评价道:

> 野中郁次郎和竹内弘高的组织知识创新理论的核心在于,认知论(知识转化)和自然观(组织层)螺旋式上升过程之间有一个长时间的互动。前者包括隐性和显性形式的互动螺旋,后者包括个人、集体和组织层之间的螺旋,这在某种程度上使人联想到前面提到的包含由中而上再下的管理螺旋过程。这三个尺度形成了动态知识创新过程的框架,为创新提供了动力。
>
> 更重要的问题是,无论是日本还是西方,无论是等级结构还是任务导向的结构,都没有提出知识创新理想模式。学者们通常倾向于将西方和日本的观点融为一体,实现超越文化的创新模式,但事实上都难以服人。而野中郁次郎关于发展知识社会的观点,深层次论证了知识社会化和显性化的特征与过程,真正超越了国界,具有非常重要的意义。②

最难能可贵的是,野中郁次郎对知识创造理论进行继续探索。由于野中郁次郎理论最初主要是源自对日本国内企业的考察,因此,他在进一步考察日本代表性大企业,特别是丰田、日产、佳能等许多优秀大公司在知识创造方面的新进展的同时,开始对其理论应用于西方国家企业进行了新一轮的考察。其最典型之作就是《日产,这样赢得世界》一书。该书既阐释了日产"融合东西方的智慧"、如何"用世界的知识进行创造",又论证了日产与美欧研发人员共同合作开展研究工作的成功案例。③

第四项贡献,日本战略之父大前研一不断为世界提供管理新观念。

---

① 〔英〕布卢姆斯伯里出版公司:《他们改变了管理》,第205—206页。
② 〔英〕马尔科姆·沃纳:《管理思想全书》,第467页。
③ 〔日〕野中郁次郎等:《知识经营的魅力——知识管理与当今时代》,第195—196页。

被誉为日本战略之父、全球五大管理大师之一的大前研一，以其开放的胸怀和孜孜不倦地向学精神，拼命地吸收人类创造的丰富知识，并将这些渊博的学识和智慧酿成经营管理的新理念和新观点。他最重要的理论涉及战略、全球化以及新经济等众多领域。他提出了许多令人耳目一新的观念，如《企业参谋》和全球化的发轫之作《无国界的世界》《看不见的新大陆》《民族国家的终结》《虚拟经济》《倍数经济》和《专业主义》等。他通过著书立说、管理咨询、登堂授课、发表讲演和创办学校等各种形式，将这些新理念奉献给管理学术界和人类社会。其卓越的贡献早就博得西方管理学术界的认可，并给予了极高的评价。这一点从西方管理学术界所撰写的诸如《50位管理思想家》《管理大师》以及《他们改变了世界或管理》等许多著作中，都能看到大前研一的大名。在从全球众多管理书籍中遴选50部必读之名著中，大前有两部列于其中，能与其比肩的只有那位大名鼎鼎的美国管理学大师彼得·德鲁克了，足见其在世界上的巨大影响力。

众所周知，管理学领域是欧美人的天下，尤其是美国人，因为绝大多数管理学理论都是由他们创造并传播于全世界的。然而，大前研一能跻身欧美管理学术界的法眼，足见其在这个行当中的地位之高、影响之大。仅从其所著的一百五六十部管理学著作和无数论文、讲稿即可见其能量之大。而且许多著作都是一版再版的畅销书，被译成世界各种文字出版，这让美国那些自视甚高的管理学家们也不得不甘拜下风。

大前研一是世界著名的咨询公司麦肯锡的经营顾问，直到退休为止。在知命之年又重新创业，创办创业者商学院，亲执教鞭培养面向21世纪的创业者，同时还在美国名校兼任教职。

大前研一初出茅庐就大显身手，在而立之年即为经营管理学术界奉献出《企业参谋》和《策略家的智慧》两部颇具影响的著作，轰动了西方管理学术界。

这两部著作不同于广泛流行于全球的日本式管理理论。大前研一认为日本公司的策略家不同于西方那些受过专门管理学教育的咨询顾问。

> 也许没有专任的策略规划幕僚，可是它们却拥有一位天生的策略家——一般都是公司创办人或社长。这些杰出的策略家大都没有受过

正式的商业教育，至少没受过大学级的教育，更不用说日本没有商学院了。他们可能从未读过一本有关"策略"（strategy）的书。他们先天具有异禀，能从整体角度审视公司、顾客和竞争者之间的关系，然后逐渐凝合为一整套的目标和行动计划。

在这一过程中，"见识"（insight）是关键所在。相对于现状来说，它是创造性的，也带有一点直觉性的，因此从分析者的角度看，是不够严密的。日本策略之所以能具有强大的竞争性冲击力，乃是因为它具有创造的成分，而且构成这种策略的人，具有坚忍的意志和推动能力。①

其学说使欧美人士能够准确理解和把握日本企业管理的本质、真谛。关于知识经济的概念，首先，大前研一依据新经济观提出了在新经济时代构成经济板块的"有形经济"或曰实体经济，这是我们所熟知的，其同传统经济运行模式没什么两样，但它也不能独善其身，无形经济的元素会介入其中。用大前研一的话来说，"无形大陆面向特别重要是因为，有形实体经济面向已经在越来越多方面无法准确代表现实状况了"。②其次，是"无疆界面向"，强调的是全世界完全成为一个无疆界的经济体，是"无国界的世界"，最突出的表现是所有的资源流动性加速，如资金、信息、人员、产品等；经济活动分布在世界各地，如设计、生产、销售的产业链、供应链等。再次，是"数位科技面向"。对此，大前研一写道："以电脑及通信科技为例，这些科技不单只改善通信方式，也深切地改变了消费者、生产者和公民所处的文明及商业环境，不可能再走回头路了。那些无法在这个数位科技面向上占有一席之地、发展才能的人，会发现自己难以在新大陆上成功。而尽管这块看不见的大陆上有许多与网络有关的案例，但网络本身不能代表数位科技面向的全部。"③最后，是"高倍数面向"。"这个面向最重要的一部分是前所未有的杠杆运用。倍数操作——不论是投机客运用

---

① 〔日〕大前研一：《策略家的智慧》，台湾黄宏义译，中国友谊出版公司，1985，第4页。
② 〔日〕大前研一：《知识经济的四大策略——看不见的新大陆》，王德玲、蒋雪芬译，新疆人民出版社，2002，第6页。
③ 同上书，第8页。

财务杠杆的模式、或股票市场的本益比（P/E）模式——都是建立在一套虚构假设上的数学发明。若从传统的有形面向来看，公司值即为其净现值。但就一个在无形新大陆上占有一席之地的企业而言，对该公司的期望可以使其市值从零飙涨到无限大，……这种倍数杠杆的力量并非虚构的，若运用得当，一家拥有高本益比的公司可以在短时间内成为具有影响力、'真正'的蓝筹绩优股上市公司。"[1]

如上所述，看不见新大陆上的新经济，已经没有现成的理论和方法可资借鉴，以往行之有效的模式已成为明日黄花，为了在未来能够成功，最起码能够生存下去，则必须要重新构建一整套完全不同于迄今为止的理论、规则和行为方式。

全球化是大前研一研究着力最多也是其影响最大的领域。英国学者西伦·派克重点阐述了大前研一关于全球化的思想理论发展脉络。

大前研一深知，世界处于不断的变化之中，通信技术的发展缩短了人们之间的距离，萌生出了无数崭新的机会。

大前研一认为，国界线的存在，抑制了商品和信息的流通，支撑着已经过时的民族国家概念，互联网的兴起在很大程度上削弱了国界的威力，像欧盟这种因为经济原因而结成的联盟是未来的希望。

《下一个全球化阶段》（2005）是对全球化经济的重新审视，他力图回避"新经济"这一说法，因为人们往往将它和互联网时代的发展与兴盛联系在一起，这种狭隘的理解已经扭曲了它的本意，实际上经济的全球化是指用多元元素来衡量公司的价值。我们的世界处于高度的流动性之中，而进入这流动世界的关键在于对流动性的吸引。这样的引力不再局限于国家-地区的范围，而是指对投资商友好的"区域"，这里的区域不是地理概念上的，也无须任何自然资源，只要有良好的科技和智力结构即可蓬勃发展。

全球化经济的另一个方面是各种平台的存在，那是为了便于相互沟通而商定的技术标准，其中包括英语语言平台，因为英语的使用在

---

[1] 〔日〕大前研一：《知识经济的四大策略——看不见的新大陆》，第9页。

商业世界占据了主导地位;还包括信息科技的标准,例如互联网网际协议等。美元成为货币平台,和美国毫无关系的人们用它来做交易和储蓄。

全球化经济与信息业及计算机业的发展密切相关,此外,物流业的发展更是为它提供了诸多便利,货品可以便捷地在同一家公司或者它的战略伙伴间进行组装和配送。

全球化经济如同沙丘般不断改变着形态,旧的行业以惊人的速度在我们眼前消失,新的行业迅速抢占了它的位置。世界瞬息万变,行业的领头人必须要有足够的心理准备,也许就在一夜之间,自己进入了一个完全不同的行业。①

大前研一的人生和事业可谓是当代人的楷模,他是一位经营人生的高手,一般人很难望其项背。仔细斟酌其大成之道,无论做什么,他都能巧用杠杆原理。这样就可以花很少的时间,获得倍数效益。学习是这样,工作亦如此,他在写作方面能如此高产,更得益于此。他向三教九流学习,上至一些国家政府首脑、地方首长、公司老总、房地产开发商,下至普通市民、乡间老翁,都是他的老师。读万卷书,行万里路,做世界公民,搞无国界经营。大前研一的人生路,为世人指明了一条通达数字经济时代的必胜之路——学会学习,这就是那根能撬动无国界世界的杠杆。

第五项贡献,京瓷培养经营者和高收益企业的法宝——阿米巴经营。

实行阿米巴经营,不仅使京瓷公司创立60多年来从未出现过亏损,而且长期保持两位数的利润率,这是日本经营史上的奇迹。稻盛和夫还通过全面践行京瓷哲学和阿米巴经营,使其亲手创建的两家公司——京瓷和KDDI成为世界500强大企业。而且,还通过盛和塾分塾例会和盛和塾全国大会,向塾生推介阿米巴经营模式,使许多塾生经营的企业成功引进了阿米巴经营,并取得了骄人的业绩。自1989年京瓷设立咨询服务事业部,把本不对外公开的商业秘密"阿米巴经营"作为主要内容对外提供咨询服务,

---

① 〔英〕西伦·派克:《管理思想家50强》,余彬译,上海三联书店,2006,第117—118页。

以贡献于社会。该项业务开展30多年来,向日本和外国众多企业提供阿米巴经营的相关咨询业务,帮助这些企业引进和实行阿米巴经营,使众多企业受惠。尤其在稻盛和夫重建负债累累、已经破产的日航时,阿米巴经营发挥了奇效,为日航重新迅速崛起,立下了赫赫战功,产生了令日本各界乃至世界都大为震惊的奇迹。据不完全统计,截至2014年4月,在日本国内外移植阿米巴经营的企业就已多达520多家,尚未包括中国企业。大多数为中小企业,规模最大的是JAL。

我对京瓷经营的研究历经20余年,深为阿米巴经营模式所折服。但对是否将阿米巴经营模式作为日本对世界企业经营管理的贡献之一,一直犹豫不决。直到反复深入地研读了稻盛和夫的著作、神户大学三矢裕等三位学者、森田直行以及日本阿米巴经营学术研究会的研究成果之后,特别是近年来中日两国学者和企业家所撰写的大量关于中日企业运用阿米巴经营所取得的辉煌经营业绩的论著,尤其是破产的日航运用阿米巴经营,在极短的时间内进行了成功重建的案例,更加坚定了我把阿米巴经营模式推举为日本对世界企业经营管理的重大贡献之一。不得不谈到日本经济新闻社编辑委员大西康之的一段话:"阿米巴经营是管理会计的一种。这个是可以和丰田公司的看板管理、通用公司CEO杰克·韦尔奇的六西格玛管理相媲美的管理科学。"[①]

那么,何谓阿米巴经营呢?阿米巴经营是如何产生的?其结构和功能若何?应如何导入和运用阿米巴经营?阿米巴经营又与中国企业内的班组有何区别呢?下面就对此进行简要的论析。

首先,关于阿米巴经营产生的背景。

稻盛和夫创业后,虽然分工担任技术部长,但他其实负责整个企业的经营。由于企业规模很小,员工们大事小情都找稻盛和夫,让他拿主意,提出解决办法。随着公司规模的扩大,需要他处理的事务更多了,越发感到应接不暇、分身乏术。于是他想,如果我能像孙悟空那样,从身上拔一把毛,变成无数的小孙悟空该多好哇!这时他就想到应该把各种职能分开,划分成独立单位;进而把生产工序加以划分,每个单位或工序让一名

[①] 〔日〕大西康之:《稻盛和夫的最后一战》,千太阳译,现代出版社,2013,第8页。

员工负责管理。在此基础上,他又想到应该让这些小的实体拥有公司的职能,进行独立核算。结果一试果然效果不错,这就是阿米巴经营的雏形。

其次,关于阿米巴经营的功能和目的。稻盛和夫写道:

> 为了采用独立核算制对各个组织进行管理,损益核算是不可或缺的,但若是采用专业的核算表,外行人很难看懂。因此,为了让没有会计知识的人也能够看懂,我就对损益表进行反复研究,制作了通俗易懂的"单位时间核算表"。……用核算表的形式表现经营的原则,也就是实现"销售额最大化和经费最小化",使两者差额的附加价值最大化。"单位时间核算表"中设立了相当于销售额的项目以及所需的经费支出项目(不包括劳务费),通过统计其差额,可以对核算一目了然。①

这样不仅可以培养阿米巴成员的经营者意识,还可以通过即时汇总各阿米巴的数据,形成整个公司的经营数据,随时掌握经营的状况。于是,看似简单的阿米巴经营,一举达到了三个目的:第一个目的是"确立与市场挂钩的部门核算制度";第二个目的是"培养具有经营者意识的人才";第三个目的是"实现全体员工共同参与经营"。②

再次,关于构筑阿米巴,应该是随机可变的但不是随意的。就是说,一个阿米巴必须能够具有独立核算的功能,并随着其功能的变化进行相应的改变,即可以扩大或缩小,可以分解或合并,但这都不是随意的行为。最主要的是,阿米巴组织必须践行京瓷哲学,不能与公司整体利益相抵触。为此,稻盛和夫提出了构建阿米巴组织的3个条件:

> 条件1,阿米巴必须是一个独立核算单位。换言之,就是能够准确地掌握阿米巴的收支状况;条件2,阿米巴是一个独立完成业务的单位。换言之,就是领导在经营阿米巴时有钻研创造的空间,可以体

---

① 〔日〕稻盛和夫:《稻盛和夫阿米巴经营》,陈忠译,中国大百科全书出版社,2009,第10页。
② 同上书,第12页。

会到它的事业价值；条件3，把组织划分成能够执行公司目的与方针的单位。换而言之，就是组织的细分不能阻碍公司的目的与方针的执行。①

最后，是关于阿米巴经营模式的传播。对于阿米巴经营，稻盛和夫曾不厌其烦地加以论述。尤其是通过盛和塾的例会和全国大会，反复向日本国内外的塾生们阐述如何实施阿米巴经营的方法和诀窍。对于稻盛和夫构建阿米巴经营模式的贡献，已经有目共睹。森田直行对阿米巴经营模式发展做了大量具体工作。他在总公司生产管理部门开发电脑软件，与阿米巴经营结缘，开始了阿米巴的人生。他通过研究，逐渐使公司的财务薪资管理、订单管理和营业部门的管理都实现了电脑化，极大地改善了以"单位时间核算制度"为基础的阿米巴经营绩效。1980年森田又按着稻盛和夫"我想拿到每个月月末的概算数据"的指示开发电脑软件。

> 稻盛要的数据是：收到的订单量、生产量、销售额、经费、税前利润。他要求森田想办法在月末拢账结束以前，得出一个概算数据。森田做到了。至此，各级单位都能在月末明白自己该月的业绩的"阿米巴经营模式"的基本形式已经完成。②

正是由于阿米巴经营的各方面的细节不断地得到了改革改善，这一模式得以日臻完善。森田直行协助稻盛和夫在京瓷内部成功地构建和实行阿米巴经营，为京瓷带来了滚滚的利润，因此，阿米巴经营模式成了京瓷的高度商业秘密。京瓷集团的巨大成功，引起了越来越多企业的重视，许多企业都想引入阿米巴经营模式，以改善和提高经营的绩效。稻盛和夫在取得京瓷成功之后，不忘初衷——"为人类社会的进步和发展作贡献"。他经过慎重思考之后，本着为日本社会作贡献的利他精神，决定将阿米巴经营模式公之于众，以造福日本和人类社会。于是，1989年京瓷咨询服务事业

---

① 〔日〕稻盛和夫：《稻盛和夫阿米巴经营》，陈忠译，中国大百科全书出版社，2009，第79—80页。

② 〔日〕大西康之：《稻盛和夫的最后一战》，第144页。

部，由森田直行负责开展阿米巴经营咨询服务业务。1995年京瓷通信系统有限公司（KCCS）成立，开始全面推介阿米巴经营模式。

以前，许多业界人士都认为阿米巴经营模式只适用于京瓷，后来又认为可以用于制造业，再后来又实现了"跨行业扩大中的阿米巴经营"，进而迈出了"在全世界扩大的阿米巴经营"，从而彻底打破了世人对阿米巴经营模式的偏见，颠覆了以往企业经营的旧模式，成为逐渐被世界所认可的可复制、可推广的，具有普适性的企业经营管理模式。

森田直行说："在从事阿米巴经营咨询服务业务的同时，我强烈地认识到了从学术角度对阿米巴经营进行体系化，并探求其中理论体系的重要性，于是与很早就开始关注和研究阿米巴经营的神户大学加护野忠男教授一起，于2006年共同创立了阿米巴经营的研究组织阿米巴经营学术研究会。"[1] 其目的是："在学术上将阿米巴经营确立为21世纪能够代表日本的管理会计"和"通过对阿米巴经营进行研究，以及研究成果的发表和公开，促进产业社会的启蒙，并推动企业的发展"。[2] 参加成员，以一桥大学、神户大学和京都大学的经营学和会计学的学者为主，并吸引了更多研究者参加。根据上述宗旨，研究会成员开展了大量的研究工作。

2009年，阿米巴经营学术研究会第一次研讨大会召开，稻盛和夫名誉会长、学者以及学习阿米巴经营的"阿米巴经营俱乐部"的企业家参加了会议。作为研讨会的成果，于2010年出版了《阿米巴经营学：理论与实践》。

该书是一部由神户大学、一桥大学、大阪大学、京都大学等专门从事阿米巴经营研究的17位专家学者以及京瓷公司名誉会长稻盛和夫和大田嘉仁等4位京瓷领导人员共同研究的成果。这些研究者分别从经营哲学、管理学、会计学等方面对阿米巴经营进行理论分析，代表了当前日本阿米巴经营研究的最高水平。加护野忠男在该书出版寄语中阐述了稻盛和夫成功重建日航的两大支柱以及二者的相互关系。

---

[1] 〔日〕大西康之:《稻盛和夫的最后一战》，第182页。
[2] 〔日〕森田直行:《阿米巴经营（实战篇）》，第182页。

第一大支柱是理念主义经营。通过确立经营哲学，明确了公司的目的、强化了员工的工作态度，这正是稻盛理念主义管理奏功的结果。在他看来，企业的目的与京瓷一样，在于追求员工物质和精神两方面的幸福。第二大支柱则是合理主义经营，关注利润数值，开展合理的管理，这就是阿米巴经营。这两大支柱互相支撑，才能产生效果。

如果只有理念主义，那么有可能劳而无功。如果只有阿米巴经营，公司内部的气氛就会显得紧张。而通过日航成功重建，再次证实了稻盛经营不但能应用在制造业，在航空产业以及广义的服务行业也能取得成功。[1]

当今，阿米巴经营已经走出京瓷公司，为各行各业许多企业所采用，究竟其效果如何？谷武幸、三矢裕和洼田祐一通过对97家导入阿米巴经营企业的问卷调查及分析，回答了阿米巴经营在导入各行各业应用实践后的效果及尚待解决的问题。他们写道：

要想弄清阿米巴经营导入后的实际情况，最好的方法是以大量样本为对象进行定量性问卷调查。于是，我们在隶属京瓷集团的咨询公司京瓷通信系统株式会社（以下称为KCCS）的协助下，针对阿米巴经营实施了问卷调查。

先从结论说起，本问卷调查中的主要发现如下：

第一，通过各种项目对阿米巴经营的导入成果进行了评测，结果显示，所有项目均得到了改善。其中，经营"可视化"的改善效果最为显著，同时，对导入阿米巴经营的综合满意度也很高。

第二，导入阿米巴经营后，继续运用的企业（继续企业）和中止运用的企业（中止企业）相比，在以"财务成果""人才培养""可视化"为代表的多项成果项目上，继续企业的改善更大，同时，在综合满意度方面，继续企业也比中止企业要高。

---

[1] 日本阿米巴经营学术研究会编《阿米巴经营的进化——理论与实践》，张仕英译，中国大百科全书出版社，2018，第1页。

第三，导入阿米巴经营，也带来了"单据填写费事"和"会议时间长"等负担和问题，并且发现这些有可能会对综合满意度造成负面的影响。而且，在"单据填写费事"和很有可能会招致部分最佳的"利己行为"方面，中止企业也比继续企业更强烈地认为是负担和问题。

第四，在属于阿米巴经营子系统的单项组件中，九成以上的导入企业采用的是与PDCA循环有关的组件（单位时间核算、预定、主计划等）。但也有不少企业回答有几个组件并未采用。也就是说，即使实施阿米巴经营，也并不是全套采用所有组件。[1]

三矢裕从管理会计学角度论述阿米巴经营模式的精髓。他认为，阿米巴经营主要就在于稻盛和夫将哲学、管理会计和组织巧妙地结合在一起并运用在委派管理之中。"我认为，这种谁都能轻松使用的、简单易懂的管理会计，对这个充斥着财务会计的世界来说是非常伟大的革命。"[2]

还值得注意的是，最近，阿米巴经营模式之所以受到美国学术界的重视，我认为有以下几点原因。首先，美国是一个极其崇尚企业家精神的社会，稻盛和夫27岁白手起家创立京瓷，50多岁敢于同庞然大物的国有电信电话公司叫板，创立第二电信电话即现在的KDDI，这种创业创新精神受到美国学术界和企业界青睐。美国一位研究领导力的学者曾对稻盛和夫进行了深入研究，因此稻盛和夫在美国的影响度很高。其次，稻盛和夫长期以来所经营的京瓷公司和KDDI公司，都成功地成为世界财富500强企业，虽然其在500强中排名并不靠前，但其盈利额和利润率非常高，这一点广受关注。迈克尔·波特等学者把京瓷公司列为京都模式的典范加以推广。最后，是稻盛和夫以古稀之年，临危受命，拯救负债累累的破产国有航空公司日航，他凭借京瓷哲学和阿米巴经营这两件神器，以不服输的精神，经过三年的艰苦努力，就实现了日航的重建。日航不仅重新上市，而且成为世界航空公司中首屈一指的盈利大户。"日航的成功重建不仅震惊了日本，也震惊了世界。整个世界都看到了日航的迅速复活，而且也把目光

---

[1] 日本阿米巴经营学术研究会编《阿米巴经营的进化——理论与实践》，张仕英译，中国大百科全书出版社，2018，第277—278页。

[2] 〔日〕稻盛和夫：《活力——稻盛和夫的人生经营法》，第203页。

聚焦到了实现日航复活的阿米巴经营上。我们从全球各地收到了大量希望能了解阿米巴、学习阿米巴的声音。"① 这使美国管理学术界和企业界不得不对京瓷哲学和阿米巴经营学刮目相看。

森田直行认为：

> 当然，阿米巴经营自身也在不断发展变化。不仅局限于制造业，正如我们在日航重建中看到的那样，阿米巴经营在全新的事业领域中，不论企业的规模大小，也不论企业所处的行业如何，都能为企业绩效的改善和发展作出巨大的贡献。这足以证明，阿米巴经营所强调的最基本思维方式，活用人才，培养人才的机制，能够增强企业的活力和体制机制，无论在怎样的经营环境中都能持续地做出非凡的成绩。我相信，越是在现在这种激流勇进的时代，被称为"心灵的经营"的阿米巴经营会受到越来越多的关注。②

对于阿米巴经营，我国著名学者黄海平写道："阿米巴经营被誉为当前国内外最先进、最有效、最人性化、最值得学习推广的经营管理模式，世界500强京瓷企业群的崛起、KDDI的持续成功、日航的绝地重生、日本四大'经营之圣'的经营成就，甚至日本经济的腾飞，不过是'阿米巴经营'的产物，学习、掌握、领悟阿米巴经营，企业成本至少降低10%，效益提升30%，从而使企业步入良性发展轨道。"③

最后，还必须特别强调的是，阿米巴经营学绝不是一种单纯的赚钱的工具或具体的操作方法，它是以京瓷哲学为基础的完整的经营管理学体系。因此，离开哲学这个灵魂、主心骨，阿米巴经营就会失去生命力。作为一种管理理论的阿米巴经营学，构筑其体系的学科包括哲学、组织学、会计学、人力资源学和电子计算机科学等诸多学科。一些企业仅仅把阿米巴经营作为一种赚钱的工具来引进和运营，结果事与愿违。所有希望引进

---

① 〔日〕森田直行：《阿米巴经营（实战篇）》，第VIII页。
② 同上书，第184页。
③ 黄海平：《经营哲学 阿米巴经营实学&二十二条经规——构建幸福型企业》，清华大学出版社，2014，第190页。

和运用阿米巴经营的企业家和经营管理者,在端正自己价值观的基础上,通过实践阿米巴经营,为企业员工、为周围的社会,进一步为国家和世界作出更加辉煌的贡献。

第六项贡献,集世界经营学智慧之大成的日本企业经营哲学。

日本企业经营的又一大特色,也是有别于欧美企业经营的独树一帜的企业经营哲学。

中江兆民说过一句话:"我们日本从古代到现在,一直没有哲学。……哲学固然不一定有显著的功效可以让人看见或听见,也就是说,哲学对于贸易的顺差逆差、银根的松紧、工商业的发展与否,等等,好像没有什么关系……这既是一个无足轻重的问题,而又不是一个无足轻重的问题。没有哲学的人民,不论做什么事情,都没有深沉的远大抱负,而不免流于浅薄。"[①]

关于日本企业经营哲学,似乎与中江兆民所谓的哲学关系不大,但也并非完全没有关系。他谈到了哲学与国家和个人的品格和地位,这关系到国家和个人是否拥有远大的抱负,这就与企业经营息息相关了。

日本经营哲学具有深厚的历史渊源。其借鉴了中国儒学、道学、兵学和中国化的佛学,并把其与日本本土的自然宗教、町人的伦理思想乃至宫本武藏兵法融为一体,酿成了具有日本特色的经营哲学。尤其是近现代以来,将日本式管理推向世界的"日本企业之父"涩泽荣一论语加算盘的经营哲学,"经营之圣"松下幸之助的"水哲学",稻盛和夫以"敬天爱人"为其使命的"利他经营哲学"等。

日本具有代表性的企业家兼哲学家的经营哲学和理念,无不具有深远的历史视野和高瞻远瞩的世界观和价值观。他们都赋予了企业一种神圣的历史使命和灵魂,而非仅仅是一个造物的机器,更不是为少数人牟利的工具。正是这一点与欧美那种以理性为基础冷冰冰的公司制度区别开来。

日本企业的经营哲学与企业文化息息相关,哲学处于企业文化的更高层次,但二者又不尽相同,不能混为一谈。

[①] 〔日〕中江兆民:《一年有半、续一年有半》,吴藻溪译,商务印书馆,1997,第15—16页。

第七项贡献，将兵法活用于现代企业经营。

运用兵法于近现代企业经营，西方并非没有这样的先例。但像日本这样在近现代企业经营中把兵法运用得如此炉火纯青的国家，则鲜有出其右者。

从历史上来看，日本将兵法用于企业经营管理极其自然。从11世纪初至日本20世纪的战国时代，武家为争夺天下，长期兵戎相见，在不断征战中，武士是幕府及各藩大名领下的武装力量，承担着一定的行政管理职责。

而使日本社会转型的明治维新，是由西南诸强藩的下级武士发起的，当明治政府成立后，这些武士摇身一变成了政府的各级官员和军警要员。有些武士以所拥有的知识技能担负起文职或技术职务，组成了明治政府这台统治机器。而其他大部分与这部机器无缘的武士，则在明治政府"殖产兴业"的大号令下大展身手，成为"将刀剑换成算盘"的产业大军的各级管理者。故此，明治时代的许多大企业的经营者都出身武士就不足为奇了。这些经营者在企业经营管理中，自然而然地会将其行为模式用于企业管理当中，带有"武士道"的印痕。诚如约翰·劳瑞曼和见城尚志所写的那样："武士们能够利用各种方法进入工商界并接管其中的大部分，这是很值得研究的，因为在那时，商人和工匠控制了整个工商界。武士能控制政府并不足为奇，他们在日本与西方进行技术竞争时，非常及时地将自己的影响扩展到工商界，具有非常重要的历史意义。与其他人相比，武士们受过良好的教育，他们也把这些优点连同其他一些为日本服务的武士价值观，带入了日本新生的工业价值体系中。"[1]

二战后，麦克阿瑟对日本实施了非军事化政策，解散了穷兵黩武的日本军队，那些原来参战的军人，很多进入企业界成为管理者或员工，有的则通过自己创办企业成了管理者。这些旧军人都受过日本军校或各种学校教育，拥有专业知识和技术，自然就成了二战后日本企业管理的中坚力量，其中不乏大企业的经营者。

---

[1]〔英〕约翰·劳瑞曼、〔日〕见城尚志：《教育、培训——企业成功的钥匙》，第23页。

由此看来，日本企业自觉不自觉地运用军事管理方式来管理企业，有其特殊的社会背景。

曾经担任美国军事委员会成员，后来在日本侨居达数十年之久的日本研究权威博耶·德·门蒂，在谈到日本企业运用兵法从事经营时写道："20世纪60年代初期，日本商界想通过对日本历史的回顾，来寻求一种观点，并以它为基础，来支持他们建立自己的独特的经营体制。总的来讲他们就是进一步摒弃了美国式的管理，同时采纳有益的忠告，解决如何处理国内外与日俱增的竞争问题。这一努力的主要内容是醉心于对三本书的学习研究。这三本书是：日本末代军事王朝创始人德川家康的18卷个人传记、中国古代军事战略家孙子的《孙子兵法》和一本新版的《日本帝国部队作战手册》。简单地说，这些商人读者从这几本书中受到启发，他们把经营管理与军事战略战术等同起来，并不遗余力地为他们的公司和国家的昌盛和荣誉而奋斗。"①

日本倡导并践行兵法经营的著名企业家大桥武夫，不仅著书立说，还设立兵法经营学校向企业经营者广泛传授兵法经营的理论和智慧。大桥在书中多次援引日本战国时期的征战经典案例，阐述如何获得战争的胜利，并将其与现代企业经营紧密结合，说明兵法经营的奥妙。大前研一为了向外国推介日本管理的精髓，特意撰文言明了日本管理的全部秘密就在《孙子兵法》。另外，日本还设有专门研究将兵法运用于企业经营的"商业兵法研究会"，该研究会声称："目前《孙子兵法》在商业战场上的活跃程度，甚至远超过它在军事战场上的地位，尤其是著名的企业家们将它列为经营上的参考，已是众所周知的事，而且不仅止于经营层级的人，现在连一般的企业人士，也都非常仰赖《孙子兵法》。如今《孙子兵法》不仅是军事相关人员以及企业人士所必读的书籍，更是被人们评为'史上最强的兵法书'。"②日本企业界还将《三十六计》《三国演义》等列为学习兵法经营的教科书，置于床头枕边，随时翻阅研读。他们对孙子、孙武、曹操、诸葛

---

① 〔美〕博耶·德·门蒂：《洞察日本文化——对日经商之道》，李福顺、唐永川、杨泓译，中国人民大学出版社，1991，第2页。

② 〔日〕商业兵法研究会：《职场孙子兵法》，萧云菁译，中国人民大学出版社，2010，第4页。

亮等军事家赞不绝口。其中，松下幸之助非常赞赏孔明不徇私情、公平无私的用人政策；而现在最有名的年轻经营者孙正义则结合软银集团经营实践，创立了"孙孙兵法"。

馆义之强调企业经营者必须具备权威与实力时，列举了中国公元前3世纪兵法书《尉缭子》中的一段话："爱在下顺，威在上立。爱故不二，威故不犯。故善将者，爱与威而已。"① 而他在讲到经营者如何才能发挥领导作用，充分调动下属能力时，又列举了公元前5世纪至4世纪兵法家吴起的用兵之道，"四轻、二重、一信是极致"。② 所谓四轻：一是为部下减压力、增信心；二是酿造温馨和谐人际关系；三是消除惯例等条条框框束缚；四是打造畅所欲言、各抒己见的环境。二重则是公正评价、适时褒奖和适当罚规。一信为上下互信。"'四轻、二重、一信'一旦得到贯彻，大家自然就会变得干劲旺盛，齐心协力为共同目标而奋斗。"③

日本德川时代的宫本武藏所著的《五轮书》是一部论剑法与刀法的兵书。但细细琢磨后，其实这是一部充满哲理的专讲"心法"的著作。该书的"空之卷"，虽然篇幅只有短短的一页，但充分展现了习武之人的"心法"——大清明之心境。这种心境对于企业经营者来说，又何尝不重要呢？

> 武士对兵法的理解应当准确，并勤加练习，直到扫除一切困惑，达到心中澄澈空明的境地。此时，意志、心智都会得到极大的修炼，你会变得目光如炬，洞悉一切事物的本质。从此，你的心中不再会有任何阴影和黑暗，这样的境界就是"大清明"的境界。
> ……
> 最大的道，就是直道而行。也就是保持一颗率真的童心。这样的心可以扫除无数荫翳，助你看清天地间万事万物——这就是"空"的境界。

---

① 〔日〕馆义之：《质量管理实战精要》，姚晓东、周庆玲译，北京大学出版社，2004，第106页。
② 同上书，第107页。
③ 同上书，第107页。

在"大清明"的状态中,善的力量驱逐了一切恶行恶念,智慧、真理、道三朵奇葩从此盛开在空无一物的澄澈心地中。①

在矢野俊介所著的《企业家的经营艺术》中,论述原日本名古屋铁道总经理土川元男研读《五轮书》并将其用于企业经营的精彩故事。土川对《五轮书》爱不释手,尤其是他把该书"地之卷"记述学习兵法的九大原则运营于企业经营,形成了他的经营哲学。这九大原则是:"第一,不得有邪心;第二,所谓'道'不是一种观念,而是通过实践得到锻炼的;第三,不能只通一种武艺,而应广泛通晓多种武艺;第四,不仅要了解自己的职能,而且要了解其他各种职能;第五,合理判断事物的利害得失;第六,培养对各种事物的直观判断力;第七,善于从表面现象分析内涵的本质;第八,不忽略一些细小的现象;第九,不搞徒劳无益的事。"②

土川元男遵照九大原则,适应时代潮流,大胆地实施经营合理化和现代化以及在企业界率先发展文化事业。

首先,关于经营合理化,在明确方针前提下,成立了合理化委员会。公司方面有土川董事和有关人员参加,工会方面也有代表。经营者和员工共同集思广益,研究如何开展合理化的措施并付诸实施。这种做法在职工中引起了轰动,加深了对合理化的理解。为了充分发动广大职工积极主动参加合理化运动,设立了"合理化研究员",从公司内部招聘。结果经过严格挑选,采用了36名20岁左右的年轻职工,经过两个月的具体管理业务培训,他们全部被分配在公司总部计划室工作。在其制定的合理化方针中,明确规定将经营合理化所获利益分配给社会公益事业、保证股东利益和增强企业实力、改善职工待遇的三分法。而在1959年编制的合理化经营十年计划中,向全体员工保证:在10年之内工资达到现在的2.5倍、实现周休2天的工作制度。最后都兑现了。

其次,关于经营现代化。他积极主张经营多样化,这是合理化和经营

---

① 〔日〕宫本武藏:《五轮书——日本管理的真正艺术》,李津译,企业管理出版社,2003,第125页。

② 〔日〕矢野俊介:《企业家的经营艺术》,赵大生、胡淑英译,中国国际广播出版社,1987,第34页。

现代化的一环。由此在名古屋铁道公司建立起互相信任的和谐劳资关系，并成为日本中部地区发展的动力。

最后，非常重视发展文化事业。土川通过建设明治博物馆和日本猴类中心等，加深了对地区社会和文化的理解与结合，走在了文化经济学的前端。

日本学者河野守宏运用宫本武藏的哲理，阐释了许多近现代企业家或经营者的成功之道。他还谈到《五轮书》对美国人的影响。他说："想要在激烈的企业战中获胜，也需要《五轮书》。因此，《五轮书》广为美国的经营者和上班族所阅读参考。"[①]

美国的一些学者和企业家对日本的兵法经营给予很高的评价。维克多·哈里斯在《〈五轮书〉在日本的空前魅力》一文中评价道："在论述日本武士文化的著作中，《五轮书》具有十分重要的地位。它与以往那些论述作战技巧的兵书不同，而是更侧重对作战时机的把握和对敌人心理的了解。正因为这个原因，它受到社会各界的普遍认可。作战的将士用它来争取胜利，商人用它来学习经商之道，民众用它来指导日常的工作，可见，在日本，《五轮书》几乎类似于西方的《圣经》。"[②]而美国LPG董事局主席乔治·罗斯更是在一篇《日本商人赢遍全世界的秘密》文章中写道："今天驰骋在商界的那些杰出的日本企业家并非我们哈佛商学院培养出来的学生，他们在商业上所取得的巨大成功，全赖一本写于1645年的书，这就是《五轮书》……美国的商人如果想取得像日本CEO那样的商业成就，我推荐他们最好在案头备一本宫本武藏的《五轮书》，并在作出重大的决策之前，仔细地研读这本书。"[③]

第八项贡献，日本版的全面质量管理（TQC）。

日本的全面质量管理理论来源是美国质量管理大师戴明和朱兰，是他们在战后的日本经济界和企业界广泛掀起了一场开展质量教育和培训的旋风，使日本由一个被称为产品质量低劣的国家，一跃成为质优价廉的出口

[①]〔日〕河野守宏：《商用宫本武藏兵法》，东正德译，长春出版社，1993，第3页。
[②]〔日〕宫本武藏：《五轮书——日本管理的真正艺术》，第29—30页。
[③] 同上书，第21—22页。

大国。但质量管理在日本之所以能够成功，成为日本的金字招牌并行销全世界，主要原因应得益于日本企业文化和日式管理制度。正是在日本传统文化基础上形成的精益求精的"工匠精神"，在日本企业文化土壤中逐渐发展成为日本版的全公司上下一致、全员参加的全面质量管理活动（TQC）。松本厚治指出：

> 日本质量管理的本质特征是全公司的质量管理（CWQC）。外国倾向于把质量管理小组看作是日本质量管理活动的核心，但是如石川馨所指出的那样，质量管理小组不过是构成全公司的质量管理体系的要素之一。全公司质量管理是指不仅在生产部门，而且在设计、产品开发、采购、销售以及其他部门，从经营者到一线作业工人都有组织地进行质量管理活动。首先，是在上级领导统一指挥的基础上，在企业内部所有部、科一级进行有组织的质量管理的教育培训。进入实施阶段，全体员工共同制订提高质量的年度计划，并以该计划为目标共同努力，提高质量。企业成立以总经理和董事为首的质量管理评估小组，到每个工厂车间和每个部门去检查，确认计划的实施情况，并在必要时提出警告。为了鼓励员工在质量管理方面的活动，还需发挥企业内外奖励制度的作用。例如，企业内部都设有总经理奖，外部则设有戴明奖。提建议制度和小组活动也是通过这样一种模式在企业中确立其地位的。[1]

这里必须强调的是，优良的质量并不是某个部门或基层普通员工的责任，只有企业最高层领导才能承担起这个责任。欧美人有一个严重的错觉，认为日本全面质量管理的全部秘密，似乎就是企业车间内部质量小组活动使然。

戴明为了深入阐述日本在质量管控方面不同于美国企业，他指出了日本取得成功的九大特征：

---

[1] 〔日〕松本厚治：《企业主义》，程玲珠等译，企业管理出版社，1997，第171—172页。

1. 管理人员真正下决心提高质量。

2. 相信他们有能力改变日本产品过去遗留的坏名声，对日本人的科技能力有信心，对日本人的技术有信心。

3. 他们是日本人，有工业经验，对自己的工艺有着与生俱来的自豪感。

4. 日本的高级管理、统计人员和工程师们学了广义休哈特统计质量控制。

5. 管理者立即对统计质量控制产生了兴趣，而且了解它可能产生的结果，更了解他们自己将要承担的责任。开始时，适当安排与高层管理接触是日本统计教育的幸运特征之一。

6. 统计教育成为持续性教育……统计方法需要不断适应、修改、扩展，需要新理论和有关材料统计特征的新知识。

7. 日本人知道统计问题与工程、化学、管理或市场营销等问题的不同。他们知道，统计知识不能替代工程或其他专业知识，工程知识不解决统计问题。

8. 日本的制造商们自力更生……通过日本科学家和工程师联合会，他们既给予统计教育经济上的支持，也给予道义上的帮助。

9. 他们有非常明确的渠道将建议和技术上的信息从基层传到高层监督和管理。只要有可能将事情做得更好，日本的管理者，无论多么年长或多么成功，都会乐于听取意见。①

1980年6月24日，美国全国广播公司播出《日本行，我们为什么不能？》电视纪录片。"企业家、技术员以至生产现场的操作工人都从欧美涌来，访问日本，他们怀着很强的好奇心和兴趣，要探访日本的秘密，要解开日本之谜。在他们所访问的地方，他们所听到和学到的东西总是关于在全公司推广全面质量管理制度（TQC）和在工厂车间普及质量管理小组活动的情况。这些类型的制度对于他们并不是特别新奇的，因为回顾起来，

---

① 〔美〕爱德华兹·戴明、乔伊斯·奥尔西尼：《戴明管理思想精要——质量管理之父的领导力法则》，裴咏铭译，金城出版社，2019，第246—247页。

这些制度的'原产地'在欧美，日本实际上是将它引进过来的"。[1]

对于日本在质量管理方面的全面评价，不得不提美国学者博耶·德·门蒂的精辟论析。他提出了与绝大多数研究日本企业质量管理不同的见解。

> 日本推行的全面质量管理（TQC），现在正风行世界。TQC概念最初源于美国的W. E. 戴明教授的质量管理体系，是第二次世界大战结束不久被介绍到日本去的。不过，是日本科学技术联盟（JUSE）在20世纪80年代初期创立了TQC的哲学理论和体系，并开始从事这项工作。日本经济所取得的连续不断的成功，大多要归功于TQC方法。
>
> 由JUSE组织实施的质量管理计划与戴明博士所倡导的质量管理方法几乎没有什么共同之处。在日本人所搞的模式中，他们采用戴明的基本思想，然后全面开花，将其发展成为系统的管理哲学，这一哲学理论使得日本的工厂成为世界上效率最高的工厂。
>
> 日本的很多公司采用TQC方法已经到了教徒信奉宗教的程度，这些信徒们的虔诚和热情在其他任何地方都难以找到。TQC已使日本的公司变得机构合理、效率提高，还确实杜绝了很多浪费。可是与此同时，一些批评家也道出了问题的另一方面，那就是TQC把日本工人变成了会说话的机器，由于心力耗尽而结束生计的人与日俱增。[2]

博耶·德·门蒂指出日本全面质量管理的诸多优势和长处之后，也关注到了其弊端和消极面，这是鲜有人谈到的问题，为各国推行质量管理提供了有益的借鉴。但这并不妨碍全面质量管理在日本乃至世界各国经济发展中所发挥的重大作用。

日本全面质量管理除了特别强调企业最高层领导的重要作用和日本企业广大员工的辛勤奉献外，还必须充分重视日本相关学术专家学者的特殊贡献，其中以下几位不仅对日本，甚至对世界各国质量管理都作出了突出

---

[1] 〔日〕松本厚治：《企业主义》，第153页。
[2] 〔美〕博耶·德·门蒂：《洞察日本文化——对日经商之道》，第4—5页。

贡献。

日本本土质量管理著名学者和专家中的佼佼者有石川馨、今井正明、田口玄一、大野耐一和新乡重夫等。由于他们的认真研究、积极推动，使欧美的质量管理理论在日本落地生根，结出了丰硕的果实，创造出了"青出于蓝而胜于蓝"的质量品牌。

一是石川馨的贡献。石川馨是日本著名的质量管理先驱者之一。他所研发的督导工作的"因果关系图"，通称为"石川图"，又因其类似鱼骨，也叫作"鱼骨图"，用以纪念石川馨博士。该图详细明了地标识出"结果"即成果是指质量、成本和交货期，可以用QCD来表示。而其原因即过程就是指材料、机器、人员、测量及方法（5M）。如果再考虑对工作环境的要求，有时也将"环境"列为其中的一个原因。石川馨是"质管圈"运动倡导者。他被誉为QCC之父，日本式质量管理集大成者。他特别强调质量第一，面向消费者，下道工序是顾客，用数据、事实说话，尊重人的经营，机能管理等理念。其所著《质量控制》一书获"戴明奖""日本经济新闻奖"和"工业标准化奖"。而他推行的质量教育项目获得1971年美国质量控制协会"格兰特奖章"。

关于"下道工序是顾客"这一理念的来源。今井正明在1986年写道：

30年前，石川馨在日本制钢所做顾问时便遇到了这样的问题。有一次，石川馨去调查某些钢板表面出现划痕的原因。他建议负责这一环节的工程师让他的团队与下一环节的工程师一起去调查情况。这名工程师回答说："你的意思是要让我们和我们的敌人一起去检查问题？"石川馨这样回答他："你不该把他们当成自己的敌人。你们应该把下一环节当成是自己的顾客。你们应该每天都到你们的顾客那走访，确保他们对你的产品满意。"然而，工程师却仍坚持说："我怎么能干这种事呢？如果我出现在他们的车间里，他们该以为我在刺探他们的活动了！"

这件事启发了石川馨，进而使他发出了那句著名的论断："顾客就在下一环节上。"后来，这种观念被制度化，从而有了看板系统和准时制的概念。从一开始，"将下一环节的工人当成顾客"面临的挑战就是要求人们坦诚地承认自己所在车间中存在的问题,并竭力解决问题。如今,这种观念还被应用到了文职工作中。①

石川馨所倡导的质量管理概念,并没有什么高深的理论,但要做到绝非易事。这需要一场深刻的触及灵魂的意识革命。

关于石川馨的贡献,英国国际有限公司董事长、国际咨询顾问大卫·哈钦斯将石川馨与戴明和朱兰并列,其中对于石川馨有一大段翔实论述。高度评价了石川馨在日本企业组织"质量管理团队"方面的重大贡献以及其在日本企业崛起中的重要作用。石川馨博士在对泰勒制在日本的广泛消极影响进行了批判的同时,阐明了调动最基层员工积极性乃是质量管理的关键所在。②哈钦斯总结了与石川馨贡献有关的三点:即"石川或鱼骨图使得问题在宏观水平上得到分析","促成日本JIT成就的观念是受戴明博士、朱兰博士和石川馨教授的影响"以及"石川馨教授的观察和学说导致了质量管理团队的建立以及所谓的泰勒管理制度的崩溃"。③

二是今井正明的贡献。今井正明提出了著名的"改善"理论。其英文读音为Kaizen。"改善"没有约瑟夫·熊彼特的创新理论那么响亮,在我国也未得到广泛的传播和应用,其实在企业经营管理中绝对不可小视。对于"改善",甚至有人把"改善"称为是继神道教、佛教之后的日本第三大宗教。自1986年今井正明提出"改善"的概念,"改善"已被公认是一种重要的管理观念。

"1993年版的New Shorter Oxford英文词典,收录了'改善'一词(该词典将'改善'定义为:一种企业经营理念,用以持续不断地改进工作方法和人员的效率等)。'改善'终于演变成英文词汇了。"④另外,"改善研究所株式会社"及其附属公司,已在世界主要国家注册享有独家使用

---

① 〔日〕今井正明:《改善——日本企业成功的奥秘》,周亮、战凤梅译,机械工业出版社,2010,第44—45页。
② 〔英〕大卫·哈钦斯:《即时制管理》,李纯、王建南译,中国标准出版社,2000,第183页。
③ 同上书,第187页。
④ 〔日〕今井正明:《现场改善——低成本管理方法》,周健译,机械工业出版社,2000,第2页。

"Kaizen"及"Gemba Kaizen"的商标权利。这种改善强调在日常工作中，要求每个人以高度责任心，随时随地对工作进行小改小革，简单易行，并不要求具备特别的知识技术和巨额的资金投入，更无须增加设备或作业空间。所以，在日本无论大中小企业，不管企业形态如何，从事哪种行业，都广泛开展"改善"活动，极大地降低了成本、提高了企业的产品质量和经济效益，在世界上产生了广泛影响。

另外特别值得指出的是，今井正明所创立的"改善"理论和系列方法，由于简单易行，所以深受各国企业界的欢迎，其在实际中的应用已远远超出日本的国界，遍及欧美发达国家和广大发展中国家。为了将这一创造价值的理论和方法推向全世界，今井正明创立了"改善顾问协会"，世界各国许多有识之士纷纷参加协会的工作。这是一个"在广泛领域中有组织、专业和技术背景的顾问群所组成的世界性服务体系。在日本、欧洲和美国皆设有办公室，并拥有南美洲和墨西哥的营业执照，并且计划推展到世界主要的工业地区"。[①] 从其为《改善》一书所写的致谢及案例研究篇所涉及的个人及企业之多，彰显了今井正明及其"改善"的影响之广之大。

今井正明写道："解决问题的方式有两种。第一种是创新——应用最新、最高成本的科技，例如，发展中的电脑和其他工具，以及投资大笔的金钱。第二种是利用常识性的工具、检查表及技巧，不须花费多少金钱，此种方式被称为'改善'。'改善'涉及了每一个人——从组织内的首席执行官（总裁、总经理）开始——的计划和工作。本书将告诉你'改善'取得的进步，就如奠定公司最重要的基础，使公司取得真正获利的成就。"[②] 他通过"改善"与创新的对比研究，进一步论述了二者之间的关系以及"改善"在经营管理方面的优势和具体做法。"具创新思想的经理人员，倾向于诉诸购买新机器或雇用更多的人，尤其是在公司前景看好时。相反地，具'改善'思想的经理人员已学习到，考虑利用现有的人力及其他资源来提高生产力。"

支撑这些"改善"的活动就是现场之屋（House of Gemba）的基础部

---

① 〔日〕今井正明：《现场改善——低成本管理方法》，第64页。
② 同上书，第vii页。

分。具体而言，就是与人际关系运用有关的活动。例如，共同学习、团队合作、提高士气、自律、质量圈及提案建议制度。管理部门（尤其是欧盟的管理部门）必须将一般常识的威力应用到现场。这些低成本的"改善"实践将带给管理部门一个快速成长的契机，就如欧美擅长的创新一样。当欧美的管理部门能结合"改善"与"创新"的独创精神时，将大大地提高他们的竞争力。[①]

新西兰著名媒体人戈登·德莱顿和美国作家珍妮特·沃斯写道："如果你一生只学一个日语单词，那么就学kaizen，它的意思是'不断改进'。但是，它还有更多的含义。它意味着一种哲学：激励行业中的每一个人，每天都对每件事的进步提出建议。"

丰田汽车公司董事长丰田英二说："日本工人的特征之一就是他们既动手又动脑。我们的工人每年提供150万条建议，它们的95%被投入实际的使用。"在尼桑汽车公司"任何一条能节省超过0.6秒钟——如一个工人伸一下手或走半步的时间——的建议都被管理层认真地加以考虑"。[②]

最后，用一个欧洲A公司的案例作者吉安·拉巴赖的话说：

> 我对改善的承诺是自然形成的。因为它变成了我要改进唯一的路。在这种情况下，我并不用强迫自己去做承诺。然而，如果属下未能转变的话，我仍需去说服我属下的工作人员。这也就是需要所谓强有力的承诺了。……另一个承诺的层面，则是要实质上不断地从事改善，甚至在一个新的大计划中，也需如此不断地改善。如此，我对改善的承诺，是我每日的例行公事。不管是针对问题或对员工，都抱持着相同的态度。[③]

三是田口玄一的贡献。田口玄一博士早在20世纪70年代初创造了著名的"田口方法"。这是一种从源头上提升质量的设计理论和方法，是一

[①] 〔日〕今井正明：《现场改善——低成本管理方法》，第ix—x页。
[②] 〔新西兰〕戈登·德莱顿、〔美〕珍妮特·沃斯：《学习的革命——通向21世纪的个人护照》，顾瑞荣、许静等译，生活·读书·新知上海三联书店，1997，第187页。
[③] 〔日〕今井正明：《现场改善——低成本管理方法》，第360—361页。

种新颖、科学、有效的质量工程优化设计方法。他因在质量管理方面的杰出贡献，曾获得过著名的戴明奖，获得了美国技术名人堂、美国自动化名人堂和美国汽车名人堂的最高荣誉，曾获得日本天皇授予"蓝色绶带"，被誉为质量管理大师。

林秀雄对于田口方法进行了详尽的解析，化繁为简，便于掌握和具体操作。他说：

> 田口方法从工程的角度事先了解品质问题，把社会损失成本作为衡量产品品质的依据。田口方法的两个主要工具是直交表和SN比，强调的重点是在产品或制程设计时就考虑品质问题，也就是指如何降低产品绩效的变异。田口博士的最大贡献不在于实验设计的数学模式，而是提供了一个新的思考观念，其基本观念为：质量不是靠检验得来的，也不是靠控制生产过程得来的；质量，就是把顾客的质量要求分解转化成设计参数，形成预期目标值，最终生产出低成本且性能稳定可靠的物美价廉的产品。简单地说，也就是在产品最初的开发设计阶段，通过围绕所设置的目标值选择设计参数，并经过实验最大限度减少变异，从而把质量构建到产品中，使所生产的全部产品具有相同的、稳定的质量，极大地减少损失和降低成本。[①]

田口方法（Taguchi Methods）作为一种非常实用的技术开发、制程改善工具，协助企业快速找出制程环境的最适生产条件，并有效节省产品设计开发时间，而广受研究单位、生产、制程部门的欢迎与肯定。在日本的电子、汽车等行业，应用田口方法被认为是"天经地义的事"。"近几年风靡全球企业的6σ设计，实际上就是以田口方法为核心的设计，6σ设计及田口方法在制造业的广泛应用已收到显著效果。田口方法在研发领域更是受到高度评价，被当作是将研发周期缩短一半的法宝。"[②]

田口玄一的宿命颇似戴明博士，他创造的"田口方法"在美国和欧洲

---

① 〔中国台湾〕林秀雄：《田口方法实战技术》，海天出版社，2004，第2—3页。
② 同上书，第1页。

国家大行其道，深受这些国家企业界欢迎，并在实践中硕果累累、贡献颇丰。英国布卢姆斯伯里出版公司编著的《他们改变了管理》一书中，对田口玄一及田口方法作了以下评价："戴明是最先认识到把质量控制从检验阶段向前推到适当的过程控制〔特别是通过统计过程控制（SPC）〕所具有的重要性的。而田口则把质量控制进一步前移到设计阶段，从而完成了整个质量环节。田口的方法以及针对生产线之外的质量改进所做的统计实验设计，补充了统计过程控制，进而实现了生产线上质量的改进。戴明有关提高管理质量的哲学则包括了这两个方面。人们一般认为，戴明的著作使古老的管理文化发生了一场革命，而田口则引起了进一步的演变。当然，戴明主要是为管理提供了一种理论，而田口提供的一些重要方法，则既针对从设计到生产的各个阶段的过程改进，同时也确保了过程改进处于控制之下。"[①]

然而，畅行欧美企业界的田口玄一及其方法，在其母国日本的反应反倒不如欧美各国。这也就是所谓的"墙里开花墙外香"吧。

四是新乡重夫的贡献。 新乡重夫也是一位长期从事建立和完善丰田生产方式的研究者和实践者。他对丰田生产方式的形成与完善贡献颇丰。在他的著作《丰田生产方式的IE考察》一书中，从IE角度解析了丰田生产方式，并成为向社会推广的先驱者。他对丰田的贡献，最突出的有以下两点，即自动（働）化（jidoka）和快速换模（SMED）。"自动化"概念是丰田创始人丰田佐吉提出来的。然而使其程序化，并成为丰田生产方式的关键环节，则是新乡重夫的功劳。

美国学者帕斯卡·丹尼斯写道：

> 新乡重夫发展并延伸了自动化概念。但是，他首先必须克服质量界对统计学的过分强调，具有讽刺意味的是，这正是威廉·爱德华兹·戴明（W. Edwards Deming）所倡导的。新乡重夫说，他实际上花了26年的时间才摆脱掉"统计方法之神"的魔咒。
>
> 他认为，我们的目标是减少次品。……新乡重夫还指出，统计过

[①] 〔英〕布卢姆斯伯里出版公司编著《他们改变了管理》，第288页。

程控制具有以下不足：疏远了对产品质量直接负责的生产经理、主管和生产工人之间的关系；"为什么不能做到零缺陷？"新乡重夫问道，为了达到这一奇特的目标，他发明了"防错技术"（poka-yoke）这一概念，它是指一些简单、廉价的预防差错的装置。新乡重夫还开发了他所谓的"源头检查"（source inspection）以支持防错技术。最终，他成功地以低成本实现了百分百检查。①

新乡重夫最初提出的词是"baka-yoke"，意思是"防傻"（foolproof），为了避免工人误解，才改成了"poka-yoke"。

帕斯卡·丹尼斯说："在日语中，poka是指无意识的错误，yoke的意思是防止。Poka-yoke是指实施一种简单、低成本的措施，这些措施既可以在发生之前检测到异常情况，又可以在发生之时停止生产线以防止次品产生。新乡重夫曾经仔细区分过他认为不可避免的错误和可以完全消除的缺陷之间的区别。"②

而美国人对丰田生产方式的接受，很大程度上得益于新乡重夫。英国学者爱德华·罗素·沃林写道：

在日本丰田汽车公司，大野耐一和他的工程同事新乡重夫认为，他们可以在引入特定的创新品种的同时，通过采用福特的技术同时享受产品多样化和连续生产线的好处。这个结果最后成为有名的丰田生产系统，它将很多新的观念整合在了一起。

……但是，直到1981年，美国企业家诺曼·博德克偶然读到新乡写的关于丰田系统的书，他们才完整地看明白日本的精益生产方式。他将书翻译了，并且请新乡到美国演讲，之后开设了第一家精益生产咨询公司。精益这个词本身因为《改变世界的机器》一书出版，直到

---

① 〔美〕帕斯卡·丹尼斯：《什么是精益——全面掌握丰田生产方式》，闫宏伟、张世航译，中国财政经济出版社，2009，第134页。
② 同上书，第137页。

20世纪90年代才进入词汇表。[①]

还不止于此，新乡重夫在质量方面的贡献还有很多，他在美国出版了很多著作的同时还在日本出版了18种著作，发表了许多论文。1988年美国设立了新乡重夫奖（The Shingo Prize），被誉为"制造业的诺贝尔奖"，获奖的美国公司有波音、洛克希德·马丁、美国雷神公司、百特国际等，他被称为"真正的改善大师"。

五是大野耐一的贡献。大野耐一并不属于丰田家族成员，但他却继承了丰田创始人佐吉的DNA。他将丰田公司发展过程中的许多故事演绎成一部连续剧，这就是享誉世界的"丰田生产方式"，甚至有人将之称为"大野方式"。因此，在这一点上，可以说正是大野耐一使丰田走向了世界，成为被美英学者誉为"改变世界的机器"。

然而，使丰田车驰骋世界的是其著名的汽车制造方式，即"丰田生产方式"。虽然丰田公司许多人都介入过创建这种生产方式，但只有大野耐一才是其最重要的设计大师。他在佐吉和喜一郎的想法的基础上，经过艰苦卓绝的努力，不仅成功地运用于丰田的生产实践，而且使之系统化，形成了一种完整的制造理论和哲学。

其实，大野耐一想法的出发点非常简单，又非常彻底。那就是："消灭浪费，创造财富。"简洁的八个字，倾注了他一生的心血和汗水，凝集了他人生最大的追求、梦想和智慧。并构筑了深邃的理论和哲学。

大野耐一是人类历史上"最痛恨浪费的人"，他所构筑的"精益"哲学就是他同浪费决斗的结晶。"Muda是一个大家都应该知道的日本词，……它的意思是'浪费'，专指消耗了资源而不创造价值的一切人类活动：需要纠正的错误；生产了没有人要的产品，造成库存和积压；不必要的工序；员工的盲目调动和货物的从一地到另一地的盲目运输；由于上道工序发送不及时，使做下一道工序的人们只能等待；以及商品和服务不能满足用户

[①] 〔英〕爱德华·罗素·沃林：《人人需要知道的50种管理思想——在知识经济时代，人人需要懂点管理学》，第116—117页。

的要求。"①

那么，大野耐一是如何消灭这些浪费的呢？

首先，就是要彻底揭示出问题的根源所在。他揭露矛盾、发现问题的方法就是5W1H，即凡事都要问五个为什么，通过层层剥笋的办法，揭示出问题的本质根源。

小仓正男认为，丰田制胜的法宝就是5W1H。他写道：

丰田集团各公司的首脑都强调，"要把现场、现物主义落实在公司的各项工作中，使它成为企业的遗传基因"。

"丰田的5W1H"中的"5W"是指5个"Why"（为什么），即出现问题后连问5个为什么，找出问题所在。机器和生产线发生了故障，要敢于停止机器和生产线运转，进而彻底查明故障的真实原因。只有找到真正原因，才谈得上正确的解决办法，即"1H"所指的"How"（怎样）。这就是丰田集团的"现场和现物主义"。

在丰田汽车公司的工厂里专门配有暂停生产线的标识，这在世界其他工厂中是没有的。现在，"丰田的5W1H"精神不仅在工厂等生产现场得到落实，而且也在总公司各个经营步骤中得以体现。②

其次，大野耐一有一个用于解决问题的工具箱，里面装有用于"消灭浪费"的十八般武器。那就是：自动化、看板、准时制、生产节拍、品质圈、改善、现场现地、零库存、五S、PDCA循环和系列化，等等。

最后，大野耐一不仅在丰田企业内部推行丰田生产方式，而且还将这一生产方式推广到丰田企业的上下游的供应商和经销商，使整个丰田系统的供应链都实现精益化。

值得重视的是，现在世界上，尤其是欧美的学术界和企业界，都在研究和实行精益化的思想，各种版本的精益著作大量付梓，这成了当前管理学术界和出版界的一大盛事。而且，西方在借鉴和研究过程中又结合欧美

---

① 〔美〕詹姆斯·p.沃麦克〔英〕丹尼尔·T.琼斯：《精益思想》，沈希瑾译，商务印书馆，2007，第1页。

② 〔日〕小仓正男：《丰田的5W1H精神》，日本《东洋经济》周刊2002年11月30日。

企业实际情况，增添了许多新的内容，使其成为更加丰富的管理学理论。

英国学者马尔科姆·沃纳对大野耐一评价道："大野耐一将与福特、泰勒等巨匠在制造业历史上并列，拥有一席之地。像福特的'批量生产'和泰勒的'科学管理'一样，大野的'丰田生产系统'也是当时制造业实践中一项重大的突破。托马斯·库恩（Thomas Kuhn）曾认为，大野的工作代表着'思维变迁'——在大批量生产的情况下，在大幅度提高生产率的前提下，实现了工业生产的标准化与高效率。"①

以上从全面质量管理角度，扼要地介绍了日本五位有代表性的管理学大师及其对世界质量管理方面的突出贡献。

另外，还需简单提一下，日本在全面质量管理方面的一些做法和工具。比较有名的日本独特的企业内部小集团活动，即质量管理小组所开展的全员从事合理化建议活动、企业普遍开展的5S活动、PDCA循环等许多具体做法和工具，在全面质量管理方面贡献不菲，在此就不展开论述了。

第九项贡献，日本企业"家族式经营"

"家族式经营"虽然在各个国家都有不同程度的实践，但作为企业管理模式，在日本可谓独树一帜。究其根本原因则是日本存在与其他各国完全不同的"家"文化和"家"制度，这使其能够将"家族式经营"贯彻得淋漓尽致。

日本实行"家督"制，即长子继承权制度。在传统文化中，作为家名和家庭财产的继承权只属于长子一人，其余的儿子均无权参与分割家庭财产，只能作为家的一分子或净身出户。其经济上的合理性就是为了避免由于财产分割而使家的经济实力衰退，家名无法永续。在日本每家每户都有家徽，都有家族墓地，祭拜家族的共同祖先。

另一点是日本的家族并不过分强调血缘关系，对于"过继子"的条件并不过分看重是否是有血缘关系，而是看其能否保持家的财富增值和家名永续。因此，商家的伙计、入赘的女婿都可以成为家的继承人。

关于日本的过继制度对于企业经营的长处，由于在相关部分对此已有

---

① 〔英〕马尔科姆·沃纳编《管理思想全书》，第476页。

详尽论析，在此无须赘述。不善于经营的丰田佐吉则把女儿爱子嫁给三井物产的儿子又三郎，后来又三郎改姓丰田，并执掌丰田经营大权。虽然曾有过几次由非丰田家族执掌经营大权的时候，但最终还是归于丰田本家，其实际上是典型的"家族式经营"。至于日本中小微企业经营管理的第二代、第三代继承人中，由女婿、过继子负责经营者，更是屡见不鲜。使许多中小微企业能代代相传、香火不断，甚至成了许多百年老店，这方面的例子不胜枚举。

日本著名管理学家三户公对日本家族式经营进行了深入研究，他的观点为大多数企业经营者所接受。认为日本许多企业都是典型的"家族式经营"，尤其是中小微企业，更是如此。这也正是上述所论析的"家文化"对日本企业文化的影响。

第十项贡献，企业内部教育培训模式

日本是一个善于学习的民族，日本国家发展延续至今，就是得益于不断向周围国家乃至世界学习的结果，因此重视教育也理所当然地成为这个民族文化的DNA，这一优良传统被日本企业全盘继承，并结合企业经营实践把它发挥到了极致。日本企业发展的内部动力源于企业的内部教育培训制度，这是与欧美国家完全不同的培养企业人才的体制机制。众所周知，美国最突出的特色是由大学商学院培养MBA的企业管理人才，这是日美两国的重大区别之一。战后日本企业的崛起和日本价廉质优产品潮水般大量涌入世界市场，引起了欧美发达国家的高度关切，其中就把日本式企业内部培训作为一项成功的法宝加以学习效仿。企业内部教育培训对于累积企业内部隐性知识以及实现企业内部知识转化升级具有重要价值，这点可参见野中郁次郎的知识创造理论。

第十一项贡献，灵活高效的细胞生产方式

日本经济新闻社2004年出版了《佳能经营模式揭秘》。这是一部精辟论析佳能公司在日本泡沫经济破灭后，新上任的总裁御手洗富士夫以创业家的魄力，在继承佳能历任企业家卓越企业哲学、经营理念和企业文化的基础上，通过采取"选择与集中"的经营策略，开展了一场集美式与日式

管理优势于一身的经营管理的"文艺复兴"式的改革创新风暴。其中最著名的就是从生产线的改革着手，对研发、生产等全面实行"细胞生产方式"（亦称为"单元生产方式"）。这是对传统单个人手工操作方式和手工作坊、工匠精神有机组合而成的非常灵活的新型生产方式。

世界各国企业，尤其是欧美企业，对福特流水线生产方式和丰田精益生产方式，在20世纪广泛参考应用并很有心得。但欧美企业在工业化的过程中高度重视机械化大生产，对人类历史上长期实行的单人手工操作的生产方式并不重视，尤其是富有创新精神的美国人，他们的眼光始终盯着世界发展前沿的新事物，成为许多新思想、新科学和新技术的开拓者和领军者，但鲜有兴趣关注历史。当然，这也并不奇怪，因为美国本来就没有值得称道的历史可言。而日本人的哲学则是既要重视创新，又要坚守传统。他们在创造新事物时坚持日本古老的"守、破、离"的自我更新三字经。对此，野中郁次郎依据知识创造理论阐释说："'守、破、离'是从武道、茶道等日本传统文化中继承下来的概念。'守'是遵守基本的模式，模仿榜样。最近流行于日本企业之间的'标杆管理'（benchmarking）就是'守'。'破'是摆脱基本模式的束缚，纠正错误，发现自我的阶段。'离'是摆脱基本模式，创造一个崭新的、独自的模式。"[①] 正是基于这一点，索尼也好，丰田也好，佳能也好，都一直没有放弃最原始的个人手工操作的单件生产方式。丰田公司早在20世纪60年代就从杜绝浪费、降低成本的管理哲学出发，提出只要人能做到的，就不用机器，只要单台机器能做到的，就不要上流水线。所以，在丰田现代化大生产工厂中，仍然保留着原始的单人手工操作的工序。这绝非是丰田人怀古恋旧，而完全是出于效率效益的合理考虑，更符合科学思想。而索尼的创始人井深大，更是对这种细胞式生产方式青睐有加，可以说他是最早在索尼倡导这种生产模式的企业家。但这一进程并不顺利，也是几经周折后，不得不采用丰田生产方式。

但索尼并不满足照搬丰田模式，而是坚持走创新改革之路。野中郁次郎谈到索尼的做法时说："特别值得一提的是，这次生产创新挖掘出了索尼

[①] 〔日〕野中郁次郎:《创新的本质——日本名企最新知识管理案例》，林忠鹏译，知识产权出版社，2006，第24页。

的概念,这个概念就像地下水脉一样流动于生产的现场。让因实现工厂重生而出名的山田日登志(PEC产业教育中心所长)担任生产创新指导。山田与索尼的工作人员一起在实验现场拆掉流水线,创造了一种新的生产方式——由'全能'的个人或者由数人构成的团队来进行生产。此时,井深大所追求的尊重人性与丰田的生产方式结合,便诞生了'单元生产方式',这给自福特生产方式产生之后的历史带来很大的转机。"① 到了20世纪90年代,这种方法被广泛应用于日本电子厂商,开始盛行起来。

《日本产经新闻》在1994年11月26日有一篇报道,其主题是:为适应市场"多品种少批量"需求——日本企业尝试以单元生产取代流水线。文章中写道:"日本奥林波斯光学工业公司决定1995年以前在显微镜生产线上实行原则上一人完成一个成品的单元生产方式,以取代流水线生产方式。单元生产方式的单元人数最多三四人……在消费者需求多样化和要求多品种少量生产的背景下,许多公司都在重新看待流水线生产方式。东芝公司和日本电气公司都已开始在文字处理机生产上实行单元生产方式。今后这种努力提高生产率和减少库存的企业会增加。"② 而将这一点做到极致的是佳能公司,它使之程序化、系统化,形成了著名的细胞生产方式。

郎咸平针对细胞式生产方式形成的原因及其优点指出:

> 针对大型生产设备这些"死"物不能适应品种多、变化快的灵活要求,细胞生产方式采用人力化的策略,即大量使用人力而避免使用大型机械以提高反应能力,日本专家称其为"依存于人的生产方式"。而其中平台就是一张工作台,一个到四个左右的工人,以人力车取代长长的传送带和无人搬运车,每个工人熟练掌握尽可能多的工序,从而减少交接时间以提高效率。③

接着,他又对工作台的形状、排列方式以及工人的作业情况进行了说明。

---

① 〔日〕野中郁次郎:《创新的本质——日本名企最新知识管理案例》,第4页。
② 《日本产经新闻》1994年11月26日报道。
③ 郎咸平等:《思维——郎咸平经典案例作品修订版》,东方出版社,2010,第264页。

工作台形状不甚统一，一般简单的是方形或圆形，复杂一些的有"U"形等。工人围坐在工作台四周（或是环形工作台内部），有一到十个。每个人独自完成所有组装工序，或者几个工人合作完成组装。细胞生产方式的优点是省去大型设备、占地少、成本低、可以进行少批量生产且易于调整产品线。[①]

虽然细胞式生产方式在日本的一些企业早已实行，并取得了明显的效果，但作为一种生产方式，最后臻于完善，则得益于佳能公司及其卓越经营者御手洗富士夫，所以，将这种生产方式冠名"佳能模式的细胞生产系统"。作为一种生产方式，绝不仅仅是单纯的生产技术，承载它的还是一种历史、一种文化、一种哲学。佳能总裁酒卷久对此有深刻的认知，他说："作为子公司的佳能电子，以佳能的经验为典型，努力以一种适应本公司产品、组织风气、人员的形式，在更高层面上实现细胞式生产系统。"[②]正因为佳能公司基于"自发、自治、自觉"的"三自精神"，并结合公司具体实际情况来运用细胞式生产系统，才能使细胞式生产方式在佳能公司落地生根。这是一项了不起的改革，甚至说它是一场革命也不为过。对此，酒卷久强调说：

> 每当提到利用细胞式生产方式成功地对公司进行结构改革的企业，本公司的母公司佳能集团堪称代表。御手洗富士夫社长不仅将细胞式生产方式导入了佳能的所有车间，甚至将这种思维模式扩展到了研发和销售方面，并取得了丰硕的成果。
>
> ....
>
> 一言以蔽之，佳能电子的细胞式生产系统是一种以追求高效为目的，对意识进行改革的管理法。我想在本书中传达的一点是：劳动者的意识改变了，整个公司的劳动方法改变了，公司才能无限地发展。[③]

---

① 郎咸平等：《思维——郎咸平经典案例作品修订版》，东方出版社，2010，第265页。
② 〔日〕酒卷久：《佳能细胞式生产方式》，杨洁译，东方出版社，2006，第2页。
③ 同上。

应该特别强调的是，细胞式生产方式使佳能发生了巨大变化，其最突出的表现是：生产线变了、生产方法变了、人的意识变了，从而使自发性的改善活动成了全公司的风气，因而创造了巨大的经济价值和效益。在实行细胞式生产方式的7年间，佳能创造了令业界震惊的业绩。突出地表现在"两个不变和三个巨变"，即销售额基本未变、员工人数未变；利润增加了10倍，利润率增长了8.8倍，股东红利增长了13倍。

在整个世界和日本经济发展迟缓的大环境下，佳能取得惊人的跳跃式大发展，堪称日本企业界的一颗耀眼的巨星，而成就这一丰碑的正是细胞生产方式。佳能模式极其成功，振奋了日本企业界的信心，也为各国企业界人士树立了标杆和学习榜样。

野中郁次郎谈到佳能成功的原委时说："当一个人以佳能公司的'单元生产方式'进行生产，成为能够独立、熟练地完成组装产品的'巨匠'时，他就拥有了杰出的精通技术的模式……如果不仅仅是个人，而是所有的成员都掌握这种杰出的'知识方法'时，一个组织的模式就形成了。佳能公司之所以能在采用'单元生产方式'后让生产现场变得活跃，生产率得以提高，无非是因为大家都共有一个知识创造的方法论——每一个人都把巨匠作为自己的理想，进行自我革新。"[①] 野中郁次郎把这种模式叫作"创造性惯例"。

佳能公司是一个特立独行、非常善于创造创新的企业，创造了许多走在时代前沿的管理概念和崭新的技术。早在20世纪80年代后期率先提出了"共生"的理念，现在又将细胞生产方式系统化、理论化。佳能公司在尊重知识、尊重人才方面走在了大多数企业的前面，它也是少有的坚持终身雇用、不辞退员工的企业之一。但佳能否定了年功序列制，而采用实力主义、职务工资制，避免了由于实行年功序列制而造成的成本增加。

佳能公司推行的细胞生产方式，被日本许多企业所效仿，其中，就包括松下公司。弗朗西斯·麦肯纳利在他的著作中全面解读松下V字形崛起之谜。

---

① 〔日〕野中郁次郎：《创新的本质——日本名企最新知识管理案例》，第6页。

对于中村邦夫推行细胞（Cell）①生产方式的具体做法，麦肯纳利进行了详尽描述。他说：

> 有中村之风格的做法就是，选择一个特定的运作方式作为其他的榜样。这里中村举出的例子是等离子显示器panel（PDP）。最初生产这种panel的是茨木工厂（大阪府），后来最先进的尼崎工厂（兵库县）也开始生产。这条生产线不仅不会引起成品率的降低，还经常提前完成任务使产量倍增，现在是全世界最大的PDP生产设施。Cell生产方式与原来的制造线系统相比，可以敏捷地应对需求模式的变化。
>
> 采用Cell生产方式，现任总经理大坪文雄迅速使PDP生产步入正轨，别说竞争对手就连公司内部也为之惊叹。到2002年3月底为止，员工每人的平均生产台数增长了1.4倍，一个部门增长了1.8倍。制造供货期比以前缩短了70%，开始的库存平均减少了40%。②

虽然，推行细胞生产方式取得了不菲的成绩，但库存降低遇到了瓶颈，停滞不前。于是，中村邦夫为了将细胞生产方式再推进一步，他决定实行"下一个细胞生产方式计划"。其目的是充分发挥各领域的优点，并使它们互相取长补短。接着，麦肯纳利继续写道：

> 一部分汽车电子企业，比如丰田这样的大宗顾客，从很早以前就开始以Cell生产方式为基础的"需求拉动"（demand pull）型产品进行供应，而松下却还是"产品推动"（product push）型的制造线。这种不均衡渐渐成了问题。松下即使引进push型的Cell生产方式也没有什么效果，只是继续着的push/pull错误搭配。几十年来一直专心进行制造线管理的企业，比起放弃现有的系统，还不如想办法改善一下来的轻松。最后，终于实现push和pull互相吻合的时候，松下每天交货的数量增加了四倍，成品库存减少了67%。……到2002年2月为止，松

---

① 〔日〕御手洗富士夫、丹羽宇一郎：《公司的价值》，周迅译，东方出版社，2008，第68页。
② 〔英〕弗朗西斯·麦肯纳利：《破坏性创新——继任者的使命告别创始人的松下复兴》，第122页。

下电器的大多数工厂都转换成了Cell生产方式。为了将工厂库存（约占库存全体的58%）到2005年为止削减30%，到2006年中期又削减50%，新的努力在进行中。另外，下一个任务是削减运出货物过程中的库存。①

与美国一些精益大企业重视"相对价值"相比，野中郁次郎更重视日本精益大企业的"绝对价值"。认为对生存于知识社会的企业而言，最重要的不仅仅是市场的竞争力，还包括能够化解各种各样的矛盾，或能够结合不同的知识要素形成一个统一的知识体系的综合力管理。在世界多样化，人们价值追求和生活方式多元化的情况下，对物质和精神文化需求将会瞬息万变，对产品和服务的追求更加不拘一格、丰富多彩，而细胞式生产方式正是生逢其时，有广阔的发展空间，这是我特意推介的理由所在。

综上所述，在20世纪50年代以后至今的七八十年间，日本在本国文化的基础上，结合企业经营管理实践，充分汲取人类的智慧，创造了多项重要的管理理论和方法。这些管理理论和方法，不仅对战后日本企业的崛起发挥了重大作用，而且也是日本对世界管理理论的重大贡献。因此，值得大书特书，使其能够在今后世界经济发展中助推各国经济社会的健康成长。

---

① 〔英〕弗朗西斯·麦肯纳利：《破坏性创新——继任者的使命告别创始人的松下复兴》，第123—124页。

第三篇　日本企业家文化

美国学者琼·玛格丽塔和南·斯通在《什么是管理》一书中写道:"个性丰富的领导者往往能够给人们留下更深刻的印象,并且有助于形成个性推动企业文化。然而,很多有超凡魅力的人离不开高效的组织机构,反之亦然。个性可以变化,但是领导者创造的独特文化却会产生持久的价值观,进而指导和激励个人进步。"①因此,企业家文化,在某种程度上来说,就是该企业家所创立或经营的企业的文化。美国学者埃德加·H. 沙因在研究企业文化的过程中发现:"对企业文化这个课题的研究越加深入,我就越意识到文化是企业创始人、领导人,企业制度的建立者和社会建筑师的创业活动的结果。我研究怎样改变文化时,意识到领导的中心问题在于能发现文化需要变革并有能力促进其改变。如果我们把领导与管理区分开来,并注重认识领导主要是创造和改变文化,那么,很多对领导的疑团就迎刃而解了。"②同时,他还认为:"创建者对企业知识与解决其外部适应和内部协调问题起主要作用,由于他们首先具有创建企业的设想,因此,以其文化经历和个性为基础,他们对怎样实现这个设想有自己的独特见解。他们不仅有高度的自信心和决心,而且对世界的本质、企业在社会中的地位和作用、人性及人际关系的本质、寻求真理的途径、怎样管理时间和空间都有较为深刻的假设。"③

这正是沙因关于企业文化的定义中的重要内容。有力说明了企业家文化与企业文化是不可分割的关系。当然,我们在论述企业家文化时,最主要的就是探讨企业家的创新精神和崇高的哲学理念。

托马斯·彼得斯和罗伯特·沃特曼讲述了伯恩斯关于卓越企业家的领导方式——"反式领导"。

---

① 〔美〕琼·玛格丽塔、南·斯通:《什么是管理》,李钊平译,电子工业出版社,2003,第230页。
② 〔美〕埃德加·H. 沙因:《企业文化与领导》,第2—3页。
③ 同上书,第229页。

伯恩斯所提"反式领导"与"事务性领导"相比，没有前一种常见。几乎每个优秀企业的文化都可以在公司历史中某一点的"反式领导"上找到根源。……反式领导者也关注公司细节，但是他们关注的是不同种类的细节。他的关注是教师、语言学家的习惯——相当成功地成为价值观形成者、示范者和意义的创造者。他的工作比事务性领导者的工作更难应付，因为他们是真正的艺术家，真正的开拓先机者。毕竟，他既要唤起员工追求卓越的强烈愿望，又要身先士卒，起好的表率作用。同时，他得长期做到行为一致，为实现其人生理念几年如一日地工作，他得利用一切机会和一切场合，向所有员工宣传企业的价值观。①

　　著名的领导学大师、美国学者约翰·P.科特强调"将以领导为中心的文化制度化是领导的最终行为"。而"这样的战略有助于树立一种企业文化，让人们重视坚强的领导力，并努力去培养这种领导力。我们需要更多的人在主宰我们今天世界的复杂组织中提供领导，同样，我们也需要更多的人去培养能够创造领导的文化。制度化以领导力为中心的企业文化是领导者最重要的举措"。②而约瑟夫·熊彼特则特别强调创新精神，几乎很少涉及企业家的道德或哲学。但日本的一些著名企业家在重视创新精神的同时，非常强调企业哲学。因此，在谈到日本企业家精神时，自然将创新精神和哲学置于最重要的位置，甚至哲学所占的比重更大一些。

　　日本学者清水龙莹历经35年，在持续不断调查研究了4.2万家上市和非上市公司，直接采访250多位企业总裁的基础上，撰写了《总裁铁则》。他提出了总裁的三大职能，即将来的构想和经营理念的明确化、战略性的决定、执行和管理。

　　"无论是中小企业的总裁还是大企业的最高领导，如果不具备这三方面的职能就不能称之为总裁。"③

　　清水龙莹强调总裁必须具备企业家精神、管理者精神和领导力。

---

① 〔美〕托马斯·彼得斯、罗伯特·沃特曼:《追求卓越——美国优秀企业的管理圣经》，北京天下风经济文化研究所译，中央编译出版社，2000，第84页。
② 〔美〕约翰·P.科特:《领导力革命》，廉晓红、栾涌泉译，商务印书馆，2005，第73页。
③ 〔日〕清水龙莹:《总裁铁则》，郑艺译，东方出版社，2007，第8—9页。

所谓企业家精神就是自我制造连续压力的能力，这句话的意思是什么呢？

这就是让自己在事业上应该沿着什么样的轨道开始，并委派下属和他一起开创，无论出现什么新事物和新情况都会积极地去思考、面对的能力。

这个能力就是即使打破了安定的状态，也要谋求再次成长的最佳条件，并具备在平稳发展中寻求新契机的能力。

总裁最重要的工作就是在企业经营和企业管理过程中运筹帷幄、决胜千里，这是企业家精神不可缺少的能力。

创业总裁大部分都具有强烈的企业家精神，不走寻常路，不满足于现状。他们积极进取，能够觉察出新的危险或机遇，时刻处于紧张的战斗状态，能够对市场和环境变化提出对策，制定相应的应对措施，并在波澜不惊中解决问题。总裁要具有敏锐的洞察力，中小企业的创业总裁几乎都是这种类型，这是非中小企业总裁们所不具备的。

所谓管理者精神就是能经受得住连续压力的能力。

这就是说能制定明确连续的经营目标，根据目标制定经营的方针路线，并以自身的管理控制能力来组织全体员工高效率地达成这个目标。

大多数的优秀企业，如果它们的总裁都具有旺盛的企业家精神，那么它们的职员就具有旺盛的管理者精神。但是，与中坚企业和大企业不同的是，一般的中小企业不可能实现如此理想的结构组织，取而代之的是中小企业的总裁自己既具备企业家精神也具备管理者精神，并把二者发挥得淋漓尽致。①

清水教授认为，一个优秀的企业家，必须做到使企业家精神和管理者精神二者平衡，他们能够适应环境的变化，创业者精神旺盛，与此同时，充分发挥秀才型职员的管理者精神，才能充分发挥出领导力。

"总之，我所说的'领导力'不仅是单纯的组织统帅能力，而且是以

---

① 〔日〕清水龙莹：《总裁铁则》，第12页。

很高的视点把企业家精神和管理者精神融合在一起的真正的领导力。"[①]

  从广义上来说，企业家文化不仅必须具备创新精神和崇高的哲学，还要从更广泛文化层面来加以阐释。从企业家出身的阶级或阶层到企业家成长轨迹；从企业家的心理素质到其知识结构；从企业家创办或经营企业的动机需求到其经营管理方式；从企业家对自我管控到对企业的管理、控制；从企业家的创新到企业的可持续成长等方方面面，都是研究的对象，但本著的研究重点将置于作为企业家最本质功能的创业、创新以及哲学和基于哲学的领导力方面，这是企业家精神和企业家文化的核心和灵魂。

[①] 〔日〕清水龙莹:《总裁铁则》，第13页。

第十章　日本企业家文化诸相之探源

约瑟夫·熊彼特指出,"在以往的经济学中,企业家的作用未予以认真对待。在以分析资本主义经济为己任的经济学中,其理应成为舞台主角的企业家却不出场,这跟演出《王子复仇记》而王子不登场一样"。[①] 企业家或企业最高经营者是企业运营的主角,其理应在论析企业经营管理和企业文化时,占有极其重要的地位。

在日本企业社会中,企业家、企业经营者是受到高度关注和重视的群体,这一点由日本企业家传记大量问世可见一斑。在日本企业文化中,处处彰显企业家的文化,离开企业家就无法说明日本企业和企业文化的经纬。本章专门研究日本企业家及企业家文化。由于企业家文化涉及方方面面,内容极其广泛丰富,以下各节将从不同角度加以论述,力求对其有全面的把握。

第一节　日本企业家文化之核心和本质是创新

约瑟夫·熊彼特在经济学上最重要的理论建树之一,就是系统地阐述了创新理论。中国学者称其为"创新理论帝国的建立者"。[②] 约瑟夫·熊彼特将这种创新称为"创造性破坏",而承担这一重任的则是"企业家"。

约瑟夫·熊彼特首先阐析了何谓创新。他指出这个概念包括五种情况或五个组成部分。在此基础上,他提出了"我们把新组合的实现称为'企业',把职能是实现新组合的人们称为'企业家'"。[③] 约瑟夫·熊彼特所说的"企业家",并非专指企业高层经营者,也不是专指在企业内从事经营

[①] 〔日〕池本正纯:《企业家的秘密》,姜晓民、李成起译,辽宁人民出版社,1985,第2页。
[②] 陈劲、王焕祥等:《创新思想者——当代十二位创新理论大师》,目录。
[③] 同上书,第82—83页。

管理的专职人员，而是指所有进行创新的人，不问其职业为何，也不管其地位高低，都符合"企业家"的定义和范畴。另外，即便原来是企业家，倘若不再进行创新而仅仅从事一般的管理职能，那他只是经理人，已经不再是企业家了。这对我们关于界定企业家的概念，具有重大意义。

另外，关于企业家的产生和形成问题，约瑟夫·熊彼特在《经济发展理论》一书中还用很大篇幅论述企业家是成群出现的。这是研究企业家文化很少涉及的，但非常重要。他写道："为什么企业家的出现不是连续的，也就是说，只是在每一个适当选定的时间间隔内出现，而且是成群地出现？这完全是因为一个或者少数企业家的出现可以促使其他企业家出现，于是又可以促使更多的企业家以不断增加的数目出现。"[①]

对于企业家成群出现的原因，约瑟夫·熊彼特归结为五点：第一，先驱性企业家消除了实现新组合的障碍；第二，由于第一个原因，能力欠缺的企业家的出现也成为可能；第三，革新和模仿波及出现先驱性企业家的产业之外的生产部门；第四，不再需要先驱性企业家所具有的领导作用；第五，由于这样的企业家成群出现，带来了经济繁荣期。[②]

并且，他依据"集合性知识的经营"的理论，进一步论析了企业家成群出现的原因。

> 可以预测，当某人通过他人的创造性反射发现新课题时，第三人也有可能从发现者那里获得触发，并形成连锁反应。创造性反射是可以传播的。第三人的反应溯及第一个人、第二个人，或许又可以带来进一步的效果。可以设想，能够作出出色反应的人们聚集在一起，从潜在状况看，以某一时点为界，会产生超出阈值的连锁反应。

在约瑟夫·熊彼特举例说明的"新组合"的背后，有知识的组合。人们互相触发，对他人的行为或想法做出反应，产生出作为其结果的新知识。而这种新知识的累积，就是所谓知识的组合。在本书中，将

[①]〔美〕约瑟夫·熊彼特：《经济发展理论——对于利润、资本、信贷、利息和经济周期的考察》，第253页。

[②]〔日〕洞口治夫：《集合性知识的经营——日本企业的知识管理战略》，胡欣欣、刘轩等译，世界知识出版社，2013，第48页。

其称为集合性知识。创业是创业者的同盟战略，以共有知识为基础。在遇到共有知识无法解决的问题时，即采取接合战略，进而获得共生知识这一新的维度。……对成功创业者的集聚战略进行观察，就会发现企业家成群产生的结果。所谓聚集战略，是置身于成功企业近旁而获取当地知识的战略。①

中国有句俗语"时势造英雄"。企业家成群出现往往都产生于历史发生重大变革时期，需要"天时、地利、人和"三大要素同时具备。诚如日本明治维新后有大批创业型企业家涌现出来，二战后日本实行民主化改革，特别是经济民主化，造就了一大批创业者型和专业经营者型企业家一样。另外，还值得重视的一个现象，就是在某一地域同时有大量创业、创新型人才涌现出来。

> 请回想一下我的有关培养创造氛围的谈论。19世纪初在维也纳，世上半数以上最伟大的音乐家都互相熟悉或至少听说过对方。20世纪前半叶，大多数伟大的理论科学家都居住在美国且互相熟识。这是历史上的一个显著规律：同一领域里的伟大人物同时而出，同地居住，互相影响。非常明显，我们可以认为创造力首先来自个体内在的某种潜质，但必须在富于艺术或科学气氛、适合创造力发育的良好环境中，通过学习榜样而得到发展。②

另外，彼得·德鲁克也同约瑟夫·熊彼特一样，对创新与企业家精神给予了高度的重视和评价。但彼得·德鲁克的创新理论与约瑟夫·熊彼特不尽相同，其最重要的一点是强调了社会创新。并且强调社会创新通常比企业创新更加困难。而正是社会创新，为企业家的诞生提供了肥沃的土壤和机遇。

彼得·德鲁克提出了"有目的的创新和创新机遇的七个来源"并进行

---

① 〔日〕洞口治夫：《集合性知识的经营——日本企业的知识管理战略》，第221—222页。
② 〔美〕本杰明·马丁、威廉姆·波斯特：《驾驭变化的世界》，罗汉、刘文杰译，复旦大学出版社，2000，第141页。

了深入全面的分析。他写道：

> 确切地说，系统的创新即指追踪创新机遇的七大来源。
>
> 前四大来源存在于企业内部，不论是商业性或公共服务性机构，或一个工业或服务领域。因此，能够看到它们的人主要是那个工业或服务领域的人。它们基本上是一些征兆。但却是那些已经发生的变化——或只需少许努力就能发生的变化——的可靠的指示。这四个来源是：意外之事——意外的成功、意外的失败、意外的外在事件；不一致之事——现实与设想或推测的不一致；基于程序需要的创新；每一个人都未注意的工业结构或市场结构。第二组创新机遇的来源（后三种来源）涉及企业或工业外部的变化：人口统计数据（人口变化）；认知、情绪及意义上的变化；新知识，包括科学和非科学的。
>
> 七个创新机遇的来源界线并不分明，彼此之间有相当多的重叠部分。它们好比是七扇位于同一个建筑物不同方向的窗口。每一扇窗口展现的一些景色也可以从邻近窗口看到，但是从窗口中心看到的景观却是互不相同。[①]

本著将基于上述企业家理论，来分析日本企业家的创业、创新活动。

日本自明治维新以来，曾有过两次大规模的企业家创业、创新时期。第一次是明治时代，在"殖产兴业"中出现了创办企业的高潮；第二次是二战日本战败后，在日本经济民主化过程中，企业经营权与所有权相分离，一大批拥有管理能力的非所有型经营者担负起企业运营大权，极大地推动了日本的企业复兴。期间，也涌现了一大批自主创业的年轻的雄狮，他们凭借自己拥有的技术和果敢的创新精神，创办了属于他们的企业。

关于第一次创办企业高潮。在明治维新后形成的企业家群体开创了日本的企业社会，使日本走上了近代化之路。

二战后，日本涌现了一大批年轻的雄狮和工薪经营者企业家，以及战前创业，战后取得迅猛发展的创业型企业家。他们开展果敢的创业、技术

[①] 〔美〕彼得·杜拉克：《创新与企业家精神》，彭志华译，海南出版社，2000，第24—25页。

引进和管理创新。最终在明治维新的百年之际,实现了日本赶超欧美发达国家的目标,成为世界第二大经济强国。

值得指出的是,作为这些脱颖而出的中坚工薪管理者型企业家,承载起了战后日本大企业乃至日本经济界和企业家团体"经济团体联合会""日本经营者团体联盟""日本商工会议所""经济同友会"的最高领导人的重任,包括石坂泰三、永野重雄、稻山嘉宽以及被誉为"财界总理"的土光敏夫等一大批经营者型企业家。如果说上述那些在战后创立企业的经营者是年轻的雄狮的话,那么,可以说这些在战前那些大企业中从事经营管理的中坚管理者,在战后担任这些企业最高经营管理职务后,勇于革新并重建了这些大企业的经营者,就是战后日本经济界和产业界的领导人,被称为"财界总理"。战后日本经济恢复和重建、日本企业的崛起,正是上述企业家合力拼搏的结果。

另外,在20世纪80年代后的技术革命大潮中,虽然日本也涌现了一些新型创业者,但成功者寥寥,多为昙花一现的人物,唯有孙正义可称得上是新技术革命时代的旗手。

第二节 日本专业经营者型企业家的成长轨迹及其特征

所谓专业经营者型企业家,日文中有时亦写作"工薪族型"企业家,它区别于业主型或创业者型企业家,系指在所有权与经营权相分离的现代日本企业中,专门从事经营管理工作的企业最高经营者或最高经营者层。他们一般都具有担任企业内薪职人员的经历,也有一些人具有在官厅任职的经历。

探讨战后日本专业经营者型企业家的晋升途径、资质及特点,有助于了解日式经营管理模式及战后日本企业崛起的轨迹乃至日本企业家文化,对我国现代企业制度的建构、企业文化建设以及企业家队伍的建设,都具有重要的参考价值。

一、日本专业经营者型企业家因在战后日本经济高速增长过程中发挥了重要作用而备受世人瞩目

专业经营者型企业家,是战后日本企业家队伍的基干和主体。这种状况今后将会成为一种发展趋势。万成博说:"随着工业化的发展,经营者自身在发生质变。不论是公营企业还是私营企业,都变成了大型组织。企业运营权交付给了与所有权、政治权力完全分离的专门经营者。在技术革新时代,科学技术人员往往被认为是成为最高经营者的有利条件,但是现代经营并不是专家就能胜任的。不论是技术出身,还是营业、会计、总务出身,企业的综合经营超越了专家,成了以经营为专业的人方能承担的工作。"[1]

万成博的观点是有所指的,日本企业选任经营者,曾出现过在强调"技术立国"时,重视提拔工程技术人员;在资金紧缺的情况下,则任用财务人员;当生产过剩、市场偏紧时,便采用营销人员;在国际化成为企业发展趋势时,则大力招聘外语人才。由此忽略了企业经营并非仅靠单一专长就能胜任的职业特点。在日本独特的"法人资本主义"企业体制下,握有经营管理大权的专业经营者型企业家,实际上成了不受股东约束的企业总资源的运用者。正如小宫隆太郎指出的那样:"这样的经营者,特别是'社长'或以'社长'为中心的少数最高干部是日本大企业的实际统治者。他们实际上掌握着决定企业重要事项的核心权限。"[2]

那么,专业经营者型企业家都是一些具有什么样资质的人呢?万成博认为:"就经历的形式而言,是通过官僚制经历被任命到最高经营者地位的,因此可以叫官僚制经营者。另外,以企业经营中的职能为中心看,可以叫作专业经营者。这些人以学校里的专业教育和企业内专门领域成就为背景,经过担任管理职务和部门经营职务,最终登上企业领袖的地位。但是,所谓专业经营者,并不是先成为专家,然后当经营者。"[3]

---

[1] 〔日〕万成博:《日本企业领袖》,袁方译,中国人民大学出版社,1990,第148—149页。
[2] 〔日〕小宫隆太郎:《现代中国经济——日中的比较分析》,第65页。
[3] 〔日〕万成博:《日本企业领袖》,第148页。

二、日本专业经营者型企业家晋升途径

首先,从日本经营史的角度来考察专业经营者成长的轨迹。

早在明治时代初期,由于出现了作为现代企业制度雏形的股份公司,日本一些归国留学生及国内高等院校毕业生开始到大公司任职。他们怀着"产业报国"及个人成名立世的志向,将其所学的现代科学知识用于公司的经营管理。在企业日常运营过程中,逐渐积累了经营管理现代企业的经验和诀窍,受到公司最高经营者的赏识和重用。他们中的佼佼者被提拔为经理,作为公司最高决策者的辅佐参与最高决策。而他们中的大多数人则担任基层或职能部门的管理职务。那些贴近企业最高经营层的专业经营者,利用其与最高经营者的个人关系以及其在企业无可取代的经营管理地位,购买企业股票,积累了财产。有少数人在大正和昭和初期,担任了一些企业的"社长",成了日本企业经营史上著名的企业家。但在战前这样的"成功者"数量很少。因为当时尚未彻底实现企业所有权与经营权的分离,不可能形成专业经营者晋升为企业家的制度和机制。特别是在那些家族财阀控股的超大型企业中,为了防止经营大权旁落,实行封闭式的家族控制,使许多有经营才能的专业经营管理人员与企业最高权力无缘。

日本专业经营者型企业家时代的真正到来,始自战后初期的日本经济民主化改革。这场以"解散财阀、分解超大型企业、禁止垄断、整肃财界主要人物、保护工人权利等"[①]为主要内容的经济民主化改革,以及日本国会1950年对日本商法的修改,从企业体制和法制等方面,为以前无法通达企业家宝座的大批专业经营者创造了难得的机遇。战后初期登上企业最高领导位置的专业经营者型企业家,以及由他们的代表所组成的财界四大团体,统率日本产业大军,在国际国内政治、经济环境的激烈变化中,突破了重重困难,成功地实现了日本经济复兴和高速增长。

日本对专业经营者培养的制度化始于经济高速增长时期。随着日本经济的恢复,日本的教育特别是高等教育有了长足的发展。企业为了充分利用大学为其提供的人才,把每年定期录用大学毕业生确定为企业的重要人

---

① 日本经济新闻社编著《日本的企业》,第41页。

事制度。日本企业特别是大型企业在录用员工时非常重视应聘者毕业于什么样的大学，优先录用东京大学等名牌大学的毕业生，而并不特别看重其所学的专业。每年进入企业的大学毕业生，除了少数特殊职务——专门从事技术研究开发者外，很少有人在一个部门长期任职。企业从培养将来能担负起经营管理重任的领导者的长期战略出发，形成了固定的管理人员在职培训、考核、晋升等人事制度。

在日本企业内部，通常由普通职员晋升到基层管理者需要5～10年时间；而由基层管理者晋升到中层管理职务还需要10年左右时间；当他们中的精英人物步入最高决策层时，一般年龄为50～55岁。在此期间，每年人事部门和其所在职的部门都对其进行考核、评价。一个管理者能否晋升或晋升到哪一级职务，是根据长期、综合考核结果来确定的。考核内容既重视与企业经营管理有关的理论和知识，更重视其人品和实际业绩。在日本经济高速增长时期，由于企业规模不断扩大，大多数进入企业的白领阶层都可沿着上述轮换制的"螺旋式上升扶梯"，缓慢地晋升到一定的管理职务，从而在企业里形成了具有综合管理知识的专业经营管理队伍。

但晋升到中层管理职务以后，由于最高层经营管理职务极其有限，晋升的通道变得非常狭窄，中层专业经营者中只有极少数精英人物才有望进入最高决策层，成为企业家。企业对这些即将担负经营决策重任的未来企业家，进一步加大培训力度。一方面，进一步提高他们的经营理论水平，重点培养其洞察国内外政治、经济形势及企业发展大环境的能力，使其能够预见未来新技术发展及市场变动趋势，从而提高决策能力。另一方面，是把他们派到关键部门或最困难的部门，让他们独立解决一些非常棘手的难题，锻炼和考验其独立工作能力和对困难的心理承受能力。只有最后经历"过五关斩六将"的考验，才能成为企业家。这种培养方式，类似体育比赛中的马拉松，参赛者要凭耐力和韧劲取胜。对那些急功近利、投机取巧之徒来说，这无疑堵塞了其晋升到最高职位的道路，可以避免或减少因用人决策失误而导致的企业经营危机乃至破产。除了上述企业内晋升途径之外，专业经营者型企业家的另一个重要来源，就是曾在政府各省厅任职的中高层官僚。这些所谓"下凡"官僚，在官厅任职期间同某些大企业来往密切，并为该企业提供诸多便利，在其退职后常常被企业接纳为高层管理者。虽然他们在企业内缺乏坚实的基础，但在长期官厅生活中积累了丰富的管理经验，特别是他们同官厅内以及经常交往的诸多企业乃至某些执政党的政治家之间，构筑了非常紧密的关系网。这些无形资源，给企业发展带来了不可估量的利益。

三、日本专业经营者型企业家具有五个比较突出的特征

第一，受过高等教育，特别是重点大学文科出身者居多。这是专业经营者型企业家不同于创业型或业主型企业家的一个显著特点。

对于专业经营者型企业家来说，独特的技术或财产并不是其登上企业家宝座的重要条件，而是否具备综合性的经营管理知识，其中包括是否受过高等教育才是其晋升的必要条件。据日本学者山本庆裕和高濑武典调查，20世纪80年代中期，日本企业高层经营者中大学毕业者占85%以上，如果加上大专毕业者则高达95%。而其毕业的学校集中于东京大学等少数名牌大学。其中，仅东京大学毕业者就占经营者总数的三分之一，如果加上京都大学毕业者，两校竟占全体高层经营者总数的近一半。而这些经营者中学习经济、经营、法律、政治等文科专业者高达52%以上，理工专业出身者仅占35%。而且职务越高年龄越大，文科出身者越多，其中，董事长为67%、总经理为58%、副总经理为48%、专务董事为44%。[①] 由于调查对象是大企业，虽然也包括了各种类型的企业家，但其中绝大多数是专业经营者型企业家。特别值得关注的是，依靠技术创新起家的索尼公司，在其奠基人卸任以后，两位专业经营者型总经理无一是理工专业出身。后来担任总经理的大贺典雄和出井伸之，一位是音乐天才，一位是政治经济学专业大学毕业生。在素以技术开发著称的索尼公司内，可以说人才济济，而文科出身者却寥若晨星。然而，就在这样的大企业里，两度选任的总经理都是非理工科出身，不能不引起人们的思考。

第二，重视人品胜于能力。这里所说的人品是广义的道德、人格、品行。这一点当然并不只限于专业经营者型企业家，但是，由于创业型企业家可以依靠自己独特的技术创新或手中握有资本，通过创业成功自然而然

---

① 〔日〕万成博：《日本企业领袖》，第192—196页。

地登上企业家的宝座。而继承家业的二世、三世企业家可凭继承权当上企业家，因此，除非企业经营失败或破产，否则即便是毫无品德修养之辈也没有任何办法能使其离开企业高管的职位。可是，对专业经营者来说，若非具有能打动人的人格魅力，即使具有超群的经营才能，也很难受到企业最高决策层的赏识及其周围职员的拥护。日本许多著名大企业家在论述选拔企业高层经营者的原则时，都非常重视选拔对象的人品，把其摆在诸条件之首，而才能次之。无须赘言，日本企业中的所谓人品，当然是用日本的标准来衡量的。但在重视人品以及通过长期综合考察来评价企业家的这一做法，仍值得借鉴。

第三，具有民主意识及与职工的一体感。二战后的专业经营者型企业家，是在战后经济民主化改革中登上最高经营者位置的，他们亲身经受到了当时民主化浪潮的冲击与洗礼，对工人阶级在斗争中显示出的巨大力量有着亲身体验。战后日本新宪法规定国民享有广泛的民主权利，根据新宪法精神制定的"劳动三法"，[①] 对经营者具有很强的法律约束力。而且，当时日本的经济形势极为严峻，以战养战的战时经济彻底崩溃，生产设备大多因战争被毁坏或因年久失修而破损、老化，资金及原材料供应更是极度短缺。在这种情况下，唯有十分充足的劳动力资源才是专业经营者型企业家能够充分利用的资源。他们只有与工会建立起良好的协作关系，尊重工人的人格，保障工人的基本权利，才能充分发挥工人在生产和管理中的积极性，实现企业的顺利运营。这一时期的日本企业在经营实践中，逐渐形成了人本主义经营思想。这一时期的企业管理者们深刻地认识到"提供'人'这一最贵重资源的核心成员被认为是'举足轻重'的"。[②]

例如，被日本传媒称为"猛烈的经营者""合理化先生"的土光敏夫，在其就任东芝公司总经理时，他主动带着清酒去拜访工会干部，与他们交谈企业情况。当时，土光敏夫的秘书曾提议"是否把工会干部喊到公司来？"土光表示："不，我去，按进公司的年限来讲，我比他们来得迟。"[③]如果是战前的资本家型企业家，无论如何也做不到这一点。

[①] "劳动三法"系指日本《工会法》《劳动基准法》《劳资关系调整法》。
[②] 〔日〕今井贤一、小宫隆太郎：《现代日本企业制度》，第60页。
[③] 〔日〕矢野俊介：《企业家的经营艺术》，第15页。

另外，作为企业决策方式的"禀议制"，是重视基层管理者和职工参与的民主管理方式，这也体现了专业经营者型企业家的民主意识和作风。专业经营者型企业家的晋升轨迹，使他们有充分机会接触广大职工，并对普通职工的思想、生活和工作具有深切的体会和认识。正如中谷岩男所说："作为以前的职工，这些管理者非常熟知职工们的态度和行为，他们必然会比战前的管理者更强烈地与普通职工有认同感。"① 此外，由于企业高层经营者同普通职工之间收入差距的缩小，也有利于加强他们之间的一体感。

第四，具有旺盛的进取精神。这一特点不仅仅限于专业经营者型企业家，但由于在战后日本企业的崛起过程中，日本企业家在这一点上表现得非常突出，有必要特别加以论述。这种旺盛的进取精神，首先表现为强烈的学习欲望和果敢的引进外国技术的决策。据统计，为了学习欧美先进的经营管理理论，从1955年至1964年的10年间，有组织的日本企业家考察团组达到了660多个，参加人数超过了6600人。日本企业向美国学习经营管理确实形成了一股规模宏大的热潮，可谓是全方位地学习欧美先进管理理论和技术。他们还采取"请进来"的办法，不断邀请外国经营管理专家来日本讲学、培训及担任企业咨询专家等。其中最典型的，对战后日本企业发展影响最大的是美国人彼得·德鲁克、戴明和朱兰等。特别值得称道的是，日本企业家把学习到的先进经营管理知识同日本的实践相结合，创造出了日式的管理模式。

日本企业家的进取精神还表现在果敢地进行技术引进、设备投资及开拓国际市场方面，专注于追求企业长期发展的战略目标。"追求长期发展被视为'日式经营'的一大特色，应该认为，这一特色的发端与工薪族经营者、专业经营者时代的到来是同步的。"② 专业经营者型企业家在企业经营上之所以具有如此魄力和进取精神，积极追求企业长期发展利益，是因为他们在企业的地位稳固，不受短期效益束缚。而且，由于他们比较年轻，不是资本家，面对风险大、利润也大的发展机遇，敢于下决心投资。这一

---

① 〔日〕中谷岩男：《转变中的日本企业》，第50页。
② 日本经济新闻社编著《日本的企业》，第56页。

点同美国企业家之间存在巨大差异。美国企业家受公司股价变动所左右,他们在企业的地位随着华尔街股票的上下波动而起伏。如果公司股票节节飙升,能为股东赚得盆满钵满,企业家个人的收入也会暴涨,否则就会被股东炒鱿鱼。因此,美国企业家多着眼于短期利益,缺乏长远打算,这点广受诟病。

第五,专业经营者型企业家是战后日本产业大军的组织者和领导者。实际上指挥战后日本产业大军的既不是政界,也不是官界,而是财界。经济团体联合会、日本经营者团体联盟、经济同友会和日本商工会议所等财界四团体以及各行业公会是日本产业界的最高组织。它们通过各行业组织和地区性组织,把整个产业界统一起来,形成了日本最强有力的压力团体和政策团体。它们直接或间接地决定或影响整个日本的经济、政治、社会、教育、文化等政策的制定与运营。长期以来,占据财界四团体领导地位的主要是大企业或企业集团的专业经营者型企业家,只有后期才有非专业经营者型大企业家丰田章一郎和佳能原社长御手洗富士夫入主经济团体最高宝座,至于丰田公司的另一位担任经团联会长的原丰田社长奥田硕则是典型的专业经营者。财界除了以同一声音影响政界和官界外,还通过参加自民党内有实力的政治家,特别是首相的聚会的形式,直接施加其政治、经济影响。佐藤荣作担任首相时,有19个聚会组织,参加成员大都是财界首脑和大企业经营者。另外,许多大企业家还通过参加政府各省厅名目繁多的审议会、调查会的形式,直接参与各种法案的起草工作。日本的大企业家一般都积极参加财界各团体的活动,而且想方设法争当财界首脑,以此扩大自己在财界的影响,并为本企业的发展获取各种信息。

针木康雄说:"能当上这一类团体组织的会长或副会长、部会长等,是经营者梦寐以求的,这意味着参加那些团体就能够得到经济信息,使自己的想法反映在国家政策上。"①

关于专业经营者型企业家的培养选拔机制,小宫隆太郎有一段精彩的论述:

---

① 〔日〕针木康雄:《热情而稳定的经营者堤义明》,陈重民译,新华出版社,1996,第159页。

企业的经营者是怎样选拔出来的呢？日本大企业有几个其他国家所没有的显著特征：

（1）属于日本大企业最高经营管理机构的经营者，几乎都是从学校毕业后在同一企业内工作了三四十年的从业人员中选拔出来的；

（2）从业员（特别是职员，工人也相同）在一年乃至四五年的时间内定期地在工资和职务两方面稍稍得到晋升。从那些得到晋升的人里选拔出组成最高经营管理机构的领导干部。这些新进入公司的白领职员（大学毕业生）都是抱着几十年后也许会成为经理，即使当不上经理，也会成为重要负责人，至少能当个部长这样一种期望，才进入到公司来的；

（3）日本企业经营者比任何人都具有强烈的从业员集团代表的色彩，这是其他国家几乎没有的。轻视从业员集团利益的经营者，是不能保持其地位的，这样的人也不能达到经营者的地位，即使那样的人成为经营者，其企业也是不能繁荣下去的；

（4）不过，以上所说的从业员集团，并不是像工会和农业协同组合那样由同层次的人员组成的集体，而是一个与学历、连续工龄及能力相适应，在地位、报酬、权力、名誉等方面都有着严格的阶层结构差异的集团。

这样的经营者，特别是"社长"或是以"社长"为中心的少数最高干部，是日本大企业的实际统治者。就是说他们实际上掌握着决定企业重要事项的核心权限。[①]

综上所述，日本企业经过战后70多年的发展，形成了一整套完善的培养、选拔专业经营者型企业家的制度和机制，并形成了具有日本鲜明特色的企业经营管理模式。这些企业家在战后日本经济发展中充分发挥了产业大军领头雁的作用。同时，许多由创业者型企业家或业主型企业家经营的大企业，随着他们退出经营第一线，企业领导权也逐渐转到了专业经营者

---

① 〔日〕小宫隆太郎：《现代中国经济——日中的比较分析》，第65页。

型企业家手里。随着知识经济时代的到来，日本企业也面临着重大转折时期。为了迎接知识经济的挑战，摆脱目前企业面临的困境，日本企业迎来了重大改革和转型时期，专业经营者型企业家必须以更高的标准重塑自己的素质，以适应新的企业发展环境。

第三节　日本著名创业型企业家

创业型企业家必须具有强烈的企业家精神，即创新精神。彼得·德鲁克写道："企业家精神既不是一门科学也非一门艺术，它是一种实践。当然它需要有知识做基础，……企业家精神中的知识只是达到目的的一种手段而已。实际上，什么才是应用到实践中的知识在很大程度上由目的，即实践来界定。"[①] 为了践行企业家精神，企业家所需要拥有的"知识"，绝非普通书本知识，而是必须在经过本人深思熟虑之后，将其提升到"见识"的程度，即经过自己的价值判断，成为自己内心的坚定的信念，而要将这种信念付诸实践，则需要具有坚强的意志和坚定的决心，具有勇于承担风险，不达目的决不罢休的"胆识"。

关于日本创业型企业家群体，其产生和形成具有非常明显的规律性。如前所述，在日本企业发展史上，曾有过两次大量涌现创业型企业家群体的时期，在此不再赘述。另外，在20世纪80年代日本亦出现了一次以计算机和信息革命为契机的创业型企业家涌现时期，但这次除了诞生孙正义及其软银集团公司外，未能形成像前两次那样大的创业潮流，这也是导致在日本泡沫经济及其破灭后日本"失去的二十年"和美国经济迅速发展的十年的重要原因之一。

日本在明治维新以后涌现了一大批创业型企业家。这一批企业家具有非常明显的社会创新性质。他们充分利用明治维新的社会大变革的机遇，创立了各种新兴企业。其中，尤以涩泽荣一、五代友厚和岩崎弥太郎等为代表的一大批政商型企业家最为典型。

明治时代最初的创业型企业家，最显著的特点是他们中的许多人都具

[①]〔美〕彼得·杜拉克：《创新与企业家精神》，第3页。

有武士的背景，或者自己本人是武士，或者出身于武士家庭；并且都与以前各藩的大名，特别是明治政府的藩阀政治家有着盘根错节的联系；另外，就是曾经在明治政府任官，后来抓住机遇辞官经商者，涩泽荣一和五代友厚就是这类创业者；还有就是原江户时代的商家，利用维新后的新政，不断扩大原有的事业规模或成功地开创了新的事业，像三井和住友两大企业的最高经营者就属于此类。如果以地域而论，幕府末期开港以后，云集横滨的实业家和明治维新后大阪地方的实业家均以商人为主，这一点值得重视。为了进一步认识明治时代的创业型企业家，这里对日本三菱财阀创始人岩崎弥太郎加以简单介绍。

岩崎弥太郎是一个"独裁经营者"。独断专行的弥太郎能成就三菱霸业，在企业经营管理方面，自有其一套独特的识人、育人和用人的人才战略。

对此，坂本藤良将其归纳为以下三点：一是"他积极地培育人才，尤其好用有学之士，这是用才的第一特色"。[1] 二是"（他）特别重视人才的为人，要求对方绝对的忠诚，他也绝对尽力地照顾对方，这是弥太郎培育人才的第二个特色"。[2] 三是"他培育人才的第三个特色是信赏必罚"。[3]

因此，三菱被誉为"人才的三菱"，使之成为日本企业的翘楚，这对于企业家来说是颇值得借鉴的。

明治初期的创业型企业家，主要不是靠技术创新来打造新型产业，而主要是靠社会创新，为日本经济发展和国家现代化奠定了产业基础。后来日本的发展完全得益于这些创业型企业家的奠基之功。

日本二战失败后，涌现出了创业型企业家群体的高潮。代表人物有本田公司的创始人本田宗一郎、索尼公司的井深大、三洋公司的井植岁男、大荣公司的中内功以及稍后创立京瓷的稻盛和夫等。他们创业的大环境得益于战后的日本民主化潮流，以及战争所导致的日本经济的严重衰退和崩溃，日本出现了严重的供给不足。这就为那些创业者们提供了极大的市场

---

[1] 〔日〕坂本藤良：《三菱霸王岩崎弥太郎》，阿孜古丽、李世红译，中国经济出版社，1992，第132页。

[2] 同上书，第134页。

[3] 同上书，第135页。

空间，他们凭借自己所掌握的技术，果敢地投入到创建新企业的热潮中。他们中的佼佼者当属本田公司的本田宗一郎和索尼公司的井深大。可以说，没有井深大绝对不会有索尼公司。追求不同于他人的产品，以独创一流产品自傲是技术天才和卓越的技术开发工作的组织者井深大的本色，也是索尼公司的本色。

矢野俊介写道："我参加各种国际会议时，被国外人士问到过的最多的问题之一是：你认为战后日本的企业家中值得在世界产业史、管理史记上一笔的是谁？我一般总是要举出索尼的创业者井深大的名字。"①

井深大在学生时代就是一个"技术迷"，他以能产生光动效果的霓虹光技术取得了划时代的光动霓虹灯的生产专利，并在巴黎国际博览会上获优秀奖。井深大是一个典型的技术人员，极具科学天才，凡事追求合理性，对错误绝不容忍。他对日本企业模仿欧美技术的做法不屑一顾，坚持靠开发独创性技术谋求企业发展，他的观点曾遭到财界和同行公司的反对，但他不以为然。

井深大曾多次对记者说："以往日本的多数公司都是'美国在生产，我们也生产吧'，或者是'其他公司在生产了，我们也跟着生产吧'，即一边是随大流，一边完成公司的发展。与此相反，我们索尼公司'由于什么什么原因，要生产这样的产品'，或者是'认为有这种市场，所以生产适应市场需要的产品'。也就是说，我们的经营是有明确目标而使公司得以发展的，这就是索尼与其他公司的最大区别之所在。"②

他不唯上，不惧权威。关于技术创新与研发，井深大有自己独到的见解。1958年夏天在日本财界巨头欢迎第一次来访的大名鼎鼎的彼得·德鲁克的恳谈会上，围绕技术创新方法所发表的争论性谈话，震惊了满座的大佬。井深大说："我是第一次参加这种经营的恳谈会，听了一会儿，觉得彼得·德鲁克先生没有考虑到技术革新的加速度问题。如果让我来说，那就要关心如何缩短时间或如何提高速度的方法。于是，我就开始提问，即我认为技术革新是当然的了，但问题是如何采取缩短时间的措施，这一点是

---

① 〔日〕矢野俊介：《企业家的经营艺术》，第55—56页。
② 〔日〕中川靖造：《创业·挑战·成功——井深大传》，刘金才、马小兵、刘甚秋、俞军华译，中国经济出版社，1992，第186页。

更加重要的。"① 当1962年，彼得·德鲁克再次来访时，在轻井泽召开的财界第三次恳谈会上，他认为井深大的主张是正确的。

井深大不仅创立了世界著名的索尼公司及索尼金牌商标和享誉世界的产品，而且，在技术方面有许许多多的重大突破性创新。"在研究开发单枪三束管的过程中，井深大一直站在最前线。……这位井深大在技术的研究开发上也立下了汗马功劳。"② 他非常善于进行技术创新的组织工作，当研究人员面临困境时，他坚定地站在他们的后面支持研究工作，被研发人员誉为"祖师爷井深大"。另外，他还非常关心日本未来的发展，关心青少年科技教育，尤其是在幼儿教育方面有重大创新和建树，创立了享誉世界的"井深教育理论"。③

井深大为了创立别具一格的新型公司，他花了很长时间制定公司的宗旨。索尼公司的宗旨是：

（1）本公司希望成为一个非常尊重技术，充分发挥技术的公司。是一个以技术为主体，技术人员能大显身手的公司；

（2）公司要实现的理想是，提供为大多数人真正需要的商品，生产大众商品；

（3）绝对不搞抄袭仿造，而专选他人甚至以后都不易搞成的商品；

（4）向儿童普及科学技术知识。④

从上述的宗旨不难看出，井深大是一位高度重视科技创新的科学创造者和组织者，是一位富于理想、走在时代前头的创业型企业家，还是一个非常有人情味的企业家。

"井深大的天才之一就是善于用人，或者说得更贴切些，是能够得到别人的合作。井深大信仰'技术人员性善说'。他认为，'技术人员归根结

---

① 〔日〕中川靖造：《创业·挑战·成功——井深大传》，刘金才、马小兵、刘其秋、俞军华译，中国经济出版社，1992，第187页。
② 日本经济新闻社编《成功的记录》，张可喜译，新华出版社，1982，第178页。
③ 才出文：《幼儿教育的一朵奇葩——井深理论》，刊于《外国教育》1993年第4期。
④ 〔日〕矢野俊介：《企业家的经营艺术》，第58—59页。

底是喜欢技术的'。当他认真地阐述'让我们一道向未知的技术挑战'的观点时，人们都会被他的这种情绪所感染。"①

1967年3月，他把一直搞研究开发工作的吉田进提拔为制造部部长时，吉田进舍不得放弃研究开发，婉言谢绝。于是，井深大就把他请到饭店里以至自己家中，苦口婆心地做说服工作。井深大说："如果技术上的发明需要一分努力的话，那么，应用的开发就需要十分努力，而使它投入批量生产则需要一百分努力。"②吉田进听了这番道理后，被深深地打动了，便服从了他的安排。

井深大把创新创业作为自己的终身志向与抱负，并将这种企业家精神辐射到他所从事的各项社会事业之中。为世人留下了许多宝贵的精神财富，对在全球化和数字经济时代的企业持续发展具有可资镜鉴的启迪作用。

20世纪70年代中期以后，由于世界经济环境发生了巨大变化，这一时期也诞生了一些创业型企业家，但能存续下来的凤毛麟角。日本虽然也涌现出了一批以网络为平台的创业型企业家，但几乎未形成大的浪潮。他们中的最著名的代表者，就是"软银集团"的孙正义。日本作家板垣英宪写道：

> 数字化信息革命正使世界发生着巨大的变化。高度信息化社会正渐渐地显现出它的雄姿。所谓"革命"，是指支配社会的主体由于力量的强弱而发生了变化。迄今为止，产业社会的主体是"工业"，今后它的位置将由"信息"来取代了。
>
> 这里所说的"信息"，是指计算机、个人电脑等硬件以及使其运转的软件等信息技术。通过使用这些信息技术而使信息革命进一步加快的是人造卫星、光导纤维以及数字化等通信技术。但是，革命不会像自然现象那样发生，它要靠人去掀起、推进，靠人去引导、完成，须有成为革命领袖的旗手。孙正义，就是数字化信息革命的旗手

---

① 日本经济新闻社编《成功的记录》，第179页。
② 同上。

之一。[①]

孙正义赴美留学时，年仅16岁。在美就读大学期间孙正义是靠发明专利来支撑自己的学业的。他甚至给自己规定了"一年之中，每天有一件发明"，结果一年后真的搞出了250项发明。由此不仅锻炼了头脑，还为以后的创新创业打下了坚实的基础，他带着"带声音多国语翻译机"这项专利，于1977年回到日本后，卖给了夏普，捞到了第一桶金，并用这笔钱在美国开办了一个公司，这是他第一次创业。他在19岁时决定当企业家，并为自己制订了"人生50年计划"。

在做了充分准备的基础上，孙正义于1981年9月，开创了日本第一家计算机软件批发公司，填补了日本在该产业中的空白。孙正义经过十多年的打拼，软银集团羽翼逐渐丰满，于1994年上市。孙正义充分运用软银集团的经济实力和各种融资手段，大举实施并购策略以及同国际上强有力的大公司进行联手，使其事业规模不断扩张，在短短的不到二十年的时间里，就建成了"软银帝国"，被誉为"日本的比尔·盖茨""挑战世界首富的网络巨子""数字化时代的英雄"。当然，由于数字化经济发展速度极为迅猛，变数很大，在这一批创业家中，能像他那样的幸运者并不多，多为昙花一现的人物。对于孙正义来说，他仍面临诸多不确定性，能否延续创业型企业家的辉煌，就看其造化了。但这股创业大潮并未终止，这些数字化时代的创业型企业家的历史作用不容低估。

第四节 日本企业家的功利主义及激励机制

功利主义是驱使、激励企业家在经营管理中充分发挥自己巨大能量的重要动力之一。当然，这同企业家追逐财富等动机并不矛盾。依据企业家理论创始人约瑟夫·熊彼特的观点，企业家的行为动机，首先要佣有一种梦想和意志，要有打造一个私人王国，常常也是一个王朝的创业雄心。现

[①] 〔日〕板垣英宪：《孙正义——数字化时代的英雄》，郭振乾译，海南出版社，1998，第1页。

代世界上只有在工业或商业上的成功可以达到这样的地位，创业成功是现代人可以企及的构筑近似于中世纪封建贵族领主地位、获得社会名望的一个途径；其次是创业者要有征服的意志，有战斗的冲动，有试图证明自己人生价值的冲动，创业者在此过程中追求的是成功本身，而并非仅是最终成果；最后创业者和企业家享用创造的快乐，展现个人才能的快乐，当然也包括追求个人财富的快乐。[①] 那么，日本企业家的行为动机是什么呢？其功利主义究竟表现在哪些方面及对其激励机制若何呢？在此，试从日本的政治、社会、历史及文化等方面加以论析。

一、国家至上的价值取向

日本是亚洲最早实现资本主义现代化的后发展国家，同时也是亚洲第一个发达国家。日本明治维新以后的现代化或工业化，不仅带有后发展国家实现赶超欧美发达国家的特点，而且具有浓厚的东方文化的特色。

虽然在漫长的德川幕府时代，日本社会内部已经滋生了资本主义商品经济的萌芽，但直到明治维新，远未达到成熟。在日本社会内部尚不具备资本主义经济自行发展的基础和条件，更未出现能承担发展资本主义市场经济重任的实业家。领导明治维新的下级武士，他们并不是资本主义生产力和生产关系的代表。明治维新"是以'尊王攘夷'为口号而进行的变革"。"这一现象说明了明治维新的政治思想并不是为了实现现代化，而是为了实现国民的整合。所谓'维新'，其实就是'王政复古'，而绝不是现代化。"[②] 当时所要解决的政治课题是避免日本被西方列强殖民地化，拯救民族危机。明治政府中一些有远见的领导人认识到：只有向西方学习，实现国家富强，才是从根本上解决民族危机的途径。于是，以大久保利通为代表的现代化派，通过对欧美资本主义发达国家历时一年零九个月的考察，"在发达国家的国际动向中观察日本，从推行现代化政策的角度考察日

[①]〔美〕约瑟夫·熊彼特：《经济发展理论——对于利润、资本、信贷、利息和经济周期的考察》，第102—105页。

[②]〔日〕富永健一：《社会学原理》，第307页。

本的内政"。^① 在这些领导人的主导下，推行了一条在政府主导下"自上而下"地实行工业化的路线。首先，由政府作为工业化的直接承担者，设置官办企业，担负起实现现代化的"孵化器"。"为了发展近代经济，政府曾经专心致力于网罗国内人才，保护和培养具有这种精神的近代经营者。"^② 然后，将官办企业下放给这些具有一定资本、一定事业能力和企业家精神的经营者，并对其加以各种扶植，逐渐由他们直接承担起发展日本经济的使命。这里特别值得提出的是，当时的经营者经办企业，主要是出于"富国强兵"的政治目的，正是在这一政治口号下，其中许多武士投身企业界，有些成长为有影响的大企业家。他们同明治政府之间具有千丝万缕的联系，被称为"政商"或"官商"。他们所具有的"企业家精神，不是西欧的那种个人利益第一主义，而是国家利益第一主义。这种传统，一直持续到战前。战后虽然时代改变了，但那种异于欧美经营者的特点，仍在起作用"。[3] 由于明治政府的大力倡导，在日本逐渐形成了一种广泛支持企业家活动的社会氛围。

在日本追赶欧美发达国家的过程中，企业经营者的动机尽管千差万别，但有一点是共同的，即实现日本国家的战略目标同他们创办企业的功利主义并行不悖，是以国家至上作为个人最大的功利主义。这种价值取向，用美国学者贝拉的话来表述，就是"日本是以政治价值优先为特征，政治优先于经济。……政治价值……关注的中心是集体目标（而非生产力），忠诚是第一美德。支配与被支配比'工作'更为重要，权力比财富更加重要"。[4] 战后新崛起的企业家，无论是专业经营者型企业家，还是创业者型企业家，他们中的大多数人都有强烈的国家至上的价值取向。特别是在解散财阀的经济民主化中跃升为大企业领导人的专业经营者型企业家，他们怀着强烈的国家主义志向，投身于战后日本经济恢复和发展的洪流之中。像索尼等以高新技术创业的风险型企业家，则怀着技术立国的志向，将与

---

① 〔美〕塞缪尔·亨廷顿等：《现代化理论与历史经验的再探讨》，罗荣渠主编，上海译文出版社，1993，第120页。
② 〔日〕高桥龟吉：《战后日本经济跃进的根本原因》，第190页。
③ 同上。
④ 〔美〕贝拉：《德川宗教：现代日本的文化渊源》，1998，第8页。

日本国家的振兴发展同步,作为其创业宗旨。而被誉为"经营之神"的松下幸之助,则把松下电器公司所信奉的七条精神的第一条规定为"产业报国精神"。公开宣布:"产业报国是本公司的纲领中最基本的经营原则。"[①] 在日本的许多企业中,尽管表述方式或用语略有不同,但都将"产业报国"作为其经营理念的重要内容之一。

国家至上的价值取向,除了源于日本现代化的真正发动者是政府外,还同日本人在历史上所形成的传统文化中的国家至上主义及天皇崇拜的思维方式有着深厚的渊源。从吸收外来文化这一视角加以考察,日本深受中国儒学和佛教文化的影响,但日本在吸收中国儒家思想的过程中,凡是有悖于国家至上主义和帝王崇拜的学说,均遭排斥。对此,平安时代的"文化大神"菅原道真曾有如下遗言:"这个神国万世一系的玄妙是我们所不敢去窥探的。虽然我们学习中国三代、周公、孔子的经典,但是他们的'汤武革命'的民族传统是使我们深为忧虑的。"[②] 因此,虽然中国的经典、史书以至诗文大量东渡扶桑,但唯独舜禹禅让与"汤武革命"的思想精神没有传到日本。中村元深入考察历史上日本人的思维方式后指出:"日本人重视特殊的有限的人际组织的观念最终表现为国家至上主义。日本人的国家至上主义并不是明治维新以后突然出现的。其萌芽可以追溯到非常遥远的古代。"[③] 国家是日本人全部思想的基础。这种长期形成的普遍的日本人的思维方式,对于日本企业家来说,已渗入其意识的深层,成为自觉指导企业经营的理念。

二、崇拜权力、地位的心理偏好

日本人长期生活在等级森严的社会之中,本能地认为不同等级和地位是天经地义的,并由此产生了对地位崇拜的心理偏好。正如美国学者赖肖尔所说:"从前,人们是根据不变的世袭地位来确定自己的身份。而现在,

---

① 〔日〕加护野忠男、关西生产率中心编著《日本的经营诀窍》,刘新译,能源出版社,1986,第21页。
② 〔日〕中村元:《东方民族的思维方法》,林太、马小鹤译,浙江人民出版社,1989,第305页。
③ 同上书,第281页。

则根据年龄和上升的职务来确定其身份。一个人的身份在很大程度上取决于他的地位。人们对他的态度也看他的地位。"[①] "团体内部分等级,团体之间也分等级。日本人都是用等级观念来考虑问题的。"[②] 在这种等级观念强烈的社会里,日本人的功利主义,明显地表现为追求职务、地位的心理偏好,相形之下,对金钱的追逐并不那么强烈。从企业社会来看,那些身居著名大企业领袖地位的专业经营者型企业家,或位居日本"财界"四大团体领袖的企业家,仅从薪资收入等待遇而言,根本比不上创业者型或业主型大企业家,更无法同那些靠土地、证券投机而起家的暴发户相比,甚至还不如许多中小企业主。然而,在日本人眼里,这些成功的专业经营者的地位是至高无上的,他们的形象更具有迷人的魅力。对此,中谷岩男评价说:"日本企业文化的一个特点是,在企业中取得成功——获得一个高职位——会受到社会很高的评价,由于所有企业的价值观都是相同的,在企业中取得成功就等于在生活中获得了成功,至少对属于'企业社会'中的人士是如此。"[③] 矢野俊介也认为"日本企业成功的经营者,受到激励的主要因素是作为一名企业家的作用、职能和职务本身的魅力,等等"。[④]

日本企业家对地位的崇尚,明显地表现在以下两个方面。一是绝大多数成功的企业家的心目中都有他们崇拜的偶像,有的甚至有多个崇拜偶像。这些偶像,既有日本或世界历史上著名的政治家、军事家、思想家和杰出的大企业家,也有其身边的事业成功者。比如被称为平成"经营之圣"的京瓷集团创始人稻盛和夫,他自幼就崇拜明治维新时期大政治家西乡隆盛,并将西乡最喜爱,同时也是最能代表西乡精神的条幅"敬天爱人"作为自己的座右铭。在战后日本企业界,稻盛和夫最推崇的是"经营之神"松下幸之助。这两位名人,在日本的不同历史时期的不同领域里都树立了不朽的丰碑。同时,稻盛和夫本人也成了当代日本企业家崇拜的偶像。稻盛和夫创办并经营京瓷、KDDI的巨大成功,以及其在事业发展上的远见

---

① 〔美〕埃德温·赖肖尔:《日本人》,孟胜德、刘文涛译,上海译文出版社,1980,第175页。
② 同上书,第176页。
③ 〔日〕中谷岩男:《转变中的日本企业》,第15页。
④ 〔日〕矢野俊介:《企业的经营艺术》,第15页。

卓识、巨大的人格魅力，令许多中小企业家为之倾倒。于是，他们自发聚集在一起，仰稻盛和夫为经营之师，学习、研究和实践他的哲学，成立了以稻盛和夫为塾长的"盛和塾"。而在其成功重建了日航之后，其声名和影响也随着日航名扬世界。

我们在论析日本企业经营的特点时，常常谈及日本人的集团主义价值取向以及日本人常说的一句话："出头的钉子挨锤打。"似乎日本人并不争夺个人的名利或权力，其实不然。"出世发迹"是每个日本人梦寐以求的意愿，并为此而不余遗力展开竞争。只不过日本人在组织内部的竞争，并非像美国人那样进行赤裸裸的你死我活的争斗。日本式的组织内部竞争，是采用一种鸭子浮水似的方式，从水面上看，各自都表现得很儒雅，但在水底下，两只脚却在不停地拼命拨弄水，使暗劲，努力使自己划到最前面。

堺屋太一凭借其长期徜徉于宦海的阅历以及深邃的洞察力，对置身于组织中的人之权力欲洞若观火。对此，他有一段极为精彩的描述："组织成员都希望获得应有的权力。权力是身为组织成员的最大喜悦，也是个人的目的。因此，成员之间常为争取组织既有的权力而竞争。首先是争职位，接着是各职位之间争权限，最后是设法扩大组织全体的权力范围。"[1] 他接着写道：

> 自古以来，经济学、企管学几乎都较重视人类的物质欲望而忽视权力欲。事实上，只要是组织内的人物，大多重视权力甚于经济，权力可以说是成员欲求的直接对象。
>
> ……
>
> 对大型组织的成员而言，与权力相比，薪水多寡根本上不是问题。某位在中央政府任职的课长就曾表示："我手上掌握的预算高达3000亿，与年收入2亿、3亿的企业家各有千秋。"一旦尝过权力诱人滋味的人，当不难了解此等心境。[2]

---

[1] 〔日〕堺屋太一：《组织的盛衰——从历史看企业再生》，第55页。
[2] 同上书，第56页。

而一些中小企业家因为与权力几乎无缘，所以，他们毫不隐讳地谈论如何获取金钱的问题。但与此相反，大企业家则对此讳莫如深。因为在政官财三位一体的权力结构下，大企业家与权力距离很近。当他们在企业中拥有了地位之后，自然就获得了权力。而且，受传统的官尊民卑传统影响，居于高位的有权者，往往被视为品德高尚不追求私欲的人。"不过，与经济利益不同的是，权力欲有时不但不主张个人利益，反而刻意牺牲个人利益。这种为满足权力欲望所展现的热心行为，不仅是当事人认定，连周遭的人也都会认为那是为组织所作的奉献，此点也是追求权限扩大时所产生的联动效应。组织因无法阻止成员追求本身利益、扩展权限行为，导致成员竞争过度的情况并非少见。因此，权力欲望对成员，尤其是对管理阶层而言，可以说是比经济利益更重要的行动因素。"[1] 就拿稻盛和夫来说吧，以他在京瓷和KDDI的地位，可以拥有巨额的股票等各种经济收益，但他却非常看淡这些经济利益，将股票增益归企业所有，甚至还把自己创业以来的大部分股票分给员工或设立稻盛基金，资助、奖励在各方面对社会有巨大贡献者。更匪夷所思的是，他作为公司的创建者，在从京瓷第一线领导岗位退居二线后，主动将自己的工薪收入降下来。而应邀出山担任重建破产的日航会长时，竟分文不取。他生活简朴，每日粗茶淡饭，在物质上过着清心寡欲的生活。但在精神世界却孜孜以求，为实现自身的人生价值和社会价值殚精竭虑。

另外，人物传记在日本颇为盛行，特别是有关企业家的传记更是汗牛充栋。一些著名的企业家，个人传记可达几十部。由此不难看出，无论是企业家本人，还是日本社会，对企业家所创造的业绩及其地位都十分看重。日本的企业家，无论是创业者型还是专业经营者型，都是经过漫长的企业生涯，历经重重挫折的磨炼，在其达到知天命之年后才好不容易取得显赫地位。因此，他们对职务本身所赋予的权力有着深切的体会和认知，并格外珍惜。再以所取得的地位为重要资源，施展自己的抱负，达成自己人生和事业的光辉顶点，这是他们的最大志向。通过不断创新，实行约瑟夫·熊彼特所说的"新组合"，实现企业发展壮大，成为同行业乃至整个

---

[1] 〔日〕堺屋太一：《组织的盛衰——从历史看企业再生》，第56页。

企业界名列前茅的佼佼者,是日本企业家的最大的功利。一个企业家受到业界和整个社会的尊敬,他们甚至会成为同行业乃至"财界"四大团体的领袖,还有机会参加政府各省厅名目繁多的审议会,在国家政治、经济重大决策中发挥自己的作用。

日本"钢铁帝王"稻山嘉宽除了担任日本"财界"最重要的团体经团联会长外,光是董事长、总经理、总裁所谓带"长"字的头衔就不下七八十个,至于董事和委员的社会兼职究竟有多少,连他本人也说不清,据说大概有三四百个之多。不言而喻,这些职务充分反映了其在社会上的实力和地位,并赢得了社会的广泛尊重。除此之外,还有一个代表身份、地位的重要象征,那就是荣誉称号。如授予名誉博士学位、各种勋章,特别是勋一等瑞宝章和勋一等旭日大绶章等,是企业家所获得的最高荣誉,是对其最重要的激励。"以天皇颁发勋章和晋升为第一等级为标志的社会承认是大公司的高层管理者所渴望获得的。虽然不能否认个人对成为杰出人物的抱负和渴望是成为成功的工商业家的驱动力,但是社会承认在日本是一种不同于金钱激励的有效的制度化机制,它驱使高层经理人员在日本厂商之中或之外的仲裁以及行政领导方面发挥独一无二的作用。"[①]

日本"经营之神"松下幸之助,虽在本行业和社会上兼职方面逊于稻山嘉宽,但其所获各种荣誉称号之多,恐怕在企业家中无出其右者。据不完全统计,他获得了日本及外国大学授予的法学、人文学、文化等五个名誉博士学位和日本学士院"特别会员"称号,还荣获各种重要奖励和勋章22种,其中最高荣誉是曾获得"勋一等瑞宝章""勋一等旭日大绶章"和"勋一等旭日桐花大绶章"。此外,他还获得比利时、巴西、荷兰、西班牙、马来西亚等国家授予的勋章和爵位等荣誉。他还被授予名誉村民、市民和县民称号,可谓誉满全身。B. K. 马歇尔说:"日本商业代言人,……把物质利益或报酬完全置之度外,强调任务观点。日本商人追求'精神报酬'(对社会作出贡献从中得到的满足),而这种能主动进取的精神,与一般西欧社会商人具有的'功利主义''个人主义'以及'利己主义'的属性,

---

① 〔日〕青木昌彦:《日本经济中的信息、激励与谈判》,第272页。

形成了鲜明的对照。"①

三、追求企业中心的志向

企业中心即奥村宏所说的"公司中心"。他指出:"日本人至今没能确立'自我中心'的思想,许多日本人倒是被'公司中心'的思想所征服。如果近代资本主义的精神是个人主义,是'自我中心',那么现代法人资本主义的精神则是公司主义,是'公司中心'。"②奥村宏依据法人资本主义理论提出了"公司中心"这一命题。本著中所使用的企业中心概念中的企业,较奥村宏的"公司中心"的"公司"的概念的含义要宽泛得多,它涵盖了所有形态的企业,更能全面反映日本企业的实际,而追求企业中心志向正是日本企业家不同于欧美企业家功利主义的重要特征之一。

关于企业家追求企业中心的志向,是日本企业制度本身机制使然。作为现代企业的大公司的经营者,企业里的晋升模式基本上已经定型化了。日本大公司员工想要达到企业最高经营者地位,一般要有二三十年甚至更长的企业,可以说他们已在长期企业生活中,彻头彻尾地与企业融为一体了,企业成了其事业和生活的唯一寄托。而且,这些企业家之所以甘心忍受这种缓慢的晋升方式,并将自己的全部心血和能量倾注在企业的发展上,这不能仅仅用文化来解释,主要是因为他们自进入企业的那一天起,就将其全部资源——时间、能力、勤奋、忠诚都"抵押"给了企业,只有终生在这个企业中拼搏,使企业不断发展、壮大,才能收回他们的投资。特别是由于日本企业家市场是封闭的,即使是具有非常卓越经营才能的职员,如果中途脱离一个企业,其经营资源也很难得到其他企业的充分评价和认同。因此,"这种出资是只有持续地在企业中工作才能得到回报的投资。其索求回报的权利是不能在市场上自由买卖的。因此,这种出资是在市场中不能自由交易的资源的行为"。③加护野忠男和小林孝雄把这种机制

---

① 〔日〕高桥龟吉:《战后日本经济跃进的根本原因》,第191页。
② 〔日〕奥村宏:《法人资本主义》,李建国等译,生活·读书·新知三联书店,1990,第1—2页。
③ 〔日〕今井贤一、小宫隆太郎主编《现代日本企业制度》,第64页。

称为"资源抵押与退出障碍",① 这是很有说服力的。日本的绝大多数现代大企业,包括那些战前和战后初期由创业者型企业家创建并获得不断发展的大企业,处于经营第一线的基本是从本公司内部晋升起来的专业经营者型企业家。他们追求企业中心的志向,就是追求企业的发展至上,追求企业永续的志向,这是其实现人生价值的基础和最根本的途径,此外,别无选择。

四、对日本企业家物质激励的辨析

日本企业经营者对物质待遇看得比较淡,但并不是说他们根本不要物质激励。在市场经济条件下,离不开对企业家的物质激励机制,否则就无法充分激发企业家的动力、积极性和创造性,企业很难持续发展,更莫说快速发展了。下面就日本企业物质激励机制稍加剖析,以求对其有比较全面、正确的认识。

我国有的学者仅仅根据某些文献中关于日本企业家年收入的公开统计数据及与日本企业普通职员工资倍数的比例,或与欧美企业家收入的比较,就得出日本企业家收入低、贡献大的结论,但真实情况却要复杂得多,不能一概而论。对此,日本《钻石》周刊1983年6月11日对东证第一部上市企业的1445名会长、社长收入进行了调查,年收入为3000万日元以下者占总数的60%,6000万日元以下者占约85%,超过1亿日元者仅占6.2%。② 许多家族企业经营者和业主型企业家比专业经营者型企业家年收入要高得多,甚至有的中小企业主年收入也达到1亿日元以上。相形之下,大企业专业经营者型企业家的收入确实不算高。这些都属于公开收入或显性收入部分。但在分析日本大企业专业经营者型企业家收入时,往往忽略了相当一大部分的隐性收入,用中国人的说法就是"灰色"收入部分。

奥村宏写道:"日本的大企业经营者,私人财产倒不是那么多,收入也不太多,但作为大企业经营者,根据他的地位有很大的特权。他们以交际费等各种名目,随心所欲地使用公司的款项,……由于其地位,他们

---

① 〔日〕今井贤一、小宫隆太郎主编《现代日本企业制度》,第64页。
② 〔日〕壹岐晃才、木村立夫编著《日本企業読本》(東洋経済新報社、1985)85—86ページ。

拥有广泛的关系。比如儿子或朋友的子女的就业问题都能得到适当的安排。……总之,作为大企业经营者,由其地位产生了特权。这并不是经营者个人的行为问题,而是依附大企业所产生的特权。"[1] 这些实际都是对其所付的一笔数量相当可观的酬金。除此之外,作为"社用族"[2]的专业经营者型企业家,可以得到由企业提供的免费或优惠的高级住宅,可以无偿使用由企业配备司机的专用车,甚至以社交需要为名,由企业出钱为其办理高尔夫会员权,特别是把企业交际费中相当大的部分用来购买礼品,由他们相互授受,成为其囊中之物。至于在豪华宾馆、高档饭店或有艺妓陪伴下招待客人,更是司空见惯,视为理所当然。这些都被视为"合理""合法"的。由此看来,日本大企业专业型经营者总体收入决不能说是很低。他们的收入结构,是在日本历史、文化、社会及法人资本主义的企业体制下形成的企业文化产物。

另外,值得一提的是,日本泡沫经济破灭后,许多大企业经营者试图改革日本企业的一些惯例,其中关于企业高管的薪酬待遇,以美国企业高管为例,大幅提升,拉大了与普通员工的薪酬差距,导致了社会分配不公,贫富差距扩大。

综上所述,日式的企业家激励机制,确实有其社会、经济、文化上的特点,对于激发企业家旺盛的经营热情,为战后日本企业的崛起和日本实现经济大国战略目标发挥了重要作用。但对其收入结构中的隐性收入问题,以及近来一些企业大幅提升高管薪酬的做法,尚有很多需要加以深入研究之处,其负面效应不可忽视。

第五节　日本企业家的素质、条件及培养与选拔机制

关于企业家研究,必然要涉及何种人才能成为企业家,这是无法回避,也不能回避的问题。对于企业家的素质,不同的人有不同的标准。因此,所需强调的条件和侧重面也各不相同。但作为一名成功的企业家,真

---

[1] 〔日〕奥村宏:《法人资本主义》,第138—139页。
[2] 社用族:系指以为企业办事的名义而享受企业提供的各种特殊待遇,包括交际费的支配权等。

正能够率领企业创造新价值的企业家,必须具备一些基本的素质。

罗启义在谈到领袖素质,也就是企业家的素质时说:

> 领袖素质是一个最难界定的品质。大多数人都不能告诉你领袖素质是什么,……从根本上说,领袖素质所要求的是一个人自己对组织、对环境、对竞争的最深刻的认知,以及唤起人们采取行动的能力。……领导素质还必须具备诚实和真诚。它是你在独自一人时、处于危急之中时、没有任何人在观看你时你会做的事情。这一切的结果就是:领袖非常罕见。
>
> ……处于领袖素质核心的是个性的概念。领袖首先必须发现并理解自己的个性,然后为组织创造出个性来。这一发现和认识个性的过程,必须是广泛而深刻的。对于自己的个性的任何错误观念,都会使领袖遭到损害并丧失力量。
>
> 在企业中,我把这种个性和领袖素质称为企业思想。这里,个性和领袖素质是联合为一体的。文化和能力就是从这种企业思想中演化出来的。这种企业思想就是我们的思想、言语和行为的体现。①

万成博对企业家的出身阶级及专业知识,或所学专业等问题进行了统计分析,发现明治时期日本企业家成功人士的社会出身背景,旧武士占23%、农民占22%、商人占19%,其他出身者占36%。而关于企业家的知识结构或受教育背景,则是"从明治到现代,理工学专攻者的比例不变,大体占四分之一。尽管日本产业界重视技术,但是日本企业领袖一般较少在专门学校接受技术训练,而是在综合性大学接受学术训练。随着日本企业及国民经济的增长,企业领袖中专攻经济学科以及法律学的人在增加"。② 万成博的分析是有统计学基础的。因为在20世纪80年代末,统计的对象是大企业,这些企业家中的多数仍为二战后日本企业所有权与经营权相分离时,涌现出的专业经营者型企业家。

---

① 〔美〕罗启义:《企业生理学》,第214—215页。
② 〔日〕万成博:《日本企业领袖》,第101页。

而石尾登有一大段精彩论述：

> 从事经营活动需要多方面的知识和处世哲学。这是经营与其他领域完全不同的地方。……而经营却是一种综合的学问。你即使研究了机械工程学和电子工程学单科的学问，也不能称其为经营。只有机械工程学、电子工程学、会计学、法律学等单科的学问综合起来，才成其为经营。
>
> 从科长到部长、经理，职位越高越需要具有将单科学问综合化的能力。单科学问的奥秘可以让从事各种专业的部下去研究。而领导者则必须担负起将各单科学问综合起来的责任。但是，在将单科学问综合化的过程中，领导者必须广泛地掌握各单科学问的基本知识。因为只有具备了这一条件，才能更好地领导部下。
>
> ……总之，职位越高越需要综合能力。[①]

但若分析自己创业的创业者型企业家，特别是非常成功的一批战后企业年轻的雄狮，则是另一番风景。

战后日本在世界上非常著名的大企业家——"经营四圣"中的三人本田宗一郎、盛田昭夫和稻盛和夫，均是理工专业出身。这也没有什么值得奇怪的，因为这些大企业完全是靠创始人的技术开辟了企业这块新天地的。

第一，企业家必须具有崇高的哲学和德行，也就是人品人格。这一条缺失，就说明他是一个没有灵魂的人。这样的人，怎么能形成"一灯照隅，万灯照国"的辐射力和魅力呢？如果不能形成众星捧月之势，则很难统帅全体员工同心协力地朝着企业发展的目标前进。

第二，作为企业家最基本的素质就是具备创新精神。日本企业家必须符合上述约瑟夫·熊彼特所倡导的"创新精神"，否则，就不可能成为企业家，这是成为企业家的基本要件，而这就要求企业家具备"知识、见识和胆识"，能高瞻远瞩并拥有"决断力"。当机会敲门，认准了拥有发展

[①]〔日〕石尾登：《我的科长学》，侯庆轩、赵桂芳编译，海天出版社，1989，第81页。

前景的事业，哪怕是困难再大、风险再大，甚至遭到众多人的反对，也能力排众议，勇于进行决断，"虽千军万马吾往矣"。这就是稻盛和夫比喻的"垂直攀登"。否则，创新就只能停留于口头或文字上的议论而已。

第三，要求企业家必须具有广博的理论和综合的知识。被誉为"发明大王"的中松义郎提出了"异学"思维或"复合思维"的"文理工程家"的概念。他认为：

> 今后的高层领导，不管他毕业于文科还是理工科，如果他不能一身同时具有两方面的知识，他就没有把握搞好其经营。而且他的两方面的知识必须博大精深、超过专家。
>
> 日本的企业中，还是文科出身的高层领导占主流。而美国则相反，大多数高层领导都是理工科毕业的。然而，日本也好，美国也好，今后的时代肯定是文理工程家占据高层领导职位的时代。[1]

第四，企业家必须具有组织、沟通和协调能力。企业家活动的舞台既在企业内部，又在企业外部。对内能够有选择地将适当的人、财、物等资源集中到企业最具发展前景的方向和项目上。这就需要具有高超的组织力和卓有成效的沟通力，否则，企业虽有宝贵稀缺的资源，但不能创造出更多的价值、利润。另外，企业家决不能坐井观天，必须面对社会乃至国际大环境，同各界各领域的人打交道，这就需要有卓越的协调能力和公关能力。所以，有的学者称企业家是政治家、外交家、演说家。而且，当企业面临各种危机时，企业家还应是危机管理专家，能化险为夷，使企业长治久安。

第五，企业家的基本素质是培养和选拔企业接班人。这对企业家来说是一项战略任务，它关乎企业能否基业长青。企业家在尚未培养起接班人的情况下离职或黯然去世，企业必将遭受巨大打击。如果选择的接班人不具备相应的素质或不为企业员工所接受，那也是极为难办的事。因此，选好接班人并使其在现任的企业家本人尚在的适当机会让其接班，这对于企

---

[1] 〔日〕中松义郎：《发明大王的"异学"思维》，郭二民译，科学普及出版社，1989，第9页。

业家本人或企业来说都是好事、大事。矢野俊介强调优秀企业家最重大的决策，莫过于选择好的接班人。因此，在位的企业家特别应该有意识、有计划地培养接班人。"最高层经营领导培养接班人和顺利进行新老交替的关键，是如何理解、体会和实践现有的经营思想。在日本企业中，是否能够继承经营思想，保持其连续性，是选接班人的基本条件之一。"[1] 在此基础上，矢野俊介谈到了企业家的主要条件：

（1）是否真正可以信任；（2）胆大心细；（3）得到本行业承认的人才；（4）最大限度发挥自己的特长；（5）具有自己的信念、经营观和伦理观；（6）凡事善始善终；（7）带有人情味；（8）善于集思广益；（9）积极利用各种经营参谋系统；（10）在企业中建立目标、计划、实践、成果、监督、评价等方面的反馈系统。[2]

日本学者石尾登和上山俊幸，对于企业最高领导者的条件进行了比较深入的分析。现将要点归纳摘录如下：

作为企业的最高领导者，第一个应该具备的条件是必须有一个坚定的信念（哲学）。……所谓哲学，就是通过自己的信念建筑起来的精神支柱；所谓信仰，就是依附于他人建筑起来的精神支柱，即他人的哲学。总之，企业的最高领导者必须具有坚定的信念或哲学。当然，应该注意，具有信念或哲学的人，对软件的创造能力是极高的。这是因为，所谓哲学宛如一座发电站，它能在面临某种难题时，创造出为战胜这一困难所需的能量。企业最高领导者应具备的第二个条件是必须具有使命感。……唯有这种使命感，才是活跃地开展最高领导工作的能源。企业最高领导者应具备的第三个条件是必须具有强烈的欲望。企业最高领导者应具备的第四个条件是必须有极高的敏感性。这里提到的敏感性，简单说来，就是"消息灵通"。……这种敏感性是卓越

---

[1] 〔日〕矢野俊介：《企业家的经营艺术》，第115页。
[2] 同上书，第103—104页。

的企业最高领导者最重要的素质之一。企业最高领导者应具备的第五个条件是必须善于与人交往。企业最高领导者应具备的第六个条件是必须具有处理财政事务的能力。[①]

当然,企业家的身心健康与否,是否善于学习,是否是本企业的生产技术方面的专家都很重要。这些可以由企业家本人在实践中去加以完善。

企业必须依据上述的企业家素质和条件,进行培养和选拔经营者。这是关乎企业发展及长治久安的重大战略课题,因此广为企业界所重视。那么,日本究竟是如何培养和选拔企业经营者的呢?下面本著再略加介绍,至于中小微企业的经营管理者的培养和选拔则应另当别论。

第一,长期以来,日本许多大企业家或高层经营者认为管理学可教,但管理能力是教不出来的,必须靠在企业经营实践中摸爬滚打、日积月累,投入全身心的体验、感悟才可。其实,在企业经营管理中,任何领导指挥行为都不是事先设计好的,通常情况下都是根据具体情势,采取相对应的处置措施。这些抉择与判断,所用的是融于经营者全身心的隐性知识,并在实践中将其转化为全体员工能够理解和接受的显性知识,这要求经营者具有极大的智慧和管理艺术。对此,查尔斯·汉迪指出:"日本文化确实十分独特。日本人非常尊重知识,但他们认为管理技能只能是在资深年长的同事指导下通过言传身教和实践来学习。日本人相信的是在岗培训。"[②]他还说:"在日本,在岗培训是有章可循、规划良好的正规培养模式。它很适合于日本的文化。而日本文化讲究的是要了解这种文化,清楚你自己将去往何处,并自己担负起大部分的责任以保证自己能到达那个目的地。"[③]

第二,日本大企业培养和选拔经营者的机制,与日式管理模式密不可分。对于日式管理模式与管理层培养之间的关系,汉迪认为:"他们还有一个传统不得不提,特别是在大公司中,那就是终身雇用制和年功序列

[①] 〔日〕石尾登、上山俊幸:《风险事业的经营管理》,王文江、谢燮正等译,专利文献出版社,1986,第52—54页。
[②] 〔英〕查尔斯·汉迪:《经理人制造》,方海萍等译,中国人民大学出版社,2006,第6页。
[③] 同上书,第7页。

制。由于这种传统的盛行,日本企业不需要什么外部的证书,也不需要急于让新人获取经验,更不需要个人出头冒尖。这是一种日积月累式的培养模式。"①

在这个过程中,公司各级管理者负责对其进行指导、考核。他们可以跟同事或上司讨论管理中所遇到的各种问题,并提出改善方案。这种培训方式,类似于德国的学徒制。其最大的好处是,这些准经理人,一进公司就会安心于自己的工作,并对自己的未来具有明确的方向和目标。如果按照野中郁次郎的知识管理理论来说,非常有利于积累企业内部的隐性知识,对企业开展知识经营极为有利。正因为如此,日本大企业的高层经营管理者基本上是来自于企业内部,一般情况下不会从外部引进高层管理者,那样会挫伤内部准经理人的积极性,使他们失去进取的意愿,这对公司是极为不利的。伊恩·高指出:"经理人来自企业内部,至少在内部劳动力市场体制占主导的大中型企业中是如此。过去,除了一些紧缺的技术领域外,外来者往往是不受欢迎的。但现在这种情况正在发生改变,尤其是新近解除管制的金融部门表现尤为明显。一些老牌的大企业近来宣称要通过'猎头'方式从外部寻找高级人才,引得人们纷纷猜测这是否说明旧有的体制正濒于崩溃。"②

第三,与第二点有直接联系,由于企业高管基本上都是来自企业内部,并且是按序列晋升的,故晋升过程极为缓慢,但当事人内心非常清楚自己将会升到什么职位。有了这颗"定心丸",他们也就按部就班地去沿着企业为自己规划好的晋升路径努力拼搏。这中间容易给人感觉好像这些准经理人彼此之间都很和谐,其实不然。他们之间为了争夺某一个职位,彼此竞争相当激烈。但一般不会是同他们的上一级或下一级准经理人竞争,而是与其同期进入公司的准经理人进行横向竞争。因其迂回曲折的晋升路径,必然需要漫长的时间。通过任职的各部门的长期评估,干得好的会一步一步地升到更高一级的职位。

第四,大企业一般都是从公司内部培养和选拔经营管理者,但也有例

---

① 〔英〕查尔斯·汉迪:《经理人制造》,方海萍等译,中国人民大学出版社,2006,第6页。
② 同上书,第30页。

外，这是日本的一大特色。那就是接受来自各省厅，特别是与本企业具有业务往来的主管官厅的次官或局一级高层官僚到公司担任要职，通常叫"下凡"。

另外，日本的各种经济界组织，如经团联等也往往从日本企业集团的角度出发，从一些公司调高层经营者到另一个公司担任高管。

以上就是日本企业经营者的素质、条件以及培养和选拔的大致情况，各企业因情况不同，也有各自不同的机制，但都大同小异。而为数众多的中小微企业，由于自身资源有限，往往要靠中小企业协会等机构负责培训工作，至于选择权，则完全掌握在这些中小微企业的老板手中。企业规模越小，老板的权限越大，最多见的是选择自己家族的男性后代或让入赘的女婿担任企业二代、三代的经营管理者。

第六节　日本企业家的读书学习与企业经营

讲到日本企业家的素质和条件，虽然与其先天素质、家庭或学校教育以及所处生活环境背景等有很大的关系，但这些素质和条件的养成，最重要的还是靠企业家长期的后天日积月累的业余学习。企业家创办或经营企业，并使企业持续发展、长盛不衰，需要具备自然、人文和社会科学等各领域多方面的知识。即便是接受过专门高等教育的企业家，在经营企业的过程中，也必须不断地阅读、学习与企业经营管理有关的理论和知识，给自己充电。同时，还必须学习有关本企业生产或服务所需要的技术。另外，还应随时随地了解和掌握与本行业、本企业有关的技术革新状况和市场行情的变化，乃至国家相关政策和国际经济大环境的各种变数，等等，以便不失时机地采取应变措施，使企业的发展能够与时俱进。

尤其是在全球化的知识经济时代，要使企业持续发展，必须把企业打造成开展知识经营的学习型组织。这对任何一位企业家来说，都是极为严峻的挑战，对此没有其他的捷径可走，唯有学习、学习、再学习。

我国台湾学者型企业家温世仁强调说："未来的领导者，不是由最资深、最德高望重、最能干或反应最快的人来领导，而是由最肯学习的人来领导。因为组织功能会不断改变，所以要不断地学习。只有最肯学习的领导者才能稳住企业组织，不被时代洪流冲刷掉。"[1]

企业家的工作日理万机，很难有余暇时间坐下来认真读书学习。但无论多忙，也必须有计划地挤出读书的时间，哪怕是每天只能读一点，只要日积月累、持之以恒，也会集腋成裘，将所学应用于企业经营实践。成为一名学习型企业家。

那么，企业家应该读些什么书，怎么读呢？对此，结合许多成功的企业家的读书生活经验，谈以下几个方面。

第一，企业家或企业经营者为什么要学习。提出这个问题对于那些善于学习，并终生乐此不疲的企业家来说，似乎是"多余的话"，其实不然。除了那些把企业搞得一团糟，甚至破产倒闭的企业经营者以外，即使是取得一时成功、赫赫有名的大企业家，不重视读书学习者也大有人在。其在事业发展中很难善始善终，甚至造成自己晚节不保，身败名裂。这样的事例比比皆是，令人触目惊心。

稻盛和夫非常强调"活法"，这既是对所有人的教诲，更是对企业家的人格提升，扩展企业经营所必须的修炼。他认为企业家的度量决定了企业未来发展的规模和成败。

只要你是企业家或高层经营者，你选择了经营企业，就必须充分认识到其有多么艰难。为了能担负起经营企业的重任，就必须努力学习经营学和各种知识。野田武辉写道："这里所说的经营的学习，可以称作'实践经营学'。实践经营学与作为一门学问的经营学有所不同。它是能够对现实的公司经营发挥直接作用的学习……所谓经营，其实是一项涉及面很广的工作。需要学习的东西无止境，甚至可以说社会上的一切现象都可以成为学习的对象。"[2]

企业家或管理者在企业经营过程中，需要各种各样的理论和知识。这些理论或知识既不可能全都依靠在校学习，也不可能单凭自己的实践去获取，这就需要通过不断的读书学习来汲取前人或他人的智慧。因此，读书和学习就是最有效的途径。轻视读书学习的企业家或经营者，由于不能借

---

[1] 温世仁：《企业的未来》，生活·读书·新知三联书店，1999，第33页。
[2] 〔日〕野田武辉：《成功管理学》，南南译，时事出版社，2000，第17页。

鉴他人的知识和智慧，缺少前车之鉴，往往会重蹈他人失败的覆辙。在学习过程中，不仅要学习成功的经验，也要学习失败的教训。他人的失败就会成为自己的成功之母。成功与失败往往只有一纸之隔，学习他人的智慧就能帮助自己捅破那张薄薄的纸，使企业经营步入坦途。尤其是在知识经济时代，知识已成为企业经营中最宝贵的资源。企业家不仅要自己带头学习有形的显性知识，还要善于挖掘本企业内部的隐性知识，促进这两种知识互动、转换、整合，从而创造新的知识。企业拥有了自行创造的知识，这是其他企业难以模仿的，是本企业发展的真正宝贵资源。

第二，是关于读什么书。从日本成功企业家的读书经验来看，读什么书，因人而异，并无定律。企业家可根据个人人生和事业发展规划的需要，自行安排或聘请专家学者帮助自己安排和推荐学习书目。但由于企业家用于读书的时间非常有限，不可能像学生或专业的研究人员那样，整天心无旁骛地读书，因此，应采取急用先学的方针，带着企业发展或经营管理中的问题进行读书学习，比较容易取得显著的成果。并且，也可以进一步激发读书学习的兴趣和动力，使读书学习长期坚持下去。关于读书学习的内容应包括下列著作：企业家传记、历史名人的经典著作、哲学人文科学著作、企业经营管理论著，尤其是那些管理学大家的论著，一定要研读。另外，还包括与本行业和企业有直接关系的技术书籍，等等。

除此之外，日本企业家每天还要阅读日本全国五大报纸、本地报纸和有关本行业和企业的技术、市场方面的报刊等。

查尔斯·汉迪受英国政府之托领导研究美、德、法、英和日本等国经理人教育培训的研究报告中，谈到了日本企业家学习情况。"自我教育的一个重要因素是商业人士的阅读习惯。首先要有阅读所谓的'行业报纸'的习惯。在日本，类似于《金融时报》这样的行业报纸，很多都是日报……日本经理人尤其喜欢阅读图书和杂志，包括商业方面的外文刊物。再加上日本政府、私营组织和行业协会发布的大量国内外信息和分析数据，日本经理人算得上是非常博学了。日本经理人与英国经理人的一个根本区别就是，比起后者浅尝辄止的态度，前者简直就是苦读派的管理知识分子。"[①]

[①] 〔英〕查尔斯·汉迪：《经理人制造》，第40页。

另外，戴明博士写道："个人的学习方式不同，学习速度也不同。例如在学习技术时，有些人采用读的方式，有些人采用听的方式，有些人采用看图（静止或动态）的方式，还有些人则采用看别人怎么做的方式。"①

并且，除了读有字的书以及通过各种媒介了解信息之外，还要善于通过各种场合来有意识地、自觉地学习，善于"读"无字的书，而且这个"读"字可以做广义的理解。往往一说到学习就是读书，其实人身体各个器官都具有学习的功能。不仅可以靠眼睛看，还要靠耳朵听，靠嘴说，靠头脑来想，靠动手做，等等。每个企业家都应重视自己究竟善于通过哪种器官进行学习。松下幸之助就非常善于倾听。在松下幸之助的著作和演讲中，经常强调倾听的重要性。

江口克彦说："在一个寒冷的冬天，我和松下一起在真真庵的茶室喝茶，室外寒风凛冽，吹得庭院中杉树枝'飕飕'地响。……突然间，松下问我：'你知道吗，有的人即使听到风声也能有所醒悟！'……善于倾听，并且倾心去听，即使听到一点风声，也能豁然醒悟。不是这样的人，即使和他说了，他也不懂。多少有些问题意识，就能听懂。"② 因此，倘若没有那种言者无意，听者有心的悟性，即便他人苦口婆心地劝说，也属于对牛弹琴。稻盛和夫与其创业恩人西枝一江有"杯酒传授帝王学"的故事。西枝一江意味深长地说道："客人的品味跟我们不一样。俗话说，物以类聚，人以群分，就是因为一起喝酒的人不同，酒才会使人坠落，或者催人向上。"③ 这里表面上谈的是喝酒，实则讲的是学习和修养。

第三，关于如何读书或怎样读书。由于各种书籍泛滥，因此，必须有选择地去阅读，一定要读经典书籍。对于精品图书应该反复研读，如果浅尝辄止，那就不能得其要领。对于其他需要阅读的图书，可采取浏览的方法，或选择某些章节进行细读，其余部分可跳过不读。作为大企业家，还应设置学习秘书或顾问，指导或帮助自己读书，开展讨论式学习，效果更佳。松下幸之助虽然只有小学4年级的文化程度，但他却是有名的读书家、

---

① 〔美〕W.爱德华·戴明：《戴明的新经济观》，钟汉清译，机械工业出版社，2015，第78—79页。
② 〔日〕江口克彦：《成功的法宝》，第3—4页。
③ 〔日〕针木康雄：《从挫折中积极奋起的企业家稻盛和夫》，第91页。

著作家和思想家，当然，更是"经营之神"，他的学问涉及许多领域和学科。他既有宗教家顾问，还有专门的学习秘书。江口克彦原来就是松下幸之助的学习秘书。在松下幸之助后半生的22年里，江口每日都同松下先生一起研读各类学问，从早到晚，连周六、周日也不能休息。正因为松下如此刻苦攻读各种学问，所以他一生著述颇丰，所涉及的领域非常广博，可谓著作等身。江口还写道："为编写《松下幸之助发言集》（全45卷），我便一盒一盒地听。令人惊讶的是，讲话的内容涉及许多领域。除了与经营、经济、政治、社会有关的内容之外，还谈到教育、家庭和人生等方面。不仅如此，很多篇幅还从宇宙论、本源论、人间论、生命论、天命论及调和论、欲望论、善恶论等方面进行论述。若不知道松下幸之助是一位经营者的人，听了这3000多盒录音带，从其中数千处资料来看，也许会以为这个叫松下幸之助的人是个思想家或哲学家。"[1]

另外，前面谈到的稻盛和夫也是一位著名的"读书家"、哲学家。稻盛和夫先生读得最多的书并不是关于经济学、经营学的著作，而是博览世界各国以及先人的经典，特别是宗教和哲学方面的著作。他的读书方法，很像中国古人的"三上"，即马上、路上和轿上。稻盛和夫先生主张床头上、厕所里都放着书，可以随时随地地阅读。稻盛和夫先生的著作内容渊博、贯通古今东西，非常能打动人。季羡林先生评价道："根据我七八十年来的观察，既是企业家又是哲学家，一身而二任的人，简直如凤毛麟角。有之自稻盛和夫先生始。"[2] 稻盛和夫也是著作等身，其著作已经译成各种文字，仅中文译著就有几十种之多。

其实，讲演和著述本身就是最好的学习。因为在讲演或著述前，必须要进行大量阅读、认真梳理，要对以前学习过的内容重新研读，进行思考、编辑，使之逻辑化。这就使所学的内容更加深化和系统化。

日本中小企业家、著名文化人山本七平阅历贯通古今东西，学识有口皆碑。其著作《日本资本主义精神》，经常被与德国著名宗教社会学大师马克斯·韦伯的《新教伦理与资本主义精神》相提并论，在日本影响甚广。

---

[1] 〔日〕江口克彦：《成功的法宝》，第258页。
[2] 〔日〕稻盛和夫：《稻盛和夫论新经营·新日本》，吴忠魁译，国际文化出版公司，1996，第7页。

尤其是他所撰写的《何为日本人》，更是一部篇幅浩瀚的巨著。他究竟读了哪些书，读了多少书，无从考察。仅就其著作中所涉及的广博领域，就足见其阅读量之大了。山本所说的下面这段话，虽只能反映其读书的一个微不足道的侧面，但也足见其是一个刻苦钻研的读书家了。他谈到曾经有人向他询问，理解日本人——日本教徒的捷径何在，他当即告诉那些人去读《冰川清话》。当然，从《记》《纪》《万叶》到《源氏》《平家》，从《枕草子》到《徒然草》，再到漱石、鉴三、川端康成，甚至从佛典到《日暮砚》《骏台杂话》，这些或许都应认真一读。对外国人来说，要通读这些书几乎是不可能的。由此可知，山本七平读书海量，在日本受尊敬就不足为奇了。

日本企业家读书的经典事例不胜枚举，只好割爱了。

第四，最后谈一点关于企业家读书学习与企业经营的结合问题。

中国古代著名哲学家王阳明的名言"知行合一"，深受日本学术界和企业界的青睐，并运用于治学或经营企业的实践之中。读书学习的目的是为了求知，而求知的目的是为了运用于个人的人生或事业。因此，能学习与实践相伴而行，相得益彰，互相促进，则将会获得学习与实践双丰收，人生与事业齐头并进。

读书是学习，使用也是学习，而且是更重要的学习。企业家或经营者读书学习，就是为了解决企业经营管理中所面临的各种难题，而作为学者研究纯粹学问则是为了追求真理、著书立说，二者截然不同。经营者汲取各种知识和学问，当然不是为了个人茶余饭后的消遣，也不是为了著书立说，而是带着明确的功利性和价值追求去研读各类论著和学问，最高目标是追求企业的可持续发展。

以松下幸之助为例，他被誉为日本"经营之神"，在日本乃至世界都获得了极高的评价。世人对其评价多源于他所建立的"松下王国"，但对其是如何获取这些经营哲学和经营手法的研究，尤其是古今中外的思想对其经营理念及管理方式的影响则未必都清楚，而这一点正是他取得巨大成功不可或缺的一面。

美国著名领导学大师约翰·P.科特谈到了"供21世纪参考的教训"：

在不断变动的环境中，终身学习可能比智商、父母的社会经济地位、领袖魅力和正规教育更有助于取得重大的成功及不凡的成就；终身学习与谦恭、开放的心胸、勇于冒险的态度、倾听的能力、诚实的自我反省息息相关；远大的理想、人道目标和信念，与事业上的成功是相容的，培养那些有助于成长的习惯可以增进成就，至少在急剧变动的环境下是如此；困难不一定会危及事业或生命。在适当的情况下，困难可以培养出充满理想的伟大目标、持续的成长和伟大成就。①

科特提出了一项关于企业家成功的极其重要的课题，那就是学习。

松下幸之助虽没有什么像样的学历，但这绝不意味着其学识知识就比其他人少。恰恰相反，松下在日理万机的企业经营过程中，自始至终都在刻苦自学。他研读的知识面相当广博，其所从事的专业技术自不待说，这从他一生的发明专利之多就可见一斑；作为经营之神，其对经营管理理论非常精通，从他一生所著的管理著作内容之浩瀚来说，更加不言自明；除此之外，他还大量阅读古今东西方之文化、历史、政治和哲学等著作。松下在《率直的心胸》中写有"学习古人"一文，他说："值得我们学习的古人很多，不论东方、西方，都有哲学家、宗教家、科学家、发明家、政治家，等等，都是我们的好榜样。他们虽然生在不同的时代，各有专精，各有学说，但是追求真理的精神却是一致的。他们都留下研究、思考的心得，贡献给世人，教导世人，造福人类。"② 松下幸之助绝不是为了学习而读书。他将所学的内容用于其企业经营，不论是中国的古典名著，还是日本的宗教哲学中的智慧，都能在其经营中看到其影响。这是他成功的最大奥秘和基础。

松下幸之助一生在日理万机的企业经营实践中，坚持孜孜不倦向学，博览群书，调动全身心精力钻研各种理论知识，铸就了世间的"经营之神"，这是人类经营史上的奇迹。

美国学者约翰·P. 科特针对松下幸之助成功之道评价说："松下幸之助

---

① 〔美〕约翰·P. 科特：《科特论松下领导艺术》，林丽冠译，中信出版社，2003，第225页。
② 〔日〕松下幸之助：《率直的心胸》，《经营管理全集》第10卷，台北名人出版事业股份有限公司译，春风文艺出版社，1993，第99—100页。

最根本、最强有力的思想，在于终身学习。他会说，拥有特权背景和东京大学（或哈佛大学、牛津大学）学历固然很好，但是那并不是最重要的，聪明绝顶、外表漂亮、个性引人注目，也是同样的道理。比这些因素中任何一项都重要的，是一些习惯以及有助于支撑那些习惯的一套理想；他一再告诉别人，拥有谦恭的心态和开放的胸怀，就可以在任何年龄、从任何经历中学习。拥有远大而人道的理想，就可以超越成败，从两者当中学习并且继续成长。"①

第七节　为什么日本企业家钟情于撰写传记

"人物学"在日本备受欢迎，许多人物传记都成为畅销书。尤其是那些著名的政治家、企业家、科学家、文学家、影视明星、文体明星等的传记，拥有广大的市场需求。这与日本社会崇尚名人文化、追逐个人成名立世的社会心理密切相关。而那些专门靠出版或以笔墨为生的出版商和作家们，当然不会放过这一大好商机，所以日本成为一个出版名人传记比较多的国家。其中，作为承载近现代经济发展重器的企业以及肩负重任的企业家，更加受到人们的垂青。专家学者研究、挖掘企业家成功之道，企业家为自己扬名或彰显企业形象促使日本传记文学尤其是企业家传记大量付梓，成为日本出版界一道亮丽的风景线。这既反映了日本企业家文化的兴盛，也反映了日本出版文化的繁荣。特别值得重视的是，企业家传不只是为企业及企业家树碑立传，而是作为一种通过宣传企业的实践和企业家行为，向世人生动具体地模拟出创造知识的企业家在知识转换过程中的学习情境。野中郁次郎与竹内弘高从隐性知识和显性知识转换角度谈到企业家传记对于创造新知识的作用："内在化也可以发生在没有实际'体验'他人经历的场合。例如，阅读或倾听一个成功的故事，可以使组织的某些成员感受到故事所反映的现实和本质。发生在过去的经历，可以变成一种暗默的心智模式。当这个心智模式为组织的大部分成员所共享时，暗默知识便成为组织文化的一部分。这种实践在日本很流行，关于企业及企业领导的

---

① 〔美〕约翰·P. 科特：《科特论松下领导艺术》，第224—225页。

图书和文章也很多。自由撰稿作家或退休员工发表包括这类内容的文章,有时是应企业之邀。在主要书店里,总能够找到几十本关于本田或本田宗一郎的书籍,所有这些书籍对灌输本田公司浓厚的企业文化起到了推波助澜的作用。"①

下面对日本企业家传记问题略加论述。

关于日本企业家传记的撰写者,大致可分为三类。

第一类是企业家本人亲自撰写的作品。这又可分成两种情况,其一是企业家本人主动撰写个人生平及事业成功的经纬,向世人介绍其成功之道,彰示其丰功伟业或警示、激励后人;其二是应出版社或经报刊等新闻媒体邀请或鼓励,由企业家本人亲自撰写或口述而由他人执笔的传记。其目的既有为了激励世人,尤其是众多企业经营者向这些成功企业家学习经营之道,促进企业经营的发展,也有为了扩大其出版物的读者群,通过这些成功企业家的名人效应,吸引读者,追求出版者的经济效益。在日本著名报刊上经常连载企业家的履历,然后再整理、汇编成书出版。我所熟知的许多日本著名大企业家传记都是这样酿成的。而我长期研究的稻盛和夫,就曾应邀撰写他的回忆录。首先在《日本经济新闻》上连载,然后整理成书出版。稻盛和夫为2004年出版的《稻盛和夫自传》撰写的序言中写道:"《日本经济新闻报》于2001年3月连载了《我的履历》一文,这才真正促使我决定出版此书。以往一向是勇往直前的我,根本无暇回顾往事,自然也就不会想到要写自传。日本经济新闻社的编辑多次请我执笔,所幸连载获得了众多读者的好评,许多读者来信称从中得到了许多人生和经营的感悟。没想到这篇文章一经连载会有如此之大的反响,大家纷纷劝我将其出版,如此我的首部自传才得以面世。"②

第二类是由专业作家或报刊等媒体人撰写的企业家传。这些人通过对企业家本人、家属及其周围人士的深入调查研究后,撰写企业家传记。他们大多数也是采取先在报刊上连载,然后再将其加以汇总整理出版成书。一般著名的大企业家会受到这些作家和撰稿人的关注,甚至长期跟踪观察

---

① 〔日〕野中郁次郎、竹内弘高:《创造知识的企业——日美企业持续创新的动力》,李萌、高飞译,知识产权出版社,2006,第81页。

② 〔日〕稻盛和夫:《稻盛和夫自传》,陈忠译,华文出版社,2010,第Ⅳ页。

其活动，连其起居、出行、休闲等日常生活的琐碎细节都不肯放过。也有非常严谨的作家，对某个企业家从出生、读书、婚姻、个人兴趣爱好、交友、事业成功的经纬等事无巨细、翻箱倒柜地深入挖掘。其中包括对其所在企业员工的调查访谈，甚至对儿时玩伴、同学以及亲朋好友都不放过，因此，这些著作中不乏精彩的传记文学佳品，也有的传记本身就是非常精辟的经营管理学的珍品，当然具有励志成才教养的作用。还有的传记具有该企业史、经营史的史料文献价值，或二者兼而有之。

日本自由作家加藤胜美的《一个少年的梦——京瓷的奇迹》，就属于一部精心打磨的关于稻盛和夫的优秀传记。如果看一下加藤胜美的采访经历，就会感到他是在用心进行采访和写作的。

期间，他来到稻盛和夫的故乡鹿儿岛，见到了稻盛和夫的父母、长兄和其弟弟妹妹，还有小学、初高中以及大学的朋友。他采访了90人，记了大约200页一册的采访笔记10册，聆听和整理了稻盛和夫与员工的谈话录音磁带几百盘，在此基础上完成了第一部稻盛和夫传记。

第三类是由外国学者所撰写的日本企业家传记。当然，其中也包括中国一些著作家所写的传记。他们站在"旁观者"的客观立场上，按着他们的价值观和学术分析方法，撰写了不同于日本学者的独树一帜的传记。我很看好欧美学者所著的日本企业家传，尽管其中因文化或对日本了解不足而有不准确之处。但这些著作都以相当充实的资料为基础，以不同于日本人的方式体现自己的见解和深度，鲜有那种赶时髦的应景之作。

当然，传记主人公都是在世界上数一数二、颇有名气和国际影响的大企业家。其中最值得称道的是约翰·P.科特所撰写的《科特论松下领导艺术》，这是一部出自大家手笔的传记。领导力大师沃伦·本尼斯评价道："这是有关松下这位商界领袖的最好的一部传记。这是一个无与伦比的故事，讲的是一个人、一个企业、一个国家。这个人改变了整个世界。"[①]

这部名为《科特论松下领导艺术》的传记，是受命于美国哈佛商学院院长的要求，将松下幸之助的案例收入了哈佛商学院的领导学教材，并设立了"松下幸之助讲座"，科特因受命担任松下幸之助领导学的教授，因

---

① 〔美〕约翰·P.科特：《科特论松下领导艺术》，第1页。

此才撰写了松下幸之助传记。

　　日本企业家传记成批扎堆出版的现象有其产生的经济背景和动因。当然，无论是作为出版文化，还是作为企业家文化，企业家传记一直都是出版界一道亮丽的风景。正是企业家文化助推了出版界的企业文化出版物的繁荣。

　　在经济形势一片大好、企业经营风生水起时，成功企业家传记可以为其画龙点睛，使企业文化熠熠生辉；而当经济形势低迷、企业经营如履薄冰之际，成功企业家传记又可为经营者指点迷津，为其展现"沉舟侧畔千帆过，病树前头万木春"的光明前景；在经济和企业处于转型时期，则唤醒企业家的创新精神，使之视转型为新的商机，开创企业新经营、新事业的良机。

　　1945年日本战败后，经济处于极度衰败状况，国民为温饱而到处奔波，企业界处于无序状态。大量新当上企业高管的工薪经营者缺乏全面经营企业的经验，新创业者企业刚刚起步，羽翼未丰。当然，既无企业家素材，又无出版企业家传记的社会氛围，自然也很难产生企业家传记。

　　即便是20世纪50年代中期以后，日本经济得以恢复并开始实现高速增长，直至70年代中后期成为世界第二经济大国之前，各种类型的企业家都在忙于企业运营，企业家传记市场尚未形成，即便偶尔出版企业家传记，也是凤毛麟角。出现企业家传记热，得益于西方学术界和企业界对日本企业优异表现的大力宣扬。尤其是阿贝格伦、彼得·德鲁克、赖肖尔、傅高义等推出日本式管理模式、日本是现代化的优等生、日本第一等的宣介，使日本企业和企业家名声大振。这就为企业家群体增强了自信，导致企业家传记市场形成。

　　20世纪80年代，日本经济如日中天，企业家传记的出版盛况空前。一些作家翻出了战前家族财阀的史料，在80年代中期，组织撰写了财阀的"发迹史·经营术·人物志"系列；接着是"控制日本的十大财阀"系列；以及各种报刊连载的企业家的履历书和数量庞大的各种企业家传。这是由经济增长助推的企业家传记出版热。当进入20世纪90年代中期以后，正是日本泡沫经济破灭，企业大量破产之际。日本讲谈社在1995年出版了一套世界大企业家传记，其中许多都是创业者型企业家。需要创业者型企业家那种创业创新精神，振奋企业经营者的信心和勇气，突破当时所面临的困境。从传记作家针木康雄所著的《从挫折中积极奋起的企业家——稻盛和夫》的书名就可见出版者的用心。作者在序言中写道："稻盛是一位抱着无二信念的经营者，他从无数的挫折中奋起，执着地实现其'强烈愿望'的精神，简直让人怀疑是否有神灵附体。"[1]

在1989年至2019年动荡的平成三十年即将结束的2016年，松下PHP研究所为了纪念建所70周年，出版了一套日本企业家经营丛书。这套丛书"秉持着尊敬这些创时代的企业家的态度，汲取他们的人生智慧。在了解这些优秀企业家之后，通过他们的人生经历和经营历史一定会获得现实性的启示。……首先选取了活跃在日本近现代，重视经营理念的企业家们，一人做成一卷"。[2] 这套丛书的特点之一是选择的对象多为昭和与平成世代交替前后逝世的，象征着一个时代终结和另一个时代的开始的人物。第二个特点是有三位曾在1995年由日本讲谈社出版过传记的企业家，即松下幸之助、本田宗一郎、中内功。突出了新时代更需要创业、创新型企业家。再者，土光敏夫是日本企业界的领导者，对战后日本发展贡献颇丰。这些传记所撰写的企业家更是日本战后至今最具影响力的企业经营管理大师。这不是单纯为这些已故企业家写传记，而是直面当年日本企业所面临的紧迫问题以及警示企业界盲目模仿欧美企业的做法而作。

综上所述，不论企业家出于何种动机，也不论企业家传记作者用意如何，我都认为企业家传是非常有价值的一般人学习经营管理的教科书，每一部企业家传都讲述那个时代、一个企业家、一个企业乃至他们那群人的鲜活的故事。作为企业经营者或立志从事企业经营的人，更是不可不读的经营学。从这些成功企业家的人生和事业发展的轨迹，他们的思想成长过程中所遇到的酸甜苦辣咸；他们的理想抱负以及人生观、价值观；他们是如何经营管理企业的；尤其是他们那种不仅为自己，更是为众生谋福祉，为天下开太平的宏图大愿，将激励世人走向和谐共生的未来。因此，日本企业家传是企业家文化的重要组成部分，也是学习和掌握日本企业文化最重要的文本之一。

---

[1] 〔日〕针木康雄：《从挫折中积极奋起的企业家——稻盛和夫》，第1页。
[2] 〔日〕橘川武郎：《土光敏夫——"财界名医"的远见和格局》，第255—256页。

第十一章 有代表性的日本著名企业家的哲学

日本自明治维新以来，在殖产兴业的浪潮中涌现了无数大企业家。尤其是在第二次世界大战后日本实施所有权与经营权相剥离的企业改革中，一大批中坚管理者掌握了企业的经营管理大权。这些拥有深厚专业知识和丰富管理经验的中坚企业家，许多人成了战后大企业家。另外，一些在战前，特别是在战后白手起家的创业型企业家，充分利用日本经济复兴与崛起的天赐良机，迅速成长为勇猛的雄狮。在上述这两类企业家中，涌现了许多著名的企业家。而在他们当中，有许多拥有卓越经营哲学的代表性企业家，这是日本企业家文化的一大特色。

企业家的哲学不同于哲学家的哲学，企业家追求的是在企业经营中如何运用既有的前人或他人的哲学，指导、规范本企业的经营和持续发展，以确保企业能够基业长青。

日本由于长期受中国古代文化影响，尤其是受中国儒学和佛教的影响，在企业文化和企业家的经营哲学中，具有明显的东方文化特点。例如，涩泽荣一论语加算盘的经营哲学，土光敏夫以远见卓识和大格局、与时俱进地践行"日日新"为座右铭的创新经营哲学，稻盛和夫以"敬天爱人"为社训的"自利·利他"经营哲学，本田宗一郎以其鲜明的个性践行"特立独行·立企为公"的"知识型原始人"的经营法则，数字化革命的先锋孙正义的"孙孙兵法"等，不胜枚举。

下面对几位最具代表性的企业家及其所奉行的哲学加以阐析。

第一节 奠定日本产业根基的涩泽荣一"论语"经营哲学

战后日本经济长期高速增长，企业崛起，令世界许多经济学家、管理学家和企业家把目光聚焦于日本，均想一探其成功的究竟。

日本自身在欣喜之余，也对成功的企业家进行深入研究。其中，20世纪80年代中期，《日经产业新闻》刊登了一篇调查报告，对于成功企业的企业家进行剖析。究其成功原因，主要得益于中国古代的"三子""三部经典"和"三种学说"。这就是孔子及其《论语》所倡导的儒家学说；老子及其《道德经》所提倡的道家学说；孙子及其《孙子兵法》所倡导的军事战略和艺术。这篇调查虽有些独断，但纵观日本经营史，确实有许多企业家在经营实践中，自觉或不自觉地运用和使用这些中国传统文化经典，取得了巨大成功。

本节将以一位日本著名企业家、一本书和一种管理哲学，来阐述中国典籍《论语》在近代日本企业崛起中所承载的巨大作用。

一位企业家就是涩泽荣一，一本书就是《当论语遇上算盘》，一种经营哲学就是"论语"经营哲学。

《论语》在东瀛的流布及其影响

2500多年前问世的孔子的《论语》，不仅对中国，而且对与中国"一衣带水"的日本都产生了深远的影响。

日本明治维新后，奠定日本产业根基的日本企业之父涩泽荣一力主坚持孔子思想，积极倡导遵循以《论语》治理企业，开展经营。其晚年总结创立500多家企业和约600个社会公共团体的成功之道——唯"《论语》加算盘"而已。涩泽荣一自8岁起就诵读《论语》，至91岁高龄逝世，从未离开过《论语》。他的最大功绩之一，是将从未有人思考过的《论语》与经商有机地结合起来，创立了"道德经济合一说"。这是对今日世界的市场经济社会最大的贡献，并使经济人士拥有了一种全新的"论语"观和经济观。

涩泽荣一极力倡导企业家必须具备"士魂商才"。他说：

> 士魂商才的真正意义，就是要具有卓立人世间所必备的武士精神，但仅有武士精神而无商才的话，在经济上又会招来灭亡之运，故有士魂尚须有商才。那么如何滋养士魂呢？典籍所授固然很多，但仍以《论语》一书所言为滋养士魂的根本。至于商才的培养之道，亦全

在《论语》之中。有人以为道德之书和商才并无关系，其实，所谓商才，原应以道德为本，舍道德之无德、欺瞒、诈骗、浮华、轻佻之商才，实为卖弄小聪明、小把戏者，根本算不得真正的商才。商才不能背离道德而存在，因此论道德之《论语》自当成为培养商才之圭臬。①

熟读日本企业家传记者，无不深知涩泽荣一是最典型的"论语先生"，是名儒商。他是第一位将《论语》成功地应用于日本近现代企业经营的人，并以其实践和在日本社会所拥有的至高地位，影响了无数日本企业家。同时，他还通过开课授徒，广兴学校，为日本社会培养了众多的政经界的《论语》信徒。

在日本战后经济复兴、崛起中，建树卓著的大企业家石坂泰三、土光敏夫、松下幸之助等诸多企业家，在他们经营成功的背后都曾受到过中国儒家经典，特别是《论语》潜移默化的影响。而稻盛和夫，亦多次感慨地讲过他在经营过程中受益于中国古代经典。

广受世界好评的涩泽荣一"论语"经营哲学

彼得·德鲁克曾于2005年称赞涩泽荣一是将西方制度和日本原有制度融合的典范，以及涩泽荣一既是理论家又是实践家的典范。他写道：

> 明治这个时代的特征很好地引出了古代日本所拥有的潜在能力，而涩泽荣一的一生就是它的象征。涩泽荣一曾学习法语，在欧洲逗留，研究过法国和德国的制度，并将这些欧洲的制度与日本原有的制度很好地融合在了一起。
>
> 这是非常独特的现象，而且没有其他国家和人成功过。
>
> 涩泽荣一的另一项重要功绩是身兼立案者与实行者，推进了各项事业。他将思想家的一面与行动家的一面完美结合，这是一种独特的才能。一般来说，思想家都是不擅长行动的，而行动家往往从思想家

---

① 〔日〕涩泽荣一：《〈论语〉与算盘——商务圣经》，宋文、永庆译，九州图书出版社，1994，第4—5页。

那儿借来想法。但涩泽无论是作为思想家还是行动家，都是一流的。

……

涩泽是一个罕见的人物，非常独特的人物。①

在纪录片《大国崛起》中称："涩泽荣一一手握《论语》，一手握算盘的经商思想是'日本崛起的秘诀'。"②

堀真清写道："涩泽荣一从东方儒学传统中为经商找到了高尚的动机：经商不是为了个人，而是为了社会，这不仅同理想人格没有矛盾，而且还是实现理想人格的最佳途径，正所谓公益即私利，私利能生公益。这一解释赋予了商业活动新的意义，进而改变了日本社会的价值观。"③

日本著名经营史学家、涩泽荣一纪念财团理事由井常彦，从世界经营史学角度对涩泽荣一"论语"经营学给予了高度评价：

对经营学的功过众说纷纭，于是便有了对确立根植于日本风土的经营学的呼吁。特别是对于只依赖于组织的公司经营，在萧条到来时，显得格外浪费与烦冗，而现在已经到了应该重构经营学的时期。究其原因，也许是在经营学导入之际，没有充分考虑其本质，而只是将经营学矮化为"小手段"的结果吧。在那时，涩泽荣一的"尊重人和道德的经营论"给世人带来了很多启示。④

这预示着一种新经营学即将诞生，其本源则基于中国儒学的《论语》。而其始作俑者就是这位涩泽荣一。这既是对东方的回归，也是对传统的回归，使人类的经济活动回归其原点——"经世济民"。这是世界经营史上值得重视的大事件。

乡诚之助在涩泽荣一"米寿"庆典上说："因为喜爱金钱而热爱事业的人很多。因为热爱事业而间接地为我们实业界作出贡献的人才也不少。但

---

① 〔日〕鹿岛茂：《日本商业之父涩泽荣一传》，第2—3页。
② 〔日〕涩泽荣一：《当论语遇到算盘》，见封底。
③ 同上书，第7页。
④ 同上书，第5页。

是仅仅因为热爱善事而热爱事业并散尽金钱,将八十八年的心血全心全意地倾注于我们实业界的人,除涩泽子爵,还有何人乎?"①

我国日本研究学者王新生写道:

实际上,涩泽留给后世最重要的是精神遗产,即西方资本主义的近代产业、经济制度与东方儒家伦理的结合。例如在涩泽撰写的《当论语遇到算盘》书中,认为孔子不反对正常的赢利活动,反对的是不择手段的牟利。同时,只有讲求诚信,信守商业道德,照顾到国民以及国家的利益,个人的商业活动才能获得成功,个人的利益才能得到充分保证。"算盘要靠《论语》来拨动,同时《论语》也要靠算盘才能从事真正的致富活动。"因此,一方面涩泽大声疾呼社会尊重工商业,号召大家积极从事工商业活动,以创造盈利光荣的社会氛围;另一方面,他也积极呼吁工商业者信守商业道德,勿忘社会福祉,勿忘国家利益。②

孔子是东方圣人,《论语》是东方的"圣经"

孔子不仅是中国人的先师、至尊,也是东方乃至世界的骄傲。其留给后人的《论语》,不仅是中国的经典、至宝,也是整个东方乃至世界的文化瑰宝。

当我们展卷研读《论语》时,这部2500多年前的古典名著虽字数不多,却字字珠玑,沁人心脾;句句深邃,闪现出穿越时空的大德、大智、大勇的灵光。

日本参议院议员说道:"《论语》是中国伟大的圣人孔子与弟子们的对话集。今天孔子是东方的太阳,《论语》成为我们日本人人生最佳的汉方药。"③

在日本经济发达、物质丰富、生活优裕的今日,人们何以又想回归古代圣贤,向孔子求师问道呢?

---

① 〔日〕涩泽荣一:《当论语遇到算盘》,第6页。
② 王新生:《日本史随笔》,江苏人民出版社,2011,第124页。
③ 于丹、孔健:《论语力——于丹〈论语〉扶桑行》,第215页。

日本一代又一代企业家对《论语》如此钟情，乃是出自其实用主义。他们尝到了《论语》的甜头，论语所彰示的哲理提供了做人的活法、经商治理企业的根本准则。"重道尚德"虽不能给人们带来近利急功，但却规范着人生轨迹、企业或事业的航向。谁要是偏离它，必将折戟沉沙、粉身碎骨，其所经营的企业或事业也必将衰微、破产。涩泽荣一终生一直努力谋求并亲身践行《论语》与算盘的融合、平衡，二者之间稍有失衡，则事业必亡。鹿岛茂援引涩泽荣一的一段话："就我平生的经验提出我的看法，《论语》与算盘应当是一致的。孔子在切实传授道德的过程中，对于经济也是相当在意的，这方面的思想散见于《论语》的各篇之中。尤其值得注意的是《大学》，它讲述了生财的正道……而治国济民需要道德，因此究其根本而言，治国就必须协调好经济与道德的关系。我作为一个实业家，为了调和经济与道德，时常以《论语》和算盘为比喻，解释两者关系和谐的重要性，引导普通民众逐步理解这一点。"[①] 接着，鹿岛茂评价道："因为《论语》与算盘的平衡思想可以说是东西方文明出其不意的邂逅后的融合，并通过涩泽这个'熔炉'所诞生的奇迹。换句话说，'《论语》与算盘'的理念，绝非受儒教思想熏陶成长起来的明治人共同的想法。相反，这也许是除涩泽以外再无第二人的'特殊'经济思想。"[②] 在今天，当日本经济处于混乱之际，有许多日本企业家开始复归涩泽荣一《当论语遇到算盘》的经营哲学，这就是中国的《论语》在日本重新受到重视的缘故吧。

第二节　日本"经营之神"松下幸之助的"水哲学"

在松下幸之助的论著中，多次谈及与水有关的哲学。其中，"自来水哲学""水坝式经营"（又称为"水库式经营"），经常出现在他的论著和讲演中。

那么，何谓"自来水哲学"？对此，首创"法人资本主义"理论的奥村宏曾进行了深刻的阐释。"在日本，最早领悟大量生产、大量销售原理，

---

① 〔日〕鹿岛茂：《日本商业之父涩泽荣一传》，第536页。
② 同上书，第537页。

并付诸实践的是松下幸之助……他说'松下电器的使命就是要像自来水管那样，提供大量物美价廉的商品'。这种说法似乎并不合乎逻辑，但正是这种所谓'大量制造物美价廉商品'的'水哲学'，成为后来松下电器得以取得巨大发展的秘密所在。而且，不仅松下电器，全日本的家用电器产业都在战后通过大量生产、大量销售取得巨大飞跃。"[1]

松下幸之助提倡的"自来水哲学"，比较充分阐释了松下公司的制造哲学。那就是作为企业经营者的使命，要为消除人类贫困大量生产人们日常生活所需的一切产品，充分满足人类生活所需。松下幸之助写道：

> 什么是神圣的经营和真正的经营呢？那就是自来水管的水！加了工的自来水是有价值的。……这件事对我们有什么启示呢？那就是深刻地教育我们懂得了生产者的使命是把贵重的生活物资像自来水一样无穷尽地提供给社会。无论什么样的贵重东西，生产的量多了，就可以达到几乎低到无代价的价格提供给人们，这样，才能逐渐消除贫穷。因贫穷产生的苦恼，也可逐渐消除。生产的烦恼，也可最大限度地缩小。在以物质为中心的乐园里，再加上宗教的力量，获得精神上的寄托，人生才能得到幸福。这就是我们所说的真正经营。经营的真正使命也在于此！以前，我的经营——松下电器的经营，也只不过是根据商业习惯进行的经营。而现在我认识到必须立刻按照真正的使命去经营。松下电器的道路，归根结底要选择这一条道路，而且走到底！我得到这样的正确结论，顿时觉得精神振奋、干劲十足了。[2]

自来水经营体现的是松下的社会责任，经营企业就必须源源不断地为社会、为世人提供充裕廉价的生活必需品，就是为了让世人过上繁荣幸福的生活。为了实现这一哲学，那么，必须开展怎样的经营呢？

于是，松下幸之助就联想到与自来水有关的水源，那就必须修建水库蓄水。

---

[1]〔日〕奥村宏：《21世纪的企业形态》，第12页。
[2]〔日〕松下幸之助：《实践经营哲学》，第7—8页。

他在谈到实行"水库式的经营"时指出:

> 所谓企业经营无论何时在何种情况下都要以稳步地发展为原则,而且通过恰当的经营方法是能实现的。为了达到上述目的,有一个重要的做法,这就是"水库式经营"。
>
> 众所周知,水库就是通过拦河蓄水,不受季节和气候影响,经常保持一定的水量备用的地方。
>
> 所谓"水库式经营",就是在经营的各个方面都备有"水库",以应付外部形势的变化,而不受其大的影响,并能稳定而持续地发展,这就是"水库式经营"的想法。"设备水库""资金水库""人才水库""存货水库""技术水库""计划和产品开发水库",等等,在各个方面配备"水库"。换言之,就是保持宽裕、有备无患的经营。[①]

松下幸之助关于水库式经营充满了智慧,只有经营高手才能把捏得好。因为上述任何一种水库里都存蓄了宝贵的经营资源,存蓄过少,难以救经营之急;存蓄过多,势必造成资源浪费。因此,水库式经营必须把握好一个"度"。"只有这样,才能如同多雨时把水蓄积起来,干旱时开闸放水,解决水之不足。这样一旦外部情况发生变化,也能迅速恰当地应付。从而可以保持经常稳定的经营。"[②] 同时,他还深刻地指出:"水库式经营,并不是绝对有利,可以赚钱。只是建立了资金水库、设备水库,并不能产生利益。都用净了,可能比水库经营更得利。但是,进行水库式经营则比较扎实稳定,失败较少。因此,那些希望能长期稳定发展的企业,水库式经营是很必要的。"[③]

松下幸之助在谈到实行水库式经营时,其内心充满了危机感和"风险意识""平衡意识"。

松下幸之助自创业以来,一直在企业经营的旋涡中奋力搏击,犹如走在钢丝绳上,一不谨慎就会使自己和所经营的企业跌入万丈深渊,因此他

---

① 〔日〕松下幸之助:《实践经营哲学》,第92—93页。
② 同上书,第93页。
③ 同上书,第95页。

在谈及水库式经营时强调:

> 不仅要配备各种有形的经营水库,而且更重要的是,在这以前,先树立起无形的"心理水库"。这就是要具有"在经营中树立这样的水库是必要的"想法,即"水库意识"。如果持有这种"水库意识"来进行经营,具体的水库也会随着各个企业的实际需要,创造出许多办法吧!于是,就能出现在任何情况下,也能稳定发展的"水库式经营"的企业。[①]

松下幸之助不仅自己终生践行"水库式经营",而且,他还经常将这种经营智慧传授给众多企业经营者。

他在提出了与水哲学有关的著名的"自来水哲学"和"水坝式经营"的同时,还把日本四周浩瀚的大海作为日本未来发展的富饶的经营资源。松下在谈到资源和国土时,他写道,必须扭转资源贫困的想法。就拿渔业来说:"日本的周围全都是大海环绕着,领海非常广阔。而今再设定经济水域后,将更为扩大,所以对日本极为有利。过去的领海只有三海里,日本在很久以前,就开始研究远洋渔业,颇为成功。现在的渔业甚至延伸到地球的背面——巴西,去捕获虾、蟹等回来,加工后再从日本出口出去。"[②]

另外,松下幸之助还谈到日本可以通过国际贸易,轻而易举地从国外大量进口优质廉价的所需的原材料和燃料,并将所生产的产品运往世界市场去销售,从而使日本迅速富裕起来。这完全得益于日本周围浩瀚的大海。大海为日本提供了免费的公共交通设施,日本只要修筑港口,建造大船就可在辽阔的海上畅通无阻。这也是日本在战后经济得以迅猛发展的有利条件之一。

至于国土狭窄,松下幸之助则建议创造新国土,办法之一还是充分利用四面环海的有利地理条件。松下幸之助给出了"就是开发山岳森林地带,成立海埔新生地,或创造小岛屿,以增加可利用的土地。所幸,日本在创

[①] 〔日〕松下幸之助:《实践经营哲学》,第94页。
[②] 〔日〕松下幸之助:《自来水经营理念》,《经营管理全集》第5卷,台北名人出版事业股份有限公司组织翻译,春风文艺出版社,1994,第220—221页。

造国土上具备十分完整的条件，在世界上也创造了许多成功的例子。我想这是由于日本地处于缘海的位置，没有相邻的国家，而且日本各岛的气候又是温暖如春，有这么好的地理条件，若不善加利用，就太可惜了"。①

松下幸之助的"水哲学"中的"水"，是松下公司经营的活水，松下幸之助在其有生之年希望公司的经营犹如滚滚不息的奔腾之水一样，绵延不断，永续向前。然而，就在松下幸之助逝世后，松下公司就卷入泡沫经济，搞起土地和房地产生意，虽一时收益上涨，但随着泡沫经济破灭，松下公司就陷入举步维艰的困境，经营时起时伏，松下幸之助的水哲学中的水，一时变成了一潭死水，缺少了活力。真可谓是"水可载舟，亦可覆舟"。

经营与水，犹如航船与水的关系。因此，用水哲学来论述松下经营之道还是很有说服力的。

上述松下公司所出现的问题，正是北尾吉孝所阐述的具有强大企业文化的负面效应的放大使然。美国北河风险投资公司总裁弗朗西斯·麦肯纳利写道："松下存在的更加复杂的问题是，公司的经营总是顾忌到创业者——松下幸之助遗留的传统，并被他留下的庞大的商业著作所束缚着。这些著作是由人生哲学、历史性决策的模范、经营公司的方针等复杂的部分组成的。虽然难以适应当今的市场，但却不能用其他什么来代替。"② 这一点恐怕也是松下幸之助哲学留给松下公司的另一份遗产。

第三节　土光敏夫"日日新"的座右铭及远见卓识的大局观

土光敏夫是日本战后著名的经营者型企业家。他曾掌门日本战后两个大型企业——石川岛播磨重工业公司和东芝公司重建与经营。并担任日本财界司令部经团联的会长，还是统领日本行政改革的调查会会长，可谓是

---

① 〔日〕松下幸之助：《自来水经营理念》，《经营管理全集》第5卷，台北名人出版事业股份有限公司组织翻译，春风文艺出版社，1994，第229—230页。
② 〔英〕弗朗西斯·麦肯纳利：《破坏性创新——继任者的使命　告别创始人的松下复兴》，第10页。

日本经理人的经理,被誉为"经营之神""财界总理"。土光敏夫对战后日本产业界和社会的贡献之大、影响之巨,绝不亚于任何一位企业家。土光敏夫一贯奉行"重担主义"的经营理念,并以此培养接班人和业界的领军人物。

土光敏夫的影响不仅限于其所任职的大企业以及日本财界,而是遍及政官财各界乃至教科文各领域。

为了阐述土光敏夫的哲学,简单介绍一下其人生成长轨迹。土光敏夫1920年从东京高等工业学校毕业后进入石川岛造船所工作。他从此在公司内沿着技术人员发展的路径一直晋升到高层管理者。在战后整肃财阀、日本企业界领导人大换血的经营大改革中,土光敏夫就任石川岛芝浦透平公司总经理。后相继担任石川岛重工总经理,后来石川岛重工与播磨造船合并成立石川岛播磨重工后任总经理、董事长。1965年在东芝公司面临危机时,他受财界大佬、时任经团联会长的石坂泰三"三顾"之请,担任东芝公司总经理。自1968年起,任经团联副会长、会长,后来为了重建日本经济,他担任日本政府行政调查会会长。一直到他去世前都在为日本的发展殚精竭虑、奋斗不息。

值得一提的是,土光敏夫作为战后著名大企业家,其个人生活极为节俭,反对虚饰和浪费。甚至被称为"鱼串土光"、园艺工人,但他却将节省下来的每个铜板都用在其母亲所从事的教育事业上。

土光敏夫的一生获得的各种荣誉无数,其担任各种职务或兼职近百项,可谓是功成名就,光芒四射,令世人惊叹。

那么,作为土光敏夫取得人生和事业成功的哲学究竟是什么呢?

纵观土光敏夫的人生和行事风格,可以用中国明代吕坤所归纳的领导人的资质来加以鉴证。吕坤在《呻吟语》中写道:"深沉厚重是第一等资质,磊落豪雄是第二等资质,聪明才辩是第三等资质。"[①] 土光敏夫就是属于"深沉厚重"和"磊落豪雄"型的领导者、经营者。日本已故经济评论家伊藤肇称土光敏夫是"磊落豪雄"型充满魅力的企业家。但仅仅用"磊落豪雄"并不能充分准确彰示土光敏夫的人生和行事风格。土光敏夫兼

---

① 〔明代〕吕新吾、洪应明:《呻吟语·菜根谭》,上海古籍出版社,2000,第6页。

具"深沉厚重"与"磊落豪雄"的双重资质,这在思考其哲学时尤为重要,否则不能充分把握其思想和行为的路径。

土光敏夫有许多绰号,既有正面的,也有非议性的。例如:"勇猛的经营者""产业界的野和尚""合理化先生"以及财界"怒吼总理"和"炸弹总理",等等。单从这些绰号来看,似乎更符合"磊落豪雄"这一资质。是一个不能掌控自己情绪的粗野的企业家,但这仅仅是留给世人的表面现象。其实,他既是一个性情中人,又是一个非常理性化的经营者。其经营方针和手法非常稳健,决不意气用事。他无论是经营企业,还是掌管财界大权时,总是根据企业症候和财界的疾患,采取因势利导、因时制宜、有强烈针对性的疗法。或下猛药采取冲击疗法,或采取和式汉方的温和疗法。如对处于危机之中而浑然不知的东芝管理层、"沉睡的经团联"、深陷财政危机的日本政府就是用冲击疗法。

土光敏夫处于经营的第一线,非常了解企业所处的严峻经营状况,同时,他还具有广阔的国际视野,洞悉世界经济险峻的大环境。然而,日本处于政官财界顶层者整日浑浑噩噩,对此全然不知。土光敏夫选取《文春》周刊1975年的一篇题为《日本的自杀》的文章警示世人。"内容是日本在歌颂繁荣,其实是在慢性自杀。"[1] 然而,举国上下都认为土光敏夫是危言耸听,直到他担任临时行政调查会会长,开始大刀阔斧地改革行政、财政时,人们才开始有所醒悟。所以他大声疾呼:"最近大家开始担心了。我认为欧洲发达国家已经到了无法恢复昔日光辉的地步,而日本如果现在不做,那就是自杀。"[2]

1981年3月,当时铃木首相和行政管理厅长官中曾根康弘请求土光敏夫出马,就任临时行政调查会会长。在就任前,土光敏夫提出了四个条件。其一,一定要进行定期答询;其二,实施无须增税的财政重建;其三,同时进行地方改革;其四,对所谓的三K企业即国有铁路、大米和健康保

---

[1] 〔日〕铃木松夫:《经营就是改革》,承春先、杨晓芬、邵力群译,上海社会科学院出版社,2002,第418页。

[2] 同上书,第419页。

险事业进行彻底改革,使民间活力得到前所未有的增强。[1]

　　由此可见,土光敏夫作为一个胸怀国家未来的经营家,一直怀着强烈的危机意识,每天都如履薄冰地从事着公司和国家的经营运作。他深刻洞悉到时代在迅速变化,不应以静止的观点来看待事物,必须与时俱进。所以,他非常强调"日日新",并将其作为自己的座右铭,这也是他的哲学。他在重建和经营东芝公司时,随时随地根据经营的具体情况,有针对性地提出具体解决的方针。东芝公司将土光敏夫每日的讲话汇总成《首脑方针抄》,土光敏夫的方针每天都不同,在东芝四年多时间共发表了千余篇。后来应日本产业能率短期大学上野一郎理事长邀请,选择了其中的一百条汇集成《土光敏夫经营管理之道》出版。土光敏夫在该书前言中写道:"我来到该公司不久,有位助手就向我提议说,公司是否要制定一些新的方针。我当时表示说没有这个必要,并指出:在这个迅速变化的时代,不应以静止的观点来看待事物;提出此类口号,反倒会阻碍接受新鲜事物。我半开玩笑地说,如果真要提,那就得每天提出一个公司方针。"[2]

　　该书内容充分体现了他"日日新"的座右铭。"日日新"是土光敏夫人生和事业成功的真实写照。对此,他写道:

　　　　这是商汤先生《盘铭》中的座右铭。如果有人只许我举出一个座右铭的话,那么,我将毫不犹豫地举出这句话来。
　　　　一天二十四小时,这是老天公平地给予每个人的。我们既不能挪用明天的时间,也不能取回昨天的时间。我能做的,只能是有效地使用今天的时间。那么,每天二十四小时,我们是怎样度过的呢?
　　　　我每天都留意对当天的时间进行结算。发现既有成功的,也有失败的。有失误时,就在当天内弥补,也就是进行反省,今天才是最重要的……这种态度,积极地说,就是"日新"。我们每天要迎接的,既不是昨天,也不是明天,而是那刚到来的、清洁无瑕的今天。要在

---

[1] 〔日〕中曾根康弘:《政治与人生——中曾根康弘回忆录》,王晓梅译,东方出版社,2008,第228页。

[2] 〔日〕土光敏夫:《经营管理之道》,张惠民译,北京大学出版社,1984,第111页。

今日这一天内全力以赴，使今日这一天过得有意义。①

对土光敏夫"日日新"的座右铭，我颇为赞赏。日日并非一天一日，而是与时俱进、持之以恒的天长地久。"日日新"给人无限遐思，蕴含着每日都有新的创意、新的举措、新的事物。因此，每天都要有所发现、有所发明、有所创造、有所前进，只有如是才能不负神圣使命。

土光敏夫的"日日新"座右铭，还应将其与"面壁一生"联系起来加以理解。一是将"日日"与"一生"结合起来才具有深远的意义，日日意味着日积月累，日复一日，月复一月，年复一年乃至终生；其二是中国有句话叫"面壁十年图破壁"。土光敏夫则说："我想，只有每天都去发现、推挤、打破'墙'，人才会有所进步。有句话叫作'面壁九年'，我想，我们应面壁一生。"②这充分体现了他那种不断反省精神和面对各种阻碍勇于斗争、生生不息的豪气。

廖庆洲说以"日日新"为座右铭的土光敏夫："'老骥伏枥，志在千里；烈士暮年，壮心不已。'是曹操留下的名句，观诸日本企业界元老级人物之一：土光敏夫的言行，实充分到达此老当益壮的境界。"③

纵观土光敏夫的一生，无论是从事技术工作时期，还是担任日本大公司的最高经营者时期，甚或是担任经团联会长、统帅产业界大军的时期，乃至最后被任命为担任改革日本国家行政重任时期，他所面对的都是一个个硬骨头。但他面对诸多难啃的硬骨头，从不畏惧，而一直是以不屈不挠的精神去硬碰硬，由此铸就了一座座令人钦羡的丰碑。土光敏夫的传记作家笠间哲人写道："出生于明治时代、成长在大正时代并开拓了战后日本经济新局面的土光敏夫，今后，只要他一息尚存，就将仍然以'日日新'为座右铭，为确保能源及发展科学技术而思考与行动。他的无私与无欲，他那对人无限热爱以及不倦的战斗精神，使他从一个普通的技术人员成长为日本经济界的泰斗。他的道路，业已超越了一个经营家成功经历的范畴而成了日本经济发展的足迹，他还将成为日本经济向混沌的21世纪前进的

---

① 同上书，第111页。
② 〔日〕土光敏夫：《经营管理之道》，张惠民译，北京大学出版社，1984，第110页。
③ 廖庆洲：《经典与经营》，第213页。

路标。"①

1988年，土光敏夫辞世；时隔一年后的1989年，裕仁天皇去世，昭和时代结束了。当时日本正处于泡沫经济鼎盛时期。日本各界全被泡沫搞得晕头转向，在盲目高歌太平盛世的日本，就像温水煮青蛙一样，已经在不知不觉中舒舒服服地开始衰落了。泡沫经济破灭后，日本经济进入了看不见头的隧道，眨眼之间就是三十几年的光景。面对这样惨淡经营的状况，大多数企业经营者的脸上已经难见昔日的光泽，灰头土脸，打不起精神。

人不能永生，土光敏夫走了，但他留下的哲学不灭。他的创业、创新精神，他那与时俱进的经营思想，将鼓舞无数企业家继续谱写日本企业发展的每一天的历史。

第四节　为逐梦而生的本田宗一郎
"知识型原始人"的经营法则

本田宗一郎是战后日本经济高速增长时代的传奇人物，被誉为战后的雄狮、经营四圣之一的日本企业界"奇人"，他在欧美经济界也被视为一个"异类"的企业家。他的思想行为看似乖张，却又极富理性；他极具冒险精神，却也不失扎实稳妥求实作风；他在经营方面既独断专行，又高度民主、彻底授权；他既是一个暴跳如雷的严父，又对员工温情脉脉、鼓励他们要为自己工作；他既是技术创新的天才，又是一个具有超凡脱俗经营哲学的管理大师。用心理学来分析，他是一个充满矛盾性的人物。本田宗一郎最突出的异于一般企业家之处，就是他彻底的"立业为公而特立独行"的经营哲学。再深究其原委，则是那无私的坦荡胸怀。正是这些看起来非常矛盾的性格，使他成为梦想家、追梦人。本田宗一郎这些多彩绚丽的人生和事业上的巨大成功，使他成为许多人物传记作家追逐的对象。

本田宗一郎充满矛盾的独特的价值观，其实处处洋溢着辩证法，充分表现在他的许多名句箴言之中。细细品味起来，觉得其中充满了深邃的

---

① 〔日〕笠间哲人：《富有特色的经营家土光敏夫》，张惠民译，世界知识出版社，1985，第2页。

哲理。

野中郁次郎写道：

> 没有任何一位大企业的经营者会像宗一郎那样重视"充满情感的日常世界"了，……也没有任何一位领导会像他一样毫不留情地批评和激励下属。将管理经营数字的工作交给搭档藤泽之后，他经常会思考："为了什么工作""企业存在的意义""为了什么而活"这些关系到"意义"的问题，并一直朝着实现这些"意义"的目标前进。就像他在藤泽的悼词中所说的那样，他的人生是"尽情燃烧到最后"的一生。
>
> 本田宗一郎主张用身体而不是头脑去思考，比起分析，他更注重实践；比起事实，他更注重意义。一旦开始着手做什么事情，他就会拼了命地去做，在取得成功之前绝不放弃。真希望日本能出现更多继承本田宗一郎衣钵、像他那样的"知识型原始人"（野蛮人）领导啊！①

本田宗一郎的巨大成功，既源于其自幼的梦想及其始终不渝地坚持追梦之旅，也在于其对技术的执着，更根本的是他那超越常人的"立业为公而特立独行"的经营哲学和大智若愚的"自知之明"，以及在组织上别具一格的"双璧型组合模式"。

一、立足时代潮头并为追逐梦想而彻底燃烧自己

本田宗一郎是一位走在时代前列、立足于时代潮头而勇于逐梦的人。

本田宗一郎的夫人在回忆时曾谈到她丈夫是一个精力充沛、富有远见卓识的人。他能预见到别人在10年或15年后都觉得不可思议的事情。

野中郁次郎从认识论角度分析了本田宗一郎的思维特征是重实践和亲身经历，以整个身体去感知世界。对此，野中郁次郎阐释说："本田宗一郎是一个全身都是传感器的人，他想要运用五感去理解这个世界。"② 这点从

---

① 〔日〕野中郁次郎：《本田宗一郎——"原始人"的经营法则》，陈娣译，新星出版社，2019，第221页。

② 同上书，第2页。

以下几个实例足以鉴证。

首先，从本田宗一郎上小学四年级第一次看到汽车时说起。当他闻到发出"突、突"声音的汽车尾气管喷出的汽油味时，在头脑里产生了将来一定要制造汽车的梦想，并终生从未放弃过这个汽车梦。伴随着汽车产业的迅猛发展、进步，他书写了20世纪后期汽车时代绚丽的篇章。

其次，本田宗一郎为了追逐制造汽车的梦想，对任何阻碍其生产汽车的势力，不管其是官方还是产业界，他都果敢地与其战斗，绝不退缩，不达目的决不罢休，正是这种执着精神才创立了世界著名的本田汽车公司这个HONDA品牌。

再次，开发汽车低尾气排放量的发动机CVCC（Compound Vortex Controlled Combustion），即"复合涡流控制燃烧"发动机，使后起的本田走在了汽车时代的前头。

1972年底，本田宗一郎把装有CVCC发动机的汽车开到美国环保部门，经美方验证本田车上安装的发动机达到了《玛斯基条例》标准，本田宗一郎的技术震惊了世界汽车界。

最后，值得一提的是为了造出世界顶级汽车，"成为世界级企业"，为了激发全体员工的热情与斗志，本田公司在进入汽车生产之前，就参加世界顶级赛车大奖赛，这在此前日本尚无先例。

本田宗一郎说：

> 我幼年时便有一个梦想——用自己制造的汽车夺得全世界汽车竞赛的霸主。但是，在成为全世界霸主之前，首先需要做到稳定企业、设备精密、设计优秀。我们以此为重点，始终致力于为国内消费者提供优良实用的汽车，也完全没有时间顾及摩托车比赛，直到今天……诸位，让本田技研集结全部力量去夺得桂冠吧！大家肩上担负着本田技研的未来，希望大家能怀着无比高涨的热情，抵住艰难困苦，在精密的研究作业方面实现自己的价值。本田技研的飞跃是你们的成长，而你们的成长也决定着本田技研的未来……我们要向全世界展现日本机械工业的真正价值。我们本田技研的使命就是成为日本产业的领

路人。①

对于这个宣言，野中郁次郎给予极高的评价："这些话实在是句句珠玑，细读后便能发现它不仅仅是参赛宣言这么简单。为了改变惨淡的企业氛围，有必要设定一个能团结大家的目标。既然一直说要成为世界级企业、成为第一，那么就应该把这个目标宣告天下。"②

二、敢于向权力权威挑战的"特立独行"的经营哲学

用"特立独行"来比喻本田宗一郎的经营哲学，是非常贴切的，符合其行事风格，容易为世人所接受，但也并非其哲学的全面写照。

"特立独行"或"天马行空，独来独往""我行我素"这些词汇，最能生动形象地表述本田宗一郎的思维方式和行为模式。这充分体现了企业家不因循守旧、敢于打破常规的冒险和创新精神，这是创业型企业家最典型的特质，也是所有成就大事业者共同的心理结构和价值取向。但本田宗一郎在这方面表现得尤为突出，他的言行举止、经营思想和手法，每每令世人感到匪夷所思、超凡脱俗。

首先，是特立独行、我行我素、敢做常人所不敢为的冒险事业。

本田宗一郎的冒险精神是出了名的，其不拘一格的行事风格更令人咋舌。

美国营销大师吉恩·N.兰德勒姆写道：

> 本田感情外露，对商务有着极其深刻的洞察力，他运用分析思维的方法解决问题。他的脾气是普罗米修斯式的。对生活往往采取迅速决断的态度。他没有耐心，是个地道的叛逆者，遇到问题坚持错误而不放弃。本田宗一郎不能容忍传统的方式。事实上，他禁止在本田公司使用"传统"一词，认为它是与企业信条相悖的东西。他谴责正规教育，因为它习惯于反对在技术上和管理上的冒险行为，他认为正规

---

① 〔日〕野中郁次郎：《本田宗一郎——"原始人"的经营法则》，第177—179页。
② 同上书，第179页。

教育对于那些从事创造性工作和操着解决问题的新的创造性方法的人怀有偏见……

……这个右脑发达的发明家经常自行其是,把现存制度搞乱了。他反对等级森严的管理模式,他认为:"通常来说,与按照'原则'去相比,如果工作是自愿的,人们工作会更努力,更富有创造性。"多么精辟!心理学家后来证明了他的正确。新的管理模式正向本田模式转变。[①]

上述这段话,生动有力地论证了本田宗一郎"特立独行"的经营哲学。下面仅对本田宗一郎敢于逆日本政府旨意而特立独行的胆略稍加论析。

本田宗一郎,正因为敢于逆政府旨意而特立独行的胆略,才造就了本田汽车王国。

当本田摩托车事业干得风生水起之时,本田宗一郎早已把他事业的领域定位在发展汽车,并使本田汽车畅销世界的更大的梦想上。就在他1960年准备进军汽车行业,大展宏图之际,日本政府拟定了一项法律,即"特定产业振兴临时特别措施法",简称"特振法"。其目的就是保护几家既有的汽车企业,集中资本和技术形成独占,以便同外国汽车产业竞争。对此,本田宗一郎认为非常不合理,非打倒不可。他以雄图大略、前瞻的国际化大视野,据理力驳通产省的立案。他公开在一本汽车杂志上撰文提到"特振法",并通过不懈的斗争终止了该恶法。

当然,本田宗一郎也不是凭空就公然对抗官僚和法律,他具有十足的底气与他们抗争。一是他充分把握了时代发展的大趋势和技术发展的规律;二是本田摩托为当时日本赚取了大量极为短缺的外汇。到此,本田宗一郎的斗争仍在继续,他又向当时的《道路运送车辆法》开战。该法中"保安基准规则"规定汽车车体不准使用红白两色,原因是消防车是红色,警车是白色。本田宗一郎坚决反对这一规定,他说:"世界上的第一流国家,有哪一国是由国家来独占汽车颜色?……如果连白色的车子都不能制造,

---

[①] 〔美〕吉恩·N. 兰德勒姆:《改变世界的13位男性》,张军、漫长、王小青译,四川人民出版社,1996,第216—217页。

怎么能够和世界各国竞争呢?"[1]

最后,本田宗一郎获胜,车体颜色自由化了。

倘若本田宗一郎没有敢于抗上、敢于公开对抗不合理的法律,那么,不仅本田汽车会被扼杀在襁褓之中,甚至不会有后来日本汽车产业进军国际市场、称霸全球的景观。本田宗一郎实现了自救,他也拯救了日本的汽车产业。使日本汽车产业在国际市场上拥有强大的竞争力,这在日本产业史上值得大书一笔。

三、"立业为公"乃是其经营哲学的精神底蕴

"立业为公"成就了本田宗一郎伟大的人生和不朽的事业,也成就了其黄金搭档藤泽武夫的事业,更成就了本田公司,尤其是为本田公司培养了许多担负公司经营重任的接班人,使本田公司成为一个可持续发展的企业。"立业为公"充分表现在本田宗一郎用人方面。

第一是知人重用,充分授权。在日本企业界和媒体中长期以来传为美谈的是本田宗一郎和藤泽武夫"珠联璧合的黄金搭档"。

本田宗一郎是一个具有"自知之明"的企业家。正如彼得·德鲁克所指出的那样,创始人必须明确向自己提出:"我喜欢做什么?""我最适合干什么?""我擅长什么?在企业所有需要之中,我可以提供什么并且是独特的东西?""我真正想干什么,我的信念是什么?我的后半生想在哪方面发展?这是企业真正需要的吗?它是重要的、基本的、不可或缺的吗?"[2] 只有对此深思熟虑,彻底弄清自己的愿望、长处以及不足,给自己一个准确的定位,并从实现自己事业的大目标出发,才能真心实意地寻求人才。在这一点上,本田宗一郎的确有"自知之明"。他始终把自己定位于技术专家,而把自己不擅长的企业经营大权全部交给二把手藤泽武夫。他深知自己的长项是搞技术研发,是一个"伟大的技师",[3] 他的兴趣全放在技

---

[1] 陈再明:《本田神话》,作家出版社,2003,第122页。
[2] 〔美〕彼得·杜拉克:《创新与企业家精神》,第268—269页。
[3] 〔日〕针木康雄:《伟大的技师本田宗一郎》,任川海、梁怡鸣译,新华出版社,1996,封面。

研发上，但对企业日常经营管理并不擅长。可以说，他是企业家而非经理人。为此，他必须觅得一位善于经营管理的经理人，就在他踏破铁鞋无觅处之时，上天将藤泽武夫这个杰出的经理人赐予他。两个人虽性情迥异，但理想抱负完全相同，一拍即合。

作为企业家个人，无论其多么优秀，他的资质、能力等都具有很大的局限性。因此，需要具有与其不同资质和能力的经营者对其加以补充，这样才能胜任企业经营管理的大任。对此，美国著名经营顾问伊查克·爱迪思也有精辟论述："因为人无完人，所以我们都是不称职的管理者，只是程度不同而已。要想作出符合PAEI[①]的决策，也就是使决策既是有效益的又是有效率的，既是积极的又是有机的，所需要的是一个互补的领导集体。"[②]

企业家双璧型组合结构，正是以长补短，形成强强联合，使企业最高经营者层构筑合理的知识结构、能力结构，从而达成企业经营管理的最佳绩效。

大前研一在谈到"企业家成功的模式及其素质"时写道："即便是可称为企业家典范的松下幸之助和本田宗一郎，他们也及早认清了自己做不到的事，寻找能够弥补这一部分的合作伙伴……与此相反，失败的模式是企业家追求全能，过于相信自己无所不能，不托付他人办事，于是在考虑不周的领域给其他公司以可乘之机。"[③]

本田宗一郎是一位喜怒哀乐皆形之于色的性情中人，一般认为这种性格类型的企业家，成功的概率相当低。针木康雄认为："像本田这种兴奋型的人，作为一个经营者能取得成功，无疑是他觅得了好搭档。正因为有了藤泽武夫这样一个能保持冷静分析、擅长营运，且善于体察下意的'贤内助'角色，才得以引导兴奋型经营者获得成功。"[④]

西田通弘说，本田先生属于外向型，而藤泽先生属于内向型。这说明

[①] PAEI为爱迪思提出的判定决策的四大角色。P指提供服务，A指行政管理，E指创新精神，I指整合能力。PAEI是一个整体，只有有机组合，才能做出正确决策。

[②] 〔美〕伊查克·爱迪思：《企业生命周期》，赵睿、陈甦译，中国社会科学出版社，1997，第149页。

[③] 〔日〕大前研一等：《思考型管理》，裴立杰译，中信出版社，2006，第6页。

[④] 〔日〕针木康雄：《伟大的技师本田宗一郎》，第51页。

企业家双璧型的合理组合是全方位的，并非仅仅是指某一方面的互补。

野中郁次郎在与一条和生关于井深大和本田宗一郎的对话中，对二人的黄金搭档有过精辟论析。

"藤泽负责着本田公司的运营和管理，并协助本田宗一郎进行技术开发与生产的工作，在必要的时候还会对本田宗一郎进行激烈的'知识攻击'。在本田宗一郎作出了错误判断之时，他会毫不留情地进行否定。最著名的就是关于'空气冷却''水冷却'引擎的争论。"①

野中郁次郎进一步分析说："本田宗一郎和藤泽武夫二人的关系好似合为一体，也许是因此本田公司的公司哲学才得以更容易地被继承下来。二人像南北两极一样对立，因此形成了一种思想上的制约。"②

综上所述，很明显，企业家双璧型组合模式，对于企业经营的成功发挥了极为重要的作用。这也是这种企业经营管理的组织模式引起日本乃至外国企业界重视的原因，很值得我们进一步研究。

那么，构筑企业家双璧型组合模式，必须具备哪些基本的要件，并且形成始终如一地坚持这种组织模式的运行机制，才能使企业在由两位优秀企业家构筑的相互依存、互动的组织结构的运行轨道上得以不断地发展，达成企业所设定的目的和各项目标呢？

最重要、最关键的是位于双璧型组合结构中最高位置的一号人物本田宗一郎能够正确地给自己定位，这样才能做到对藤泽武夫像刘备对诸葛亮那样授之以指挥大权。此外，还取决于一号人物是否心胸开阔，能容忍二号人物在某些方面超过自己。

藤泽武夫曾说过一句既风趣又富含哲理的话。"我认为一号人物有一种莫名的女性化之处，手下太出风头的话，便担心自己会被超越，会失去地位。因此，一号人物对二号人物总抱有这样的疑虑：'这家伙将来会对我构成威胁。'如此就根本谈不上琴瑟相和。我从没有让本田有这种疑虑。"③正因为如此，本田宗一郎才能大胆地放手让藤泽充分发挥其经营才干，使公司取得了迅速、健康的发展。在企业家双璧型组合结构中，一号人物如

---

① 〔日〕一条和生：《井深大——"索尼精神"的缔造者》，第217页。
② 同上书，第218页。
③ 〔日〕针木康雄：《伟大的技师本田宗一郎》，第93—94页。

何看待作为自己搭档的二号人物在企业中的地位以及其事业上获得成功的心态，对于他们长期合作、保障企业稳定和持续发展极为重要。事实上，二号人物在企业经营中越是成功，越能显示一号人物的伟大。可以说二号人物是一号人物的一面镜子，二号人物的业绩正是一号人物的人品、能力的写照。他使一号人物头上的光环更加耀眼。相反，如果二号人物默默无闻，在事业上无所作为。这不仅不利于企业经营和发展，而且令人怀疑一号人物在识别人才、使用人才方面的能力，使一号人物的形象受损。

在企业家双璧型组合结构中，二号人物的作用是非常重要的，他在结构中的地位与功能，其与一号人物的关系都很微妙。二号人物甘当"配角"，应具有为一号人物的成功作出奉献或牺牲的精神，但绝不仅仅限于牺牲。在这种双璧型组合结构中，二号人物有其确定的地位和价值，甚至可以做出名垂千古的业绩。但二号人物必须有他的哲学和美学。针木康雄写道："我曾谈到过企业经营上的'二号人物哲学'，从结论上来说，如果企业中有人甘居二号人物，那么这个企业定是强有力的。"[1]

藤泽武夫在回忆自己成功地与本田宗一郎构成黄金搭档时说："在中国的《史记》，或者有关日本战国时代武将的故事里，常见一号人物和二号人物。我之所以欣赏二号人物的美学色彩，受这些历史故事的影响很大。从我见到本田的那一刻起，我便在心里发誓绝不做头号人物。"[2] 这就是说，二号人物应该有二号人物的哲学和美学，确立自己的位置和存在价值。藤泽武夫曾说过，对当社长的人来说，有不足是必要的，正因为有不足才有吸引力。社长本身要有真本事，本田宗一郎社长在技术上确实有真本事，这就足够了。正因为藤泽有自知之明，所以他同本田宗一郎之间才能宛如一枚金币的两个侧面，互为表里，相得益彰，成了日本企业界翘首的典范。

作为企业家双璧组合结构中的一、二号人物，必须正确地对待冲突问题。由于两个人的组合是建立在差异、互补性的关系结构中，因此，他们思维方式、观察和处理问题的角度有所不同，这就会产生冲突。如果处

---

[1] 〔日〕针木康雄：《伟大的技师本田宗一郎》，第92页。
[2] 同上书，第109页。

理不当，就会影响两人的关系，甚至会导致二人分道扬镳。对此，伊查克·爱迪思写道："无论什么时候，只要我们有一个互补型的领导集体，就会有冲突，冲突源于他们在风格上的差异。只要风格不同，思维方式就一定有所不同。因此，要作出良好的决策，冲突不仅是需要的，而且是必不可少的。或如禅宗著作所言：'想法一致，则无人苦思。'因此，不喜欢冲突的人就不应该成为管理者。"[1] 应该说有冲突是正常的秩序，没有冲突倒是不正常的，其背后可能隐藏着更严重的危机。因此，正确的态度是不惧怕冲突，应当以积极的态度正视冲突，把它视为自己和整个经营者群体的最好的学习机会。虽然冲突并不是坏事，但过多的冲突、无谓的冲突，都会使决策成本增加，使经营效率低下。

因此，寻觅一种减少冲突的办法势在必行。在企业家双璧型组合结构中，一、二号人物加强沟通，并使之制度化，则是减少他们之间冲突的简单易行而又卓有成效的办法。另外，就是必须有比较明确的分工领域，而且各自专注于该领域的业务以及外部情况。在涉及对方所主管领域的决策或日常管理事项时，应充分尊重主管这一领域的人的意见，这对于减少冲突也是很重要的。再有，就是企业家双璧型组合结构在企业经营活动中，必须坚持 H. 法约尔主张的"统一领导""统一指挥"的管理原则。否则就会形成政出多门，在部属中造成混乱，使之无所适从，二者之间还会心生嫌隙。

这从本田公司的实际操作来看，本田宗一郎属于技术专家，由他全权负责生产和技术领域的指挥，而藤泽武夫则长于营销经营，所以他握有经营和营销大权。由此，很好地维护了统一指挥的准则，使本田公司一直在迅猛发展的快车道上奔驰。

关于企业经营何以需要上述那种珠联璧合的组合模式问题，稻盛和夫深刻阐析了经营者必备的三种力量，即"一种'自力'，两种'他力'"。[2] "自力"是指经营者本身必须具有的实行力；而所谓的"他力"有两种，一是得力的副手或搭档，当然也包括部下的管理团队和全体员工，

---

[1] 〔美〕伊查克·爱迪思：《企业生命周期》，第149页。
[2] 〔日〕稻盛和夫：《经营十二条》，第57页。

另一种"他力"是指"宇宙、自然之力"。如果用中国的"天时地利人和"来解释,"自力"与第一个"他力"属于人和,第二个"他力"则为天时和地利。稻盛和夫在论述经营者必须有得力的副手或搭档时写道:"'本田技研'的本田宗一郎,专长是开发和制造,因为有了精通财务、善于经营的藤泽武夫做搭档,两人珠联璧合,才有了今天'本田'这个世界性的企业。"①

第二是从谏如流、不贪恋权位。本田宗一郎"立业为公"充分体现在他能敞开心扉听取他人的意见或建议,甚至是逆耳忠言上,其中有两件事令人深感敬佩。

其一是关于"从谏如流"。本田公司为了达到当时车辆废气排放标准,"年轻的技术人员认为必须采用水冷方式。但本田固执己见,坚持采用气冷方式"。②当双方争执不下时,担任专务董事的河岛喜好请藤泽武夫出面调解。藤泽武夫在听取双方意见之后,坦诚地对本田宗一郎说:"(你)是当技术员,还是当经营者?"③藤泽武夫短短的一句话,迫使本田宗一郎同意采用年轻技术人员提出的水冷方式,并由此开发出具有划时代意义的低公害引擎CVCC。从这件事可以看出本田公司是一个具有自由宽松气氛的企业,本田宗一郎是一位有度量、心胸坦荡的企业家。否则的话,年轻技术人员怎敢向既是创业者又是引擎方面的最高权威发起挑战呢?同时,也充分彰显了本田宗一郎高风亮节、从谏如流、立业为公的崇高人格。

其二是关于"不贪恋权位"。本田宗一郎作为本田公司创始人,在1973年67岁时辞去公司社长职务,把河岛喜好提拔为社长,这在当时的企业界和新闻界引起了不小的轰动。其原因是公司发展得顺风顺水,本田宗一郎本人年富力强,正是在事业上大展宏图之际。这时辞职,让绝大多数人都很不理解。更何况当时财界的主要领导大多由七八十岁高龄者当权,本田宗一郎根本没有理由早早就退休。

关于本田宗一郎退休问题,有一次,在本田宗一郎吃午饭的时候,西

---

① 〔日〕稻盛和夫:《经营十二条》,第65—66页。
② 〔日〕针木康雄:《伟大的技师本田宗一郎》,第168页。
③ 同上书,第169页。

田通弘贸然说了一句:"社长,研究所的技术人员在您的培育下都能独当一面,我看您也应该想想交棒的问题了吧!"①

不管怎么说,西田先生的话在当时日本的政界和财界元老面前是一句犯大忌的话。更何况是在向本田宗一郎这样的在业界声望卓著的艰辛创业者而又视技术研发比生命还重要的工作狂提出这种建议,西田说出后也有些担心甚至害怕。

但是,本田宗一郎放下筷子,非常爽快地回答了一句:"我要赶快辞任,好让年轻人能够出头,对公司也有好处。"②本田宗一郎对自己的去留问题,以如此坦荡的胸怀作出令西田先生都不知所措的果敢决断,至今仍成为日本财界的美谈。

本田宗一郎走了。但他绚丽多彩的人生仍在激励世人,他留给人类的大智慧却与世长存。他在总结自己的人生和事业的哲学时说:

"我的哲学是什么?一言以蔽之,就是在造福人类,人不分日本人、外国人,一视同仁。由于我认为我的哲学没错,事实也证明是正确的,所以我才创造了优良的技术。优良的技术反过来又产生了我的正确哲学,这是良性循环,今日本田技研的茁壮强大便证明了这一点。"③

用一句话高度概括地评价本田宗一郎,那就是"心底无私天地宽"。正因为如此,他的人格、他的技术、他的经营哲学才能彰显出无穷的魅力,至今仍是激励、指导日本乃至世界各国企业家持续发展的动力。

在本田宗一郎经营哲学的指导下,形成了本田经营学的模式,细分为以下七大类:

(1)制造生产模式——反泡沫经济型的经营;(2)不重学历模式——反学历至上型的经营;(3)公私分明模式——反家族色彩型的经营;(4)公开经营模式——反派系作风型的经营;(5)独立创造模式——反权威主义型的经营;(6)自由开放模式——反管理社会型的经营;(7)公平无私模式——反权力支配型的经营。④

---

① 陈再明:《本田神话》,第144页。
② 同上书,第144页。
③ 同上书,第199页。
④ 同上书,第217页。

综上所述，本篇紧紧围绕日本企业家和经营者文化展开了比较深入翔实的论析。这是以前所见到的日本企业文化论著中未曾引起重视的内容，在深入研究日本企业文化时，决不能把企业家或经营者边缘化。恰恰相反，由于企业家或经营者处于企业经营的核心地位，他们既把持着企业经营的决策大权，负责企业宝贵资源的配置，又肩负着企业的日常管理事务。更重要的是他们对外代表公司，处理与各方利益相关者的关系，他们本人就是企业形象的代表。因此，在论析日本企业文化时，企业家文化占据了较多篇幅乃在情理之中。

第四篇　探索与展望

当社会进入20世纪90年代，特别是跨入21世纪以后，全球化和信息化的脚步进一步加快，技术革命亦迎来了不同于以往时代的加速度，人类正面临历史上未曾有过的崭新发展的转换期。而且，这场变革涉及地域之广、变化的速度之快，让人目不暇接，较之以往呈现更加难以预料的"加速度"式的变化状态。其实，无论是自然界还是人类社会，一直以来都处在"变化"之中，只不过是我们没有明显感觉到而已。毛泽东诗云："坐地日行八万里，巡天遥看一千河。"[①] "变化"是自然界、人类社会乃至芸芸众生都无法摆脱的"铁律"。

全球化的深入发展，让原本生活在一个个孤岛上的岛民成了地球村的村民，人类的活动空间深度和广度不断扩展，在量和质上造成了人与自然、人与环境乃至人类自身都处于极端不平衡状态。人类为了生存下去，保护人类及所有的生物赖以存续的地球不致毁灭，只能拥抱变化，与时俱进，走可持续发展之路。另外，就是重拾"原始人"的智慧，"知足常乐"，过适度的俭朴生活，放弃对我们生存的自然环境的穷奢极欲式的掠夺与破坏，创造适合生命存续的环境空间，但要改变人类的贪欲，这是极为困难的。

面对深刻变化的时代，世界各国有识之士都在孜孜以求地从各学科领域进行探索，寻找新时代人类生存和发展的途径和方式。其中包括趋势大师、未来学家、经济学家、社会学家、文化学家、管理学家、宗教家、技术专家，特别是企业家等，可谓"八仙过海"，纷纷奉献各自描绘的蓝图。

早在20世纪60年代中期，著名社会学家丹尼尔·贝尔就明确地提出了"后工业社会的来临"；未来学家阿尔文·托夫勒发表了关于未来的冲击文章，随后出版了托氏未来学三部曲；从不敢以预测未来自居的彼得·德鲁克撰写了一部《已经发生的未来》的专著。

在经过了20多个岁月后，日本著名观念大师堺屋太一提出了"知识价

[①] 田秉锷编著《毛泽东诗词鉴赏》，上海三联书店，2018，第72页。

值革命"和"知识价值社会"的新概念,彻底颠覆了工业时代的社会结构及人们的价值观、伦理观和审美观。

对此,彼得·圣吉更发出:"每个时代都会终结——从铁器时代到青铜时代,从文艺复兴到宗教改革,兴盛如罗马古代帝国,或如大不列颠等现代帝国,从没有一个时代能够永久存在下去,不管其影响力有多么巨大、多么深远。工业时代,塑造了我们几代人的生活方式和世界观的工业时代,也不会例外。"[①] 这是不以人们的意志为转移的历史发展大趋势。

皮之不存,毛将焉附?随着工业时代的终结,诞生于这个时代的一切组织及制度机制都将会发生脱胎换骨的变化,当然这个时代的产物——企业及其文化也必将随之发生巨大的转变。

为了弄清楚未来的企业究竟是什么模式,未来的企业文化应呈现何种样态,未来的企业家应该是什么样的人?我想借助那些"大家"的论析,一窥其究竟。所以,本篇应名为"大家如是说"更为贴切。

在这里,首先引用日本著名经济学家都留重人早在20世纪60年代所写的一篇短文《日本是一个大国吗?》,其中所述的是他孩提时代人尽皆知的一个寓言。

从前有个村庄,那里住着三兄弟,名叫强壮、富裕和热心。起先,强壮凭他强健的体力统治着家族,强权即公理是当时的原则,然而,随着时间的流逝,强壮开始变老了,不能像以前那样维持他的权威了。那时,第二个兄弟富裕已经积聚了相当的财富,并建造了一批仓库。换句话说,美德的标准已从强权转移到富裕上。一天,村子里发生了火灾,烧光了富裕的所有仓库。一夜之间,他就变得一无所有。火灾之后,一场流行病在村子蔓延开了,学过医学的第三个兄弟热心很快就能说出那是一种什么流行病,他采取了必要的措施,挽救了村里很多人的性命。故事还说,如果你今天去参观那个村庄,你就会在村子中央找到热心的雕像。热心战胜了强权和富裕。[②]

[①] 〔美〕彼得·圣吉:《必要的革命——可持续发展型社会的创建与实践》,第6页。
[②] 〔日〕都留重人:《日本的资本主义——以战败为契机的战后经济发展》,复旦大学日本研究中心译,复旦大学出版社,1995,第266页。

这是都留重人在50多年前借用这则寓言向世人强调的深邃哲理。对于都留重人教授所谈到的"强权""富裕"和"热心",不正是人类管理学史上的"政治人""经济人"和"文化人"吗?美国夏威夷大学成中英教授写道:"我们现在所处的时代是一个科技发展的时代,而由于科技的发展带动了经济的全球化和文化的寻根与认同。此处所谓的文化显然不应只指地区性的或多元性的文化观念与行为,而应更是指能够容纳与会通科技与人文价值的文化智慧。哪一个文化能够融合及会通科技与人文价值,哪一个文化就是智慧,因而可名之为文化智慧或智慧文化。在这一个'文化人'的管理智慧中,无可否认地,'政治人'的权利欲与'经济人'的财富欲自然仍将扮演着一个重要的、不可磨灭的角色。但重要的是,如果没有文化的融合与会通作用,人类社会的管理将永远不可能超越权力与财富的追求而获得道德与正义的进步。"①

倘若都留重人教授今天健在,他还会向面临新冠疫情大流行下身处世界百年未有之大变局中的世人大声讲述他50年前的这个寓言,以警醒世人吧!

都留重人教授对日本,当然也是对整个人类社会提出了中肯的建言,其核心就是为已经到来的文化时代指点迷津。他语重心长地写道:"尊重人类必须尊重生活,因此也必须重视保护和促进健康,并且它还要与提高生活质量和工作环境相联系。它进一步要求重视目标而不是手段,要求重视自然美之类无法市场定价的东西;尊重人类当然也包含重新考虑人类劳动的本质……总的来说,一个以'尊重人类'为导向的国家会高度评价文化价值。换句话说,从现在起,日本迫切需要的是'价值观念的变化'……"②

一个能满足所有这些要求的全面规划将是如此巨大——它需要有某种社会革命。为了朝着这些目标努力,都留重人提出以下这些具体意见,作为日本国家政策的基础。

即作为强调人民生活和健康的政策,日本应努力成为世界的"医疗保

---

① 黎红雷:《人类管理之道》,商务印书馆,2000,第1—2页。
② 〔日〕都留重人:《日本的资本主义——以战败为契机的战后经济发展》,第271页。

健中心",努力发展医疗技术,扩充和提高其医疗人员质量和医疗设备;建设和完善国内外游客观光的风景区和温泉地区设施,以发展旅游和保健事业;日本应竭尽全力促进文化和艺术领域内的国际交流;日本应大量增加对联合国大学的资助,使它成为能为第三世界社会和经济发展作出贡献的教育、研究和技术创新的一个世界中心;优先考虑提高对发展中国家的金融与技术援助水平,从长远的角度,应该对第三世界国家的制成品开放更多的日本市场,使第三世界国家从中获得比较优势。

从字面上看,都留重人所言并非振聋发聩的大道理,但从中深刻体会到他那高瞻远瞩、超越时代前沿的深邃见地,为新时代芸芸众生指点迷津。阐述了人类已经进入了健康文化时代,应追求美好共生的幸福经济学。

就在本书即将进入最后修改阶段之际,日本PHP研究所2016年发行了"日本的企业家"系列经营丛书。丛书介绍了几位像日本明治维新时期的涩泽荣一那样优秀的企业家。这些最新论著,关于日式经营提出了许多新事实、新观点,其为构筑崭新的日本企业文化增添了许多新的元素。

第十二章 工业时代的终结和
日本企业文化的转型与重构

当人类社会进入20世纪90年代之际,彼得·圣吉提出了工业时代的终结,他提出:

> 转变工业时代的革命已经开始,其粗略的纲领轮廓已清晰可见。只关注少数人或自己国家疆界内部的生活提升的时代正在接近尾声。我们现在必须关注所有人。掠夺性经济时代正在走向终结,开创再生型经济的时代正在来临。拆分碎片化和对象客体化的时代正在成为过去,相互依赖、相互尊敬和相互关怀的时代正在降临。这将要求我们都进入最佳状态,要求我们不仅在技术方面,而且在伦理道德方面,发挥想象力和创造力。我们能否想象这样的世界:在那里,人类社会的道德运转,是日常生活的自然副产品;在那里,各类组织机构都能看清自己身在其中的更大系统,都能够相互协作,保证这些系统的健康,也都能够持续发挥想象力,把开创再生型企业、学校和政府组织的工作一步步推向前进。[①]

彼得·圣吉谈到工业时代的终结时,进一步指出人类将会面临又一次更加深刻的文艺复兴时期。目前新时代诸多症候已经开始显现,但呈现在人们面前的新社会、新时代乃是一片混沌景象,并非我们每个人都能清晰可见的。如果用堺屋太一所阐发的理论,就是"知识价值革命""知识价值社会"。堺屋太一所说的"知识价值社会"的价值观、审美观都有别于

---

① 〔美〕彼得·圣吉:《必要的革命——可持续发展型社会的创建与实践》,第VIII页。

以往的工业时代，为构筑这个时代的生产方式、生活方式，需要人类从各自国家和社会的现状出发，进行探索，"摸着石头过河"。因此，很长时期都将是一个混沌的时代，新旧社会交织在一起，往往呈现一种乱象。作为传统工业社会的组织——企业等也仍存在发展空间，人们的价值观、审美观更趋向多元化，企业文化也必将呈现与以往截然不同的样态。文化时代的到来，必将孕育新的经济形态，即文化经济学。这是后面将要进一步展开论析的内容。

第一节　文化时代的到来与文化经济学

工业时代的终结，意味着人类社会步入了更加高级的发展阶段。

青柳正规在谈到文化时代的到来的背景时认为，是全球化推动了文化时代的到来。"让文化的存在不断升值的重要背景之一是全球化。全球化从市场经济中打开缺口，长驱直入，裹挟了政治和文化，强行推广一定的标准和价值观。在其反作用的推动下，许多国家和区域的人们支持本国文化的态度越来越坚决。等于说，全球化把生长在世界各地的文化又重新烘托出来。"[1]

其实，最早将文化作为国家发展战略的，是20世纪50年代末60年代初的法国。首先，是法国总统戴高乐及其文化部长安德烈·马尔罗，接着是继任总统蓬皮杜以及后来担任总统的密特朗和文化部长杰克·朗。他们以远见卓识，提出了文化发展战略，并果敢地投入大笔资金建设了一大批文化设施，如"文化之家""蓬皮杜中心"等，以文化软实力来振兴法国社会乃至肩负起挽救处于衰落状态的欧洲的重任。法国和西方这股劲吹的文化之风，不能不影响到以"文人宰相"著称的日本首相大平正芳，他敏锐地洞察到文化时代的到来。

而时任日本经团联会长稻山嘉宽则认为："现在经济方面已有余力。这就造成了文化繁荣的基础。江户时代没有战事，于是出现了灿烂的江户文

---

[1]〔日〕青柳正规：《日本如何文化立国》，滕新华、王冬译，世界知识出版社，2017，第4页。

化。由此可见，当今的日本将迎来艺术、文化繁花盛开的时代。"① 日本经济发展的奇迹，让许多日本人头脑膨胀起来，产生了大国意识。正是在上述情况下，各种各样的日本文化论大行其道。既有东西方文化比较论、文化产业论、日本文化经济学、新文化立国论，也有日本文化优越论、日本民族特殊论，以及日本人优越论，等等。同时，日本国内价值观多元化，这一切都使日本人预测到"文化时代"的来临。

但真正开日本"文化时代"先河的还是首相大平正芳。大平正芳作为学者型首相，非常关注世界发展大趋势。对于20世纪60年代以来兴起的未来学和趋势学非常重视。早在20世纪70年代末，他就明确提出了日本已经进入了"文化时代"。并在日理万机的国事运筹中，把研究日本的未来放在了极其重要的位置。他召集专家学者组成研究日本未来的各种小组，其中就包括与企业文化有关的小组。例如，有田园都市研究小组、关心多元化社会的生活研究小组、对外经济政策研究小组、环太平洋合作研究小组、充实家庭基础研究小组、综合安全保障研究小组、文化时代研究小组、文化时代的经济运营研究小组、科学技术的历史性发展研究小组，等等。而且，他亲自与各小组成员一起探讨如何建立一个面向未来的日本，他在1979年1月25日的第87届国会的施政方针演说中讲道：

> 战后30多年，我国努力追求经济繁荣，专心致志勇往直前，取得了丰硕的成果。这也是明治时期效仿欧美各国以来，历时百余年所取得的近代化的精华。今天我们所享受的自由与平等、进步与繁荣正是国民坚持不懈努力的结晶。但是，在这一过程中我们却没有对自然与人类的和谐、自由与责任的平衡，以及扎根于心灵深处的生命价值观等给予足够的重视。如今，很多国民也开始对这些问题进行反省。
>
> 这个事实表明，以高速增长的经济带来的城市化及近代化理性主义为基础的物质文明已走到了它的极限。应该认识到，日本已经开始从现代化时代跨入到超现代时代，从经济中心的时代跨入到了重视文

---

① 〔日〕名和太郎：《经济与文化》，第49页。

化的时代。①

大平正芳以首相的身份在国会殿堂所作"施政方针"的讲演，以及深入专家学者中参加研讨，一时间，带动了日本文化热的进一步升温，于是，日本业界就提出了在文化时代，以营利为生的企业如何才能继续存续下去的时代之问？

在企业的文化活动方面，受大平正芳关于"文化时代的到来"的影响，最先予以积极响应的是关西企业界，探讨了建设与文化时代相适应的各种建议、设想和方案以及设施等。其中，京都企业界更是雄心勃勃。

日本学者驮田井正针对"当前为什么是文化时代"的问题时，写了以下三点：

> 第一点，是以上提到的关于消除幸福悖论的问题。如果将经济的发展与增长和幸福相联系，那么保持文化力的提升就十分必要。第二点，今后的经济会以服务业为主线，这其中使人的能力得到强化和磨炼的文化产业将会成为中心。文化产业是通过将文化价值转变成经济价值而成立的，虽然文化价值和文化力不一定成正比，但是对于文化产业来讲文化力的提升是不可缺少的。这关系到服务质量的提高，以及一个城市和地区的吸引力问题。第三点，与全球化有关。世界正越来越无国界化和全球化。全球化有使人类社会富足的一面，同时也带来了同质化的弊端。就像生态系统一样，失去了多样性也就失去了可持续性。扎根于民族和地域的文化，才能使世界变得丰富多彩。因此，尊重文化的多样性，可以减少全球化带来的弊端。②

日本在经济发展和企业经营中重视文化的作用，绝非偶然。随着文化时代的到来，日本愈发重视文化经济学也就不足为奇了。

从文化经济学角度，日本发展文化产业，有许多得天独厚的优势，具

---

① 〔日〕大平正芳：《活在永恒的现在》，简洁等译，中央编译出版社，2009，第176页。
② 〔日〕驮田井正、浦川康弘：《文化时代的经济学》，尹秀艳、王彦风译，经济科学出版社，2013，中文版前言，第2—3页。

有一定的基础设施和软硬件条件。一方面日本是一个拥有漫长历史文化的国度，并长期接受博大精深的中华文化的熏陶孕育，其文化资源极其丰富；另一方面是日本具有发达国家的先进科学技术，可以使先进的科学技术融入文化产业乃至制造业，增加其科技和文化含量。这种文化经济的显著特点：时代性、知识性、创造性、流动性、和谐性、共生性、休闲性和环境友好型，可谓是和谐、共生、和平、幸福的知识创造型经济学。日本社会要发展未来文化经济学，将会有更大发展空间。

第二节　日本企业参与社会文化事业

企业是从事制造产品和提供服务的经济主体，但一个国家的经济发展决不能离开其历史文化的基础和背景。企业要发展就必须适应社会文化环境，同时也要积极地开展社会文化活动。但这并非指的是本企业的主体业务，也不是日本企业惯常所开展的企业内部员工的聚餐、联谊活动或年末红白歌大赛、举办员工运动会、集体旅游之类的文体活动。而是一种纯粹的面向社会外部的公益性文化活动。那么，日本企业为什么要开展这种企业外部的文化活动呢，这些文化活动对企业本身及社会具有何种价值和意义呢？

在1968年日本明治维新100年之际，日本成功地实现了赶超发达资本主义国家的战略目标。但在日本经济高速增长的同时，也伴随着一系列的社会问题。由此导致了20世纪60年代末期，在日本爆发了大规模的市民运动、大学风潮。社会对高速经济增长政策提出了严厉批判。

另外，更加严峻的是在20世纪90年代，泡沫经济破灭之后，日本政界和经济界不断出现匪夷所思的种种丑闻；尤其是企业界各种乱象丛生，使企业形象严重受损，甚至导致社会对企业怨声载道、群起而攻之。为了恢复和重塑企业形象，日本各界有识之士深刻地意识到，企业必须自觉地承担应尽的社会责任。

而日本在二战后为了实现大规模生产，自20世纪60年代初至90年代，政府先后制定了四次代表日本现代化发展思路的国土建设长期计划，即4次全国综合开发计划。其重点均在于经济和城市的大型化，这完全是工业时代的国家发展战略思路和策略。

当世界进入全球化和数字经济时代后，经济、金融和人员往来愈加频繁、密切，国际间文化频密交流促使文化交融互鉴，全球化导致民族文化被边缘化而失去发展的活力。因此，作为主权国家越应振兴和发展本民族的文化，只有全球化的参与主体拥有雄厚的文化根基，才能使全球化充满生机与活力。

1996年，日本在总结了前四次国土综合开发的利弊得失基础上，提出了以2010年为实现目标的日本国土建设计划报告书，实际上是第五次国土综合开发计划方案。川胜平太写道："21世纪，只有创造扎根于我国历史风土特性的新文化和生活方式，生活在国土上的人们（日本人）才能过上真正富裕的生活，日本才可以称得上美丽之国，被誉为'花园岛'令全球向往的日本列岛，才能体现出地球时代日本国之本色。"①

这个综合计划最突出的特色就是把"文化"作为新全综的关键词。川胜平太强调"文化"就是"日常生活方式"，并且认为这是文化的"根、茎、叶"的部分。他指出：

> 当今，日本的文化理解或是向西方文化倾斜，或是高举传统文化的旗帜，重视振兴艺术文化，保护历史环境，重视支持企业或地区的文化艺术活动。文化、学术、艺术、历史等，只被视为生活的点缀。与此不同的是，这里的"文化"，是"生活模式"本身。在文化人类学（民族学）中，甚至直接将文化定义为"生活"。对于"文化"的认识和理解，应该立足于全世界共同的学术定义。仅有节日庆典、演唱会、博物馆、美术馆，还不叫文化，这只是文化的"花朵"部分。作为文化根、茎、叶的部分，即日本人的日常生活方式，才是真正的日本文化。文化是衣食住，是生活经营方式、消费方式。所以说，文化与经济直接相关。以前，对"经济"的理解，往往偏重于工业生产，认为企业生产活动就是经济。但是，经济是由生产和消费共同组成的，如果没有消费，生产就是徒劳。今天，人们终于开始关注日本人日常

---

① 〔日〕川胜平太：《文明的海洋史观》，刘军等译，上海文艺出版社，2014，第158页。

生活中的消费方式了。①

川胜平太接着论述了大平正芳内阁时期提出的"田园都市国家构想"。

> 前文的"田园都市国家构想"和本篇的"花园岛"构想，应该说是日本本我精神的真实流露。能充分实现这一理想的地点，只有那些未曾受到都市化、工业污染过的人口稀疏地带及呈现丰富自然样态的区域。这些地域的交通、信息、通信等现代化基础设施完备，这些使他们的美好生活锦上添花，这是在生活中美化自然，借自然风光于庭园的日本传统生活方式。②

从本质上来说，所谓的文化时代亦即人化时代。人创造了文化，所有的文化之景观都是由人类的脑力和体力劳动所创造的，即是脑力劳动或体力劳动的结晶。但人不可能凭空创造文化，必须依照某些自然、时间、空间或情境，并将人类的心智、情感和激情融入其中才能造化出丰富多彩的文化产品。文化产品一经面世，无论是有形还是无形的，又会反过来作用于人类。当然，这种作用既有正面的，也有负面的。所以，当我们身处文化时代这个大环境中时，既能充分感受到这种五彩缤纷大千文化世界的无限美妙，也会如坠茫茫云雾之中而不知所措。这种既让人欣喜向往，又困惑彷徨的感觉，使人类易于迷失前进的方向。

为适应文化时代的到来，日本一些企业非常重视文化的影响力，重视开展丰富多彩的文化活动。这些文化活动，虽不是直接属于企业文化的范畴，但也与企业文化建设和展示企业形象息息相关，故富有时代感的企业经营者都乐此不疲。

奥村宏叙述了"拥有文化的企业"，对日本企业的文化活动进行了比较翔实的分析。

关于日本企业的文化活动，在参照奥村宏分析的基础上，吸收其他学

---

① 〔日〕川胜平太：《文明的海洋史观》，刘军等译，上海文艺出版社，2014，第164页。
② 同上书，第166页。

者和企业经营者的论述以及企业开展文化活动的实践，归纳为以下几个方面：

第一，企业本身发展出版事业。这里所说的出版事业，指的是正式出版发行纸质书籍和光盘等，不包括其内部出版的非公开的书籍、各种企业内部经营管理文件、技术资料和员工培训讲义等。

这方面比较典型的有松下公司创办的PHP出版社，该社依托松下幸之助在战后初期创办的"PHP研究所"，现在PHP出版社已经成为大型的综合出版社。还有许多企业以本企业的名义出版各种书籍，例如，三菱商事的广告部出版的《日本·人·语》曾一度成为畅销书；而索尼公司出版了"CBS索尼"丛书，尤其值得一提的是在日本泡沫经济时期，索尼于1989年收购了美国哥伦比亚三星影业公司；三得利公司出巨资收购"DBS不列颠"等，企业出版活动非常活跃。许多大企业不惜重金投向原为小本经营的出版社或者非营利的文化团体，结果形成了文化界被企业所占领的局面。

第二，设立财团。企业文化活动非常引人瞩目的是设立财团。早在1981年日本就有财团法人10,209个，现在更多了，其基金规模也相当可观。当时号称规模最大的基金、高达110亿日元的丰田财团，是1974年为纪念丰田汽车创立四十周年而设立的，其活动主要是对学术研究提供赞助资金。非常值得一提的是，该财团甚至向以揭露汽车公害为内容的《控告汽车》的作者东京大学西对肇教授以及综合调查水俣病影响的东京经济大学色川大吉教授等课题组进行了赞助。

第三，就是企业的文化活动渗透到音乐会、文化讲演会、专题讨论会、美术馆、剧场、文化奖以及国际文化交流甚至体育运动等方方面面。奥村宏写道："在'经济大国'文学衰退，艺术沉沦的趋势中，唯有企业的文化活动一枝独秀。这样下去，日本的文化界将日益为大企业所占领，许多文化人逐渐涌向大企业广告部麾下，文化的发展日趋系列化。"[1]

其实，企业参与社会上的文化活动并不奇怪，因为文化活动必须有资金支撑。自古以来，文化就靠有钱人的消费得以存续与发展。至今仍有一

---

[1] 〔日〕奥村宏：《法人资本主义》，第5页。

些功成名就之士，将其一生积蓄用来赞助文化事业，这种情况在美国比较普遍，但在日本则主要是靠企业而非个人，但也有少数有识之士以个人资金设立基金会，资助文化科技发展，例如，大河内一男、稻盛和夫等。

日本企业参与各项社会文化事业的范围和内容极其广泛、丰富多彩，这里仅举一二，从中不难看出企业对社会文化事业的贡献度。

第四，最能说明这点并具有普遍意义的是成立日本企业文化协会，又称为日本企业mecenat协议会。下面就根据程永明的研究，进行简要论述。

1989年12月，由有志于艺术文化的财界人士和艺术文化工作者组成了"艺术文化振兴基金推进委员会"。在此基础上，于1990年4月，组建了公益财团法人"日本企业Mecenat协议会"，[①] 这一年被称为"日本企业公益活动元年"。

首先，"日本企业Mecenat协议会"成立后，有组织、有计划地积极开展以调查研究、表彰、资助为三大支柱的各项文化赞助活动。

"日本企业Mecenat协议会"活动涉及的文化领域和艺术门类很广，包括音乐、美术、舞台剧、舞蹈、建筑、影像、文学、传统技艺、文化遗产·历史性建筑物、生活文化等多个方面。

其次，该协议会为了深入广泛地开展文化赞助活动，非常重视信息收集与传播。为此，设立了网站，创办了杂志 *MECENATNOTE*、发行"Mecenat研讨会"系列丛书、"Mecenat白书"系列出版物以及各种调研报告等；该协议会还设有资料室，有各种年鉴及协议会本身出版物和宣传手册等。以丰富多彩的形式广泛传播企业赞助活动的信息，并加强同世界各国和地区的同类组织的交流与沟通，等等。

再次，通过调研和提案活动，有针对性地推动企业的"Mecenat活动"。该协议会每年都进行"Mecenat活动实态调查"，其内容涉及"地方自治体与企业Mecenat""从市民的视角看企业Mecenat""企业Mecenat与艺术NPO"等；还接受政府相关机构委托的课题，如"有关赞助文化事业实施团体赞助内容的调查""关于民间财团、官方财团的文化艺术振兴策的基础调查"和"关于我国艺术工作者的调查"，等等；再有就是对艺

[①] mecenat一词于19世纪初被定义为对艺术的保护和赞助。

文化活动支援以及文化政策等进行提案活动,如"公益法人制度改革的三点建议","关于日本艺术文化振兴的十点建议","关于日本文化政策的紧急提案"和"关于东日本大地震后社会构筑的提案",以及"面向2020年,继承发展'小型轻量',以文化创造社会",等等。

最后,是鼓励和表彰企业的文化赞助活动。对于企业文化赞助活动,一是给予财政和税收的优惠政策;二是给予表彰奖励等。这都极大地激发了企业积极参加"日本企业Mecenat协议会",投身到文化赞助活动之中。其中包括许多知名的大企业,如欧姆龙、花王、东芝、日立、资生堂、索尼等。

资生堂第三代传人福原义春自日本企业文化协议会成立以后长期担任该协议会的理事长,他在积极推动日本企业文化协议会的同时,在资生堂企业内部设立了企业文化部。他对企业文化部的定位是:"企业文化部是一个积蓄企业文化、将其应用于企业内部经营并且管理、检验这个文化积蓄的部门,同时,还是企业与艺术家和文化团体相互联系的纽带。由此,将社会上体现于艺术文化活动中的新的价值观吸纳到公司的管理之中,可以为整个公司引进新的感觉、新的活力。"[①]

企业赞助文化事业是一项一举多得、功在当代、惠及子孙后代的千秋大业。企业通过赞助社会事业,会极大地彰显该企业的企业文化,提升企业在社会上的地位。而在与所赞助的文化事业密切接触过程中,也会受到广义的社会文化的深刻影响,从而增强企业文化力。并且,还可以为企业创造开辟新事业的机遇,成为企业新的增长点。

日本企业赞助社会文化事业的许多做法和经验,都值得中国企业学习借鉴,特别是企业Mecenat协议会的经验,更值得我们学习,这对于我国企业文化建设和履行企业社会责任,从而提升企业的社会形象具有重大价值。

---

① 〔日〕福原义春:《我的多轨人生》,第278—279页。

第十三章　日本企业经营模式及企业文化转型与重构的典型案例

黎红雷在《人类管理之道》中谈到"跨文化管理的和谐",这是全球化时代或无国籍时代企业管理面临的重要课题。

"随着当代世界经济一体化的发展,越来越多来自不同的国家和地区、操着不同的语言、有着不同的文化背景的男男女女聚集在一起工作,从而带来了管理沟通的新课题——'跨文化管理'。"① 美国学者菲利普·哈里斯(Philip R. Harris,1987)提出了跨文化管理者必须具有的10条观念,其要点是:国际化管理者的观念、跨文化传统的观念、文化敏感的观念、文化适应的观念、文化的管理影响观念、异文化中有效工作的观念、改变国际经营的观念、文化协同的观念、工作文化的观念、世界文化的观念,等等。② 这10条中,竟有8条是"文化"观念,并从不同侧面加以论析,可见在国际化的"跨文化管理"中文化的重要性。

日本学者今西伸二在20世纪80年代末提出了关于创造新的企业文化的论述,其与菲利普的跨文化管理几乎是在同一时期。虽然至今已时隔近30年,但文中所提出的观点仍具有现实意义。他指出:

> 企业文化是在日常业务活动的长期、反复积累中形成的,其业务活动基本状态,表现于事业特性中的竞争状态,因此,企业文化的变革需要相当的时间和巨大的能量。所以,在构思企业文化蓝图的同时,应该一步步扎实地进行改革。为了实现这一课题,经营者应该革新职

---

① 黎红雷:《人类管理之道》,第521页。
② 同上书,第251—252页。

员的思想意识，建立有活力的组织，确立寻求新企业发展的企业文化。

关于新的企业文化的发展方向，应考虑到如下几个问题：(1)这种企业文化，能够实现企业目标，并且可以确立面向未来的企业哲学；(2)培育能够进行革新的、韧性的、具有战略思维的企业素质；(3)具有提供激发职员劳动热情、工作场所稳定的经营风土；(4)可以促进企业成员进行创造性思考和行动的良好环境；(5)包括自觉认识企业社会责任等有关道德内容的措施。[1]

基于上述关于日本文化时代的论述，跨文化管理的和谐理念，以及参照竹内弘高的卓见——"从成功事例中学习21世纪的企业理念"。[2] 在本章中列举了三个有代表性的关于日本企业文化的构筑、转型或创新的经典案例，其中两个为日本乃至世界都家喻户晓的大型制造企业，还有一个代表无国界数字经济时代的"怪兽"企业软银集团。这些标杆的成功之道，将会激发企业家极大的力量和智慧，并指出他们应该前进的方向。那么，何以选择这三个企业作为典型案例加以论析呢？

首先，京瓷公司是以其独创的京瓷哲学和阿米巴经营模式被越来越多的企业学习效仿和实践，其在日本乃至世界广泛传播，为企业界刮进一股强劲的春风。京瓷名誉会长稻盛和夫特别强调企业领导者的心性、人格、道德对企业文化的影响力，把企业管理者的哲学教育作为企业文化建设的重中之重，使企业真正成为社会的公器，承担起社会责任。

其次，对汽车王国美国来说，令其头痛的不仅是丰田汽车公司三番五次地把美国这个汽车业界的龙头老大抛在后面，而且丰田还创造了独具一格的企业经营模式——丰田生产方式或曰精益生产方式，较美国人发明的福特传送带生产方式更加灵活高效。丰田的精益企业文化已经在全球开花结果，其模式为各行各业所广泛采用，这一点已广为人知。但关于丰田是如何通过拥抱矛盾，运用各种悖论激发企业活力，则为野中郁次郎首次公之于世，这是丰田在原有企业文化基础上不断创新企业文化的成功典范。

---

[1] 〔日〕今西伸二：《关于日本企业文化的探讨》，《日本研究》1988年第3期，第41页。
[2] 〔日〕大前研一等著：《创业圣经》，周迅译，东方出版社，2009，第99页。

最后，别具一格的是关于软银集团公司的经营管理模式和独特的企业文化。软银集团是数字经济时代的"怪兽企业"的典型，其发展扩张模式带有典型的新时代高科技信息产业的特征。

总之，由于这三个企业在经营模式和企业文化方面各具特色，但又都具有共同的代表性，许多日本企业都在不同程度上带有它们的印记。而且，在日本家喻户晓，在世界也是声名远播，亦为我国企业界和管理学术界乃至很多关注日本企业经营的人士所瞩目。选择这样的案例加以研究，能够引起人们的关注和共鸣，也具有可资借鉴的现实意义。

第一节　京瓷哲学和企业文化的推广与普及

在不断深入探索如何变革及重塑日本企业文化之路时，让我们眼前一亮的是京瓷哲学和京瓷企业文化所彰显的强大的活力。这是一个极具说服力、鲜活而可资学习与应用的成功案例。

京瓷哲学是京瓷企业文化的基础和灵魂。京瓷企业长期高速发展壮大的奇迹，KDDI的创建和迅猛成长，日航在极短时间内重建和重新上市的神话，许多盛和塾的塾生企业在日本泡沫经济破灭后的企业破产潮中逆势而上成长壮大，京瓷的国外企业在世界上不断发展、强盛，等等，无不验证了京瓷哲学和京瓷企业文化的科学性、合理性和普适性。

从京瓷企业本身的发展来说，自1959年创立以来，历经60多个年头。在此期间，世界和日本经济的大环境发生了巨大的变化，京瓷也经历了许多大风大浪的洗礼，面临各种危机和风险。但无论外界环境发生什么变化，都不能阻挡京瓷集团的发展步伐。京瓷公司由原来二十几个人的街道小企业，迅速发展成为中坚企业，然后成为世界财富500强大企业。其发展至今，从未亏损过。这绝不是凭着运气或某种偶然，而是存在着最基本的"根性""底力"。这种根性、底力，就是在"敬天爱人"社训指导下的"经营理念"。用美国学者威廉·大内的说法，就是"公司宗旨"。威廉·大内写道：

公司宗旨是陈述一个由雇员组成的集体试图实现的目标和惯例。

这种宗旨经过一段时间以后就会发展成为许多较小的惯例和行为方式，后者就成为一种公司文化。在一家公司的早期阶段，其宗旨的因素几乎肯定存在于创建者的价值观和倾向性之中。不论创建者是否承认这点，事实都是这样。随着问题的提出和解决、采取或不采取某些方向，以及危机的解除，通过了各项决策，而逐步形成了这些宗旨。从这种意义上来讲，一种组织宗旨的基础就是以他们的行动来组成公司的一个人或少数人的道德宗旨。他们在特殊的社会和经济环境中明确表达出来的是非观念，经过一定年数以后就明显地成为一种文化和一种宗旨。[①]

关于京瓷哲学、京瓷企业文化及阿米巴经营，就是在京瓷公司的宗旨指导下所形成的经营模式，其持续不断地在京瓷公司内部的灌输、渗透、实践和传播，使其真正成为公司员工的精神血肉。

一、稻盛和夫在学习型组织盛和塾的传道活动

创建日本中小企业家学习型组织盛和塾，原来并非稻盛和夫的初衷，而是关西那些一心想使企业经营走上健全道路的众多中小企业家的自发之举。盛和塾的成立得从1983年说起，至今已经40年了。当时位于京都的一些中小企业家，受稻盛和夫经营哲学和京瓷公司辉煌发展业绩的激发，自发地组织起学习会，名为"盛友塾"，即盛和塾的前身。为了亲身感悟稻盛和夫经营哲学，请稻盛和夫来为他们讲课。虽然稻盛和夫当时处于京瓷经营第一线，日理万机，非常忙碌，但还是慨然应允。经过一段时间的学习后，塾生们获益颇丰，使这一偶然兴起的学习会，逐渐制度化。塾生们对外不断传介，使学习会的规模越来越大，许多外地的中小企业家也纷纷来京都参加学习。于是，学习稻盛和夫经营哲学，在不知不觉间已在日本全国开展起来，吸引了无数的中小企业家。

为了满足诸多中小企业家学习稻盛和夫经营哲学的强烈愿望，1988年

---

① 〔美〕威廉·大内:《Z理论——美国企业界怎样迎接日本的挑战》，孙耀君、王祖融译，中国社会科学出版社，1992，第138页。

9月，经日本芬理希梦公司的企业家矢崎胜彦和大阪的企业家稻田二千武商议，向稻盛和夫提出在大阪成立盛和塾支部。稻盛和夫不但同意了他们的建议，还参观了二者的公司，以此为开端，在日本各都道府县相继成立了盛和塾分塾。由此，一个学习、实践稻盛和夫经营哲学和阿米巴经营的学习型组织，遍布全日本。

矢崎胜彦回忆说："在开设大阪支部的讨论会上，为了更准确地表现共同事业的隆盛与仁德的和合，我们提出了用稻盛和夫塾长姓氏与名字中的各一个字，将塾名定为'盛和塾'。此后，全国各地的支部都统一地称之为盛和塾。"[1]

稻盛和夫为了把中小企业经营者培养成肩负起日本未来发展重任的企业家，他倾注自己大半的心血培育盛和塾的塾生，在日本泡沫经济破灭后的"失去的二十年"里，这些塾生所经营的企业，有许多成功地规避了破产的命运，还有许多塾生的企业成为中坚企业，在证交所成功上市，为低沉的日本企业界刮进了一股新风。稻盛和夫亲自领导的京瓷公司和KDDI公司的辉煌业绩，盛和塾麾下的中小企业的成功，不仅使日本企业界，而且令世界企业界都视稻盛和夫经营哲学为企业经营的圣经。学习和实践京瓷哲学，不仅在日本，而且在国际上蔚为时尚。现在，盛和塾已经发展成一个国际性学习型组织。尤其处于中国企业转型时期，许多中国的企业家都把眼光投注在稻盛和夫和京瓷企业上。近年来，在中国各地经常举办学习稻盛和夫哲学和阿米巴经营的报告会和研讨会，各地已经建起了许多学习京瓷哲学的学习型组织。

许多盛和塾麾下的塾生成功经营企业的案例，塾生们以生动事例畅谈了他们在京瓷哲学的熏陶下，将原本不景气的企业经营得有声有色，焕发出了勃勃生机。中国翻译出版了稻盛和夫的《创造高收益》，这是稻盛先生以实践经验问答形式，针对塾生企业经营问题同诸多塾生推心置腹地阐释经营之道，进一步普及和推广京瓷哲学、京瓷企业文化和阿米巴经营，使之成为21世纪日本企业经营的一道亮丽的风景线。

---

[1] 〔日〕矢崎胜彦：《良知之道———一个经营者的三上磨练》，日本将来世代国际财团生命文化研究所、中国社会科学研究所组织翻译，中国水利水电出版社，2009，第16页。

以在中国宣传普及稻盛和夫经营哲学和阿米巴经营为己任的"稻盛和夫（北京）管理顾问有限公司"董事长曹岫云写道："稻盛哲学都是理所当然的大白话，分部门核算的阿米巴模式也不复杂。换言之，稻盛的成功模式可以复制，它不分行业，不分国界，不分时代，也不需要领导人有特殊的天赋。也就是说，稻盛哲学具有普遍性，这一点极其重要。"①

正因为如此，至2022年6月，中国的塾生已超过15,000人，而且现在仍在快速增加。

这里值得一提的是，被誉为"日本比尔·盖茨"的孙正义早年曾参加过盛和塾，并在其事业成功的过程中多蒙稻盛和夫的指教。他曾公开表示无论用多少金钱也不能回报稻盛和夫对其帮助之一二。

稻盛和夫在宣传推介其经营哲学的过程中，始终坚持科学家的严谨精神。他不仅在学问的构建与发展中做到一丝不苟、精益求精，而且，每次对塾生的授课讲学，都严格遵循理论联系实际、有的放矢的原则，而绝不随心所欲地空谈理论。为此，他倾尽心力，达到呕心沥血的程度。他曾说过，每次讲演后都累得几乎要瘫痪了。

他对其经过长期打造的经营哲学极其负责，这充分体现在他最近考虑到自己年事已高，已不可能像以往那样以饱满的精神头去关心他亲自建立起来的学习型组织盛和塾了。他担心由于盛和塾已在日本发展成全国性企业家学习型组织，并在世界拥有很大的影响力，一旦失去他的掌控，很可能会偏离其哲学精髓，为他人所利用。因此，他不顾众多塾生的反对，决定在其有生之年终结该组织的使命。对此，虽然许多人感到可惜甚至不可思议，但深思起来，这证明了稻盛和夫的远见卓识和高度负责精神。当然，这并非说明稻盛和夫经营哲学今后会退出历史舞台，而是会以另一种崭新的形式继续指导和激励日本企业家。但稻盛和夫表示，在他关怀下成立的中国企业学习京瓷哲学和阿米巴经营的组织仍可继续开展活动。

---

① 〔日〕引头麻实：《日航重生——稻盛和夫如何将破产企业打造为世界一流公司》，第IX页。

二、以京瓷哲学和阿米巴经营重建日航的启示

以前，稻盛和夫曾经坦率地披露过，虽然他的经营哲学长期受到中小企业家的青睐，他们自发地组织起来学习、实践京瓷哲学和阿米巴经营。但那些大企业的经营者却对他的哲学不屑一顾。

然而，是金子总会发光。就在日本国有航空公司日航破产之后，那些平时总自以为是的大企业家却束手无策。日本政府不得不请出78岁高龄的稻盛和夫出山拯救日航。对此，日本知名智囊机构大和总研有限公司常务执行董事引头麻实，在2011年9月对企业重组委员会主席濑户英雄进行了采访。濑户英雄回答说："重组计划到2009年底基本确定，1月中旬时间表也做了出来，只是负责日航重组的经营者人选始终没有着落。招聘的条件之一是经营者可以转变日航员工的意识，但是其人选随着日期的临近始终定不下来。"[①]

最终稻盛和夫成了进入大家视线的唯一人选。

但企业界和媒体的绝大多数人都不看好稻盛和夫，往好了说他们是担心稻盛和夫晚节不保，损坏一生荣誉；往坏了说，则是他们压根就不承认京瓷哲学和阿米巴经营能够拯救日航。认为不可能在短时间内解决长期积累下来的重症顽疾，甚至断言日航将面临第二次破产。当然，由于日航在政府的保护下，长期以来形成了脆弱的体质，病入膏肓，积重难返，要想华丽转身，实现重建，其难度可想而知。

然而，稻盛和夫怀着崇高的为日本国家经济未来发展大局着想，为创造经济良性竞争环境和不让日航在职员工失去工作的大义名分，毅然决然地肩负起了重建日航的重任。这三条大义名分是："第一，如果日航重建失败，那则可能会对本来就不太景气的日本经济形成更为沉重的打击。第二，保住日航员工的工作，这非常重要。……为了保住这3万多人的工作，必须搏一把。第三，日航如果破产，从日本航空界消失，那日本的航空界就会剩下一家大公司，也就是全日空公司；如果日航能够实现重建，跟全

---

① 〔日〕引头麻实：《日航重生——稻盛和夫如何将破产企业打造为世界一流公司》，第16页。

日空公司竞争，这对日本的国民来讲是有利的。如果没有竞争，在价格和服务的改善上，国民就可能得不到更多的实惠。深思熟虑了这三点，稻盛和夫决定竭尽所能、不遗余力、全力以赴重建日航。"①

稻盛和夫怀着强烈的使命感和责任感，临危受命，赴日航就任会长，开始了全面肩负起日航重建的千钧重担。重疾还需猛药医，稻盛和夫不愧是一位诊治大企业顽疾的名医，他对日航采取了冲击疗法，猛砍了三板斧，下了三剂猛药。

第一就是开展领导人教育，用京瓷经营哲学和光明正大的经营理念转变日航领导和员工的意识。

稻盛和夫经过审慎的调查研究，发现日航破产的深层原因是日航全体职员的意识出了问题。其中，尤其严重的是日航最高领导层的意识严重偏离了企业经营的正轨。正如引头麻实所归纳的那样，日航在破产前有七大迷思和六大问题。七大迷思是：永远不倒的日本"民族的骄傲"、维修用品必须一律是新品、对成本的必要性毫无质疑、商业计划书并不是自己制定的计划、不同部门犹如不同公司、工作手册比客户还重要、经营层与一线完全脱节。六大问题中，有关经营基础的问题有三项：企业内部没有形成共有的价值观、经营团队缺乏参与到工作一线的意识、经营团队与工作一线有距离感；有关工作一线的问题有三项：没有站在客户的立场上看问题、没有领导力、缺乏横向领导力。② 上述七大迷思和六大问题综合归纳起来，就是日航高层领导者长期以来在政府庇护下所养成的官僚意识问题。但要解决领导层长期形成的根深蒂固的意识问题，并非易事，必须采取冲击疗法，使其猛醒；下一剂猛药，才能除其痼疾，使之成为健康的肌体。只有日航领导人抛弃了官僚意识，自觉地转变为经营者意识，才能促使日航员工的意识转变。因此，从转变日航最高层经营者意识出发的"领导人教育"便成了关键的关键。

在稻盛和夫就任会长之后，立即开展"领导人教育"，但阻力很大。一是客观上日航刚刚破产，处于重组的关键时刻，亟待处理的事项千头万

---

① 〔日〕森田直行：《阿米巴经营（实战篇）》，第61页。
② 〔日〕引头麻实：《日航重生——稻盛和夫如何将破产企业打造为世界一流公司》，第31—42页。

绪,根本无暇着手进行"领导人教育";二是来自日航高层领导的抵触情绪,他们对开展领导人教育不屑一顾,有人以工作忙为借口,不愿参加培训,有人认为这是另起炉灶,提出日航原来就有公司培训制度,为什么不叫"管理培训",非得叫"领导人教育"呢?对此,同稻盛和夫一起参加日航重建的大田嘉仁以坚定的口吻回答说:"不行,'管理培训'跟'领导人教育'不是一回事,意义不同。我们当下急需的是后者。"[1] 大田嘉仁是京瓷公司的常务董事,这次担任日航的专务董事,专门负责转变日航员工意识,协助稻盛和夫对日航进行经营改革。引头麻实在总结领导人教育时说:"培训的要义在于企业领导人的培养,而非管理方法的传授。大田嘉仁考量领导人教育的出发点,正是来源于稻盛和夫强大的经营哲学。"[2]

对此,日航重建时担任社长的大西贤对开展领导人教育非常积极,他说日航的症结所在已经弄清了,但苦于找不到解决的方法而手足无措。大西贤深有感触地说:"我们必须找出解决问题的办法,所以我们认为早一点开展领导人教育是十分必要的。为了开展领导人教育,我们拜托京瓷教育总部为我们提供一些稻盛先生演讲的录像。坦率地说,正因为之前的日航内部不懂得如何经营,才导致了破产的结局。"[3]

稻盛和夫不仅亲自为领导人授课,阐释哲学和经营的原理原则,他还不顾高龄深入飞机维修、机场售票室等一线,与日航普通员工促膝谈心,这令日航员工极为感动,他们对这位年届78岁高龄,为保障日航在职员工的工作,不让代表日本民族骄傲的国家航空破产,不领取一分工资,辛辛苦苦地肩负起重建日航的千钧重担的老人心生敬佩之情,都深感自身责任重大,自觉自愿地参加转变意识的教育活动,并以主人公的精神投入到重建日航中来。特别令人欣喜的是,日航的高管和广大员工尝到了学习哲学的甜头后,主动要求制定日航的经营理念和日航哲学,即JAL哲学,明确提出了日航集团的经营理念:

---

[1] 〔日〕引头麻实:《日航重生——稻盛和夫如何将破产企业打造为世界一流公司》,第55—56页。
[2] 同上书,第57页。
[3] 同上书,第60页。

日本航空集团，在追求全体员工物质和精神这两方面幸福的同时，为顾客提供最优质的服务。提高企业价值，为社会的进步和发展作出贡献。①

JAL哲学，参照京瓷哲学并结合日航实际情况，内容分为两大部分共九章，在此就不赘述了。

日航员工上下意识的转变，振奋了精神，焕发出了极大的工作热情和积极性，解决了广大员工想要重建日航的士气。但究竟应如何重建日航，怎么做，劲往何处使等诸多问题并没有解决，这就需要有一套行之有效的科学方法。

第二就是大做减法，以快刀斩乱麻的做法，迅速切除日航臃肿、溃烂肌体上的腐肉，使日航的收支能在短期内明显改善，轻装上阵，迅速投入到重建的工作中，并为后来成功引进阿米巴经营创造条件。

稻盛和夫具体采取了以下9条措施：即削减机种和飞机架次；放弃不盈利的国内国际航线并砍掉了货物专用机，将货运并入客机货物舱；出售子公司——集中航运的经营资源；修改组织体制并明确收益责任——构建灵活的组织和管理体制，设立业务部门、业务支持部门和总部三大部门，实行总部自行管理收支制度，并能即时把握每条航线的收支及其所负的收益责任的机制；大幅缩小自营机场规模——改革机场成本结构：出售关西和中部国际机场地面业务的子公司，退还机场内使用的设施并减少机场地面业务；实行设施改革，减少空间，合理使用办公空间，削减不动产租金；裁减30%员工；调整人员工资及福利待遇、降低养老金水准；压缩成本，取消各部门的采购权，由采购总部统一负责。

以上9条归纳起来就是一个"砍"字，以此达到了日航迅速快捷地实现经营费用最小化的目的。②

这乃是顺理成章的做法，与法国人戈恩改造日产公司的举措极其相似。但这既是经营思想的彻底改革，更是一场经营革命，使日航回到了企

---

① 〔日〕森田直行：《阿米巴经营（实战篇）》，第70页。
② 〔日〕引头麻实：《日航重生——稻盛和夫如何将破产企业打造为世界一流公司》，第11—13页。

业经营的原点。稻盛和夫一贯强调"销售额最大化，费用最小化"这一经营要谛，在日航不过仅仅是依靠砍成本这一着，就达到了经营费用最小化，从而使日航焕发了强劲的生机。

第三就是彻底颠覆日航原来的官僚主义经营体制，实施按部门、航线、机组等开展核算的阿米巴经营。

稻盛和夫进驻日航后，立即深入各个部门和第一线，经过全面缜密的调研访谈，发现日航破产前，企业核算完全是一笔糊涂账。经营计划流于形式，根本不能贯彻到一线员工中去。而且，所谓的经营，就是如何花掉政府交付的资金，日航根本不像一个企业，就像是一台吞噬国民税金的老虎机。这使稻盛和夫感到大为震惊，越深入调研感到问题越严重。

为导入部门核算制度的阿米巴经营，稻盛和夫首先进行了组织改革，新设了两大部门，即对收支负责的事业部门和事业支持部门。而在事业部门下设航线统括本部、旅客销售统括本部和货物邮送事业本部三个本部。其中，航线统括本部又分为国内航线本部和国际航线本部。而每一条航线又进一步分为各个航班，每个航班就是一个独立核算的阿米巴，并设定每个航班每次的成本和各种服务的单价。每次航班的收入主要是所售出的机票的收入，也包括销售免税品的收入。而航班的费用则为飞行员的费用、客舱乘务员的费用、机场服务费、整备费用、飞机折旧费、燃料费等的总和，其中各项费用的单价事先规定。这样一目了然，从收入中减去总费用就得出了每航次所创出的利润。特别值得指出的是，由于哲学教育，使日航上下都增强了沟通意识、协作意识、核算意识和节约意识，全体员工献计献策，齐心协力，挖掘潜力，增加收益。例如，根据预约出售机票的多少，灵活地选择合理的机型来节省航班的费用；再如，飞行员可以通过选择航线和乘务员减少自身携带行李等节省燃油费；在商务舱有剩余空座时，就在柜台或登机口主动为乘客提供升级服务扩大销售额。

另外，以前日航的关联公司，处于单纯的支持母公司的地位，仅仅按照日航的指令开展业务，完全不是真正意义上的企业。在这次日航重建中，赋予这51家关联子公司独立自主经营权，并导入了部门核算的阿米巴经营。不仅为日航服务，还在日航集团外的市场开拓新业务，经营逐渐走上佳境，都成了盈利公司，并为日航集团合并利润作出了贡献。

综上所述，日航重建的成功充分彰显了稻盛和夫的领导力、京瓷哲学的威力和阿米巴经营的巨大作用，亦得到了日航员工和社会各界的鼎力相助。

在稻盛和夫成功重建日航，辞去日航领导职务，将接力棒交给日航的新领导团队后的记者招待会上有人向稻盛和夫提问："在您即将离开企业管理第一线之际，您最想对逐渐失去国际竞争力的现在的日本企业家传达的信息是什么？"[1]

稻盛和夫满怀深情地回答说："日本企业的领导人必须要以更强的意志力带领企业向前迈进。大家要把企业管理想成一场格斗比赛，缺乏斗魂的管理是不行的。企业家一定要时刻保持着想让自己的公司进一步发展壮大的斗志。"[2]

这是稻盛和夫馈赠给日本企业家的最宝贵的礼物，也是他为日本企业未来指点迷津，这充分说明了他对自己经营哲学的自信和对日本企业未来的信心。可以说，稻盛和夫坚信日本经济的前景是"沉舟侧畔千帆过，病树前头万木春"。

引头麻实在对日航重生全过程中的稻盛和夫、日航中高层管理者和基层员工访谈的基础上，写了一段发人深省的话：

> 通过分析日航的实例，我们发现了企业成功改革的三大要素，它们分别是：领导人、企业文化（价值观）以及员工的共鸣。
> 日航通过领导人教育实现了领导人思维方式的转变；通过引入新的日航企业理念、企业哲学，以及分部门核算制度，实现了日航在企业文化方面的转变；通过领导人教育、日航哲学教育以及日航哲学学习会，在全体员工中引起了共鸣。[3]

引头麻实认为，日航重生很重要的一点就是改变了日航的企业文化。

---

[1]〔日〕大西康之：《稻盛和夫的最后一战》，第19页。
[2] 同上书，第19页。
[3]〔日〕引头麻实：《日航重生——稻盛和夫如何将破产企业打造为世界一流公司》，第268页。

这是当前日本企业普遍面临的大问题。"对于日航来说，在长时间的摸索和尝试中重新建立企业文化，或许就是其所有任务的重中之重。建立企业文化，换句话来讲就是构筑一个全新的日航品牌。"①

因此，身处困境的企业都值得以稻盛和夫、京瓷哲学以及日航重生为镜鉴，迅速采取行动，早日走出企业经营的低谷。

三、京瓷哲学惠及人类社会

我在长期研究稻盛和夫和京瓷企业文化的过程中，一直有一种感觉，而且这种感觉越来越强烈。就是总觉得稻盛和夫与世人不同，更与日本大多数企业家不同，尤其是那些位于东京的与政官界铁板一块的大企业家不同，几乎是与他们不属于同一个星球的异类或曰边缘人。他的思维方式充满了辩证法，行事风格超凡脱俗，出牌招数路径让人匪夷所思，却屡屡出奇制胜。细细品味起来，这正是一个企业家兼哲学家的创新者本色。彼得·圣吉写道：

> 根本性创新很少来自主流，这几乎是永真命题。各行业占据支配地位的公司的在职人员，很少领先开发突破性的新技术或新产品。开创新天地的社会运动不会来自处于权力中心的人。创建再生型社会所需要的领导力也一样，大部分不会来自主流。要到边缘地带去寻找，到对新事物保持最开放心态的地方去寻找。
>
> 边缘地带的定义不仅与种族或经济地位有关，还与对工业时代的心理状态和权力体系的投入程度相关。……在社会上，这意味着新公司的领导力，新型社会企业的领导力，新地区的领导力，很有可能是来自大家都意料不到的地方和人群的领导力。②

诚如彼得·圣吉在上述所言，根本性的创新很少来自主流或权力中心地带，往往是发自非主流的边缘地带，这在古今中外都数不胜数。因为处

---

① 〔日〕引头麻实：《日航重生——稻盛和夫如何将破产企业打造为世界一流公司》，第227页。

② 〔美〕彼得·圣吉：《必要的革命——可持续发展型社会的创建与实践》，第343页。

于主流或权力中心地带的都是既得利益者,其为既得利益所束缚,早已习惯于现有秩序,头脑僵化。而稻盛和夫出生于偏远的鹿儿岛的乡下,他一路走来,经历了无数的磕磕绊绊,在远离日本政治经济中心的京都创办了属于他的企业——京瓷,走出了不同于日本大多数企业家的成功轨迹。他经常让人感到是在不合时宜的时间、地点、条件,作出了不合时宜的道路选择或事业领域的开拓。令人震惊的是,他全都成功了。年届古稀的稻盛和夫,在亲手打造两个世界500强大企业,并在成功实现日航重建的重任后,宣告自己彻底退出企业经营第一线。但这并不意味着他从此就开始颐养天年了,而是怀着极大的危机感和使命感,转移到了新的战场。而且这是一个尚未开拓的布满荆棘的更广阔的大战场,这又是一个匪夷所思的选择。但他绝不是单枪匹马,而是以历经半个多世纪成功经营企业的丰富实践经验和长年累月积累起来的广博理论和人脉为基础,以企业家创业、创新精神,率领一些有志于开拓新理论疆域、探索世界百年之未有之大变局下人类新发展道路的专家学者一道,进行辛勤开拓、耕耘,直至生命最后一息。

　　稻盛和夫在从事企业经营过程中的大量著述、讲演,所关心的不仅仅超出了他麾下的企业,所身处的产业界,甚至不仅仅是他所在的国家,而是对人类所面临的严峻现实——人类心灵的荒芜和伦理道德的错位,对人类赖以生存的自然环境的掠夺和破坏的忧思和入木三分的洞察。他那超前的思想和远见卓识,为世人指点了迷津。尤其是进入21世纪后,他以充沛的精力同日本乃至世界各专业领域的著名专家学者广泛开展交流、对话,他谈的都是通俗易懂而又直指人心的极其深刻的道理。他所阐释的都是与每个人生命、生活和事业息息相关的哲学、人的本质、心法、道德伦理、利他利人的活法,等等。其实,稻盛和夫对21世纪的新伦理观和新的地球文明的探索,也并非始于21世纪初,早在20世纪70年代,当世界爆发石油危机之际,他就敏锐地意识到以石油和煤炭等化石能源为代表的各种自然资源的有限性,认识到了其在开采和使用中对人类生存环境制造了严重污染。当时,罗马俱乐部的报告《增长的极限》面世之后,更加加重了世人的忧虑和恐慌。于是,尽管当时京瓷还只是一个规模不大的中坚企业,但稻盛和夫着眼于地球资源有限和环境污染的严峻现实,于1975年果敢地开始着手开发太阳能发电事业。

另外，在日本泡沫经济破灭前后，屡屡爆出政、官、财界严重贪腐丑闻、邪教奥姆真理教地铁沙林杀人、学术造假、中小学校园霸凌等事件。更令人可怕的是，人们似乎都对这些现象感到麻木了，这不就是常说的温水煮青蛙吗？

针对日本社会的病理，稻盛和夫与梅原猛早在1996年时就不约而同地提出了"心灵教育"课题。稻盛和夫提出了具体教育内容，强调应该将"宗教以及哲学、伦理学和心理学等课程都要列入'心灵教育'内"。[①] 他还认为通过上述心灵教育，使人们拥有明确的是非、善恶标准，从内心深处牢牢地铭刻上"何谓正确的为人之道"，并能严格地约束自己的行为，自觉地加以践行。时隔四年之后，人类进入21世纪，世界上各种乱象更加有增无已，许多匪夷所思的大事件更加令世人震惊。纵观这些问题的背后，都是人心在作怪，究其最深层的根源在于人心不轨，即人类"欲望"过于强烈，简直到了骇人听闻的程度。俗话说："心病还得心药医。"稻盛和夫认为，医治人类心病，无非是靠哲学或宗教。为此，他长期以来不厌其烦地阐释哲学，在2001年专门撰写了《人为什么活着——稻盛和夫的哲学》一书。这是一部教导人"为什么活着"和"怎样活着"的人生指南。稻盛和夫的哲学立意高远、视野宏大，又直指人的灵魂深处。诚如彼得·德鲁克所言，经营不在于"知"而在于"行"。稻盛和夫的哲学亦是如此。他认为哲学倘若不针对自己的内心，成为抑制自己无限膨胀的欲望的利器，不成为指导自己日常行为的思想理论尺规，这种哲学是一钱不值的。

为了进一步探寻新的真正的哲学，2003年稻盛和夫再次同梅原猛进行对话，出版了《话说新哲学》。在该书中，梅原猛高度评价说："在拜读了《稻盛和夫的哲学》这本书之后，我认为哲学家们应该为之汗颜……他们根本无法产生对当下有益的思想。然而《稻盛和夫的哲学》这本书却在试图向现代社会中的人传授具体的人生智慧。这本书是汲取了心学理念的实践哲学，在很多问题上与我产生共鸣。"[②] 这里更值得深思的，是稻盛和夫

---

① 〔日〕稻盛和夫、梅原猛：《回归哲学——探求资本主义的新精神》，第107页。
② 〔日〕稻盛和夫、梅原猛：《对话稻盛和夫（四）话说新哲学》，喻海翔译，东方出版社，2013，第8—9页。

那种洞穿人心的观察事物本质的眼力和企业家的求实精神。他认为决不能把哲学当作花拳绣腿，哲学不是给别人看的，而是必须付诸实践的。哲学不只是一种知识，而是渗透到每一个人心灵深处并能使灵魂升华、人格提升的利器。稻盛和夫在无情地痛斥许多歪理邪说之后，阐述了真正的哲学是与人类生活、营生息息相关的人生指南。

他指出："实际生活中，哲学真正的用处是让我们在需要进行思考时能够有一个判断的尺度和标准。换言之，哲学是判断的指南。不管是判断世界局势动向，还是处理日本社会和政治面临的诸多问题，我们都应基于哲学的标准来进行思考。"①

稻盛和夫的这段话道出了他的哲学的本质和真髓。为了让世人警醒，2009年他第三次与梅原猛聚首，他们怀着强烈的危机感撰写了《拯救人类的哲学》。曹岫云先生一针见血地指出："拯救人类的哲学就是要将'欲望人'还原为'良心人''理性人'。这种哲学的核心十分简单，用四个字表达，就是'利他自利'，用两个字表达，就是'利他'。"

稻盛和夫所倡导的"利他之心"，就是人类一贯强调的"真善美"。重新拾起人类的"真善美"，是一项伟大的塑造人类灵魂的社会工程，需要渗入人心深处的实践哲学。稻盛和夫认为："现在或许真的需要再来一次'文艺复兴运动'，不是用扭曲的艺术、哲学、宗教，而是用文学拯救现代的人类。这种文学必须表达'真善美'，这一点也应该从正面展开讨论。人类和宇宙的'真善美'被人们轻蔑地批判为美丽的空话，这种风气必须改变。"②

稻盛和夫作为一名大企业经营者，他所追求的经营，绝不仅仅局限于企业，而是经营人类的心灵，经营与人类息息相关的大千世界。因此，他更是一个关注人类乃至世界未来的哲学家。季羡林曾评价说："根据我七八十年来的观察，既是企业家又是哲学家，一身而二任的人，简直如凤毛麟

---

① 〔日〕稻盛和夫、梅原猛：《对话稻盛和夫（四）话说新哲学》，喻海翔译，东方出版社，2013，第10页。

② 〔日〕稻盛和夫、梅原猛：《拯救人类的哲学》，曹岫云译，中国人民大学出版社，2009，译者导读，第145页。

角。有之自稻盛和夫先生始。"①

难能可贵的是,稻盛和夫不仅是一位执着的哲学家,而且是一位视哲学为其终生使命的人,而非那种靠哲学混饭吃或获取功名利禄之徒。

稻盛和夫可谓是苏格拉底那样的哲学家,他誓言要把余生贡献给拯救人类的哲学,并不遗余力地为此而东奔西走,警醒世人。

面对日本和国际社会的种种乱象,而且大有越来越加剧的趋势,稻盛和夫发出了警醒人类的疾呼。为了人类永续存在,必须克制私心私欲私念,要大力倡导人与人、人与自然和谐共生,这就是"敬天爱人"。稻盛和夫将经营企业之道,用于经营人类未来,这是人类的大智慧。

稻盛和夫深感自己的力量有限,他说:"我们的努力虽仅如大海中的一叶扁舟,但希望由这条小船发出的警笛声能传达到在海上漂泊的其他小船,为敲响21世纪地球和人类危机的警钟迈出第一步。"② 在此,稻盛和夫寄希望于"在海上漂泊的其他小船",而不是那些巨型船舰,我想这是他早已对主流或权力中心彻底绝望了,反而寄希望于远离主流的边缘世界的有识之士和众多普通人。这是一场革命,其主力在社会下层。

在稻盛和夫的领导下,至今这些研究机构已经研究出来的学术成果包括在稻盛和夫一系列著作和讲演中,其中,最具代表性的研究成果已经出版了由稻盛和夫主编的两部著作《如何构筑新的地球文明——稻盛和夫的关怀(环境篇)》和《如何确定21世纪新伦理观——稻盛和夫的关怀(伦理篇)》。在书中,学者们不仅从各自专业领域作出了学术建树,更难能可贵的是提供了许多供人们实践的切实可行的方策,但能否贯彻实施则在于人心了。

第二节 新版丰田生产方式的发展、普及和应用的举措

丰田生产方式在日本自不必说,即便在全世界也称得上是近半个世纪以来应用最广的最佳生产方式。西方学者把它称为"改变世界的机器""精

---

① 〔日〕稻盛和夫:《稻盛和夫论新经营·新日本》,第7页。
② 〔日〕稻盛和夫主编《如何确定21世纪新伦理观——稻盛和夫的关怀(伦理篇)》,第4页。

益生产方式""精益思想""精益哲学",也就是丰田精益企业文化。

丰田生产方式,自20世纪60年代创立以来,在日本已是家喻户晓,并被以汽车和机械制造业为中心的生产企业率先采用。随后便在各行各业中推广开来,为日本经济腾飞、企业崛起立下了丰功伟绩。

在日本产品,尤其是汽车和电子产品风靡世界市场之后,西方管理学家和企业家怀着日本经济"袭击珍珠港"的强烈危机感,如过江之鲫来到日本,深入各企业车间内部,探寻日本企业成功的秘密。他们的努力,收获颇丰,其中的一大发现就是丰田生产方式。但美国人不愧是一个善于思考和创新的民族,他们把丰田生产方式带回美国之后,潜心研究、解剖,进行理论加工,在原来的基础上,使其升华,形成了高于丰田生产方式的理论体系,并命名为"精益生产方式"。现在欧美管理学术界不断推出关于精益生产方式的各种论著,在管理学术界的推动下,精益思想、精益哲学、精益生产、精益研发、精益医疗等不胜枚举,已成为各行各业普遍追逐的风潮,其声势大有超越日本之势。通常都把美国在20世纪80年代后期开始,长达10年之久的经济高速增长的原因归功于美国适时抓住了计算机、信息高速公路、互联网等新技术革命的成果,这一点没错,但却很少有人注意到此间"精益生产方式"在美国企业经营活动中得到了广泛实施所起的积极作用,显然有失公允。关于精益生产方式的研究在美国长盛不衰,并为实体和服务经济的发展发挥了重大作用。

反观日本经济和企业界,对于欧美这股精益生产方式的汹涌传播和推广之势将会对日本企业构成何种冲击和威胁,并未有足够的警醒,也没看到采取哪些重大的行之有效的举措,令人感到这不符合日本人所具有的危机意识以及非常敏锐的善于学习的文化传统。这点可能真像一些评论所指出的那样,在日本取得经济巨大成功之后,欧美经济和管理学术界接踵而至,躬身学习研究日本的成功之道,并把日本创造的各种经营管理的"神器"用于诊治美国企业的创伤,因此,日本觉得自己已经很了不起了,再也没有什么可向欧美学习的了。

如果仔细考察一下20世纪80年代后期美国努力向日本企业学习,并使长期衰退的美国经济逐渐走上了健康发展道路时,日本许多企业都在干什么呢?就以有"家电王国"之称的松下电器来说,在泡沫经济正盛时期，公司偏离主业忙于投资房地产业，赚取大量浮财，结果在泡沫经济破灭后，导致了松下公司陷入了V字形的谷底。而以科技企业著称的索尼公司，则不惜重金购买美国的好莱坞，进军游戏产业，接着又放弃擅长的核心的电子业务，转而进入内容业务，经营一路下滑，最终陷入衰退的泥潭。经历了10多年的艰难挣扎，仍无法走出困境。在万般无奈的情况下，出井伸之不得不把经营大权拱手交给美国人霍华德·斯金格。甚至更加荒唐的是有些企业重金购买名画文物，可见企业经营者的病态心理到了何种程度，类似的例子数不胜数，绝非个案。一个国家、一个企业如果丧失了谦虚好学的精神，那就离衰败、破产不远了。

认真考察最近20多年来日本企业出现的令人震惊的诸多问题，我认为必须把务主业、守正业，重拾过去行之有效的经营手法，在抓紧发展新兴科技产业的同时，用新科技改造旧产业，像我国所强调的那样，贯彻数字经济化、经济数字化，振兴日本人所擅长的"造物"，这正是丰田精益企业文化的长项。

野中郁次郎在2008年出版的以辩证法和矛盾论的观点研究丰田成功的案例，是一部深入阐析丰田的论著。在整部著作的字里行间充满了"矛盾""对立""悖论"这些我们耳熟能详的哲学概念，可谓是一部管理哲学版的"矛盾论"。

作为日本著名管理学家的野中郁次郎，早就对丰田生产方式烂熟于心，并对其在世界广泛传播了然于胸。但他仍怀着谦虚的心怀，带着他首创的知识创造理论，花了6年时间，深入日本国内外11个国家的丰田工厂，进行了220多次采访后，挖掘到了一座全新的金矿，意外地收获到了"矛盾"，野中郁次郎认为这才是丰田不断强盛的真正秘密和巨大的动力，并称之为丰田文化的"软实力"。

丰田公司之所以能将丰田生产方式彻底地贯彻到其在全世界所有的生产企业和供应商、经销商的日常经营中，关键在于丰田充分运用其三个"银行"的雄厚资源储备：一是资金银行，丰田公司拥有大量的内部留存资金，可用来支撑其长期发展；二是知识银行，即通过各种培训机构汇聚全球知识和智慧；三是人才银行，丰田拥有大量高素质人才，丰田把资金银行和知识银行所拥有的雄厚资金和广博的知识投入到人才培养中，构建了能够适应知识经济发展的各类培训机构，用来打造知识驱动型团队。从而构筑起领先于世界的学习型企业文化。

虽然丰田公司的培训机构成立时间并不久，但其专业人员配置、教育培训经费、培训课程、硬件设施都堪称一流。丰田开展的培训涉及全球及本地培训，不仅着眼于丰田生产方式的硬实力，而且更着眼于软实力的培训。

这里所说的"软实力"，就是适应知识经济时代的全新管理模式，也就是野中郁次郎等学者所指出的"丰田管理上的软实力——有关人力资源、经销商管理、企业文化的做法——又是怎么样呢？这些实践与丰田生产方式同样重要，但却鲜为人知。同样重要的还有，将员工、经销商和供应商凝聚在一起的丰田管理哲学，以及能够使丰田组织机构像一家小公司一样发挥各项职能的错综复杂、多层次面对面交流的架构。在丰田，所有人知晓所有事。本书就来解释强大而神奇的丰田软实力中的秘密"。[1] 野中郁次郎等人更厉害之处是"软硬兼施"，把硬实力和软实力结合起来，形成组合拳，招招式式都对准经营管理的关键之处，这正是我们应重点关注的。为了进一步构筑丰田学习型企业文化，新设了多种教育培训机构。

丰田培训机构按成立时间顺序，分别是丰田学院（1998年4月）、丰田研究院（2002年1月）、全球知识中心（2002年7月）和全球生产中心（2006年）四个重要培训机构。

下面分别对这些机构的运作模式及其如何驱动丰田持续发展的情况加以简单论述。

首先，是丰田学院。丰田学院作为丰田培训机构建于美国加州托兰斯，作为一家企业大学，其成立主要是为了实现四个目标：在员工中灌输丰田文化及企业价值观；发展领导能力与管理才华；将行业知识和组织流程标准化；促进那些没有机会与系统之外互动的员工进行交流。

丰田学院的课程集中在产品知识、销售流程、金融服务、管理发展等领域。讲解主要集中在发展丰田具体的软技能上，课程的结构安排使员工

---

[1]〔日〕大圆惠美、野中郁次郎、竹内弘高、约翰·凯尔·多顿：《丰田成功的秘密——激进的矛盾如何铸就伟大的公司》，第3页。

能够将所学应用到日常的工作中。例如在模拟生产学习班上，让员工分别按福特"推式"和丰田的"拉式"进行模拟组装汽车，经过比对两种不同的做法，不仅使学员掌握了丰田"准时制"，而且，无论从速度还是质量方面，都明显可见丰田的"拉式"远远优于福特的"推式"，并且将所学指导员工在实践中灵活运用。

野中郁次郎等人写道："这种结构性的动手培训项目要求具备大量专注的、经验丰富的一线经理，他们可以将无形的概念，如公司的使命、愿景及价值观有效地传授出来。这些经理必须能够运用一个严格的、不插手的方法对学员进行训练。他们务必还是一个优秀的倾听者，能够给人鼓励和指导，而不管环境如何以及雇员间的文化差异有多大。"①

正因为如此，丰田学院被绩效改善国际协会和国际质量及生产力中心赞誉为企业大学的典范。

其次，是丰田研究院。它设在丰田总部，负责全球教学与总部培训。它的两个项目是：培养全球领导者和培养全球培训师。前者是那些在未来将担任丰田全球领导者的人，具体分为三个层次，即执行能力、初级执行能力和领导能力。培训的核心内容都是丰田生产方式，但强调的是结合自己工作实际进行解决问题的执行力。野中郁次郎指出："在领导者培训项目中，丰田雇员，也就是那些将最终成为丰田全球领导者的人，接受精心的培训，包括基于丰田生产方式的领导技巧、业务管理技能，最终成长为丰田全球领导者网络中的一员。"②

丰田研究院培养中层管理者学习丰田生产方式，使他们能将所学用于自己制定解决问题的方案，并根据丰田全球运营机构和未来的战略决策，独立解决本公司经营中的问题。

再次，是全球知识中心。其所在地与丰田学院相同，该中心还有一个姊妹机构欧洲知识中心。该机构的培训对象是来自全球的分销商，这是其与另外三个培训机构的最大区别。它通过在分销商之间互相交流知识，汇集全球分销商的知识、专长和最佳实践经验。其培训项目包括："'丰田生

---

① 〔日〕大圆惠美、野中郁次郎、竹内弘高、约翰·凯尔·多顿：《丰田成功的秘密——激进的矛盾如何铸就伟大的公司》，第170页。

② 同上书，第166页。

产方式之销售与营销发现之旅项目'；强调现地现物原则的八日课程；培训师培训项目；预备使分销商与经销商雇员成为家乡市场中'丰田生产方式之销售与营销价值'培训师的四日研讨班；持续改善的经验与沟通网络项目；一系列在丰田分销商间开展的销售与营销最佳实践研讨班。知识中心会建议如何将这些实践本地化，还会派遣培训人员培训全球范围内的丰田分销商雇员，帮助他们将丰田生产方式落实到日常的运营中。"①

为了使培训工作更加生动活泼、易学易懂、活学活用，丰田出版了刊载全球分销商创新实践方法的案例研究的"最佳实践手册"，同时还制作了《团队丰田》杂志，成立了"知识银行"网站，主持交互式论坛等各种传播手段和方式，以世界共创的知识培训遍及全球的丰田分销商，以此承载起丰田在全球持续不断地发展。

最后，是全球生产中心。包括其姊妹机构欧洲（英国）、亚洲（泰国）、北美（美国）生产中心。主要是传授硬技能和软技能，包括丰田生产方式，在模拟的工作环境下进行持续改善。在该书中写道："用丰田总裁渡边捷昭的话说，这些机构将作为知识交流的中心发挥作用，讲师和培训师通过能促进面对面交流的严谨活动来传授行业知识，渡边将学员们学习和改善的过程比作'螺旋式上升'。'我们会把日本作为基地，但还要将这一过程扩展到世界的其他地方。'渡边说，'在美国，要螺旋式上升到美国的层次；在欧洲，达到欧洲的层次；到了亚洲，要实现亚洲的层次；在中国，就按中国的层次螺旋式上升。'他强调员工要认识到自己的能力水平，投入时间达到自己的新层次。根据渡边的观点，丰田要进步，这种向上攀登的过程就必须继续下去。"②

通过上述所介绍的丰田具有鲜明特色的四个培训机构的主要目的、培训内容等，能够充分回答下面的问题。即：

丰田如何培训员工软技能呢？包括有效决策制定的能力、监控能力、解决问题的能力、使团队业绩最优化以及创造能力和创新能力。

---

① 〔日〕大圆惠美、野中郁次郎、竹内弘高、约翰·凯尔·多顿：《丰田成功的秘密——激进的矛盾如何铸就伟大的公司》，第167页。
② 同上书，第169页。

又如何将丰田的价值如持续改善,现地现物原则,尊重员工,人人都能成功,顾客第一、经销商第二、生产商最次灌输给人们呢?传授软技能会更加困难,需要一种环境能有助于学员和讲师间进行社交性互动与理解、自省与自我发展。①

如上所述,丰田的培训机构具有鲜明的全球化和跨国文化特点,它以培训机构为平台,把丰田的生产方式和丰田企业文化沿着丰田的产业链和供应链传播到世界各地。

第三节　孙正义与数字经济时代的"怪兽"企业——软银集团文化

大前研一在《知识经济的四大策略——看不见的新大陆》一书中写到,"以十倍的速度在成长的'酷斯拉'企业,就是享用了新经济杠杆原理的果实"。②

这是大前研一对数字经济时代企业的称谓,他在《思考型管理》中,把这种企业又称为"怪兽"企业。其源自日本1954年由本多猪四郎导演的一部名字叫《哥斯拉》的电影,后来不断以《空中大怪兽》《大怪兽》《大魔神》等名字拍摄续集。美国电影评论家杰伊·麦克洛伊称其为"大怪兽电影"。大怪兽电影在调动众多社会焦虑方面——其中最重要的一个方面是对快速工业化导致的大规模破坏、物种突变和环境污染的忧虑——提供了完美舞台。

大前研一曾多次谈到这种"怪兽企业"。他写道:

> 日本一座偏远的岛屿受到一只怪兽的攻击。这只被放射线唤醒的巨大恐龙,身高超过一百五十尺,凶恶难驯,……这群酷斯拉吞噬它们所能看见的东西,在人类居住的地方快速地移动,从事破坏性的行

---

① 〔日〕大圆惠美、野中郁次郎、竹内弘高、约翰·凯尔·多顿:《丰田成功的秘密——激进的矛盾如何铸就伟大的公司》,第166页。

② 〔日〕大前研一:《知识经济的四大策略——看不见的新大陆》,第106页。

为，用呼吸或眼睛发射镭射光烧毁建筑物。它们的动机令人百思不解，它们的力量深不可测，难以控制，然而人们对它们是又爱又怕。……就是它们的染色体与"自然"动物的染色体有着与生俱来的差异，酷斯拉有着与其他爬虫类或其他动物不同的基因构造，因此它们的命运便是暴食暴长。①

大前研一将这类企业诞生时间聚焦于1985年，在这一年，里根革命前后的那段时期拉开了新时代的序幕。在这场革命中产生了"染色体异常企业"，大前把此类企业称为"怪兽企业"。他写道："在里根革命中，运输、金融、通信领域的规定放宽，自由开放。对怪兽企业而言，这三个条件是必不可少的，例如通信领域放开使电脑空间获得了自由。想出一个好主意，把它变成商品并进行交易，通过电脑空间进行结算。金融也获得了自由，所有领域都有可能进行商业活动，剩下的交给顾客去判断了。这就是里根革命最大的特点。"② 过去的指标是10年内营业额达到1000亿日元，如今则变成10年内达到1万亿日元。顺便提一句，在日本，即便是发展速度很快的京瓷公司，花了40年时间营业额才达到6000亿日元，而美国的怪兽企业创办10年后便轻而易举地突破了1万亿日元。

可以说，在日本孙正义所创立的软银集团公司就属于上述那样的怪兽企业。软银集团自20世纪80年代初创立以来，在不到40年的时间内，利用数字化经济发展的大潮，迅猛成长，其发展扩张的势头势不可挡，它完全符合大前研一所说的怪兽企业与".com"公司的共同点。

那么，怎样才能成为怪兽企业呢？经过考察，我们发现怪兽企业有以下6个共同点：第一点是企业的CEO实质上兼任首席信息官的职务；第二点是通过网络基地把自己的公司与世界上拥有一流制造能力与设计能力的企业相连接；第三点是组织结构为扁平类型而并非金字塔类型；第四点是不插手所有的事情。例如只经营与互联网相关的机

---

① 〔日〕大前研一：《知识经济的四大策略——看不见的新大陆》，第106—107页。
② 〔日〕大前研一：《思考型管理》，第276页。

器，业务线非常集中，于是收购与自己公司在同一业务线上但技术水平较高的公司，并且从第二天开始使用自己公司的体系经营所收购的公司。……由于并购的技能熟练，从收购的第二天开始便有可能在同一战线上与收购的企业合作；第五点是对设备的投资很少，注重对人自身的投资；第六点是拥有"套利"的概念。……物流完全交给第三者来做，自己的公司具有2DI接口并与顾客相连接。顾客的利用率与满意度都非常高。①

从软银集团公司跳跃式发展的轨迹及其公司已达到的巨大规模来看"怪兽企业"及其企业文化的特征。

被媒体誉为"数字人"的孙正义，经过对当时美国迅速兴起的数字化技术的缜密考察，毅然决然地进入这块有着无限前途，但充满着极大风险和不确定性的新大陆。他发现计算机硬件行业发展异常迅猛，而软件发展更是日新月异，涉足这两个行业的企业虽不断大量问世，但淘汰率极高，自己不宜涉足。然而，把计算机硬件和软件连接起来，并使其与消费市场挂钩的平台尚未建立起来。而建立这种平台，则是一种只赚不赔的生意。于是，孙正义瞄准这座金矿，于1981年9月创立了软银集团公司。这是一个集高科技出版、展示会、软件经销和设计于一身的基础设施。紧接着，这个"怪兽"张开血盆大口，以收购、合作、持股等手段，不断扩张。在30多年发展过程中，使自己成为日本掀起数字化信息革命的当代坂本龙马。②

孙正义和软银集团公司上述一次次令人眼花缭乱的大手笔的动作，确实符合大前研一所谓的"暴食暴长"的怪兽，随着其无节制的疯长，利用新经济的杠杆原理，实现了10倍数的增长，伴随这头"怪兽"的疯长孕育了软银集团的"怪兽"企业文化。这种企业文化的操盘者必须是CEO同时兼任信息官，全天候搜集各种信息，既善于运筹帷幄，又胆大心细、敢冒风险，抓住时机，果断决策，该出手时就出手。这就是数字经济时代生

---

① 〔日〕大前研一：《思考型管理》，第277页。
② 坂本龙马是日本发起明治维新的功臣，是孙正义最崇拜的两个日本历史人物之一。

存和发展的企业文化。但孙正义又是一位深谋远虑的经营高手，他对"孙子兵法"烂熟于心，为自己和软银集团设定了长远目标和稳操胜券的灵活战术。

人无远虑，必有近忧。孙正义作为一个要打造300年事业的数字经济时代的雄心勃勃的创业型企业家，极具国际视野和拥有长期战略眼光。就在软银集团发展如日中天的大好形势下，他已经为软银集团设计好了未来发展的路线图。他说：

> 我希望将软银集团发展成以一家单纯的控股公司为中心的如同银河系一般扩张的大集团。各个事业公司都将发现能力、经营能力、金融能力投入互联网领域中。
> 放眼全球，像软银集团这样的企业形态在世界上也是绝无仅有的。这也是一条新的道路。
> 软银集团成为控股公司，从所有的业务中隔离出来，负责市场价值的经营、集团内部的资源整合、金融资产组合的构筑及再评估等。也就是作为一个战略的核心。[1]

关于孙正义设计的未来软银集团发展的路线图，软银集团公司常务董事、软银集团金融公司总经理北尾吉孝谈到了使组织持久存在的六个智慧中，第六个智慧就是控股公司化。他具体讲了控股公司的三项优点：

> 第一，加快决策。为应对环境变化，最重要的就是快速决策。第二，集团经营资源的最优配置或集团各公司间的协同作用都变得容易了。控股公司将权限完全委托给属下的各企业，自身负责集团整体的经营，所以可以站在集团整体的立场作出中立且公平的决策。第三，不会为宗派主义所阻碍，容易制定灵活、机动的企业战略。[2]

---

[1] 〔日〕大下英治：《孙正义秘录》，第331页。
[2] 〔日〕北尾吉孝：《"价值创造"的经营》，第150页。

对于软银集团能否如同孙正义描绘的那样，成为数字经济时代的基业长青的企业，谁也没有定论。不过我们还是可以回顾一下孙正义的经营之道，从中可窥之一二。孙正义没有明确讲过软银集团的经营哲学及其企业文化，但从其在病床上认真研读《孙子兵法》，并根据自己的心得体会创立了"孙孙兵法"这一点来看，他对于《孙子兵法》情有独钟。

孙正义与《孙子兵法》的邂逅可追溯到1982年至1984年。当时25岁的孙正义刚刚创立软件银行，就患上了严重的B型肝炎，不得不来往于医院之间。有半年的时间，他一直处于失魂落魄的状况。后来，才调整了自己的心态，把养病作为学习充电的大好机会。他读了大量自己所喜欢的商业与历史方面的书籍，尤其是名人成功故事之类的书，读了包括卡耐基、洛克菲勒、松下幸之助、本田宗一郎等成功人物的书籍。所读各类书籍与商业杂志等，读了将近4000本。但他认为对他影响最大的书籍之一就是《孙子兵法》。

而考察他在企业发展过程中，不断出手收购企业的思路和手法，他那高超的谈判技巧，不战而屈人之兵的战略，处处彰显了《孙子兵法》中的战略思想和智慧。他是一位把《孙子兵法》活用于数字经济时代商战中的杰出典范。从这点来说，孙正义就是现代商战中的孙子；《孙子兵法》就是软银集团的"圣经"。

日本经济评论家板垣英宪和作家泷田诚一郎在论述挑战世界首富的网络巨子、数字化时代的英雄孙正义时，非常翔实地分析了孙正义是如何研读和创造性应用《孙子兵法》的精彩内容。在《日本MBA研修读本》中列举了孙正义的"25字真言"，其对《孙子兵法》进行了全新的阐释：

（1）道、天、地、将、法。（2）一、流、攻、守、群。所谓一，就是激励自己要做一流的企业；所谓流，就是顺应时代的潮流；所谓攻守，就是企业善于冲锋陷阵，不能拙于防范固守；所谓群，就是开创建立多种产品，维持市场之优势。（3）智、信、仁、勇、严，这也是引用孙子兵法的原文。（4）顶、情、略、七、斗。所谓顶，就是站在山顶上眺望全局，不能见树不见林；所谓情，就是彻底布线，周全搜集商业情报；所谓略，就是要拟定周延的战略；所谓七斗，就是要有七成胜算,才能投入战场一战,若要等九成把握,在变化多端的时代,可能已经"时不我予"了,更不用谈其他了。(5)风、林、山、火、海。风、林、山、火是孙子兵法"军争"篇中描述战斗展开时的各种作战手法,海所指的是战后"平定"的工作,就是要像海一般的深广。

总之,孙子正义思想中的战争,都是为了追求宇宙大自然的"道",这是他实现目标和理念的一个手段。对企业而言,目标和理念最为重要。①

孙正义认为:《孙子兵法》"与我这些年来的一些想法不谋而合,让我有一种'深得我心'的感觉"。②他最喜欢的是"不战而屈人之兵",并将其活用于自己的企业购并战略之中。他说:"购并就是不战而胜。国内许多经营者与媒体相关从业者,无法了解我采取购并策略的真意。如果他们仔细阅读《孙子兵法》与《兰契斯特法则》,相信对购并与我的经营策略,观感将会改变很多。"③

但孙正义也认识到,《孙子兵法》毕竟是2500多年前的中国古典,随着时代的变迁,特别是企业经营环境与具体情况瞬息万变,必须结合《孙子兵法》的原理原则,创造出符合自己经营实践的理论作为经营的指南。板垣英宪认为,孙正义深刻地认识到《孙子兵法》"不仅是一部关于战争技巧的书,同时它还基于对人的本性的深刻洞察力,找出了取决胜负的法则。它关于人的行动源于心理动机的论述与现在行动心理学上的'动机理论'是一致的"。④

孙正义觉得《孙子兵法》并非纸上谈兵,而是作为基本的思维方法,非常冷静、非常合理地掌握了战争及事业的真谛。"作战的原理"对于身处现代商战旋涡中的经营领导也是有用的。正是基于上述真知灼见,孙正义在深入研读《孙子兵法》后,将其综合归纳成25个字的"双乘兵法",即

---

① 日本Giobis株式会社编著《日本MBA研修读本》,周君铨译,法律出版社,2000,第274页。
② 同上书,第113页。
③ 同上书,第112—113页。
④ 〔日〕板垣英宪:《孙正义——数字化时代的英雄》,第73页。

"孙孙兵法"。

日本商业兵法研究会，生动地分析了孙正义运用《孙子兵法》使软银集团在数字化时代迅速崛起的故事。成为以宽频网络电话为基础的著名电信革命旗手。

孙正义从1981年展开史上首次的电脑软件批发事业，到2006年该公司营业额已达到11,000亿日元，净利高达575亿日元，除雅虎外，还并购日本电信、Vodafone等企业，成为以宽频网络电话为基础的著名电信革命旗手。

为了进一步了解软银集团的企业文化，在此引用北尾吉孝结合软银集团企业经营实践所阐释的上述提及的六个智慧的第一项。

"第一个智慧是建立教育——研修体制和创造强大的企业文化。不单纯是业务知识或专门知识的研修，还要有该公司的企业理念、历史、传统、公司的价值观、公司的经营方针或经营风格、公司经营的现状、对公司的顾客、股东、职工、社会的责任等，要在进公司时就进行彻底的教育、研修。……"[①]

虽然软银集团是典型的数字时代高科技"怪兽"企业，符合大前研一所阐释的"暴食暴长"的特征。其在收购、投资时屡屡作出抢占先机、给人以似乎"无谋"的感觉，但这些商业举措都是经过深谋远虑，周密计划后的"不战而屈人之兵"的稳健行动，在软银集团经营中极富于合理性，也得益于他作为韩国人后代深受儒家思想熏陶，尤其是从《孙子兵法》中不仅汲取了战略战术智慧，而且特别重视孙子对人的本性的深刻洞察力，非常重视商战中的"心法"。这一切都凝练于软银集团的企业文化之中，这也是在许多高科技创业企业纷纷陨落之际，软银集团能独善其身，成为全球企业翘楚的缘故。

---

① 〔日〕北尾吉孝:《"价值创造"的经营》，第145—146页。

第十四章　打造适应全球化数字经济时代的企业文化

经济全球化、知识化并不是最近才提上企业经营日程的新概念，伴随着跨国公司的脚步和技术革命的迅猛发展，早已为经济学家和管理学家、企业家所瞩目。但在进入21世纪之后，全球化和知识化从来没有像今天这样成为与企业兴衰攸关的重大话语。可谓是顺之者昌逆之者亡，这是任何企业都无法规避的宿命，是人类社会发展不可逆转的大趋势。虽然不时还会有掀起逆全球化、逆知识化浪潮，死死抓住工业化时代大规模经济模式不放的顽固势力进行螳臂当车的挣扎，从局部来看或从某段时间来看，也许给人以"黑云压城城欲摧"的错觉，但这股涟漪或旋涡决掀不起大浪，历史发展的洪流滚滚向前，人类发展的大趋势终将按其自身的规律一往无前地走向未来，而与之相伴相生的企业及企业文化也必将呈现新的样态。

中欧国际管理学院院长刘吉在为温世仁所著《未来的企业》序言谈道："人类正在进行一场伟大的'科业革命'[①]，21世纪人类即将进入'科业社会'。这当然是一家之说，但我坚信它是正确的。"

科业社会的企业将是怎么样的呢？将是"全球型企业；创新型企业；科研型企业；网络型企业；应变型企业；学习型企业"。[②]

在这种全球化和知识化的大趋势下，企业的生存之道就是伴随着时代趋势发展的脉搏，与时俱进。而如何打造与此相适应的全球化数字经济时代的企业文化，已成为紧迫的时代课题。

这项工作用野中郁次郎的知识创造理论来说，首先是在广泛地研读和

[①] 此处的"科业革命"为刘吉独创的概念，即通常所说的"后工业社会"。
[②] 温世仁：《未来的企业》，生活·读书·新知三联书店，1999，第2—3页。

筛选的基础上,将前人和他人创造的知识、理论和概念——显性知识,通过头脑思考、逻辑演绎和价值判断,进行"新组合",形成源于而又高于现有的显性知识的新知识。此处所涉及的内容应属于知识创造螺旋中的"形式知识"或显性知识转换模式的"联结化"。这种"联结化"结合或融合将会形成新的知识,从本质上来说虽仍属于形式知识,但其已经高于原来的形式知识。作为新企业文化的"新"字,一方面体现在对世界各国尤其是日本现存的不同企业文化理论、假设、概念及各种元素,结合当前企业面临的新形势,有选择地"联结"既有的形式知识,新组合并转型再创造;另一方面作为"学习型组织"及其团队和成员,要以"学习型组织"五项修炼的五种技术开展学习。这五项技术中的"系统思考",强调"系统思考是一个概念框架,一个知识体系,……它的功能是让各类系统模式全部清晰可见,并且帮助我们认识如何有效地改变这些模式"。[①] 而知识"联结化"与系统思考具有直接的关联。这是从"显性知识"通过"联结化"来构筑新的企业文化。而再从显性知识到"暗默知识"的"内在化",这里的显性知识是经过上述"联结化"后的新知识,用来指导实践。在实践中结合实际及所处的情境,并将自己价值观和体验融入其中,就形成了高于联结化后的显性知识,成为实践者自身的暗默知识。践行者本能地运用所获得的暗默知识进行工作,这种暗默知识虽然有用、有效,却难以用语言表述,这是暗默知识的局限性。尤其是因为每个人长期形成的心智模式不同,即使是同样的显性知识,也可能在个人层次上形成不同的暗默知识。正如彼得·圣吉所说的,心智模式是决定我们对世界的理解方法和行为方式的那些根深蒂固的假设、归纳,甚至就是图像、画面或形象。我们通常不能察觉自己的心智模式以及它对自己行为的影响。

更重要的是在企业经营管理实践中创造新的隐性知识,由此构筑的新企业文化对企业管理具有更大的价值。

其次,则是最近以来诸多日本著名管理学家所撰写的创造战后日本经济奇迹的大企业家传记和一些管理学理论著作,可从中挖掘到许多崭新

---

① 〔美〕彼得·圣吉:《第五项修炼——学习型组织的艺术与实践》,张成林译,中信出版社,2009,第7页。

的、以往并不为人所重视的企业文化或企业家文化，其特点是异于上述知识系统，完全属于"日本造"。特别是2016年松下PHP研究所创立70周年纪念出版的系列日本企业家传。这些著作家穿越70年的历史时空，以其新锐的管理思想擎起战后日本经济腾飞大旗的企业雄狮们的经营管理之道，以及他们所打造的优秀企业文化的重要价值。尤其是对当今处于剧烈变动的新经济形势下，通过对曾长期行之有效的日本企业文化进行温故知新、吐故纳新，从而实现与时俱进、继往开来，使日本企业在新世纪的知识经济发展的征程上得以再塑辉煌、重放异彩。

下面主要以上述知识理论为依据，展开对全球化知识经济时代的企业文化的原生态和新生态及其包容互鉴进行初步论述，也是对现代企业文化的继承与重构的一次大胆的探索。

第一节 迎接知识价值革命，构建知识创造型企业文化

知识经济是当今这个时代的最重要的关键词，但这个概念的演化却由来已久。早在20世纪50年代后期，彼得·德鲁克就提出了"知识工人"的概念。自60年代末起，阿尔文·托夫勒鉴于信息革命的到来，撰写了《未来的冲击》《第三次浪潮》《权力的转移》和《财富的革命》四重奏；而社会学家丹尼尔·贝尔则提出了"后工业社会"来临；奈斯比特宣告了人类社会发展的"大趋势"；彼得·圣吉将企业作为学习型组织及第五项修炼"场"，而其《必要的革命》更是一部颠覆工业社会的"新文艺复兴"之力作；日本堺屋太一提出了"知识价值革命"和"知识价值社会"；而野中郁次郎首创了"知识管理理论"；联合国经合组织在20世纪90年代初，集世界诸多学者理论与智慧之大成，依据社会发展新现实，明确提出了"知识经济"的新概念。向世人彰显了社会转型、经济转型的时期已经到来，工业时代终结的钟声已经敲响了。而造成这一切的始作俑者以及最大推动力，就是知识创新和科技革命。

日本新观念大师堺屋太一面对知识经济时代已经来临，提出了"知识价值革命"和"知识价值社会"的新概念，描绘出了知识价值社会的镜像

和知识价值革命的内容、性质。他写道:

> 综合和系统地对下一个新社会——知识价值社会——进行预测。……我所讲的知识价值革命,是指由于技术、资源环境以及人口的变化,将创造出"知识的价值"成为经济增长和资本积累主要源泉的知识价值社会,并因此而产生使人们的伦理观和审美观发生急剧变化的社会大变革。……然而,不管人们喜欢与否,"知识价值社会"都是要来临的,为了使我们每个人及其集团能够更好地与之相适应,尽早并且全面地了解其本质是有益的。[①]

作者虽然强调上述关于"知识价值社会"只是对不远的将来的预测,但经过20多年后的今天,"知识价值社会"的镜像更加放大也更加清晰了。

那么,什么是知识价值革命呢,知识价值革命所创造的社会是怎样的形态呢?堺屋太一所提出的知识价值革命及知识价值社会,没有现成的理论或模式可资借鉴。但其在新技术的推动下,确确实实地在发生、发展着,绝非凭空杜撰的产物。

在拉塞尔·L.阿克夫和丹尼尔·格林伯格合著的《21世纪学习的革命》中,对"知识价值社会"有一段极为精辟的论述。

> 后工业时代也透显出一种前景,即生产经济将最终在本质上使人类摆脱对生存的担忧。为人类基本生存需求而进行的物质产品的生产,将会逐步通过常规化的程序实现。这些成效跟所有其他常规化程序一样,将会趋近完全的自动化。人们的大量时间、努力和经济活动将愈发趋向于生产非必需品,这些产品是根据从事这种活动的某一文化的价值架构设计的。
>
> 已经显而易见的是,后工业化生活方式——不管它处于何种文化之中——高度重视诸如创造性、革新力、审美满足感、美、理解力、洞察力、好奇心、学者素养和智慧这类特性。后工业化社会是一个富

[①]〔日〕堺屋太一:《知识价值革命》,第4页。

于创造力的花园，人类精神可以在里面自由盛放，从而与自身达到和谐。在后工业化时代，人类的灵魂主要致力于受内在驱动进行不断的角逐，从而揭示新的奥秘，创造新的方式，征服新的心灵世界。[①]

拉塞尔等在这段话中，深刻地阐明了两层含义。一是在后工业时代或知识价值社会，人们生存所必需的物质生产的功能仍然存在，但由于新技术作用，这种创造生活必需品的经济工作将会逐渐实现自动化、智能化。把人们从物质生产活动中解放出来，从而可以有大量时间从事他们所喜好的精神文化活动。二是人们的生活方式将会发生根本性转变，高度重视诸如创造性、革新力、审美满足感、理解力、洞察力、好奇心、学者素养和智慧这类特性，从而与自身达到和谐。这两点将会从根本上改变人类未来的发展范式，真正成为人类理想的新社会。

在互联网高度发达的今天，只要轻轻地移动鼠标或点击手机屏幕，世界各地的形式知识就会通过数字化网络工具，轻而易举地获取，可以一览无余，这无疑是知识社会的福音。但这也导致了人们过分依赖网络知识，似乎只要不断地移动鼠标或点击手机屏幕就能创造新的知识了。由此造成了人类对创造知识认知的极大的误区，从而忽视甚至背离人类认知的最基本的途径——通过亲身经历、实践获取身心体验的隐性知识的重要性。试想一下，如果我们只是成为形式知识的搬运工、知识贩子，那创造新知识的功能就会衰竭、萎缩，知识将会成为无本之木、无源之水。

野中郁次郎所构建起来的融东西方文化于一炉的知识创造理论，彻底颠覆西方的知识观，不仅给予知识以完整的科学定义，而且为知识创造进行了科学系统地描述。这使其理论成了当今世界企业经营管理最重要的宝贵资源。

野中郁次郎在充分肯定人类长期以来所创造、积累下来的形式知识的重要性的同时，对于长期遭到西方忽视的隐性知识给与了特殊的重要地位。如果说整个知识体系是一座坐落于浩瀚大海里面的巨大的冰山，那

---

① 〔美〕拉塞尔·L. 阿克夫、丹尼尔·格林伯格：《21世纪学习的革命》，杨彩霞译，中国人民大学出版社，2010，第79页。

么，位于海平面以上的显性知识仅仅是这座冰山的一角，而在海平面以下部分的隐性知识则是高深莫测、采之不竭的金矿。这不只是指数量之大，而且，在质量上更是一种全新的知识。野中郁次郎还对创造知识的场、情境和价值观有生动具体的阐释，他为构筑知识创造性企业提供了崭新的路径。近些年来，日本和世界许多国家都开始强调工匠精神，这些工匠都具有一手绝活。这些绝活可以说完全是经历岁月的磨炼，才打磨出来的精益求精的手艺和技能。这是在长期实践中，不断地累积个人身心中的隐性知识并使之升华的结果。这种隐性知识在知识创造方面，是知识的源头活水，追根溯源，一切知识都是来自实践中所创生的隐性知识。即使是人类广泛运用高科技的数字经济和人工智能的先进的制造业的今天，历史上所形成的工匠精神和技能、技艺，也将继续呈现出不朽的光辉。

回顾人类历史上许多大科学家、大发明家的发明创造，都是源于长年的日积月累、废寝忘食地钻研创新创造的结果。在人类历史上有1093项发明专利的爱迪生，其最伟大之处恰恰在于他并没有将其天才仅限于所谓的"点子"或"专利"上。

最难能可贵的是，爱迪生以独到敏锐的视角，把光和电带给了人世间。这需要科学家的天才头脑、工艺家的匠人匠心和孜孜以求的精湛技艺，还包括企业家的经营之道。

由此不难看出，未来的企业文化必须能够包容四种知识文化。其一是工业化时代所积累起来的产品制造知识技术；其二是更久远之前手工业时代所积累起来的工匠精神和明星技艺；其三是数字经济时代所创生的人工智能知识（AI）；其四是综合的经营管理才能。这四种知识分属于四种不同的文化，显然仅仅靠工业化时代的企业文化难以驾驭新型企业经营模式，当然，也绝非是靠人工智能的数字文化来一统天下。这就使企业经营管理呈现出高度复杂性、灵活性，企业文化必将呈现出多层复合型三明治文化、圆葱形结构的层叠文化。

其一是对以往行之有效的企业文化的传承。企业文化是在工业化时代产品制造和销售的环境中形成的。其生产方式是机械化大生产，位于生产第一线的是广大的技术人员和操作工人。经营管理的第一要务，就是如何激发这些人员的工作热情和创造力，因此，构筑和谐畅通温馨的劳资关系则是这一文化的重中之重。应该说日本企业在这方面具有成熟的管理理论和方法，当时日本"人本主义"的企业文化也能够适应这种管理模式并大放异彩。

其二是如何在高科技的数字经济时代，重新唤起传统手工业时代的匠人精神，传承工匠的职人匠心和精益求精的手工技艺。这也正是最近一个时期以来，许多国家都开始大力宣扬工匠精神，倡导工匠文化的缘由。而日本更是不遗余力地发掘这方面的典型，出版了许多有关工匠文化的论著。但是，由于在当今的商品经济居于支配地位的时代，人们往往把追逐利益作为最大乐事，甚而信奉"金钱没有臭味"[①]而大赚不义之财。令许多人很难重拾历史上工匠艺人追求"心艺合一""一技绝尘"的纯粹的匠人精神，很难体验在打磨精湛的手工艺过程中享受到人生的乐趣。传统社会的匠人，虽然其营生与谋求家庭成员的温饱有关，但绝不把牟利作为终极目的，而是更看重在劳作中所获得的心理满足和精神乐趣，把自己的营生视为人生的修炼，在劳作中充满了宗教情怀。诚如江户时代的铃木正三所言，人们的日常劳作即为修行，是佛行。稻盛和夫强调人们应该在工作中去享受乐趣，并通过工作研磨技艺、陶冶情操、磨砺心性。企业的经营者打造这种使工匠们每天无忧无虑的工作环境，创造最适宜养成工匠精神的企业文化，就是最高层经营者潜心思虑的重大课题。

其三是企业文化在数字经济时代以人工智能为代表的技术的冲击下必将发生变化，为人类社会带来巨大变革。日本著名经济学家伊藤元重写道："我们必须关注人工智能（AI）、物联网（IoT）大数据、机器人等与技术相关的话题了，因为技术已经成了改变社会的原动力。"[②]知识经济时代的人工智能等数字化技术，使制造现场大为改观，呈现在我们面前的是具有人工智能的机械手代替了以往的操作工人。伊藤元重还说人工智能具有"深度学习"（Deep Learning）能力。

---

① "没有臭味"（Non olet），即金钱没有臭味——这句话是罗马皇帝韦斯帕西安（69—79）对他的儿子说的，因为他的儿子不同意他实施专门的厕所税。这是恩格斯批判杜林的金钱观时所引用的比喻，见该书注释190，正文第299页。出自恩格斯：《反杜林论》，人民出版社，1970，第375页。

② 〔日〕伊藤元重：《经济大趋势与未来发展控制权》，陈颖译，东方出版社，2018，第3页。

当然，人工智能超越人类的能力并非只有好的一面。专家们提出了称为"奇点"的现象。简单来说，就是自人工智能超越人类能力的那时起，由于人工智能的学习能力不断深化，其与人类之间的差距将会不断扩大。

一旦出现人工智能式的武器和黑客类组织，那么他们摧毁人类将易如反掌。虽说凭人类的智慧还是可以战胜人工智能、阻止人工智能暴行的，但是一旦超过了"奇点"，情况就大不一样了。①

如今科技发展之快、影响之大、涉及范围之广，完全超出了我们普通人的认知范围。面对高科技产品的"黑匣子"结构及其内容，即使许多具有高度知识修养的人都成了"科盲"，很难破译。其内部装载着太多太多的令人望而生畏的高科技"新玩意"，既有令人惊叹的展现科学光明的高度智慧，也有许多一旦脱离人类控制就会导致无可挽回的灾难的高科技，犹如人类对原子能开发所导致的结果那样。人类如何管理新科技是巨大的挑战，但人类将会创造出新的智慧，驯服高科技这头"怪兽"。

冯久玲在为奈斯比特的《高科技·高思维——科技与人性意义的追寻》撰写的导读中谈道：

科学家利用科技创造无限的可能。新的材料和有效的工具，让他们突破想象空间，创造了空前的震撼之作。……音乐家用科技结合不同的音符，帮助声乐家创造不可思议的美妙音乐。今天艺术借用科技变成新的科、艺一体，把过去不能想象的意境和渴望变成现实。企业家更使用科技——广泛的使用，不只是食物和药品，还包括人类的衣食住行、电讯和通信的设计、生产、营销和分配功能，等等。结果是过去50年来，世界获得空前的物质繁荣和发展。我们对自己的了解也增加了。……更多方便人类生活的工具，使生活能更有趣，更多姿

---

① 〔日〕伊藤元重：《经济大趋势与未来发展控制权》，陈颖译，东方出版社，2018，第9—10页。

多彩。[1]

然而，高科技并不总是玫瑰色，它可以让人上瘾，甚至成为高科技暴力而遗患无穷。所以，奈斯比特在该书的中文版序言中写道：

> 这本书讲述的是高科技与高思维的汇合，它伴随着科技的意义从客观事物发展到人际关系直到引起种种后果。高科技/高思维已经成熟了；现在它代表着科技与文化的结合，而不仅仅是两股独立冲量的平衡。
>
> ……
>
> 《高科技·高思维》展示我们是多么需要通过人的视角来理解科技。我们从什么是有益于人性的角度来思索科技，就能看见一缕智慧之光，它除了理性思维以外，还包含着体恤和同情他人、心胸豁达大度以及对人类的尊敬。[2]

最后是与上述三种文化相对应的管理文化。要求新的经营者必须是中松义郎所说的具有异学思维的"文理工程家"。这对企业家文化和企业文化都是巨大的挑战。要求企业家必须是学习型的经营者，就像松下幸之助、井深大和稻盛和夫那样成为终生孜孜不倦的笃学者。而企业文化则为"敬天爱人"，追求"共生""和合"的胸怀豁达的文化。

第二节 构建容忍失败的学习型企业文化

教育学博士韩荣华在其所著《新学习革命》一书中，对于我们当前所处时代的特征及其缘起，以短短数言概括为：

"公元2000年犹似一个'转世'的象征符号，我们转入一个必须重新

---

[1] 〔美〕约翰·奈斯比特、娜娜·奈斯比特、道格拉斯·菲利普：《高科技·高思维——科技与人性意义的追寻》，尹萍译，新华出版社，2000，第3—4页。
[2] 同上书，第2页。

适应和调整生存之道的新世纪。"①

面对迅猛的知识经济时代发展大潮,人类从不缺乏应对之策,否则也不会创造出像今天这样丰富多彩的世界。人类的发展、社会的进步就是在不断变化的过程中学习,这是我们人类优于其他生物的最根本的特性。

学习是人的天性,也是人生命、生存的本能,组织亦然。从组织生态学角度来说,一个组织若不善于学习,犹如一个人不从外界汲取营养一样,是无法生存下去的,更勿言发展了。然而要构建彼得·圣吉所倡导的学习型组织,决不能简单地靠以往行之有效的"拿来主义"的模仿式学习,而必须是发挥独创精神的学习、创造。"生成性学习"在知识价值革命到来的今天,确实没有可资借鉴的现成的理论、规范、模式,唯一能使用的法宝就是"学习"了。但现在所需要的学习,已经没有任何教科书,也没有能够胜任的教师,必须依靠自己摸索、实践、创新,而不是简单地模仿。因此,面对知识价值革命和知识价值社会,需要一场学习的革命,这是一场深刻而触及人们灵魂的革命。

彼得·圣吉从学习一词的历史演化角度,精辟论析了其深邃的真意。他下面这段文字具有振聋发聩作用,颠覆了我们历来对学习的平庸见解,可谓是从哲学、文化等多学科领域对"学习"的诠释。他写道:

> 在西方文化中描述这样一种学习型组织经历的最准确的词汇,却在过去几百年里很少有人使用。……这个词就是"metanoia",意思是心灵的转变。这个词有很丰富的历史。对希腊人,它曾意味着根本性的转变或变革,或更直接地指超越心灵(transcendence;"meta"意思是上面或超过,如形而上学"metaphysics";"noia"来自词根"nous",指的是心)。在早期基督教[直觉神秘主义诺斯替(Gnostic)教派]中,这个词特指对共同分享的直觉和对最高主宰(上帝)的直接感悟的觉醒。这个词可能是施洗约翰等早期基督徒常用的关键词。后来在天主教耶稣圣体教义中,这个词被逐渐翻译成忏悔(repent)。
>
> 了解"心灵转变"这个词的含义,就能了解"学习"一词的深层

---

① 韩荣华:《新学习革命》,上海三联书店,2008,第5—6页。

含义，这是因为学习也涉及一种心灵的根本性转变或提升转化。谈论"学习型组织"的问题在于，当代人使用的"学习"一词已经丢掉了它原有的核心含义。

....

真正的学习会触及做人的意义这个核心问题。通过学习我们得以再造我们自身；通过学习我们开发自身能力，去做从前不能做的事；通过学习我们重新认识世界，重新认识我们与世界的关联；通过学习我们拓展我们的创新能力，使自己成为生命的成长和生发过程的一部分。在我们每个人的内心，都有对这样的学习过程的深层渴望。正如人类学家爱德华·霍尔（Edward Hall）所说："人类是杰出的学习型生物。"

因此，这就是"学习型组织"（learning organization）的基本含义，即持续开发创造未来的能力的组织。对这样的组织而言，仅仅维持生存是远远不够的。"生存性学习"（survival learning），或经常被称为"适应性学习"（adaptive learning），也很重要——其实也是必需的。但对于学习型组织来说，"适应性学习"必须与"生成性学习"（generative learning，增强我们创新能力的学习）相结合。[1]

章新胜在鲁德斯·R. 奎苏姆宾、卓依·德·利奥主编的《学会做事——在全球化中共同学习与工作的价值》中文版序言中写道：这是一本关于在全球化下共同学习和工作中的价值观教育的教师参考书，该书弘扬了"四个学会"[2]的共同宗旨，倡导了健康、人与自然和谐，真理与智慧，爱心与同情，创造，和平与公正，可持续发展，国家统一与全球团结，全球精神等八个核心价值观，提出了具有操作性的课程建议方案，对狭义的当代教育进行了重新定义和内涵拓展。

---

[1]〔美〕彼得·圣吉：《第五项修炼——学习型组织的艺术与实践》（新世纪最新扩充修订版），第14—15页。

[2] 1996年以德洛尔为首的21世纪教育委员会提出了"四个学会"：即教育的四个支柱：学会认知（Learning to Know）、学会做事（Learning to Do）、学会生存（Learning to Be）、学会共处（Learning to Live Together）。

学会做事的前提是学会做人，这也是这本书的宗旨。教育要促进人的身心、智力、情感、审美意识、责任感和精神价值等方面的发展，使其成为一个全面发展的合格公民。职业教育培养的人，既要掌握技能和技术，还要自尊、自立，具备独立工作和团队工作能力，诚实正直、守时负责；既有全面的综合知识，又具备某个领域的专门知识，具备在学习型社会继续学习的能力。在经济全球化不断深化的时代里，教育还要培养人的全球视野和国际沟通与交流能力，能够在不同文明之间对话，正确认识国际竞争与合作、生态环境、多元文化、和平发展等方面的国际问题，关心人类的共同发展。[1]

在以往的工业社会，为了实现大规模生产，我们都高度重视教育，重视教育与经济发展的关系，并形成了教育经济学。但经济发展的动力已经不再仅仅靠教育学了，应由原来的教育学转变为"学习学"。学习则源自个人内心的强烈需求、天生的好奇心，是靠内在动力驱使的与生俱来的主体行为、主动行为。

在研究"学习"这一众人皆知的课题时，通过对许多名人传、大师传或天赋异禀神童的研究，我发现他们与通常人最大的不同，主要不在于先天遗传的禀赋，而在于他们都具有异乎寻常的"好奇心"，对新事物刨根问底的求知欲并极其善于学习和具有坚韧不拔的毅力。这些名人大师的成就，包括各行各业有杰出贡献者，鲜有通过所谓的正规教育培养出来的，而多是通过孜孜不倦的学习，很多人更是通过自学获得了渊博的知识并取得了事业的巨大成功，摘取了本行业或专业的王冠。其中，最为人所熟知的是大科学家爱因斯坦，他被慕尼黑大学赶了出来，校长甚至对他的父亲说爱因斯坦"将一事无成"。[2] 大发明家爱迪生直到8岁才上学，而且只上了3个月就退学了。他曾说过："难道你认为我上了学就能学到一切了吗？大学训练出来的科学家只会看到老师教他们要寻求的东西，反而会忽视自

---

[1] 卢得斯·R. 奎苏姆宾、卓依·德·利澳主编《学会做事——在全球化中共同学习与工作的价值》，余祖光译，人民教育出版社，2006，中文版序第1页。

[2] 〔美〕吉恩·N. 兰德勒姆：《改变世界的13位男性》，第5页。

然的伟大秘密。"① 大画家毕加索不能通过课堂作业，为了能在小学继续读书，他爸爸还给有关人员送红包呢！闻名遐迩的管理学之父彼得·德鲁克虽有着极其优越的受教育的家庭背景，但他并未按部就班地接受系统的教育，很多知识都是靠自学而成的；至于创造微软帝国的比尔·盖茨，也未读完大学；俄罗斯著名作家高尔基则读的是马路大学，他创作的作品，影响了几代人。如果看一下我们的东邻日本那些著名的大企业家，丰田佐吉和松下幸之助，连小学都未上几年就走向社会，边学徒打工，边自学。松下幸之助的读书是发动身体所有器官的功能进行学习，成了享誉世界的发明家和大企业家。本田宗一郎只读过小学，后来虽在滨松高等学校当过旁听生，但从骨子里来说，他是一个厌恶正规教育、经常逃课的学生，却偏爱实验，通过试错来学习的天才，由此成就了伟大技师和著名大企业家。以上这些通过刻苦学习成就大事业的著名人士的事例都说明，他们的成功完全是逆传统教育的模式，是通过别具一格的个人独创的方式进行学习的典型代表。

为了构建学习型企业文化，最重要的是创造使每个员工都能根据个人的事业发展需要、爱好和兴趣选择适合自己个性的内容和方法进行学习。个人学习是基础，而组织则要担负起变个人学习为团队学习，而团队学习能否见成效，最重要的是构筑开放的学习环境，真正形成畅所欲言、各抒己见的生动活泼的学习氛围。

在现代的全球化和数字经济时代，数字经济化和经济数字化产生叠加效应，使企业面临日新月异的变化，为此，企业必须不断创新。由于新时代企业没有任何现成的规则可循，失败的频率增多增大。因此，个人也好，企业也好，都只能在失败中进行学习，倘若不允许失败，那也根本谈不上学习了。因此，只有构筑接受失败的机制，才能成为学习型企业文化，企业才有未来。

中国有句名言，叫"失败是成功之母"。本田宗一郎最经典的名言之一就是"九十九次失败后必将在最后一次取得丰硕成果"②和"试错经营

---

① 〔美〕吉恩·N. 兰德勒姆：《改变世界的13位男性》，第4—5页。
② 〔日〕上乡利昭：《摩托之父本田宗一郎》，张春林、梁俐译，中国经济出版社，1992，第60页。

学"；畑村洋太郎所著《老总的失败学》收录了经营失败者各种商业案例和失败的类型并进行了剖析。他说："尽管在失败经历中学有所获，只要是继续在更高层面上进行挑战，就不可避免地遇上其他形式的失败。不过，如果如前所述从失败中学有所获，就能避免致命的失败。"① 企业最高经营者要允许自己和其他员工犯错、失败，并将其转变成学习的教科书，成为企业学习型文化的教材。

柳井正所著《一胜九败——优衣库风靡全球的秘密》写道：

> 企业经营一定会经历一连串的失败，会有许多惊险的故事。可以说，失败是生意的伴侣，两者形影相随。你挑战十次新事物，必定会有九次失败。有些成功的企业家甚至说："一百次中有一次成功，那已算不错。""现实"就是这般严峻。经营环境在飞速地变化，常常令人晕眩。要跟上这个变化，让经营持续下去，让企业生存发展，我们就必须经常性地对企业进行自我革新并不断地追求发展。②

因此，要坦然承认失败是企业必交的学费。即便是在日本企业发展顺风顺水的大环境下，企业经营也总是伴随着挫折与失败，更何况是全球化与数字经济时代这种急剧变化的大背景下，企业面临着高度不确定性，挫折与失败更是家常便饭。因此，能够容忍失败，乃是学习型企业文化突出的特点和必需的保证。

第三节 顺应时代发展大趋势，打造与时俱进的"适者"型企业文化

全球化和知识经济时代发展的大趋势，要求构筑"适者"型企业文化。这里的"适者"绝不是消极地适应外部大环境的变化，而是通过积极努力实践进行开拓性的创造，即彼得·圣吉所强调的把"适应性学习"与"生

---

① 〔日〕畑村洋太郎:《老总的失败学》，何玲译，上海译文出版社，2004，第2页。
② 〔日〕柳井正:《一胜九败——优衣库风靡全球的秘密》，徐静波译，中信出版社，2011，第IX—X页。

成性学习"结合起来的新的学习型组织。这是企业求生存和可持续发展的唯一之道。从日本历史的发展轨迹来看，日本人审时度势，聚精会神地把眼光瞄准在世界发展最前沿的国家和地区，不断地采取"选择"与"集中"战略，拼命地学习借鉴他人之长，成了跨越式发展的大赢家。日本学者小岛明对日本近代以来经济生活高速发展的原因进行了深入分析，他写道：

> 日本社会就是这样从世界各国学习精华，不断自我变革，并发展了起来。而日本一旦从学习他人变革自我的模式中脱轨，就产生了盲目自信，饱尝失败和危机之苦。
> 以往日本的成功发展模式，不是自称"强者"和"胜者"，而是不断学习、不断灵活地适应千变万化的环境的"适者"模式。[1]

"适者"模式，符合达尔文的适者生存的进化论。大千宇宙无不遵循"物竞天演"的规律。然而，时过境迁，当人类进入21世纪后，仅以《天演论》这种"狭义进化论"解释大千世界已显得力不从心。我国学者闵家胤在《广义进化研究丛书》中文版序中指出："目前这套丛书介绍的理论，涵盖宇宙进化、生命进化、社会进化、文化进化，直至全球问题的全过程，是完整的'天演论'，似可称为'广义进化论'。"[2] 面对巨变的经济全球化和知识化的大潮，企业必须与时俱进，走一条视域更博大精深的"广义进化论"的"适者"生存的发展道路，否则将会被这股巨流淹没。

彼得·圣吉所著《必要的革命》一书的副标题是"可持续发展型社会的创建与实践"，全书的字里行间处处充斥着人类"生态学"的要义，强调人类社会是一个开放的生态系统，涉及环境、社会、经济、企业等方方面面，尤其是涉及人类的精神和心灵方面。这也正是彼得·圣吉所论析的五项修炼中最重要的第五项"系统思考"。他写道：

> 我们面对的问题可以从进化论的角度来简单描述。过去50年间，

---

[1] 〔日〕小岛明：《日本的选择》，第188页。
[2] 〔美〕欧文·拉兹洛编《多种文化的星球》，戴侃、辛未译，社会科学文献出版社，2001，第3页。

人类的扩张已经进入了一种新的地球"生态位"（niche）。……让人与自然和谐共生，就能持续满足我们对食物、水、能源和废弃物处理的需求，而我们的哲学和宗教也指引着我们，让我们感受和理解自己在更大的生命世界网络关系中的位置……从各方面看，我们都生活在整个世界里——然而，我们并不具备在这个新的地球生态位上如何持续生存的指导哲学和实际知识。①

北尾吉孝谈到了在全球化知识经济时代，企业追求可持续发展的六项智慧。

第四个智慧是应用达尔文进化论的"适者生存"学说，使之对应环境的变化。根据达尔文的进化论，有以突然变异适应环境的物种，而在自然淘汰中，不适应其环境的物种就绝灭。这"适者生存"的观点应用于企业组织就会成为这样：企业敦促全体员工的创造力，使之想出种种点子（突然变异），从收益性的观点来试验（淘汰），只大力推进试验成功的事业（适者生存）。②

适者模式，是日本企业追求"适者生存"之道。作为后发展型国家，在长期赶超欧美发达国家的过程中，采取了模仿、追随及超越战略，以西方成功的现成模式，经改良改善使之成为与日本风土相适应的日本模式。其中，许多日本企业制度和经营管理文化，更是这方面的典型作品。"适者"模式绝不仅仅指经济发展模式，更要重视生活方式、消费方式。20世纪末，人类文明发生了巨大变化，财富不再是幸福的象征，取决于满意度的智能社会开始形成，这一变化动摇了人类文明的根基。全球一体化进程中，世界进入了工程分工的时代。技术向大型化、大量化、高度化方向的发展，让位于多样化、信息化、节能化方向的发展，这一发展方向所需要

---

① 〔美〕彼得·圣吉等:《必要的革命——可持续发展型社会的创建与实践》，第Ⅲ—Ⅳ页。
② 〔日〕北尾吉孝:《"价值创造"的经营》，第248页。

的，是智能的交流与普及。①

日本官界和财界共同提出的"社会5.0"概念的基础是利用技术创造更美好未来的目标或愿望。这一概念中没有预测，只有创造。在10年到15年的时间里，这一框架内的所有发展将影响到经济和社会各个部门，其核心是物联网、人工智能、机器人、区块链以及数据的数字化转型将扩展到涵盖一切，包括每个人和每个事件。②

日本"社会5.0"概念，是在充分利用日本在自动驾驶、新材料开发、能源和环境、防灾、生物技术和健康等方面具有优势。同时还在机器人制造、医疗保健、物联网、大数据分析、网络、边缘计算、传感器、人机界面、材料技术和纳米技术以及量子技术等领域拥有较强的国际竞争力。③从而构建一个不让任何人掉队的"超级智能社会"。在这一新的经济社会发展模式下，人的思维方式、生产方式和消费生活方式，都将呈现出崭新的样态。

小岛明强调：日本社会要"不断学习、跟踪时代潮流，推出适用于各个不同时代的制度和惯行做法，日本的发展模式并非固定，而是不断适应环境变化的动态的模式"。④

---

① 〔日〕小岛明：《日本的选择》，第213页。
② 同上。
③ 同上。
④ 同上。

参考文献

一、中文著作

1. 〔澳〕休·巴克纳尔、〔日〕大滝令治:《人力资源管理》,袁庆宏等译,上海人民出版社,2009。
2. 〔德〕E. 海能:《企业文化——理论和实践的展望》,张庆洪等译,知识出版社,1990。
3. 〔德〕奥托·卡尔特霍夫、〔日〕野中郁次郎、〔西〕佩德罗·雷诺:《光与影——企业创新》,赵楠、方小菊译,上海交通大学出版社,1999。
4. 〔法〕克罗戴特·法拉耶:《组织社会学》,安延译,社会科学文献出版社,2000。
5. 〔韩〕洪夏祥:《日本五大商帮》,千太阳译,中信出版社,2011。
6. 〔美〕埃德加·H. 沙因:《企业文化与领导》,朱明伟、罗丽萍译,中国友谊出版公司,1989。
7. 〔美〕埃德温·赖肖尔、马里厄斯·B. 詹森:《当今日本人——变化及其连续性》,孟胜德、刘文涛译,上海译文出版社,1998。
8. 〔美〕安东尼·艾索思、理查·巴斯克:《日本的管理艺术》,黄明坚译,广西民族出版社,1984。
9. 〔美〕贝拉:《德川宗教:现代日本的文化渊源》,王晓山、戴茸译,生活·读书·新知三联书店,1998。
10. 〔美〕本杰明·马丁、威廉姆·波斯特:《驾驭变化的世界》,罗汉、刘文杰译,复旦大学出版社,2000。
11. 〔美〕彼得·德鲁克:《管理新潮》,孙耀君等译,中国对外翻译出版公司,1988。
12. 〔美〕彼得·杜拉克:《创新与企业家精神》,彭志华译,海南出版社,

2000。

13. 〔美〕彼得·圣吉:《第五项修炼——学习型组织的艺术与实践》(新世纪最新扩充修订版),张成林译,中信出版社,2009。

14. 〔美〕彼得·圣吉等:《必要的革命——可持续发展型社会的创建与实践》,李晨晔、张成林译,中信出版社,2010。

15. 〔美〕丹尼尔·雷恩:《管理创新——塑造现代的商务英才与理念》,李治唐、隋宇童译,华夏出版社,2001。

16. 〔美〕吉恩·N.兰德勒姆:《改变世界的13位男性》,张军、漫长、王小青译,四川人民出版社,1996。

17. 〔美〕杰弗里·莱克:《丰田文化——复制丰田DNA的核心关键》,王世权、韦福雷、胡彩梅译,机械工业出版社,2009。

18. 〔美〕杰里·约拉姆·温德、赫雷米·迈因:《变革——未来企业》,林洵子、祝磊、沈浩云译,上海交通大学出版社,2000。

19. 〔美〕卡尔·佩格尔斯:《日本与西方管理比较》,张广仁、张杨译,机械工业出版社,1987。

20. 〔美〕赖肖尔:《近代日本新观》,卞崇道译,生活·读书·新知三联书店,1992。

21. 〔美〕迈克尔·波特、〔日〕竹内弘高、〔日〕榊原鞠子:《日本还有竞争力吗?》,陈小悦、孙力强译,中信出版社,2002。

22. 〔美〕泰萨·莫里斯-铃木:《日本经济思想史》,厉江译,商务印书馆,2000。

23. 〔美〕威廉·大内:《Z理论——美国企业界怎样迎接日本的挑战》,孙耀君、王祖融译,中国社会科学出版社,1992。

24. 〔美〕约瑟夫·熊彼特:《经济发展理论——对于利润、资本、信贷、利息和经济周期的考察》,何畏等译,商务印书馆,1997。

25. 〔美〕詹姆斯·P.沃麦克、〔英〕丹尼尔·T.琼斯:《精益思想》,沈希瑾译,商务印书馆,1999。

26. 〔美〕詹姆斯·P.沃麦克、〔英〕丹尼尔·T.琼斯、〔美〕丹尼尔·鲁斯:《改变世界的机器》,沈希瑾译,商务印书馆,1999。

27. 〔日〕安保哲夫等:《日本式生产方式的国际转移》,苑志佳、郝燕书、陈建平译,中国人民大学出版社,2001。

28. 〔日〕奥村宏:《21世纪的企业形态》,王键译,中国计划出版社,2002。
29. 〔日〕奥村宏:《法人资本主义》,李建国等译,生活·读书·新知三联书店,1990。
30. 〔日〕坂本光司:《世界第一的小公司》,安潇潇、张夏源译,吉林文史出版社,2012。
31. 〔日〕板垣英宪:《孙正义——数字化时代的英雄》,郭振乾译,海南出版社,1998。
32. 〔日〕北尾吉孝:《冲出逆境——一个日本企业家理解的先哲箴言》,杨晶译,清华大学出版社,2010。
33. 〔日〕川胜平太:《文明的海洋史观》,刘军等译,上海文艺出版社,2014。
34. 〔日〕船井幸雄:《清富思想——修德则必胜》,刘立善译,中信出版社,2011。
35. 〔日〕船桥晴雄:《日本长寿企业的经营秘籍》,彭丹译,清华大学出版社,2011。
36. 〔日〕大岛国雄:《国际比较经营论》,冯宝曾译,经济管理出版社,1988。
37. 〔日〕大前研一:《创新者的思考——发现创业与创意的源头》,王伟译,机械工业出版社,2007。
38. 〔日〕大前研一:《企业参谋》,裴立杰译,中信出版社,2007。
39. 〔日〕大前研一:《死·生——日本的迷惘与绝望》,王柏静译,中信出版社,2013。
40. 〔日〕大前研一:《无国界的世界》,黄柏棋译,中信出版社,2007。
41. 〔日〕大前研一:《知识经济的四大策略——看不见的新大陆》,王德玲、蒋雪芬译,新疆人民出版社,2002。
42. 〔日〕大西康之:《稻盛和夫的最后一战》,千太阳译,现代出版社,2013。
43. 〔日〕大圆惠美、野中郁次郎等:《丰田成功的秘密——激烈的矛盾如何铸就伟大的公司》,周亮、战凤梅译,机械工业出版社,2009。
44. 〔日〕稻盛和夫、梅原猛:《回归哲学——探求资本主义新精神》,卞立强译,学林出版社,1997。
45. 〔日〕稻盛和夫:《阿米巴经营》,陈忠译,中国大百科全书出版社,2009。

46. 〔日〕稻盛和夫:《经营十二条》,曹岫云译,中信出版社,2011。

47. 〔日〕稻盛和夫:《稻盛和夫论新经营·新日本》,吴忠魁译,国际文化出版公司,1996。

48. 〔日〕稻盛和夫主编《如何构筑新的地球文明——稻盛和夫的关怀(环境篇)》,路秀丽译,海南出版社,2012。

49. 〔日〕堤清二:《消费社会批判》,朱绍文等译校,经济科学出版社,1998。

50. 〔日〕都留重人:《日本的资本主义——以战败为契机的战后经济发展》,复旦大学日本研究中心译,复旦大学出版社,1995。

51. 〔日〕福原义春:《我的多轨人生》,张哲、姜平译,中国青年出版社,2009。

52. 〔日〕富永健一:《日本的现代化与社会变迁》,李国庆、刘畅译,商务印书馆,2004。

53. 〔日〕高桥龟吉:《战后日本经济跃进的根本原因》,宋绍英等译,辽宁人民出版社,1984。

54. 〔日〕宫本武藏:《五轮书——日本管理的真正艺术》,李津译,企业管理出版社,2003。

55. 〔日〕谷口照三:《战后日本的企业社会与经营思想——谈CSR经营的一种思路》,徐宝妹译,上海外语教育出版社,2009。

56. 〔日〕关满博:《东亚新时代的日本经济——超越"全套型"产业结构》,陈生保译,上海译文出版社,1997。

57. 〔日〕馆义之:《质量管理实战精要》,姚晓东、周庆玲译,北京大学出版社,2004。

58. 〔日〕河野守宏:《商用宫本武藏兵法》,东正德译,长春出版社,1993。

59. 〔日〕加护野忠男:《松下幸之助——战略经营之神》,刘苗苗译,新星出版社,2019。

60. 〔日〕加护野忠男等:《日美企业管理比较》,徐艳梅译,生活·读书·新知三联书店,2005。

61. 〔日〕加藤胜美:《一个少年的梦》,刘荣译,机械工业出版社,2008。

62. 〔日〕江口克彦:《经营秘传——一个经营者的谈话》,郎惠男译,企业管理出版社,1999。

63. 〔日〕堺屋太一:《知识价值革命》,黄晓勇等译,生活·读书·新知三联书店,1987。

64. 〔日〕堺屋太一:《组织的盛衰——从历史看企业再生》,吕美女、吴国祯译,上海人民出版社,2000。

65. 〔日〕今井贤一、小宫隆太郎主编《现代日本企业制度》,陈晋、随满远译,经济科学出版社,1995。

66. 〔日〕今井正明:《改善——日本企业成功的奥秘》,周亮、战凤梅译,机械工业出版社,2010。

67. 〔日〕今井正明:《现场改善——低成本管理方法》,周健译,机械工业出版社,2013。

68. 〔日〕酒卷久:《佳能细胞式生产方式——改变意识改变公司的生产法则》,杨洁译,东方出版社,2006。

69. 〔日〕橘川武郎:《土光敏夫——"财界名医"的远见和格局》,高佳欣译,新星出版社,2019。

70. 〔日〕立石一真:《经营革新的艺术》,王保祥译,北京大学出版社,1994。

71. 〔日〕笠间哲人:《富有特色的经营家土光敏夫》,张惠民译,世界知识出版社,1985。

72. 〔日〕林直道:《现代日本经济》,色文译,北京大学出版社,1995。

73. 〔日〕林周二:《经营与文化》,杨晓光译,生活·读书·新知三联书店,1992。

74. 〔日〕柳宗悦:《日本手工艺》,金晶译,北京联合出版公司,2019。

75. 〔日〕泷田诚一郎:《孙正义——挑战世界首富的网络巨子》,谢明宏译,吉林人民出版社,2000。

76. 〔日〕名和太郎:《经济与文化》,高增杰、郝玉珍译,中国经济出版社,1987。

77. 〔日〕南博:《日本人论》,邱琡雯译,广西师范大学出版社,2007。

78. 〔日〕青柳正规:《日本如何文化立国》,腾新华、王冬译,世界知识出版社,2017。

79. 〔日〕青木昌彦:《企业的合作博弈理论》,郑江淮等译,中国人民大学出版社,2005。

80. 〔日〕青木昌彦:《日本经济中的信息、激励与谈判》,朱泱、汪同三译,商务印书馆,1994。

81. 〔日〕清川佑二:《企业社会责任实践论》,李明星译,中国经济出版社,2010。

82. 〔日〕日本阿米巴经营学术研究会:《阿米巴经营的进化理论与实践》,张仕英译,中国大百科全书出版社,2018。

83. 〔日〕日野三十四:《丰田DNA》,先锋企业管理发展中心译,东方出版社,2008。

84. 〔日〕三户公:《日本企业管理理论》,李爱文译,企业管理出版社,1994。

85. 〔日〕三户公:《日本最新经营》,侯松男译,海南摄影美术出版社,1997。

86. 〔日〕三矢裕、谷武幸、加护野忠男:《创造高收益的阿米巴经营》,刘建英译,东方出版社,2010。

87. 〔日〕涩泽荣一:《〈论语〉与算盘——商务圣经》,宋文、永庆译,九州图书出版社,1994。

88. 〔日〕涩泽荣一:《当论语遇到算盘》,蔡飞飞译,中国华侨出版社,2012。

89. 〔日〕森岛通夫:《透视日本——兴与衰的怪圈》,天津编译中心译,中国财政经济出版社,2000。

90. 〔日〕森谷正规:《低成本高质量的奥秘——论日本的技术》,刘彬译,机械工业出版社,1987。

91. 〔日〕森田直行:《阿米巴经营(实战篇)》,窦少杰译,机械工业出版社2015年版。

92. 〔日〕商业兵法研究会:《职场孙子兵法》,萧云菁译,中国人民大学出版社,2010。

93. 〔日〕石原享一:《战后日本经济的成败启示录》,肖燕、梁憬君译,世界图书,2018。

94. 〔日〕矢野俊介:《企业家的经营艺术》,赵大生译,中国国际广播出版社,1987。

95. 〔日〕寺门克:《松下人才训练学校》,《经营管理全集》23卷,台北名人出版事业股份有限公司组织翻译,春风文艺出版社,1994。

96. 〔日〕松下幸之助:《人性的挑战》,台湾名人出版事业股份有限公司组织翻译，春风文艺出版社，1994。

97. 〔日〕松下幸之助:《实践经营哲学》，滕颖译，中国社会科学出版社，1998。

98. 〔日〕松下幸之助:《有远见的领导者》，台湾名人出版事业股份有限公司组织翻译，春风文艺出版社，1994。

99. 〔日〕松下幸之助:《自来水经营理念》，台湾名人出版事业股份有限公司组织翻译，春风文艺出版社，1994。

100. 〔日〕樋口清之:《日本人与日本传统文化》，王彦良、陈俊杰译，南开大学出版社，1989。

101. 〔日〕童门冬二:《经营之奥秘——日本历史名人启示录》，吴树文译，生活·读书·新知三联书店，1999。

102. 〔日〕駄田井正、浦川康弘:《文化时代的经济学》，尹秀艳、王彦风译，经济科学出版社，2013。

103. 〔日〕万成博:《日本企业领袖》，袁方译，中国人民大学出版社，1990。

104. 〔日〕小岛明:《日本的选择》，孙晓燕译，东方出版社，2010。

105. 〔日〕小宫隆太郎:《现代中国经济——日中的比较分析》，北京大学现代日本研究班译，商务印书馆，1993。

106. 〔日〕幸田浩文:《日本人力资源管理理论与实践》，徐哲根译，商务印书馆，2015。

107. 〔日〕岩渊明男:《佳能理念》，杨廷梓、郑春瑞译，华夏出版社，1999。

108. 〔日〕盐野米松:《留住手艺——对传统的手工艺人的访谈》，英珂译，广西师范大学出版社，2011。

109. 〔日〕野中郁次郎、绀野登:《知识经营的魅力——知识管理与当今时代》，赵群译，中信出版社，2012。

110. 〔日〕野中郁次郎、胜见明:《创新的本质——日本名企最新知识管理案例》，林忠鹏译，知识产权出版社，2006。

111. 〔日〕野中郁次郎、竹内弘高:《创造知识的企业——日美企业持续创新的动力》，李萌、高飞译，知识产权出版社，2006。

112. 〔日〕野中郁次郎:《本田宗一郎——"原始人"的经营法则》，陈娣译，新星出版社，2019。

113. 〔日〕一条和生:《井深大——"索尼精神"的缔造者》,宫一宁译,新星出版社,2019。
114. 〔日〕引头麻实:《日航重生》,陈雪冰译,中信出版社,2014。
115. 〔日〕针木康雄:《从挫折中积极奋起的企业家稻盛和夫》,金莱译,新华出版社,1996。
116. 〔日〕中川靖造:《创业·挑战·成功——井深大传》,刘金才译,中国经济出版社,1992。
117. 〔日〕中谷岩男:《转变中的日本企业》,许斌译,企业管理出版社,1990。
118. 〔日〕中牧弘允:《日本会社文化——昔日的大名,今日的会社》,何芳译,北京大学出版社,2011。
119. 〔日〕竹内弘高、野中郁次郎:《知识创造的螺旋——知识管理理论与案例研究》,李萌译,知识产权出版社,2006。
120. 〔日〕住原则也等编《经营理念——继承与传播的经营人类学研究》,王向华监译,经济管理出版社,2011。
121. 〔日〕佐藤正明:《丰田领导者》,王茁、顾洁译,清华大学出版社,2010。
122. 〔日〕佐佐木聪:《丸田芳郎——花王"中兴之祖"》,王胜译,新星出版社,2019。
123. 〔英〕布卢姆斯伯里出版公司:《他们改变了管理》,宋利芳译,中信出版社,2005。
124. 〔英〕查尔斯·汉迪:《管理之神——组织变革的今日与未来》,崔姜薇译,北京师范大学出版社,2006。
125. 〔英〕查尔斯·汉迪等:《经理人制造》,方海萍等译,中国人民大学出版社,2006。
126. 〔英〕约翰·劳瑞曼、〔日〕见城尚志:《教育、培训——企业成功的钥匙》,薛凌译,科学出版社,2001。
127. 〔中国台湾〕林秀雄:《田口方法实战技术》,海天出版社,2004。
128. 陈都伟:《日本企业文化——结合管理学和政治经济学的研究》,中国社会科学出版社,2013。
129. 陈再明:《本田神话》,作家出版社,2003。
130. 邓荣霖主编《现代企业制度概论》,中国人民大学出版社,1995。

131. 拉塞尔·L.阿克夫、丹尼尔·格林伯格:《21世纪学习的革命》,杨彩霞译,中国人民大学出版社,2010。
132. 郎咸平:《思维——郎咸平经典案例作品修订版》,东方出版社,2010。
133. 李克等:《日本经营神话的复苏?——现代日本经营管理模式的研究与探索》,中央编译出版社,2004。
134. 梁战平等编著《中日管理思想比较》,科学技术文献出版社,1993。
135. 毛泽东:《毛泽东选集》(合订本),人民出版社,1969。
136. 日本经济新闻社编《成功的记录》,张可喜译,新华出版社,1982。
137. 日本经济新闻社编《佳能经营模式揭秘》,北京世纪英闻翻译有限公司译,中国时代经济出版社,2004。
138. 日本经济新闻社编著《日本的企业》,大连市信息中心编译,东方出版社,1992。
139. 沈学方主编《日本美国的企业文化》,成都出版社,1993。
140. 孙钱章、袁玉兰主编《比较·启迪——中日企业文化比较研究》,中共中央党校出版社,1999。
141. 天津市人民政府外事办公室、住友商事株式会社等组编《企业的社会责任》,南开大学出版社,2008。
142. 王超逸、李庆善:《企业文化教程》,中国时代经济出版社,2006。

二、日文著作

1. 〔日〕大内秀明:『知識社会の経済学』,日本評論社,1999。
2. 〔日〕高村直助:『会社の誕生』,吉川弘文館,1996。
3. 〔日〕宮本又郎ほか『日本経営史——日本型企業経営の発展・江戸から平成へ』,有斐閣,1995。
4. 〔日〕谷本寬治:『CSR—企業と社会を考える—』,NTT出版,2006。
5. 〔日〕館龍一郎編『21世紀の日本経済と企業』,東洋経済新報社,昭和61年版。
6. 〔日〕堺屋太一:『あるべ明日 日本・いま決断のとき』,PHP研究所,1998。
7. 〔日〕経済産業省:『「企業の社会的責任(CSR)に関する懇談会」中間

報告書』，2004年9月10日，5ページ。

8. 〔日〕森本三男:『企業社会責任の経営学的研究』，白桃書房，1994。

9. 〔日〕田村繁和、小長谷敦子:『京セラに学ぶ新会計経営のすべて』，実業之日本社，2001。

10. 〔日〕伊東光晴ほか:『日本の経済風土』，日本経済評論社，1978。

11. 〔日〕永川幸樹:『稲盛和夫の盛和塾経営秘伝—不況チャンスに変わる』，株式会社青春出版社，1990。

12. 〔日〕由井常彦、桥本寿朗編『革新の経営史』，有斐閣，1995。

13. 〔日〕中川敬一郎ほか編集『近代日本経営史の基礎知識』，有斐閣，昭和49年版。

14. 〔日〕佐々木晃彦編『企業文化とは何か—新しい日本企業のフレームづくりに向けて』，北樹出版，1994。

15. 〔日〕佐佐木毅、〔韩〕金泰昌編『公と私の社会科学』（公共哲学2），東京大学出版社，2001。

16. 日経とつぷりいだ編『経営者とは—稲盛和夫とその門下生たち』，日経BP社，2013。

三、论文

1. 〔德〕施特赖布·埃勒斯:《独一无二的日本企业文化》，《参考消息》1994年2月13—16日。

2. 〔日〕大前研一:《我是这样理解最高的经营教科书〈孙子〉的》，日本《经理》月刊，1991年5月号。

3. 〔日〕宫崎勇:《日本经济发展与东方文化的关系》，杨正光主编《东方文化与现代化》，时事出版社，1992，第200—204页。

4. 〔日〕堺屋太一:《"知价革命"与日本文化》，林振江、白智立主编《解读日本——日本名人北大演讲录》，新华出版社，2013，第181—187页。

5. 〔日〕今西伸二:《关于日本企业文化的探讨》，《日本研究》1998年第3期，第36—41页。

6. 〔日〕桥本久义:《日本的"制造"能力并没有衰退》，日本《时事解说》1998年7月31日。

7. 〔日〕日下公人:《企业与创新文化:日本企业的文化捉迷藏》,《编译参考》1991年第3期。

8. 〔日〕小仓正男:《丰田的5W1H精神》,《东洋经济》2002年11月30日。

9. 〔中〕范作申、〔日〕中岛悟史:《论经营思想的多重属性——以日本企业为中心》,《日本学刊》1995年第6期,第93—108页。

10. 白钦先、徐平:《日本企业管理文化的形成及特点》,《日本学刊》1998年第1期,第107—114页。

11. 程永明:《企业的日本文化赞助——以日本企业mecenat协议会为例》,《日本问题研究》2015年第1期,第20—30页。

12. 崔健:《日本关于企业社会责任与企业价值之间关系的理论研究》,《日本学刊》2010年第6期,第29—35页。

13. 董伟:《日本企业文化及中日比较》,《世界经济与政治》1996年第2期,第43—44页。

14. 范作申:《论日本企业文化在企业发展过程中的作用》,《日本学刊》1993年第6期。

15. 冯昭奎:《从"大田模式"看如何借鉴日本发展高技术产业的经验》,《日本学刊》1998年第6期,第18—29页。

16. 海尔集团:《创新是海尔文化的灵魂——对吸收中国传统文化和世界现代文明优秀成果的实践》,《古代管理思想研究》2005年第1期,第9—12页。

17. 侯庆轩:《日本企业文化及革新动向》,《现代日本经济》1987年第6期。

18. 雷鸣:《日本企业履行社会责任的特征及其启示》,《日本学刊》2010年第6期,第49—55页。

19. 李萍、赵凌冰:《日本企业文化的管理结构——兼论其历史意义和局限性》,《现代日本经济》2002年第6期。

20. 刘荣:《"深沉厚重"是日本企业家最基本的资质——论稻盛和夫的"领导人才学"》,陈华蔚编著《敬天爱人 以德经营》,南京大学出版社,2009,第237—244页。

21. 刘荣:《稻盛和夫利他经营哲学论析》,《天津市职工现代企业管理学院学报》(上、下)2002年第2期、第3期,第24—26页。

22. 刘荣:《京瓷企业发展的宏观经济环境分析》,《日本学论坛》2002年第1

期，第55—60页。

23. 刘荣:《利他之心——稻盛和夫经营哲学的真谛》,《日本学论坛》2001年第4期,第12—14页、62页。

24. 刘荣:《论日本企业家的双璧型组合模式》,《现代日本经济》2006年第1期,第40—45页。

25. 刘荣:《平成经营之圣——稻盛和夫》,《日本学刊》2002年第2期,第142—148页。

26. 刘荣:《企业家的创新与日本社会变迁》,《日本学论坛》2001年第1期,第55—60页。

27. 刘荣:《日本京瓷公司的自主创新之路及其启示》,《现代日本经济》2007年第6期,第27—32页。

28. 刘荣:《日本企业家的功利主义及激励机制》,《日本学刊》1999年第4期,第47—59页。

29. 刘荣:《日本企业家的知识结构及其积累模式》,《外国问题研究》1997年第3期,第51—56页。

30. 刘荣:《日本专业经营者型企业家的成长轨迹及其特征》,《日本学刊》1998年第6期。

31. 刘荣:《试论日本企业经营者组织化的合理性》,《日本学论坛》1999年第1期,第22—26页。

32. 刘荣:《在知识经济大潮中扬帆远航的学习型企业家组织盛和塾》,崔新京主编《面向21世纪的中国东北与日本——国际学术研讨会论文集》,辽宁大学出版社,2000,第167—173页。

33. 刘荣:《中日企业文化比较》,杨正光主编《东方文化与现代化》,时事出版社,1992,第210—219页。

34. 刘荣:《走向产业社会的日本传统文化机制》,《外国问题研究》1996年。

35. 刘天纯:《日本现代化研究的由来与发展》,《日本学刊》1993年第2期,第97—117页。

36. 刘永辉、伊波美智子:《本田宗一郎的经营哲学》,《ENTERPRISE MANAGEMENT》4.2010。

37. 马宪明、刘荣:《关于日本经营管理学中的〈孙子兵法〉》,《古代管理思想研究》2011年第4期,第13—16页。

38. 孟宪忠:《文化力与企业本质竞争力》,《中外企业文化》2011年第9期,第6—9页。

39. 祁忠武:《日本企业文化与其经济发展》,《外国问题研究》1992年第3期,第22—26页。

40. 王伟:《日本的"终身雇用制"寿终正寝了吗?》,《日本学刊》1997年第2期,第104—111页。

41. 张广玲:《基于文化的日美企业国际竞争力比较》,《江汉论坛》2006年第10期,第27—30页。

42. 张可喜:《关于日式经营的再思考》,《日本学刊》1995年第1期,第49—66页。

43. 祝寿臣:《"日式经营方式"处在变革之中》,《参考消息》1996年12月28日。

后　记

一、在撰写《日本企业文化新论》过程中的所思所想

本人在专注投入本研究的整个过程中，适逢国际社会风云激荡、变幻莫测；数字经济、云计算、万物互联，等等，使我们目不暇接、眼花缭乱。日本在这种百年未有之大变局中也随之伴舞，其蝶乱蜂狂的样态，令人产生无尽的遐想。我们身处的这个世界，虽并非全都是悦人眼目的玫瑰色，但人类追求美好生活的心愿一刻也未曾泯灭过。将这些富于时代精神正能量的词汇贯通起来，编织成一幅江山多娇的非常壮观的图景。

面对世界上别具一格的日本企业文化，由于人们观瞻的视角不同，其展现在世人面前的是完全不同的景观。横看或侧视，远瞻或近观，呈现在人们面前的群山景象，或是岭或是峰，或是高或是低，可谓变化无穷，千姿百态。通过对日本企业文化进行研究分析，深感其在色彩纷呈的表象之下，有一种难能可贵的气势和神韵。

构筑这幅壮观图景的主要关键词就是"变化"，或干脆就书之以"变"吧。

我们所面临的一切令人眼花缭乱、纷纭复杂的镜像，不是变化的结果，就是变化的现在进行时，或是诸多变化所构成的全景图。其变化之快、之大，使人们目不暇接，如坠五里云雾，无所措手足。如何应对变化？这是我们每个人，每个组织，尤其是每个企业无法规避的课题，这也是日本企业文化所面临的严峻挑战。美国学者威廉姆·波斯特和本杰明·马丁合著了一部《驾驭变化的世界》的"变经"。它为企业家们以开放的头脑正视变化，处变不惊、处变不乱、规避"不确定性"的陷阱，为培养"驾驭变化"的素质、一种特殊才能和个性开出了良方，这样才能做

到毛泽东诗词中所唱出的"乱云飞渡仍从容"。

对日本企业而言，诸多变化、乱象自何日始，尚未见有谁给出准确的具体时日。若以日本企业面临之大变局来说，恐怕最早可从1985年算起，最迟为1989年，这并非是我随机设定的一个时间点，下列事实颇具说服力。

首先，1985年西方五个发达国家的财长和银行行长在美国广场饭店开会，逼迫日元对美元升值，由此导致了日本泡沫经济，后来日本经济界所发生的一切乱象都始自这次会议。而1989年更是一个极不平常的年份，国际上的许多大事件都与这个年份相关。其中，最震撼世人的是二战后美苏两个超级大国的长期冷战格局落下帷幕。紧接着苏联解体，东欧剧变，原来的苏欧社会主义体系顷刻瓦解。西方"民主"政治和自由市场经济，在原来的苏欧土地上大行其道。对此，日裔美国政治学者弗朗西斯·福山曾著文称"历史的终结"。

然而，福山所谓的"资本主义的繁荣"并没有到来，恰恰相反，马克思主义所批评的资本主义阴暗面却暴露无遗。在当前以美国为代表的西方世界的衰落乱象面前，福山又该做何感想？

1989年对日本国内来说更是极不平常的一年。裕仁天皇去世，昭和时代落下了帷幕。而开启平成时代的明仁天皇，并未给日本带来"平成"好运。首先，迎来的是自民党战后长期一党独大的"55年体制"终结，代之以多党联合政权，以及长达20多年之久的自民和公明两党联合政权。特别是曾经擎起战后日本经济复兴和崛起、创造日本经济奇迹的一代企业家们，都在1989年前后相继谢幕，甚至撒手人寰。从日本经济形势江河日下到企业家群体聚堆更迭，对日本企业文化造成剧烈冲击，使日式经营遭受战后至今最严峻考验。从1989年至2019年的激荡的平成30年，也是日本"失去的三十年"。

2016年，为了纪念松下幸之助创立PHP研究所70周年，日本发行了PHP经营丛书"日本的企业家"系列。株式会社PHP研究所所写的荐言称："松下幸之助以展现言微旨远的寓意为初衷，将宣传图标设计为两匹头部相对,在天空翱翔的飞马,给人以尊重个体、旨在和谐的印象。"[①] 这套丛书内容,强调了日本经营理念和日本企业文化的回归与传承,重新唤起日本企业家的创业创新精神。

当时间进入2022年,新冠疫情大流行造成世界经济衰退,使人们遭受疫情、经济危机和战乱的三重苦。此情此景,使我不由得在头脑里又浮现出日本著名经济学家都留重人20世纪60年代所讲的那个寓言故事:强壮、富裕和热心。世界渴望热心,人们渴望热心,热心也将重塑未来的企业文化,使企业能行稳致远。

二、以大师为楷模,走好做人做学问的路

作为一名从事日本研究的学者,我的座右铭是:循序渐进、厚积薄发。

这一治学风格得益于学术界泰斗、北京大学教授周一良先生。周老先生曾对其子——中国日本研究的著名学者,就如何治学谈过这样一段话:从事外国问题研究,首先必须从文献翻译做起,达到对所研究国家语言的精准把握,并积累丰富的文献资料;第二是撰写论文,并使所研究的问题系统化;第三是在系统研究的基础上,具备坚实的理论功底之后再着手著书立说。切不可急于成名,那样绝不能搞好学问,还会贻误他人。正是遵照先生的教诲,我亦步亦趋地走了过来。

以前因种种关系原因,我的日文修养可谓"半瓶醋"。为了进一步夯实日文基础,通过日语教学和翻译达到提升语言能力的目的,我与他人合译或独自翻译近150万字,撰写与日本有关的各类学术论文50多篇,直到退休之后才坐下来,心无旁骛地研读所收集到的文献,并对以前所读过的文献,再一次反复斟酌、认真思考,以"十年磨一剑"的功夫撰写本书,而前期的准备时间却长达30余年。

另一位让我崇拜的是在人生中"越境博弈"的日本著名经济学家青木昌彦。他的人生经历令我感同身受。他走着一条不断选择、奋斗不息之路,可谓不断地"创业"。用青木昌彦自己的话来说:"这种事说得好听点

[①] 〔日〕加护野忠男:《松下幸之助——战略经营之神》,刘苗苗译,新星出版社,2019,第355—356页。

儿叫创业精神，说得挖苦点儿就叫轻率或者轻浮。这既有从祖先那里继承下来的DNA的影响，也有受时代和国际环境诱导与推动的一面。总之，虽然算不上'百折不挠'，但也正是一种不惧失败的重复，即'朝着新目标而努力→获得相应的成就感或者因挫折而引起失落→重新奋起'，构成了我的人生和学术生涯。打个比方，也可以说是我一直在挑战一场没有尽头的'越境博弈'。"[①]

对于青木昌彦先生所说的"受时代和国际环境诱导与推动"和"一直在挑战一场没有尽头的'越境博弈'"这两点，我还真与他同病相怜。

当我坐下来边思考过往人生轨迹边继续探讨学问时，觉得自己走过了平淡却也充实的一生。出生于农村，对坐落在乡间破陋的茅草屋教室望而却步的我，仅仅是因为父亲让我"识几个庄稼字"，竟鬼使神差地考上了北京的高等学府，在历经无数令人唏嘘的阅历之后，最终还走上了最高学府的讲堂。我大学毕业后先到农村当了普通农民；而后在县委机关当了宣传理论干事；后来调回故里，在一个大企业里担任宣传理论干事；因工作需要，被提拔到负责技术管理重任的领导岗位，几年后到了大学图书馆作普通馆员，一干就是八年。最后走上了日本问题研究和教学之路，一干又是20多年。其中亦经历了由国际政治学到世界经济学的专业转换，其后，又在即将退休之年到浙江一所大学从事全职教学工作。

所有这些人生或工作变动，涉及地域的变迁，知识的学习与重构，也可以说是人生或事业的"越境博弈"。回顾起来，我自己却感到不可思议，这也是我的感悟吧。

在本专著得以付梓之际，有太多的人为此付出了辛勤的努力，感激之情难以言表。

三、致谢

我非常感谢东北师范大学日本研究所所长陈秀武教授和办公室的宋文广同志，是在他们的再三鼓励和帮助下，我才决定申报国家社科基金项

[①] 〔日〕青木昌彦：《我的履历书——人生中的"越境博弈"》，赵银华译，中信出版社，2009，第4页。

目。在项目进行过程中,许多具体烦琐的事务都是由宋文广老师帮助处理的。

在项目申报和后期修改过程中,我得到了东北师范大学社科处的领导和工作人员,特别是米睿老师非常耐心的指导、帮助,对他们认真专业的精神和工作作风在此表达衷心的敬意。

在本课题申报国家社科基金后期项目后,基金办组织专家对本书稿进行了两次严格审核,并提出了继续进行认真修改的许多具体指导建议和意见。正是因为他们的指导,才使本研究达到了国家社会科学基金项目的标准,在此,对各位专家的辛勤付出表示衷心的感谢。

世界知识出版社的责任编辑范景峰先生为提高本书内文和注释、参考文献的文稿质量投入了大量时间和精力,特别是在疫情期间做了大量编辑工作。他严谨负责的工作精神,令我钦佩。

我还要感谢家人对我研究工作的大力支持,特别是在第一次修改书稿期间,我被查出患有结肠癌,做了一次大手术,全家人都担心我的健康状况。在手术期间,家人不分昼夜护理我。出院之后,想方设法为调理我的饮食而费尽了心力,这成了我努力工作的动力。在整个项目进行中,由于年龄关系,我不会使用电脑软件,无论是书稿打印还是修改,在医院工作的儿子在百忙之中随时给予帮助,占用了他很多时间。可以说,这部著作是我和儿子共同努力的结晶。

最后,我从心里特别希望,倘若拙著能博得整日忙碌的诸位"上帝"拨冗瞟上几眼,将是对我多年辛勤劳作的最高奖赏。如果能有用心的读者,在读后不吝笔墨抑或移动几下鼠标,予以针砭,我将感激不尽;若本书能对读者的人生或事业有所助益,更是我望外之喜了。